形而上学：经验论、唯理论与康德哲学

Metaphysics in Empiricism,
Rationalism and Kant's Philosophy

张桂权 著

中国社会科学出版社

图书在版编目(CIP)数据

形而上学：经验论、唯理论与康德哲学／张桂权著．—北京：中国社会科学出版社，2020.6
ISBN 978-7-5203-6721-9

Ⅰ.①形… Ⅱ.①张… Ⅲ.①西方哲学—研究 Ⅳ.①B5

中国版本图书馆CIP数据核字（2020）第113368号

出 版 人	赵剑英
责任编辑	冯春凤
责任校对	张爱华
责任印制	王 超

出　　版	中国社会科学出版社
社　　址	北京鼓楼西大街甲158号
邮　　编	100720
网　　址	http://www.csspw.cn
发 行 部	010-84083685
门 市 部	010-84029450
经　　销	新华书店及其他书店
印　　刷	北京君升印刷有限公司
装　　订	廊坊市广阳区广增装订厂
版　　次	2020年6月第1版
印　　次	2020年6月第1次印刷
开　　本	710×1000 1/16
印　　张	19
插　　页	2
字　　数	341千字
定　　价	109.00元

凡购买中国社会科学出版社图书，如有质量问题请与本社营销中心联系调换
电话：010-84083683
版权所有　侵权必究

国家社科基金后期资助项目
出 版 说 明

　　后期资助项目是国家社科基金设立的一类重要项目，旨在鼓励广大社科研究者潜心治学，支持基础研究多出优秀成果。它是经过严格评审，从接近完成的科研成果中遴选立项的。为扩大后期资助项目的影响，更好地推动学术发展，促进成果转化，全国哲学社会科学工作办公室按照"统一设计、统一标识、统一版式、形成系列"的总体要求，组织出版国家社科基金后期资助项目成果。

全国哲学社会科学工作办公室

目 录

绪 论 …………………………………………………………（1）

第一章 实体观 ………………………………………………（10）
第一节 近代以前的实体观举要 …………………………（12）
一 亚里士多德的实体观点 ……………………………（13）
（一）实体是"是者" ………………………………（14）
（二）实体的判别标准 ……………………………（14）
二 基督教的实体观点 …………………………………（16）
（一）奥古斯丁的实体观点 ………………………（16）
（二）托马斯·阿奎那的实体观点 ………………（17）
第二节 唯理论的实体观 …………………………………（20）
一 笛卡尔的实体观点 …………………………………（20）
（一）实体的含义 …………………………………（20）
（二）实体与属性 …………………………………（22）
（三）心物二元论 …………………………………（23）
二 斯宾诺莎的实体观点 ………………………………（24）
（一）实体、属性、样式 …………………………（24）
（二）实体是一元的还是多元的 …………………（27）
（三）广延与思想 …………………………………（29）
三 莱布尼兹的实体观点 ………………………………（32）
（一）笛卡尔、斯宾诺莎实体观中的问题 ………（32）
（二）单子及其规定 ………………………………（36）
第三节 经验论的实体观 …………………………………（39）
一 洛克的实体观点 ……………………………………（40）
（一）"实体"观念 …………………………………（40）
（二）实体观念的分类 ……………………………（42）

（三）实体不可知 …………………………………………（44）
　二　贝克莱的实体观点 ……………………………………（45）
　　　（一）贝克莱的任务与《人类知识原理》………………（45）
　　　（二）对心灵实体存在的论证 ……………………………（48）
　　　（三）上帝存在且可知 ……………………………………（52）
　　　（四）非物质主义 …………………………………………（54）
　三　休谟的实体观点 ………………………………………（57）
　　　（一）休谟哲学的特征 ……………………………………（58）
　　　（二）外物存在的信念与证明 ……………………………（60）
　　　（三）精神实体不可知 ……………………………………（65）
　　　（四）对上帝的否定 ………………………………………（65）
第四节　康德的实体观 …………………………………………（69）
　一　对传统实体观的批判 …………………………………（69）
　　　（一）心灵实体论证的错误 ………………………………（70）
　　　（二）物质实体不可知 ……………………………………（72）
　　　（三）上帝存在证明的不可能性 …………………………（73）
　二　"现象中的实体" ………………………………………（76）
　　　（一）"实在之物"或"实在性" …………………………（76）
　　　（二）"现象中的实体"的含义 …………………………（78）
　　　（三）胡塞尔的"超越" …………………………………（81）

第二章　时空观 …………………………………………（84）
第一节　近代以前的时空观举要 ……………………………（84）
　一　古希腊的时空观点 ……………………………………（84）
　　　（一）空间的观点 …………………………………………（84）
　　　（二）时间的观点 …………………………………………（89）
　二　中世纪的时空观点 ……………………………………（92）
　　　（一）空间的观点 …………………………………………（92）
　　　（二）时间的观点 …………………………………………（93）
　三　牛顿的时空观点 ………………………………………（97）
　　　（一）绝对时空观 …………………………………………（97）
　　　（二）爱因斯坦对牛顿时空观的评论 ……………………（98）
第二节　唯理论的时空观 ………………………………………（99）
　一　笛卡尔的时空观点 ……………………………………（99）

（一）时间的观点 …………………………………………………（100）
　　　（二）空间的观点 …………………………………………………（102）
　　二　斯宾诺莎的时空观点 ………………………………………………（107）
　　　（一）空间的观点 …………………………………………………（107）
　　　（二）时间的观点 …………………………………………………（109）
　　三　莱布尼兹的时空观点 ………………………………………………（111）
　　　（一）空间的观点 …………………………………………………（112）
　　　（二）时间的观点 …………………………………………………（114）
　　　（三）与克拉克的论战 ……………………………………………（116）
　第三节　经验论的时空观 …………………………………………………（117）
　　一　洛克的时空观点 ……………………………………………………（118）
　　　（一）空间的观点 …………………………………………………（118）
　　　（二）时间的观点 …………………………………………………（120）
　　　（三）时空观念对人的意义 ………………………………………（121）
　　二　贝克莱的时空观点 …………………………………………………（122）
　　　（一）空间的观点 …………………………………………………（123）
　　　（二）时间的观点 …………………………………………………（126）
　　三　休谟的时空观点 ……………………………………………………（129）
　　　（一）对流行时空观的反驳 ………………………………………（130）
　　　（二）时空观念的产生及其性质 …………………………………（131）
　　　（三）休谟的时空观念与其哲学的关系 …………………………（133）
　第四节　康德的时空观 ……………………………………………………（134）
　　一　空间观念 ……………………………………………………………（135）
　　　（一）空间的含义 …………………………………………………（135）
　　　（二）对"质料唯心论"的批判 ……………………………………（138）
　　　（三）海德格尔对"康德证明"的批判 ……………………………（141）
　　二　时间观念 ……………………………………………………………（144）
　　　（一）时间的含义与性质 …………………………………………（144）
　　　（二）时间的意义 …………………………………………………（146）

第三章　人格观或自我观 …………………………………………………（150）
　第一节　近代以前的"自我"观点举要 ……………………………………（151）
　　一　古希腊的"自我"观点 ………………………………………………（152）
　　　（一）苏格拉底的"认识你自己"与柏拉图的"灵魂" …………（152）

（二）亚里士多德的"积极理性" …………………………（153）
　　　（三）恩披里克："自我认识"不可能 …………………（154）
　二　罗马和中世纪的"自我"观点 …………………………（154）
　　　（一）普罗提诺的"自我意识"概念 …………………（155）
　　　（二）奥古斯丁：心灵自身的确定性最可靠 …………（155）
第二节　经验论与唯理论的自我（人格）同一性观点 ………（156）
　一　笛卡尔的自我和"同一个我" …………………………（157）
　　　（一）通过怀疑确定"自我" …………………………（157）
　　　（二）"自我"的本质与"同一个自我" ………………（159）
　二　斯宾诺莎的自我观点 ……………………………………（160）
　　　（一）批评笛卡尔的"我思故我是" …………………（160）
　　　（二）心灵是观念 ………………………………………（161）
　三　贝克莱的自我或人格观点 ………………………………（162）
　四　"同一性"：洛克、莱布尼兹、休谟的解释 ……………（164）
　　　（一）同一性和差异性 …………………………………（166）
　　　（二）事物的同一性 ……………………………………（168）
　　　（三）人的同一性 ………………………………………（169）
　　　（四）休谟的同一性观点 ………………………………（171）
　五　"人格同一性"：洛克、莱布尼兹、休谟的争论 ………（173）
　　　（一）洛克的人格同一性定义与莱布尼兹的评论 ……（173）
　　　（二）洛克对人格同一性的论证与莱布尼兹的反驳 …（174）
　　　（三）洛克提出人格同一性的目的 ……………………（178）
　　　（四）休谟的人格同一性观点 …………………………（179）
　六　几点评论 …………………………………………………（184）
　　　（一）同一性难题 ………………………………………（184）
　　　（二）人格所处的层次 …………………………………（186）
　　　（三）人格与记忆的关系 ………………………………（188）
　　　（四）人格同一性问题有无意义 ………………………（190）
第三节　康德的先验自我及其同一性 …………………………（190）
　一　"自我"不是实体 …………………………………………（192）
　　　（一）纯粹灵魂学的四个概念 …………………………（192）
　　　（二）四个谬误推理 ……………………………………（193）
　二　经验的自我意识与纯粹的自我意识 ……………………（195）
　　　（一）笛卡尔、洛克的"自我意识"和莱布尼兹的"统觉" ……（195）

（二）"经验性的统觉"与"纯粹统觉" …………………………（196）
　三　先验自我或人格的同一性及其意义 ………………………（198）
　　（一）先验自我或人格的同一性 …………………………………（198）
　　（二）先验自我或人格的意义 ……………………………………（199）

第四章　形而上学观 ……………………………………………（204）
第一节　近代以前的形而上学观举要 …………………………（205）
　一　亚里士多德的形而上学观点 ………………………………（205）
　　（一）智慧 …………………………………………………………（206）
　　（二）第一哲学 ……………………………………………………（208）
　　（三）神学 …………………………………………………………（213）
　二　托马斯·阿奎那的形而上学观点 …………………………（219）
第二节　唯理论的形而上学观 …………………………………（222）
　一　笛卡尔的形而上学观点 ……………………………………（222）
　　（一）"哲学"与"形而上学" ……………………………………（222）
　　（二）"知识的形而上学" ………………………………………（224）
　二　沃尔夫的形而上学观点 ……………………………………（226）
　　（一）是［者］论 …………………………………………………（228）
　　（二）宇宙论 ………………………………………………………（229）
　　（三）灵魂（心灵）哲学 …………………………………………（230）
　　（四）自然神学 ……………………………………………………（231）
第三节　经验论的形而上学观 …………………………………（233）
　一　贝克莱的形而上学观点 ……………………………………（233）
　二　休谟的形而上学观点 ………………………………………（237）
第四节　康德的形而上学观 ……………………………………（242）
　一　"前批判时期"的形而上学观点 ……………………………（242）
　二　形而上学的重要性与其困境 ………………………………（244）
　三　何为康德所言的形而上学 …………………………………（247）
　四　康德对形而上学的拯救 ……………………………………（251）
　　（一）《纯粹理性批判》是讨论形而上学的书 …………………（251）
　　（二）通过理性批判来拯救形而上学 …………………………（253）
　　（三）拯救形而上学的效果 ……………………………………（257）
第五节　黑格尔和海德格尔对康德形而上学的评论 …………（257）
　一　黑格尔的评论 ………………………………………………（258）

（一）黑格尔对康德哲学的肯定 …………………………（258）
　　（二）黑格尔对康德形而上学的批判 ……………………（260）
　　（三）黑格尔的形而上学观点 ……………………………（264）
二　海德格尔的评论 ……………………………………………（265）
　　（一）《纯粹理性批判》与形而上学 ……………………（265）
　　（二）理性与人的认识的有限性 …………………………（268）
　　（三）超越论的想象力 ……………………………………（270）
　　（四）《纯粹理性批判》与《是与时》 …………………（276）
　　（五）海德格尔的形而上学观点 …………………………（279）

参考文献 ……………………………………………………………（286）

后　记 ………………………………………………………………（295）

绪 论

学术界普遍认为，康德哲学是对经验论和唯理论的总结。笔者认为，这一观点是成立的。但是，经验论、唯理论对后来康德哲学的影响，虽是学界共识，却鲜有真正深入研究者，笔者尝试来做这一工作。本书将围绕四个主题——实体、时空、人格或自我、形而上学——来阐述经验论者洛克、贝克莱、休谟和唯理论者笛卡尔、斯宾诺莎、莱布尼兹的观点，即他们的实体观、时空观、人格（自我）观、形而上学观，阐述这些观点的演变及对康德哲学的影响，分析和评论康德对经验论与唯理论的总结和改造，从形而上学的角度阐明康德哲学与经验论、唯理论的关系。

一

我们先来界定解释"经验论""唯理论""康德哲学"这几个基本概念。

"经验论"或"经验主义"① 是英文"empiricism"（德文 Empirismus）的翻译，该词的主要部分"empiric"的意思是"凭经验的，只以观察和实验为根据的"，所以"经验论"的含义就是强调经验的重要性，是以观察和实验为根据的认识理论。经验论者（empiricist）就是主张经验论的哲学家。"唯理论"或"理性主义"是英文"rationalism"（德文 Rationalismus）的中文翻译，"rational"的本意是"理性的，理智的，合理的"，加上后缀 ism，就变成了强调理性或理智的认识理论。"唯理论者"或"理性主义者"（Rationalist）就是主张理性主义或理性

---

① 笔者在行文中不刻意区分"经验论"与"经验主义""唯理论"与"理性主义"，两者的含义等同，因为它们是同一个外文词的翻译，不同的译本有不同的翻译名称。

2　形而上学：经验论、唯理论与康德哲学

至上的哲学家。

经验论（经验主义）和唯理论（理性主义）都是关于认识的理论，它们的区别就在于特别重视"感性经验"（sense experience）还是"理性"（reason）。我用的是"特别重视"，意思是将其作为认识的基础。一般说来，经验论者并不排斥理性，唯理论者也不完全否定感性经验的作用。但是，在将感性经验还是理性作为认识基础的问题上，经验论与唯理论是尖锐对立的。经验论与唯理论之争说到底是对"感性经验"的态度问题。经验论者宣称，感性经验是我们的概念和知识的最终来源，而唯理论者则认为我们可以独立于感性经验采用其他方式来发现概念和知识。

唯理论者通常会有下面三个主张：1. 直观—演绎的论点。特殊的主观领域中的某些命题只能通过直观为我们所知，而其他的命题可以通过直观命题的演绎为我们所知。直观—演绎的论点涉及的是我们怎么保证去相信特殊主观领域中的命题。直观是理性洞见的形式。在理智上把握一个命题，就像我们"看见"它是真的一样，这保证了我们对它的信念。因此，直观和演绎给我们提供了先天知识，即它是独立于经验而获得的知识。2. "天赋观念"（innate idea）或"天赋知识"（innate knowledge）的论点。我们在特殊的主观领域有天赋观念或某些真相的知识，它们是我们理性本性的一部分。像第一个论点一样，这个论点也断定有独立于经验的、先天获得的知识的存在。3. "理性优越性"（the superiority of reason）的论点。我们在主观领域通过直观或演绎获得的知识或天赋具有的知识，优越于我们通过感性经验获得的任何知识。

经验论者则认为，我们所有的概念和知识只能来源于感性经验。对特殊的主观领域，经验论者抛弃了直观—演绎论点和天赋知识论点的相应说法。只要我们有知识，知识就是后天的，依赖感性经验的。经验论者否认天赋观念，认为感性经验是观念的唯一来源。经验论者也否认理性的优越性，认为单独的理性不能给予我们任何知识，一切知识都来自感性经验，所以理性毫无优越性可言。[①]

除了这三点之外，两派的区别还有：在方法论上，唯理论者注重演绎，而经验论者注重归纳；在真理标准上，唯理论者主张知识体系本身的

---

① 参见 Peter Markie, "Rationalism vs. Empiricism", *Stanford Encyclopedia of Philosophy*, 2013。

融洽一致、清楚明白，而经验论主张知识要与对象相符合。①

关于经验论和唯理论的范围或外延我们要作一限定。关于这个问题，学术界一直有不同看法。我们先说黑格尔的观点。黑格尔认为，理性主义和经验主义是一种次等的对立，前者主张"先天的思维"，"得到思维承认的规定都应当取自思维自身"；后者主张从经验开始，从经验去推理和思维。黑格尔把弗兰西斯·培根作为经验哲学家的首领②，又认为"洛克对于整个经验主义思维方式作了系统的表述"③，贝克莱的唯心论"是以洛克的观点为先驱，直接从洛克出发的"④，而"休谟完成了洛克主义"⑤。但是，黑格尔没有在哲学认识论的意义上谈过托马斯·霍布斯，而只在政治哲学中谈到霍布斯⑥。也就是说，黑格尔界定的英国经验论包括了培根、洛克、贝克莱和休谟的哲学。然而，关于唯理论范围，黑格尔并没有给出明确的界定。他在《哲学史讲演录》中只用了一次"理性主义"。如果按照他所说的"先天的思维"，"思维承认的规定都应当取自思维自身"的标准，我们有理由把笛卡尔哲学、斯宾诺莎哲学、莱布尼兹哲学算作"理性主义"哲学。

哲学史家文德尔班对经验论和唯理论似乎没有明确的定义。他在《哲学史教程》中第一次谈"理性主义"概念时说，"智者学派以前的思想家所共有的**理性主义**认为，**在毕达哥拉斯学派**那里有一种特殊的形式，确认知识基于**数学**的思维。"⑦ 在近代，"笛卡尔通过迂回曲折的**经院哲学**道路建立起了近代唯理论"⑧。笛卡尔的理性主义表现在"我思故我是"的命题中，该命题表明："自我意识的优越性存在于它的充分的**清晰性**和**明确性**中。"⑨ 斯宾诺莎发展了笛卡尔的几何学证明方法，把它做成一个"严格而笨拙的模型"。莱布尼兹认为，"如果有一种哲学能以一种像数学

---

① 关于经验论与唯理论的分歧与对立，陈修斋先生主编的《欧洲哲学史上的经验主义和理性主义》（人民出版社1986年第1版）作了详尽论述。这些分歧与对立，体现在认识对象、认识主体、认识的起源和途径、认识方法等方面。这是国内综合研究经验论和唯理论的重要著作，迄今仍有一定参考价值。
② 同上书，第20页。
③ 同上书，第137页。
④ 同上书，第199页。
⑤ 同上书，第205页。
⑥ 同上书，第156—160页。
⑦ ［德］文德尔班：《哲学史教程》上卷，罗达仁译，商务印书馆1987年版，第87页。
⑧ ［德］文德尔班：《哲学史教程》下卷，罗达仁译，商务印书馆1993年版，第539页。
⑨ 同上书，第537页。

计算那样清楚确切的形式出现，那么就可能第一次结束哲学争论"①，文德尔班界定的"理性主义"是基于数学思维尤其是几何学思维的认识论观点。关于"经验主义"，文德尔班也没有明确的定义，但是就范围来说，他认为"**经验哲学**的纲领由**培根**制定"②；认为霍布斯维护"感觉主义"的观点，"根据他的意见，所有观念的根源在于感官的活动；组合的机械作用被用以解释从这些根源产生的其它所有心理机构"③。洛克批判"天赋观念"，"实际上只为其**心理学**的观点所决定"④。洛克的继承者贝克莱和休谟都否定抽象观念。休谟的理论是"绝对前后一贯的，是诚实的经验主义"⑤。

贝特兰·罗素在他的哲学史著作中也没有严格定义过"经验论"与"唯理论"。在讲霍布斯的时候，他说霍布斯不好归类。他"也像洛克、贝克莱、休谟，是经验主义者"；但他又赞赏数学方法。关于经验主义者，他把洛克看作"经验主义的始祖"⑥，把贝克莱和休谟看成经验论者，说休谟"是哲学家当中一个最重要的人物，因为他把洛克和贝克莱的经验主义哲学发展到了它的逻辑终局"⑦。关于"唯理论"，罗素认为，欧洲大陆哲学从笛卡尔到康德，在关于人类认识的本性方面，有许多概念都得自数学，"但是大陆哲学把数学看成是不涉及经验而认识到的。因此，大陆哲学也像柏拉图派哲学一样，贬低知觉的地位，过分强调纯思维的作用"⑧。这是罗素理解的"唯理论"或"理性主义"概念，与我们大多数人理解的一样，但是罗素的表述隐含了对唯理论的批评态度。然而，唯理论包含哪些唯理论者的理论，像黑格尔一样罗素也没有严格的界定。不过，在"从笛卡尔到康德，欧洲大陆哲学"的限定词中，我们可以推断斯宾诺莎和莱布尼兹的哲学是包含在内的。

哲学史家弗兰克·梯利认为，英国经验论包括培根、霍布斯、洛克、贝克莱和休谟等人的哲学，大陆的唯理论包括笛卡尔哲学、笛卡尔的后继者阿尔诺尔·格林克斯与尼古拉·马勒伯朗士的哲学、斯宾诺莎哲学、莱

---

① [德] 文德尔班：《哲学史教程》下卷，罗达仁译，商务印书馆1993年版，第545页。
② 同上书，第514页。
③ 同上书，第624页。
④ 同上书，第625页。
⑤ 同上书，第658页。
⑥ [英] 贝特兰·罗素：《西方哲学史》下卷，马元德译，商务印书馆1976年版，第139页。
⑦ 同上书，第196页。
⑧ 同上书，第66页。

布尼兹哲学、莱布尼兹的后继者沃尔夫的哲学。① 国内学者对经验论和唯理论的范围界定基本来自上述各家观点。最流行的看法是，经验论主要包括培根、霍布斯、洛克、贝克莱和休谟的哲学，而唯理论则主要包括笛卡尔、斯宾诺莎、莱布尼兹的哲学。②

笔者赞同国内学者对唯理论范围的界定，但对经验范围的界定要窄一些，我采用罗素的界定，即经验论哲学的主要代表是洛克、贝克莱和休谟。其理由与罗素所列相同：洛克是"经验主义的始祖"，贝克莱哲学是洛克哲学的发展，休谟哲学是经验主义哲学的"逻辑终局"。此外，当代西方学者也是这样来界定经验论和唯理论的范围的。比如，在《斯坦福哲学百科全书》中的"理性主义与经验主义"词条中，"理性主义"的主要代表是笛卡尔、斯宾诺莎和莱布尼兹，"经验主义"的主要代表是洛克、贝克莱和休谟。③ 又如，国外研究经验论和唯理论的著名学者乔纳森·本尼特（Jonathan Bennett）也认为经验论和唯理论的代表人物是指上述六位。④

关于"康德哲学"，本书所指的主要是康德（1724—1804）"批判时期"的哲学，即从1770年的教授就职论文开始，到他去世前的哲学。1770年，康德向哥尼斯贝尔格（Königsberg）大学提供教授就职论文——《论可感世界和可知世界的形式和原则》（De mundi sensibilis atque intelligibilis forma et principiis），提出新的认识论体系，将世界区分为现象界和本体界。1781年，康德最重要的著作《纯粹理性批判》（第一批判）出版；1783年《纯粹理性批判》的教师用本《任何一种能够作为科学出现的未来形而上学导论》出版；1785年和1786年，康德在对理性进行批判后，结出的两个果实即两个形而上学体系《道德形而上学原理》和《自然科学的形而上学基础》分别出版；1787年，为了回应《纯粹理性批判》是贝克莱式的唯心论著作的指责，康德对该书进行了重大修改，增加了批判质料唯心论的内容，出版了第二版；1788年，康德仿照《纯粹理性批

---

① 参见弗兰克·梯利《西方哲学史》（增补修订版），葛力译，商务印书馆1995年版，第三编"近代哲学"。
② 参见陈修斋主编《欧洲哲学史上的经验主义和理性主义》，人民出版社1986年版；赵敦华《西方哲学简史》，北京大学出版社2000年版；叶秀山、王树人总主编《西方哲学史》（学术版）第四卷，凤凰出版社、江苏人民出版社2004年版。
③ Stanford Encyclopedia of Philosophy, "Rationalism vs. Empiricism", 2013. （网络版）
④ Jonathan Bennett, Learning from Six Philosophers: Descartes, Spinoza, Leibniz, Locke, Berkeley, Hume. Oxford University Press, 2005.

判》,对实践理性进行批判,出版了第二批判——《实践理性批判》;为了把必然与自由、现象与本体、理论与实践、知识与道德联系起来,使前者向后者的过渡成为可能,1790年康德出版了第三批判——《判断力批判》。至此,康德哲学的批判体系已经完成。在批判哲学体系的后期阶段,1793年,康德出版了《单纯理性限度内的宗教》来回答"我可以希望什么"的问题。这样,康德提出的"我能知道什么""我应当做什么""我可以希望什么"都已经有了答案,得到了解决。1793年,康德在致卡尔·弗里德利希·司特林的信中,又提出了第四个问题:"人是什么?"①

可以说,康德是近现代西方哲学的关键人物。他综合了唯理论与经验论,为19、20世纪的哲学确立了学术话语范围,对形而上学、认识论(知识论)、道德哲学、政治哲学、美学及其他领域都产生了重要影响,他的著作是当今哲学界引用率最高的。康德批判哲学的核心观念是人的自主性。他认为,人的知性是构造我们所有经验的一般自然规律的源泉;人的理性给自身以道德律,道德律是我们信仰上帝、行为自由和灵魂不朽的基础。因此,科学知识、道德律和宗教信仰是一致的和相互保证的,因为它们全都依赖人的"自主性"这同一个基础。这表明康德特别强调人,尤其是强调人的主动性、能动性。近代哲学对人的主体性的高扬,在康德这里达到高峰。

二

需要说明的是,笔者虽然用了"经验论"和"唯理论"这两个划分西方近代认识论派别的术语,但只是用来界定讨论的范围。本书不讨论认识论问题,即不讨论经验论与唯理论关于认识的起源、认识主体、认识客体、认识的方法与途径、认识的真理性及其检验标准等问题。关于这些问题,陈修斋先生主编的《欧洲哲学史上的经验主义和理性主义》和论经验论者、唯理论者的专著已经有详细论述。本书主要讨论经验论和唯理论中的形而

---

① 参见李秋零编译《康德书信百封》,上海人民出版社2006年版,第199页。另见康德《逻辑学讲义》(许景行译、杨一之校,商务印书馆1991年版,第15页):"在这种世界公民的意义上,哲学领域提出了下列问题:**我能知道什么**?**我应当作什么**?我可以期待什么?人是什么? 形而上学**回答第一个问题,**伦理学**回答第二个问题,**宗教**回答第三个问题,**人类学**回答第四个问题。"

上学问题，以及这些问题对康德哲学的影响，康德对这些问题的总结和反思。按照沃尔夫的说法，"是［者］论"（Ontologie，ontology）是"严格意义上的形而上学"。沃尔夫把他的理论哲学分为"是［者］论"（"严格意义上的形而上学"）即"一般形而上学"（metaphysica generalis）、"特殊形而上学"（metaphysica specialis）和"物理学"。是［者］论是关于是和是者的理论。特殊形而上学包括世界论（关于有形世界的理论）、心理学（关于灵魂的学说）和自然神学（关于上帝的存在及其证明的学说）。沃尔夫的是［者］论和特殊形而上学显然都来自亚里士多德的是［者］论（范畴论）、物理学、灵魂学说和自然神学。但是，沃尔夫是明确提出形而上学的"一总三分"模式的人，他的模式直接影响了后来的康德，康德的主要著作《纯粹理性批判》就是按照这种模式来论述的。当然，康德接受了沃尔夫的形而上学模式但没有接受他的形而上学观点，甚至予以激烈的批判。

本书虽然讨论经验论、唯理论和康德哲学中的形而上学问题，但不是按照沃尔夫的一总三分的形而上学模式来论述上述理论中的形而上学。因为沃尔夫的模式是对亚里士多德以来的哲学的概括，然而并不是每一个哲学家都按这一模式来写作哲学文本，经验论和唯理论的代表人物没有一人是按照这个模式来写作的。甚至可以说，除了沃尔夫本人（他的主要著作被作为大学教科书）和康德之外，没有哲学家是按照这个模式来写作的。此外，西方哲学到近代发生了认识论转向，哲学家们更关注认识论问题。更有甚者，像休谟那样的经验论者明确地亮出了反形而上学的立场。

笔者把本书的主题设定为四个：实体、时空、自我或人格、形而上学，围绕这四个主题来阐述经验论者、唯理论者和康德的观点。我们来谈一谈它们之间的关系。初看起来，这四个主题之间好像没有什么关系，其实都与形而上学有关。第一个主题是"实体"。"实体"（ousia）是亚里士多德的第一哲学或是［者］论的中心范畴。在亚里士多德的十大范畴中，第一个范畴就是"实体"，"实体"是最重要的"是者"。可以说，"实体"是中心，其他九个范畴都是围绕它展开的，是用来述说它的。亚里士多德对"实体"展开了多方面的讨论，甚至在什么是"第一实体"的问题上举棋不定，留下了诸多疑难。在经验论、唯理论和康德哲学中，实体问题也是讨论的核心问题之一。在近代，从笛卡尔继承传统把实体分为物质实体（物体）、有限的精神实体（心灵）和无限的精神实体（上帝），或者分为绝对实体（上帝）和相对实体（物体和心灵）以来，后来的哲学都大致接受了这个划分，也有少数人（如斯宾诺莎、贝克莱）反对这个划分。实体问题当然也是康德哲学的核心论题之一。康德对传统实体观的批判，他的"现象中的实体"观点,他关于现象与本体的著名划分,无不与实体有关。关于实体的观点,大致涵盖了沃尔夫所说的"是[者]论"("一般形而上学")和"特殊形而上学":世界论、心理学和自然神学。

第二个主题是"时空"。时空与形而上学、与实体表面看起来似乎不相干:我们既可以单独讨论形而上学、讨论实体,也可以单独讨论空间和时间。① 其实不然。首先,"空间"和"时间"作为亚里士多德的十大范畴中的两个范畴,属于"是[者]论"即"真正的形而上学"②。尽管亚里士多德主要在物理学中讨论空间和时间,但是,空间和时间作为"是者",首先,是用来描述"实体"的范畴。其次,空间和时间本身与实体是密切相关的:空间和时间是是者(实体)的表现场所。在唯理论者那里,时空成为实体及其表现(对象)的存在场所,或者时空是对象间的关系;经验论者洛克和休谟则认为实体不可知,实体表现出来的、存在于时空中的性质(现象)即观念才是可知的认识对象,时空在这里又成为划分可知与不可知的依据。康德把传统的"实体"变成了"自在之物",而把现象置于时空之中,时空成为了自在之物显现即现象存在的场所,是划分现象与本体、可知与不可知(但可思)的依据。可见,康德的观点是唯理论和经验论的综合。

第三个主题是自我或人格。自我或人格与心灵实体有密切关系,但又不等同于心灵实体。心灵实体是预设的存在对象,而自我或人格是有限的心灵实体(人心)的自我反思或自我意识,可以说是"具体形而上学"中的心灵实体论题的进一步展开。关于自我或人格的同一性问题,在经验论、唯理论和康德哲学中成为一个突出问题。经验论者和唯理论者在此问题上的交锋是两派哲学争论的精彩篇章之一,而康德的先验哲学的确立显然与他对这场争论的总结有关。没有笛卡尔的"我思"、洛克的"人格同

---

① 比如,有些学者单独讨论时空问题,如吴国盛的《时间的观念》(北京大学出版社2006年版)和《希腊空间概念的发展》(四川教育出版社1994年版)。
② 亚里士多德在《形而上学》中有相当多的内容就是讨论范畴,他提出了著名的十大范畴来规定对象(是者),并逐一讨论。这些范畴虽然和具体是者有不可分割的联系,但是亚里士多德是就范畴本身(如"实体"本身、"性质"本身,而不是某一物的"实体"或"性质")来讨论的。所谓"范畴本身"就是一般范畴,就是类似于柏拉图的"善""美""正义"的理念或相。亚里士多德虽然批评其师把现象界和本体界、一般和个别割裂,但是仍然可以把两者分开来,至少是在思想中分开来讨论。这些一般范畴超越了具体现象,属于"形而上"的东西,即是形而上学(第一哲学)的研究对象。然而,诸范畴作为关于"是者"的一般规定,服务于整个理论哲学和实践哲学。所以,在亚里士多德的实践哲学著作中,如在"伦理学"著作中,也会不断提及范畴论

一性"、莱布尼兹的"统觉"、休谟对"自我"及其同一性的否定,就不可能有康德的"先验自我""先验统觉""先验自我意识",即没有康德的"先验哲学"。

第四个即最后一个主题是"形而上学观"。作为哲学家,经验论者、唯理论者、康德都涉及形而上学,否则他们不能被称为哲学家,因为如康德所言,形而上学是本来的、真正意义上的哲学。前三章的内容,如上所述,都属于形而上学。因此,本章的主题,不再重复他们的形而上学内容,而是要讨论他们对形而上学的看法,即他们的形而上学观。毋庸讳言,他们的形而上学观与他们的形而上学内容即前三章的内容是密切相关的。但是,并非每个哲学家都对形而上学进行过反思,形成其形而上学观。当代以前,只有亚里士多德、笛卡尔、休谟、康德、黑格尔等少数一流哲学家及个别的二流哲学家(如沃尔夫)反思过形而上学,形成其形而上学观。这就意味着,不是每一个经验论和唯理论的代表人物都对形而上学进行过系统、深刻的反思,形成了自己的形而上学观点。他们当中的有些人没有自己的形而上学观点,有些人对形而上学发表了一些看法但可能不深入、不系统。所以,这一章的论述从形式上看不像第一、二、三章那样完整,但这是根据实际情况作出的安排。这是应当预先说明的。

我们在上面界定了"经验论""唯理论""康德哲学"几个概念的含义和范围,并说明了"实体""时空""自我或人格""形而上学观"四个主题之间的关系,即它们都属于"形而上学"。这也是本书书名的由来。

第一章 实体观

"实体"① 是"是[者]论"（die Ontologie，ontology）② 和认识论

---

① 《哈佛哲学百科全书》列出了"实体"的 8 种含义：1. 在是[者]论上是基本的；2. 与其他事物比较而言，实体是相对独立和持久的；3. 实体是论断的主体和性质的承担者；4. 在更通常的意义上，实体是变化的主体；5. 实体是对象或对象的种类；6. 实体指材料的种类；7. 康德传统上的实体；8. 从神学或设计的观点来看，在给定系统中实体是这一系统中的至关重要的存在体。（参见 Harvard Encyclopedia of Philosophy，2004 年网络版）

② 关于 die Ontologie（英文：ontology），过去多译为"本体论"，多数学者认为不妥，因为它并不是关于本体的理论。近百年来，在中国语境中，Ontology 先后被译为"物性学""万有学"——卫礼贤，"实体论"——陈大年，"本体学"——常守义，"万有论"——陈康，"凡有论""至有论"——张君劢，"存有论"——唐君毅，"有根论"——张岱年，"是论"——陈康、汪子嵩、王太庆等，"是态论"——陈康（参见邹诗鹏："'Ontology'格义"，《南京社会科学》2004 年第 12 期），"是态学"——熊林。多数学者主张译为"存在论"，因为 to on（英文 being，德文 Sein）有"存在""是""有"的意思，而"存在"似乎可以包含"是"和"有"的含义。但是也有不少学者则主张 to on 应译成"是"，认为只有"是"可以涵盖"存在"和"有"的含义，反之则不然。所以，以 to on 为根基的 die Ontologie（ontology）应译成"是论"或"是态论"。我以为，由于中西语系的不同，单独用"存在"（生存）、"是""有"都不足以表达 to on 的含义。如果非要在上述几个术语中择其一的话，我主张将 on（to on）译成"是"和"是者"，将 die Ontologie（ontology）译成"是[者]论"。因为亚里士多德强调哲学是求"真"的学问，只有通过由"是"或"不是"构成的肯定判断或否定判断才能辨别对象的真假，这是逻辑学与科学的基础。所以，亚里士多德的 ontology 不但是第一哲学，是范畴论，还与逻辑学有关。On 首先是判断系词，当做判断系词用时，译成"存在"或"有"显然更不通顺、更不合汉译习惯（如"那朵花'是'红的。"如果说成"那朵花'存在'红的"或"那朵花'有'红的"，显然不通顺，只能近似地说成"那朵花中'存在'红色"或"那朵花中'有'红色"）。亚里士多德的 ontology 与其逻辑学密切相关，更说明将 on（to on）译成"是"（"是者"）是合理的。另外，据外国学者卡恩（C. H. Kahn）在《古希腊文中"是"这个动词》一书中的研究，动词 einai（英文 to be）的主要用法有系词用法（如"N 是 Φ"），存在用法（将 einai 移到句首，相当于英文的"There is…"）和断真用法［如"……（这）是真的"］。（接下页）

(知识论)的核心问题。自亚里士多德首次提出并论述"实体"（ousia）[①]以来，"实体"一直是西方哲学论述的中心论题之一。

"实体"是经验论与唯理论涉及的重要问题，后来康德也对这个问题

（接上页）其中系词用法最多，占到总量的 60% 以上。（参见 Kahn, The Verb 'be' in Ancient Greek, D. Reidel Publishing Company, 1973, p.87. 和王路《"是"与"真"——形而上学的基石》，人民出版社 2003 年版，第 47 页。）所以，将 einai（英文 to be，德文 sein）译成"是"是合理的。

更进一步说，on，不但可以译成"是"，也可以译为"是者"（所是的那个东西。"希腊文 ον 是动词 ειναι 的现在分词的中性单数，前面加上中性冠词 το，就可以成为一个名词。这一名词既可以在动词的意义上进行理解[是，是者]，也可以在名词的意义上理解[是着的东西，是者]。亚里士多德本人似乎并未严格区分'是'和'是者'。"——弗·布伦塔诺《根据亚里士多德论"是者"的多重含义》，溥林译，商务印书馆 2015 年版，第 3 页——译者注）。所以，die Ontologie, ontology 又可译成"是者论"（前缀 onto 是 on 的复数形式，后缀 logy 是"理论""学说"的意思）。亚里士多德似乎更关注"是者"（存在的事物），尤其是"实体"，因此译为"是者论"可能更准确。（王太庆先生在《我们怎样认识西方人的"是"？》一文中，认为该词的准确译法是"是者论"。参见《学人》第 4 集，江苏文艺出版社 1993 年版，第 430 页）"是态论"或"是态学"带有较多的斯宾诺莎的色彩，即只存在唯一的实体，具体事物是都是实体的样态，这恐怕不大符合亚里士多德的意思。因为亚里士多德强调具体事物是第一实体，而"是者"表达了这层意思。亚里士多德的做法影响了后来所有的哲学，海德格尔认为直到他才明确区分"是者"与"是"。海德格尔认为，亚里士多德关注"是者"的传统使人们不再追问"是"的意义，迄今"是"仍然是最晦暗的概念（参见海德格尔《是与时》"导论"第一章）。如果根据海德格尔的观点，将 die Ontologie（ontology）译成"是者论"或"是者学"是最合适的，但是我对海德格尔的观点存有疑虑：亚里士多德之后真的就没人关注到是与是者的区别？所以，我主张将其译成"是[者]论"，以与"是者论"相区别，意思是"关于是和是者的理论"。是否恰当，请各位方家指正。

需要指出的是，自从中世纪使用 God is（Gott ist）以来，einai（to be, sein）的"存在"含义凸显了出来，所以在学者们表达"存在"的含义时干脆用 exist（existence）、existieren（Existenz）来代替 einai（to be, sein）、to on（being），但是 einai（to be, sein）的存在含义仍然存在（特别是指具体的存在物时）。

[①] 在亚里士多德那里，"实体"的希腊语原文是 ουσία（ousia），它原来是 eimi（我是）的阴性分词 ousa，变成名词 ousia，其词义与 to on 一样，只是不同性，本来应该和 to on 一样译为 being（是，是者）。亚里士多德在《范畴篇》中将 ousia 列为十大范畴之首，是最重要的是者，并说它是其他一切属性（另外的九个范畴表示的东西）的载体。中世纪学者波埃修（Boethius, 480—525）将这个词译成了 substantia（在下面的东西）和 essentia（本质），英语的 substance，德语的 Substanz 皆出自拉丁语 substantia，其直接的含义是"站在下面的东西"，因而是事物的支撑者，所以译为"实体"。但是，当把 ousia 理解为 substance 的时候，其"本质"的含义就消失了（参见汪子嵩等著《希腊哲学史》3，人民出版社 2003 年版，第 729 页）。经验论和唯理论者都在"支撑者"的意义使用"实体"。

进行了深入思考并提出了解决方案。在这一章，我们将追溯实体论题的起源，详细分析和对比经验论和唯理论的代表人物的实体观点，论述康德对两派的实体观的评论及康德本人的实体观点。

第一节 近代以前的实体观举要[①]

古希腊哲学从神话中独立出来以后，最重要的任务是要从总体上说明和解释世界。而说明和解释世界首先要解决世界的统一性问题，因为只有预设了世界是统一的、甚至是完整的整体，对世界的说明和解释才是可能的。哲学家们将"本原"（arche）作为统一世界的东西。"本原"的含义为"太初"，即最初东西。古希腊哲学家相信，最初存在的东西在事物的运动和变化中始终起作用，这种初始存在者或者是构成事物的要素、基质，或者是存在和变化的缘由（原则）。早期的自然哲学家或者把自然事物"水"（泰勒斯）、"气"（阿那克西米尼）、"火"（赫拉克利特）、火气水土"四根"（恩培多克勒）作为本原，或者把抽象的或想象的"数"（毕达哥拉斯）、不变的一（爱利亚派）、种子（阿那克萨哥拉）、原子和虚空（原子论）作为世界的本原。早期哲学家相信，世界上的任何事物都从自己假设的本原中产生，消失后又复归于该本原。这些前苏格拉底的自然哲学家追问的是："事物由什么构成？""事物从何而来？"他们追问万物产生于它又复归于它的那种"基质"或"本原"。

塞诺芬尼（Xenophanes，盛年约为公元前570—前540年）提出了新的研究思路。他不去研究世界的本原和存在原理，而是以单一的、不动的、无生灭的神为研究对象，认为"神是一""一是神"，万物归于"一"。那就自然要问："一是什么？""神是什么？""它有什么特征？""它是怎样的？"塞诺芬尼的思想直接影响了巴门尼德。巴门尼德从认识的角度，把前人的观点贬为凡人的意见，认为哲学的任务是要寻求更高级的真理，而唯一真实的东西乃是不变的"是"。他提出了"是"与"不是"（旧译"存在"与"非存在"）的著名区分，认为研究前者通向真理，研究后者通向意

[①] 本书的主要任务是论述经验论者、唯理论者和康德的哲学观点，但是他们的观点都与历史上的哲学有密切联系，甚至他们的问题就直接来自哲学史。所以，我们不可能绕开哲学史。为了避免详尽地论述经验论、唯理论之前的有关哲学问题的演变史（那是另外课题的任务），本书在每章的第一节采用了"举要"的方式，列举笔者认为的重要观点予以阐释，并说明这些观点与经验论、唯理论或康德哲学的关系。

见。巴门尼德将世界统一于"是者",并回答了"是者"是什么、是怎样的问题,即回答了"是者"的"所是"或"本质"问题,这是严格意义上的"第一哲学",也是最早的"是[者]论"(英文 ontology,德文 die Ontologie)。

智者和苏格拉底将哲学从天上拉回到人间。他们认为,自然哲学家的解释充满了矛盾,不可信。比如,有些人说世界的本原是"一",有些人则说是"多";有些人说世界的本原是不变的,有些人则说是变化的。智者对认识的主观性、语言与认识的关系有深入的研究。苏格拉底则提出了关于人的认识问题,并且开启了用理性思维研究道德伦理的先河,他在逻辑学上也做出了重要贡献。亚里士多德说:"有两件事情公正地归之于苏格拉底,归纳推理和普遍定义,这两者都与科学的始点相关。"[1] 柏拉图继承了老师苏格拉底的观点,沿着先贤巴门尼德的思路,重新解释世界。他把世界这个总体"是者"分为理念(ιδεα, idea,或译"相")的世界和现象的世界,理念的世界是可知领域,现象的世界是可感领域,后者是对前者的"模仿"或"分有"。通过这样的划分,他重新说明了世界的统一性,并说明了世界的本质。这是柏拉图的"是[者]论"。当然,柏拉图没有提出"实体"和"属性"(偶性)的范畴,未直接影响亚里士多德的实体说。[2]

一 亚里士多德的实体观点

亚里士多德(Aristoteles,公元前384—前322年)对他之前的所有哲学进行了分析和总结,可以说,他是第一个哲学史家。当然,亚里士多德首先是一个哲学家,而且是奠定了后来西方哲学发展方向的哲学家。他继承了巴门尼德和其师柏拉图的传统,把世界的统一性归结为"是者"。他的实体观是

---

[1] [古希腊]亚里士多德:《形而上学》1078b27—30,苗力田译,《亚里士多德全集》第七卷,中国人民大学出版社1993年版,第297页。

[2] 尽管柏拉图没有提出实体(ousia/substantia)和属性(symbebekos/accidens)的概念,但是他的一些研究,尤其是中后期对话中的"一"与"多"的辩证法,为亚里士多德的"实体—属性"学说提供了思想资源。在《巴门尼德斯篇》、《智者篇》中,他谈到"一"与"多"的关系。"一个人"是"一",即实体,但是我们又谈论他的颜色、形状、大小、缺点和优点,这些是"多"。"一"是指一事物本身即实体,而"多"则指多个属性。抽象地看,"一"与"多"对立,但具体到某事物时"一"与"多"是统一的:一个实体具有多个属性。在一个事物消灭以前"一"不会变,而"多"则经常会变。"多"还可以与"一"分离,比如"红""大"或"小"既可以与这朵花(一)结合,也可以与花分离而与这件衣服(一)结合。柏拉图明确提出了"一"(事物)和"多"(性质)的辩证法其实就是指出了实体和属性的关系。

他的"是[者]论"的一部分。由于我们将在第四章详细分析亚里士多德的是[者]论,这里就不论述了。我们只需明白:实体是"是者"。

(一)实体是"是者"

虽然"是有多种意义,但全部都与一个本原相关"①。这个本原,作为"是"的其他意义的依据和支撑者,作为其他是者背后的那个是者,就是"实体"(ousia)。"尽管是(原译存在——引者)的意义有这样多,但'是什么'还是首要的,因为它表示实体。"② 其他东西被叫作"是者",是由于它们是实体的质、量及其他。在这两段引文中,我们明白了"实体"这一是者与其他是者的关系:载体、主体和表现、属性的关系。

(二)实体的判别标准

"实体"(ousia ③)作为一种"是者"在十个范畴中居于首位。在《范畴篇》中,亚里士多德区分出了"第一实体"和"第二实体",并且制定了判断"实体"的五条标准④。这五条标准是:一、"实体,在最严格、最原始、最根本的意义上说,是既不述说一个主体,也不依存一个主体的东西"。二、"所有的实体,似乎都在表示某一'这个'"。这是讲它是否是单一的个体。三、"实体自身没有对立物"。"性质""关系"状态等可以有对立面,但没有什么能和实体对立。四、"实体似乎无更多或更少等程度上的差别"。五、"在数目上保持单一,在性质上却可以有对立面。"如某个人,他可以时白时黑,时善时恶,却始终是同一个人。这五条标准中最核心的是两条:不述说主体和独立自存。

依据上述五条标准,亚里士多德认为存在着两类实体,即"第一实体"和"第二实体"。个别的具体事物(如苏格拉底)是第一实体,即最根本的实体,因为它完全符合这五条标准。包含个别事物的属(如"人")和种(如"动物")是第二实体。因为,一方面,种和属基本上

---

① 亚里士多德:《形而上学》1003b6。参见《亚里士多德全集》第七卷,第85页。译文有改动。

② 亚里士多德:《形而上学》1028a14—21,《亚里士多德全集》第七卷,第152页。

③ 由 ousia 演变而来的 ousiology,才是真正的"本体论"或"实体论",但是这个词很少使用。

④ 参见亚里士多德《范畴篇》1b25—4a10,苗力田主编:《亚里士多德全集》第一卷,秦典华译,中国人民大学出版社1990年版,第5—11页。

符合上述标准，可视为实体；但另一方面，其实体性却不如个别事物。譬如，"人"这个属可以述说主体："柏拉图是人"，而且在表示某一"这个"时，也不如第一实体。

《形而上学》第七、八、九卷对实体学说展开了系统的探讨。亚里士多德说："实体在一切意义上都是最初的，不论在定义上、在认识上，还是在时间上。其他范畴都不能离开它独立存在。唯有实体才独立存在。"① 这是强调实体的独立性和优先性。接下来，亚氏讨论了实体的四种主要意思：是其所是（本质）、普遍、种和载体。他说，其他一切都述说载体，载体却不述说他物。因而，原始载体最有资格是实体。但是，充当载体的不仅有质料，还有形状和由两者结合而成的东西（个体事物）。似乎质料必须被看作唯一的实体，理由是，其他范畴都述说实体，而实体则述说质料。然而，随后亚氏又否认这一点，因为可分离的东西和"这个"看起来最属于实体。② 在第七卷的第13章，他再次讨论并肯定了"载体"是实体。"载体处于底层，具有双重意义，或者意为这个存在（或译为'是'——引者），正如动物是各种属性的主体；或者是指对现实的质料。"③ 在这里，亚里士多德理解的"载体"是个体事物本身和与形式相结合的质料。然而，单纯的质料没有什么规定性，更不是实体。这样的话，亚里士多德实际确认了两种"实体"即"载体"：质料和形式的结合物——"个体事物"，因为它符合主体性、分离性和个体性的标准；至于"形式"则更具实体性，因为形式先于质料也先于具体事物。因此，"实体"的最基本含义是"载体"（hypokeimenon）④，只是进一步可以把"载体"理解为个体事物或形式。

《形而上学》第十二卷的后五章通常被看作是亚里士多德的"神学"。

---

① 亚里士多德：《形而上学》，1028a30—35，153页。其中的"独立存在"也可以理解为"独立是"，即实体或主词可以独立是（存在）。"……是红的。"（"…is red."）不成立，即句子不完整，然而"这朵玫瑰花是。"（"The rose is."）在西语中却是完整的，意思是"这朵玫瑰花存在。"（The rose exists.）或"有这朵玫瑰花。"（"There is the rose."）
② 参见亚里士多德《形而上学》，1028b30—35—1029a32，154—156页。
③ 亚里士多德：《形而上学》，1038b1—6，第179页。
④ Hypokeimenon的原义是在背后、在底下的东西，判断中的主词、主体，一般译为载体或基质。波埃修在译注亚里士多德的逻辑著作时根据ousia的hypokeimenon的含义，将它译成substantia（在下面的东西），这就是西语中"实体"一词的由来。波埃修在神学著作中，又将ousia译成essentia（本质），essentia保留了和"是"的字面关系。但是，由于波埃修的逻辑注释在中世纪影响很大，所以substantia成为ousia最通用的译名。（参见汪子嵩等著《希腊哲学史》3，人民出版社2003年版，第729页；王路著《"是"与"真"——形而上学的基石》，人民出版社2003年版，第137页）

在这里,他首先提出的任务是要研究"不运动的实体"。他把实体分成两种"自然的"和一种"不运动的"①。两种自然实体:一是指非永恒的感性实体(有生灭的具体事物);二是指永恒的感性实体(天体)。这两种自然实体都是运动的,是物理学即自然哲学的研究对象。第一哲学的研究对象是不动的东西,现在亚里士多德要讨论的就是这种实体。一种不运动的实体必定是永恒的。这种永恒而不动的实体,正因为是完全的现实性和无质料的纯形式,所以才成为永恒运动的原因,即第一动者或神。它是被向往和被思想的对象,并以这种方式使事物运动。

于是,亚里士多德在《形而上学》中确认了三种实体:具体事物,形式,神。需要注意的是,亚里士多德在这里把"质料"排除在实体之外或没有单独列出来(因为具体事物包含了质料),但这恰好是后来的一种实体观(洛克、休谟的实体观)的基本含义,康德的实体观也主要是把"质料"(康德叫作"先验质料")作为实体。

亚里士多德对"实体"的理解变化很大,很难统一。由于史料的原因,我们甚至无法知道他的哲学观点变化的时间表,当然也就无法准确地了解他的实体观的演变。这为人们后来的理解增加了困难,也增加了解释的自由度。

二 基督教的实体观点

现在,我们来简要谈一谈中世纪基督教的实体观。我们主要介绍奥古斯丁的实体观点和托马斯·阿奎那的实体观点。

(一)奥古斯丁的实体观点

基督教认为,上帝虽是灵,但是是有实体的。② 所谓"实体",乃是

---

① 亚里士多德:《形而上学》,1071b4—5。参见《亚里士多德全集》第七卷,第275页。
② 中世纪著名学者波埃修(480—525)翻译和注释了亚里士多德的逻辑著作,这些著作成为中世纪的基本教材,影响深远。他提出了"是"和"是者"的区分(海德格尔抱怨,自亚里士多德以来人们一直没有区分是和是者,把是者等同于是),他说"是和是者乃是不同的;确实,自身所接受的是还是不是;而接受了是的形式的是者才是作为一个实体。"(波埃修《神学文集》,转引自王路《"是"与"真"——形而上学的基石》,人民出版社2003年版,第187页)他在注释亚里士多德的《解释篇》时还使用了"上帝是"这样的用法,使"是"的"存在"含义凸显出来:"当我们说'上帝是'时,我们不是说他是现在,而只是说,他是处在实体中,在这种程度上,这个('是')确实不是与某个时间,而是与他的实体的不变性相联系的。"(转引自王路《"是"与"真"——形而上学的基石》,人民出版社2003年版,第190页。)这里的"上帝是"的含义是:上帝是实体,或上帝存在着。

一种影响他人或被人影响的力量，简言之，实体就是力量，上帝就是实体。

上帝虽然是实体，但是没有形体。西敏斯特信条①说："上帝乃是最圣洁的灵，是无形的，没有躯体，没有部分，没有激情的。"当上帝在"显身"（Theophany）之时，虽有可见之像，但是因为他的光辉灿烂，令人眼花缭乱、不能正视。上帝虽无形体，却更伟大。

基督教认为，关于"上帝是实体"的真理，是很重要的。第一，可以反驳泛神论者的错误。泛神论者把上帝看成"绝对的意念"。这否认了上帝是客观存在的实体。第二，它可以反驳这样的观点：上帝只是宇宙间一种秩序或仅为维护公义的一种力量。②

奥古斯丁（Aurelius Augustinus，354—430），欧洲中世纪基督教神学、教父哲学的重要代表人物。他的思想有明显的柏拉图主义痕迹。在实体观上，他的主要观点是关于上帝的"三位一体"论。作为虔诚的基督徒，奥古斯丁相信上帝的存在。他还通过宇宙秩序、万物等级、人心内省与思辨三种途径来证明上帝的存在。奥古斯丁相信，上帝创造了一切。上帝是独立于时间之外的绝对存在，他没有过去和未来，永远是现在。

关于"身体"和"灵魂"（或物质和心灵，这两个笛卡尔后来称为的"相对实体"），奥古斯丁论证说，"灵魂"是上帝意志在人身上的体现，它是高贵的，但身体（感官的贪婪）却是邪恶的和受诅咒的，这种诅咒是为了惩罚亚当屈从诱惑的原罪。所以，为了把灵魂从诅咒中解放出来，就只有抵抗邪恶的诱惑。奥古斯丁对两个相对实体的价值判断影响了后来的神学和哲学。

（二）托马斯·阿奎那的实体观点

托马斯·阿奎那（1224—1274）认为，一切都是"是者"或"存在者"，"是者"是最基本的规定，也是最基本的形而上学范畴。托马

---

① 西敏斯特信仰信条（Westminster Confession of Faith），中文又译为"威斯敏斯特信仰信条"或"韦斯敏斯德信仰信条"。这个信条表达的是通常被称作加尔文主义或改革宗的神学。这个信条是在西敏斯特会议（The Westminster Assembly，1643—1649）上被制定出来的。华腓德博士谈到"西敏斯特信条"时说："这是人所构思并写出有关我们所称'福音派信仰'中最齐全、最清楚、最周延、最完美而又最生动的信条；如果我们要福音派信仰延续不绝，就必须护卫这个信条和其他性质相同的各个信条。"传统的长老会持受这个信仰信条。浸信会根据这个信条制定了自己宗派的信条：《1689年浸信会信仰宣言》。——维基百科

② 参见章力生《系统神学》第二卷《上帝论》第三章，香港宣道出版社1989年版。

斯·阿奎那把"是者"区分为"自在的是者"和"非自在的是者",前者是上帝,后者是上帝创造的世界万物。一切被创造的事物都处在变化中,但是一切变化的事物都有一个不变的基础或主体,即"实体"。"实体就是一个不应寓于基质中的东西","具有一种不应在他物之中的本质性的东西"①。所以,实体是独立的是者或存在者,是个体,而偶性则是依附它而获得是或存在的东西。世界万物都需要借助上帝而是(存在)。

按照亚里士多德的观点,实体是由质料和形式组成的。托马斯·阿奎那对亚里士多德的"形式质料说"进行了改造。他把亚式的质料分为"原初质料"和"第二性质料"。"原初质料"是纯粹的潜在物,没有任何现实性;"第二性质料"已经获得了某种程度的现实性,是承载运动和变化的物质即基质。所以,两种质料的区分是"质料"与"物质"的区分。从托马斯的"第二性质料"中演化出了近代哲学的"物质"概念。② 相应于"原初质料"与"第二性质料"的区分,托马斯又将"质料"区分为不能规定的"共同质料"和具有最低限度规定性的 materia singata("能被指质料")。"所谓能被指质料(signifiable material),我指的是按照一定的形状来规定的质料。"③ "质料是双重的:共同质料和能被指或个别质料。共同质料如同骨肉,个别质料如同这一块肉和这几根骨头。"④ 在我看来,托马斯的"原初质料"或"共同质料"是指亚里士多德的"纯粹质料",即亚里士多德经过逻辑推演后得出的最底层的没有任何形式(规定)的"质料",这种"质料"其实是逻辑推演的结果,即"质料本身",在现实世界中并不存在;而"第二性质料"或"能被指质料"是有形式规定的质料,这一类质料是相互能够区分的,比如土、水、木材等。在后面的章节我们会看到,"原初质料"或"共同质料"正是康德的"先验质料"的来源。

托马斯还用"特殊实体"概念来解释一般和个别的关系。他认为,存在于个别事物中的一般,并不是个别事物本身所固有的,而是寄居或隐

---

① 北京大学哲学系外国哲学教研室编译:《西方哲学原著选读》上卷,商务印书馆1981年版,第268页。
② 近代以来,人们关于"质料"和"物质"的使用并没有严格按照托马斯·阿奎那的区分。有些人把质料等同于物质,有些人则认为:物质更原始,质料只是一物的材料。
③ Thomas Aquinas, *On Being and Essence*, translated by A. Maurer, Toronto, 1949. p. 45.
④ [意] 托马斯·阿奎那:《神学大全》,第1集第85题第1条。转引自赵敦华《基督教哲学1500年》,人民出版社1994年版,第386页。

藏在个别事物中的某种"特殊实体"。物体之间的不同特性，是由潜入物体的这种"隐秘的质"所决定的。有多少种物体的特性，就有多少种"隐秘的质"。这种观点培养懒人，使人们无须深入研究事物的内部结构和相互关系，只根据事物的特性假设相应的"隐秘的质"来解释，这严重妨碍了科学的发展，后来成为"威廉的剃刀"的对象。

　　托马斯把实体分为三类。上帝是最高实体，上帝是是与是者的统一，是存在与本质的统一。第二类是精神实体。托马斯说："我们在被造的精神实体中看到本质，它们的存在活动不同于它们的本质。虽然它们的本质是非物质的，但它们的存在活动不是独立的，而是获得的。这一活动被自身本性的接受能力所制约、限定。"① 托马斯在这里特别强调了被造的精神实体与上帝的区别：上帝是完全主动的、作为创造者的精神实体，而被造的精神实体则是本性有限的、受制约的。应当指出的是，托马斯认为被造的精神实体尽管是有限的，但没有什么质料。他反对"普遍质型说"，认为只有物质实体才有质料，不存在什么"精神质料"。第三类实体是物质实体。它们包含着存在与本质以及形式与质料的双重区分。托马斯说："在由质料和形式组成的实体中，活动与潜在有双重组合：一是实体的组合，即质料和形式的组合，二是已经成为复合物的实体与存在的组合。第二重组合也可称'是这个'和'存在'，或'是这个'和'其所是'的组合。"② 所谓"组合"是限制被接受的存在活动的方式。"限制"来自上面和下面。来自上面的限制"是本质对存在的限制，即实体的潜在本质对存在活动的限制。本质在接受存在活动之后，由潜在变为现实的形式，它还要受到来自下面的潜在质料的限制。物质实体按照潜在本质和潜在质料的双重限制接受它们的现实性，它们因此比精神实体享有更少的完善性"③。像奥古斯丁一样，托马斯对三种实体的论述包含了明显的价值判断，而且这种论述是以亚里士多德的学说为依据的。托马斯对实体的三分法影响了经验论、唯理论和康德对实体的划分。

---

① ［意］托马斯·阿奎那：《论存在（是）与本质》，第5章。转引自赵敦华《基督教哲学1500年》，人民出版社1994年版，第382页。
② ［意］托马斯·阿奎那：《反异教大全》第2卷第54题。转引自赵敦华《基督教哲学1500年》，人民出版社1994年版，382页。
③ 赵敦华：《基督教哲学1500年》，人民出版社1994年版，383页。

第二节　唯理论的实体观

我们在上一节简要介绍了"实体"概念的由来和一些重要哲学家的实体观点，这对我们理解唯理论、经验论和康德的实体观具有重要意义。在这一节，我们将论述唯理论的几个代表人物的实体观点。唯理论者都把上帝作为最根本的实体，但是，在物质和心灵是否是实体、实体是多还是一等问题上，笛卡尔、斯宾诺莎和莱布尼兹持明显不同的观点。

一　笛卡尔的实体观点

笛卡尔（1596—1650）很重要，黑格尔和罗素都把他看成"近代哲学真正的创始人"[1]、近代哲学的始祖[2]。他们尊笛卡尔为"创始人"是因为其最有创造性的东西，而这种创造性是与他的实体观点相关的。

笛卡尔在他的《第一哲学沉思集》（1642）、《哲学原理》（1644）等著作中，较多地论述了他的实体观点。我们这里不考虑其实体观点的先后变化，因为两本著作的时间差异不大。

（一）实体的含义

笛卡尔在《哲学原理》中说：

> 我们用实体只能设想这样一种事物，它能自己存在（exist），其存在（existence）不需要别的事物。事实上，只能设想一种绝对独立的实体，那就是上帝。而且，我们设想，所有别的事物只有借助上帝才能存在。因此，实体这个词并不能**单义地**（借用经院学派熟悉的术语）用于上帝和被造物。也就是说，当这个词共同用于上帝和被造

---

[1] ［德］黑格尔：《哲学史讲演录》第四卷，贺麟、王太庆译，商务印书馆1978年版，第63页。
[2] ［英］罗素：《西方哲学史》下卷，马元德译，商务印书馆1976年版，第79页。

物时，我们无法清晰地理解其含义。①

笛卡尔在这里讲了两个主要观点：第一，实体是自己存在的，不需要别的事物的帮助；第二，只有上帝才是绝对独立自存的东西。当我们把"实体"用于上帝和其被造物时，其含义是不一样的。显然，笛卡尔的实体观点来自托马斯·阿奎那的观点。

接下来，笛卡尔谈到了"被造的实体"：

> 然而，被造的实体（created substances），不论是有形体的还是能思想的，都可以在这个共同的概念下设想。因为这些事物的存在无需他物而只需上帝的整合（concourse）。但是，实体不可能仅仅因为它是一独立存在的事物而被发现，因为依据自身的存在（existance by itself）是我们观察不到的。然而，我们却容易从实体的任何属性、通过任何东西都有属性、特性或性质的共同观念来发现（discover）实体本身：因为，从某种属性是现成的（present）感知中，我们推论出可以将属性归属的某种存在的东西或实体也必然是现成的。②

笛卡尔把"被造的实体"分为两大类，即能思想的（心灵）和有形的（物体、身体）。笛卡尔在这里并没有细究"心灵"和"能思想的实体""身体"与"有形的实体"的区别，我们也不细究。他认为，这两种东西都可以称为"实体"，尽管是"被造的"，因为它们只需要上帝的"整合"就能存在了。在法语本的《哲学原理》中，被造事物分成两类："有些事物就是这样，如果没有其它事物，它们无法存在；而另外一些事物只是需要上帝的日常的同时在场（ordinary concurrence of God）就可存

---

① R. Descartes, LI, Of the Priciples of Human Knowledge. *Principles of Philosophy*（笛卡尔：《哲学原理》"论人类知识原理"第51节），translated by John Veitch, *Meditations and Selections from the Principles of Philosophy: Descartes 1596—1650*, La Salle Illinois: Open Court 1964.（下同）需要注意的是，存在（exist）一词的使用。在中世纪以前，用"存在"的地方会用"是"（on, to be）来表达，因为（on, to be）本来含有"存在"的意思。但是，中世纪以后，只表示存在（尤其是时空中的存在）的时候，学者们一般用 exist 而不再用 on, to be。但是，由于 exist 的名词形式 existence 只有"存在"而没有"存在者"的意思，所以当指"存在者""存在物"时，学者们仍然用 be 的名词形式 being（复数 beings），如 human beings。这样说来，中世纪以后，将 ontology（die Ontologie）译为"存在（者）论"是有充分理由的。

② R. Descartes, LII, Of the Priciples of Human Knowledge, *Principles of Philosophy*.

在。"我们把后者叫作"实体",而把前者叫作"性质"或者那些实体的"属性"。被造的属性或性质需要被造之实体才能存在,属性只能是实体的属性。①

但是,笛卡尔又认为,"被造的实体"是观察不到的,只有其属性是现存的、可以感知的,我们通过其属性"推论出"实体的存在。应当说,这个思想显然影响了后来的经验论者洛克、休谟。所以,唯理论者与经验论者其实是相互影响的,并非泾渭分明,互不相干。

(二) 实体与属性

在《哲学原理》第一部分第53节,笛卡尔说:

> 每一种实体都有一个主要属性,如心灵的思想(thinking)属性,物体的广延属性。不过,尽管每一种属性足以让我们知道实体,但是每一实体只有一种主要性质,它构成其本性或本质,所有其他属性都依赖它。例如,具有长、宽、高的广延构成了有形实体的本质,思想构成了能思实体的本质。②

笛卡尔在每一种实体的属性中区分出了一种主要属性或本质。能思实体或心灵的主要属性是思想,有形实体或物体的主要属性是广延。③ 心灵除了思想外,还有意志、欲望、情感等性质或特性,物体除了广延外还有形状、坚固性、运动与静止等性质或特性。

在这里涉及三种"实体"的关系。就上帝这种"绝对实体"与心灵和物体这两种"相对实体"的关系来说,第一,"上帝"指的是无限、永恒、常驻不变的实体。④ 上帝是真正意义上的独立的实体,是因自己而存在的,而心灵和物体只是相对意义的独立存在者,但它们仅借助上帝的

---

① Woolhouse, Roger S. , *Descartes*, *Spinoza*, *Leibniz*: The Concept of Substance in Seventeenth-century Metaphysics, Chapter Two, London: Routledge, 1993.
② R. Descartes, LIII, Of the Priciples of Human Knowledge, *Principles of Philosophy*.
③ Jonathan Bennett 对笛卡尔把物体的本性归结为广延提出质疑。笛卡尔论证说,一块蜂蜡的硬度、味道、气味、颜色去除以后,它仍然是同一个蜡块,是蜡块的广延、柔软、可变。这样,广延就成了物体的必不可少的本质。Bennett 认为:"这个论证不够细致或彻底。虽然它表明了没有一种颜色对蜡是必不可少的,但它不排除这样的可能性:被染色是蜡块必不可少的。"(Jonathan Bennett, *Learning from Six Philosophers*, Volume 1, p. 29.)
④ [法]笛卡尔:《第一哲学沉思集》,庞景仁译,商务印书馆1986年版,第45—46页。

"整合"就能独立存在,所以相对于其他事物而言它们仍然是独立存在的。第二,上帝这种实体是创造者,而心灵和物体是"被造的实体",它们之间是原因与结果的关系。笛卡尔在一封信中写道:"毫无疑问,假如上帝取消了他的协助,一切造物都将化为乌有。"① 第三,上帝是最完满、最高级的实体,心灵和物体只是相对完满、较为低级的实体。"虽然实体的观念之在我心里就是由于我是一个实体,不过我是一个有限的东西,因而我们不能有一个无限的实体的观念,假如不是一个什么真正无限的实体把这个观念放在我心里的话。"② 人们心中完满的"上帝"观念是由比心灵更完满的上帝放入的。

(三) 心物二元论

就心灵与物体的关系来说,任何一方都不依赖对方而存在。从其本质(属性)来看,思想和广延没有相通之处:心灵没有广延,物体不能思想。这样,笛卡尔得出了二元论的结论:心灵和物体是独立存在的两个实体,它们之间没有相互作用。

笛卡尔的二元论结论,虽然为当时的自然科学发展提供了哲学论证,但是,二元论却无法合理地解释人。人是两种实体的结合物:身体是物质,思想或意识活动的载体是心灵,这就是"身心二元论"。按照二元论的原则,人的身体和心灵不能相互作用,但这一理论与人的心理与生理活动协调一致的事实明显不符。为了解释人的身体的意识活动,笛卡尔利用他的医学知识假设,身体和心灵有一个交接点,它是位于脑部的"松果腺"。松果腺汇集了身体的精气即动物灵魂,在大脑产生心灵活动;另外,心灵活动通过驱动松果腺,牵动精气的活动,使身体随着心灵的活动而活动。这种解释实际上是医学中的"神经交感学说"。但是,"松果腺"的概念给予心灵以位置,这违反了心灵没有广延的二元论原则。③ 笛卡尔的二元论为后世留下了绵延不绝的争论话题。

从认识论的角度看,笛卡尔还有一个著名观点,这就是精神实体比物质实体更容易认识。他在《第一哲学沉思集》的"第二个沉思"中认为,"思维是属于我的一个属性,只有它不能跟我分开。"④ 我就是在思维的东

---

① 转引自 Leob: *From Descartes to Hume*, Cornell University Press 1981, p. 95。
② Ibid., p. 46.
③ 后来的医学证明:松果腺中含有抗性腺激素和降血糖因素。在幼年它有抑制性成熟、抑制生殖器官发育和阻碍性征出现的作用,它不是身心活动的交换场所。
④ 笛卡尔:《第一哲学沉思集》,第 26 页。

西，思维的东西就是我，所以我认识精神的东西很容易。但是，我要认识有广延的东西就难了。因为我们只能通过感觉认识有广延的东西，可是感觉是不可靠的。比如，一块蜂蜡经火一烤，香气消失了，颜色变了，形状没有了，可是我们都知道蜡还存在。是什么知道蜡存在呢？是精神、理智。所以，笛卡尔的结论是："物体本身并不是由于被看见或者被摸到，而不过是被理解到或者通过思想被了解到才被认识的，那么我看得很清楚，没有再比我的精神对我来说更容易认识的了。"① 显然，笛卡尔更看重灵魂而非物质。

这就是笛卡尔的实体观的主要内容。

二 斯宾诺莎的实体观点

巴鲁赫·德·斯宾诺莎（Baruch de Spinoza，1632—1677），是唯理论的杰出代表人物之一。他不仅在哲学上有重要贡献，而且具有非常高尚的人格。连向来挑剔的罗素都对他赞赏有加，认为，虽然有些人在才智上超过他，但在道德方面他是至高无上的。②

斯宾诺莎认为，哲学的目的是要达到"真善"或"至善"，而"至善"在他看来就是"人的心灵与整个自然相一致的知识"③。实体观点即是关于"自然"的知识，因为在斯宾诺莎那里"实体"与"自然"是一个东西，只是强调的方面不同而已。

（一）实体、属性、样式

"实体"是斯宾诺莎哲学体系的核心范畴，也是第一个"真观念"。斯宾诺莎的实体定义是：

> 实体，我理解为在自身内并通过自身而被认识的东西。换言之，形成实体的概念，可以无须借助于他物的概念。④

这个定义是从认识论的角度作出的，但其意义却是是［者］论（存在论）的。斯宾诺莎对"实体"的定义作了许多说明：

第一，实体是"自因"。所谓"自因"是指，"它的本质即包含存在，

---

① 笛卡尔：《第一哲学沉思集》，第33页注释⑥。
② ［英］罗素：《西方哲学史》下卷，马元德译，商务印书馆1976年版，第92页。
③ ［荷］斯宾诺莎：《知性改进论》，贺麟译，商务印书馆1960年版，第21页。
④ ［荷］斯宾诺莎：《伦理学》，贺麟译，商务印书馆1958年版，第3页。

或者它的本性只能设想为存在着"①。实体是"自因"是说，实体的本质即包含存在，"存在"是实体的必然规定，所以不能设想实体不存在，"不存在的实体"是一个矛盾概念。

第二，实体是无限的，因为它不受任何其他东西的限制。实体的概念不受另一个概念的限制，否则它就不是在自身内被认识的；实体是无限的，否则它会受到其他存在者的限制。

第三，实体是唯一的，因为它是无限的，包含着无限的属性和状态；如果在它之外还有另一实体的话，那么那个另外实体的属性或状态必然包括在这个无限的实体之中，这样我们将无法把两者区别开来。所以，我们既不可能、也无必要设定和想象多个实体。

第四，实体是一个不可分割的整体，一切存在和认识都包含在实体之中。但是，实体不是它所包含的存在和认识的总和，否则的话它就要受到其部分的限制，这与实体的无限性和唯一性相矛盾。

按照斯宾诺莎的术语，"实体""神""自然"是等同的、可以相互替换的概念。他把唯一的、无限的实体等同于"神"，这符合犹太—基督教的严格的一神论传统：中世纪的宗教神学认为"神"是唯一的实体，连笛卡尔也认为"神"是绝对实体；斯宾诺莎把实体等同于自然界整体，这又符合新兴的自然科学关于"自然"的概念。这三个概念反映了不同的思想来源：上帝、实体、自然有本原、支柱、总体的分别，上帝侧重于信仰对象，自然偏重于认识对象。

关于"自然"，斯宾诺莎在《神、人及其幸福简论》中说："自然是通过其自身，而不是通过任何其他事物而被认识。它是由无限属性所构成，其中每一属性在其自类中皆是无限的和圆满的。存在属于它的本质，所以在它之外不存在有任何其它的本质或存在。因而它同唯一伟大的神圣的神的本质是完全一致的。"② 可见，"自然"与"实体""神"的规定一样。

需要说明的是，斯宾诺莎的"自然"并不等同于我们说的物质自然界。斯宾诺莎把"自然"分为"产生自然的自然"（或"能动的自然"）和"被自然产生的自然"（或"被动的自然"）。这两个概念来自库萨的尼古拉和布鲁诺。前者"是指在自身内并通过自身而被认识的东西，或者指表示实体的永恒无限的本质的属性，换言之，就是指作为自由因的神

---

① ［荷］斯宾诺莎：《伦理学》，贺麟译，商务印书馆1958年版，第3页。
② ［荷］斯宾诺莎：《神、人及其幸福简论》，洪汉鼎、孙祖培译，商务印书馆1987年版（下同），第258页。

而言。"① 后者"是指神的属性的全部样式",即"出于神或神的任何属性的必然性的一切事物"。② 可见,"自然"决不能等同于我们所指的物质世界。它既是物质的又是精神的,既是主动的又是被动的,既是无限的又是有限的,既是统一的又是多样的。这里有丰富的辩证法思想,但是同时承认了物质和精神的独立存在,即承认了物质和精神这两种属性(本质)的原始性。

至于"神",斯宾诺莎说:"神,我理解为绝对无限的存在,亦即具有无限'多'属性的实体,其中每一属性各表示永恒无限的本质。"③ 很显然,"神"与"实体"是等同的。

这里的问题是,如何理解"神"与"自然"的关系?如果"神"等同于全部"自然",即等同于包括了"产生自然的自然"和"被自然产生的自然"在内的"自然",那么我们可以说"万物是有神的"或"神在万物之中"(上面已经说过,"万物是有灵的"即有精神的,但与这里的"神性"不同)。如果"神"只等同于"产生自然的自然",那么"神"与"被自然产生的自然"是什么关系呢?是创造者与被创造者的关系吗?是因果关系吗?如果是这样,那斯宾诺莎的观点与传统的宗教神学又有何区别呢?他又为何被犹太教逐出教门呢?斯宾诺莎的理解是,"神"既是原因但又不是传统理解的创造者。这里的原因是"内因"而不是"外因"。他认为,"内在的原因决不产生在它之外的东西"。**就神同它的结果或创造物相关而言,它是一个固有的原因,而就第二个观点而言**〈即神是它的创造物所组成的整体而言〉,**它又是一个整体**。"④ 可见,"神"应该是等同于全部"自然"。因此我们的结论是:按照斯宾诺莎的观点,万物不仅是有灵的,而且是有神的即神圣的。

接下来,我们讨论"属性"概念,因为属性与实体的关系极大。"属性,我理解为由知性(intellectus)看来构成实体的本质的东西。"⑤ 这里的"知性"应该译为"理智","知性"与"理性"的划分是后来康德才

---

① [荷]斯宾诺莎:《伦理学》,第27—28页。
② 同上书,第28页。
③ [荷]斯宾诺莎:《伦理学》,第3页。
④ [荷]斯宾诺莎:《神、人及其幸福简论》,第152页。
⑤ [荷]斯宾诺莎:《伦理学》,第3页。

有的划分。① 还要注意"从理智看来"这一限制词的意思。无限的实体有无限的属性,但是人类所能认识的属性只有两种:广延和思想。属性构成实体的本质,所以我们不能离开属性谈论实体。

同样,我们也不能离开"样式"来讨论"实体",因为"样式,我理解为实体的分殊,亦即在他物内通过他物而被认知的东西"②。样式是实体的存在方式。斯宾诺莎把样式分为"无限样式"(一般样式)和"有限样式"(特殊样式)。无限样式出自神的属性的本性或属性的分殊。"一切必然地无限存在着的样式,或者是必然出于神的某种属性的绝对本性,或者是出于某种属性的分殊,而这种分殊是必然地无限地存在着。"③ 至于"有限样式"(特殊样式),则是间接由神产生的:"凡有限之物能够存在、能够动作,必定是被出于神或神的属性的有限的、且有一定存在的分殊所决定。"④ 神或实体不直接产生具体事物,具体的个别事物产生于属性的有限的分殊。

如果说属性是实体的本质或内在规定,那么样式则是实体的存在方式或外在表现。所有的事物组成一个因果链条,每一个事物都是因果链条的一个环节。这个因果链条环环相扣,没有缺环,所以"自然中没有任何偶然的东西,反之一切事物都受神的本性的必然性所决定而以一定方式存在和动作"⑤。这里表达出了斯宾诺莎彻底的因果决定论。

(二) 实体是一元的还是多元的

斯宾诺莎实体学说中最有争议的问题是,实体是一元论的还是多元的?实体与属性的关系如何?广延和思想的关系如何?

斯宾诺莎主张彻底的实体一元论,这在大多数学者看来没有什么问题。而且,斯宾诺莎正是觉得笛卡尔的"三实体说"遇到了不可克服的困难,才提出了实体一元论,而这种实体一元论刚好与一神论吻合。他认为,由于神是唯一的实体,所以笛卡尔的"心灵实体"和"物质实体"

---

① 黑格尔说:"知性与理性之间的区别首先是由康德明确地强调指出的,而且是用这样的方式加以确定的:知性以有限的、有条件的东西为对象,理性则以无限的、无条件的东西为对象。"(《哲学全书·第一部·逻辑学》,梁志学译,人民出版社 2002 年版,第 110 页。)
② [荷] 斯宾诺莎:《伦理学》,第 3 页。
③ [荷] 斯宾诺莎:《伦理学》,第 24 页。
④ 同上书,第 26 页。
⑤ 同上书,第 27 页。

就不再是实体，"心灵实体"的主要属性"思想"和"物质实体"的主要属性"广延"被作为人可以认识的实体的两种属性即本质。

但是，斯宾诺莎原来是把实体与属性混用的。在《神、人及其幸福简论》中，他写道："在神的无限的理智中，除了在自然中有其'形式'存在的实体或属性外，没有什么其它的实体或属性。"① 在给奥尔登堡的信中，他关于属性的说明与后来《伦理学》中关于实体的定义相同："属性，我理解为凡是通过自身并且在自身内被设想的东西，所以它的概念不包含任何其它事物的概念。"② 据洪汉鼎教授的考证，斯宾诺莎至少是在1663年初才有了将实体和属性相区分的想法。③

然而，即使在《伦理学》中，斯宾诺莎也有把实体与属性混用的情况，比如，"思想的实体与广延的实体就是那唯一的同一的实体"④。还有，从神的本质与神的属性同一的规定来看，也可以看出实体与属性的等同性："神的存在与神的本质是同一的。"⑤ 神和神的一切属性都是永恒的，神的每一属性都表示存在，构成神的本质的属性同时又构成神的存在。也就是说，神即神的本质。换言之，属性即实体，实体即属性。⑥ 所以，我们看到，尽管斯宾诺莎想把实体与属性分开来，但在论证时又会把它们等同起来。

"实体"实际上是无法直接认识的东西，我们只能通过实体的属性即本质、更准确地说是通过属性的无限样式产生的有限样式去认识它。问题在于，有限样式属于有限的系列，无限样式属于无限系列，这两个系列是互不相干的。由于我们不能从有限事物上升到无限的、唯一的实体，所以斯宾诺莎的策略是反过来，先假设最高的"实体"，再一步步下降到具体事物。但是，斯宾诺莎又遇到了困难：无限样式如何产生有限样式？即无

---

① ［荷］斯宾诺莎：《神、人及其幸福简论》，第141页。
② 斯宾诺莎1661年9月给奥尔登堡的信，见《斯宾诺莎书信集》英文本，1928年第75页。另请参见笔者《论斯宾诺莎哲学的二元论》（《外国哲学》第8辑，商务印书馆1986年版，第44—57页），笔者在那篇文章中详细分析了斯宾诺莎把"属性"与"实体"等同、混用的情况。
③ 参见洪汉鼎《斯宾诺莎哲学研究》，人民出版社1993年版，第171页。
④ ［荷］斯宾诺莎：《伦理学》，第46页。
⑤ 同上书，第22页。
⑥ 美国学者戴安娜·斯坦贝格也注意到了这一点，她说，"事实上，属性的界说'由知性看来是构成实体的本质的东西'，似乎暗示实体和属性之间的同一——事物和它的本质不是两个东西"。（戴安娜·斯坦贝格：《斯宾诺莎》，黄启祥译、谭鑫田校，中华书局2002年版，第27页）

限如何过渡到有限？他没有告诉我们。

（三）广延与思想

关于实体的两种人可以认识的属性即广延和思想的关系，也是一个很复杂的问题。我们知道，这两种属性原来分别是笛卡尔的物质（有形）实体和心灵实体的属性，斯宾诺莎取消了物质实体和心灵实体，而把这两种实体的主要属性即广延和思想变成了唯一实体的两种属性即本质。为了彻底摆脱笛卡尔的"三种实体论"的影响，斯宾诺莎甚至设想了实体有无限多的属性，广延和思想只是我们人能认识的两种而已，并无特殊的地方。由于笛卡尔认为物质与心灵都是实体，不能相互作用，但是人本身却是物质（身体）和心灵（意识）相互作用的存在体，他陷入了无法克服的"身心二元论"困境。

斯宾诺莎是明智的，他知道陷入笛卡尔的泥潭就很难拔出来，所以他采取一系列的回避措施。首先，他不再面对物质和精神、身体和心灵的二元问题，而把广延和思想看成实体的无限多属性中的两种，没有什么特别的地方。唯一特别的地方，就是我们人只能认识这两种。这并不表明这两种属性有多重要，而只表明我们人的认识能力的有限性。斯宾诺莎假设了人神之分，这是一个前提，后来的康德也明确假设了这个前提。

其次，尽管心物问题、身心问题不再如笛卡尔那里突出，但仍然是不能回避的问题。斯宾诺莎的处理方式是，把广延和思想看成同一个实体的无限多属性中的两种属性即本质，这两种属性各有自己的样式：有形事物是广延属性的样式，观念是思想属性的样式。因为样式的相互作用只能在同一属性的因果系列中发生，所以事物和观念不能相互作用（同样，其他属性的样式也不能相互作用）。这样就避免了笛卡尔的心物二元论、身心二元论、"松果腺"假设带来的麻烦。

但是，广延和思想（或其他属性）既然属于同一实体，就必然存在某种关系。斯宾诺莎认为，这种关系是"对应关系"，而且是严格的一一对应的关系。他说："观念的次序和联系与事物的次序和联系是相同的。"[1] 这是事物的因果序列和观念的因果序列的对应，两个因果序列上的样式有一一对应的关系。

---

[1] ［荷］斯宾诺莎：《伦理学》，第45页。

广延的一个样式和这个样式的观念亦是同一的东西,不过由两种不同的方式表示出来罢了。……所以,无论我们借广延这一属性,或者借思想这一属性,或者借任何别的属性来认识自然,我们总会发现同一的因果次序或同一的因果联系,换言之,我们在每一观点下,总是会发现同样的事物连续。①

斯宾诺莎的这种观点被称为"平行论",因为他主张观念的次序与事物的次序是同一个过程但又以不同的方式表现出来,两种次序是平行的,如平行线一样永不相交。②

斯宾诺莎的解释实在高明,他回避了心物关系问题、物质与精神何者是第一性的问题(何者产生何者的问题)。当然,回避这样的问题同时就是坚持了一种观点:物质与精神没有何者产生何者的问题,它们一开始就同时存在!斯宾诺莎明确说:"一切个体事物都是有心灵的,不过有着程度的差异罢了。因为一切事物的观念必定存在于神内,而神就是这个观念的原因,正如人的身体的观念存在于神内,也以神为它的原因。"③ 再从实体(神)与属性的关系来看,属性是实体的本质,它们必然与实体(神)同时存在,不是实体或神产生出来的东西;还有,广延和思想作为实体的两种属性,也必然同时存在,不可能有何者产生何者的问题。

在西方,物质与精神的关系问题一直是哲学家们关注的核心问题之一,物质与精神何者为第一性的问题被认为是哲学必须回答的问题。唯物论者主张,物质是世界的本原,精神(意识)是物质发展到一定阶段的产物。

---

① [荷] 斯宾诺莎:《伦理学》,第46页。

② Jonathan Bennett 说:"斯宾诺莎的平行主义学说,试图将心身互动的现象与严格禁止属性间任何因果流动的形而上学相协调。它假设两个平行的因果系统具有对应关系——某种形而上学的函数,它将一个系统的事件映射到另一个事件上,将一个系统的因果链映射到另一个系统上。"(*Learning from Six philosophers − − Descartes*, *Spinoza*, *Leibniz Locke*, *Berkeley*, *Hume.* Oxford University Press, 2005, p.151)

③ [荷] 斯宾诺莎:《伦理学》,第52页。笔者怀疑,莱布尼兹的单子论是受到了斯宾诺莎这一观点启发。1676年12月,莱布尼兹到达海牙,访问了斯宾诺莎,与他多次见面长谈,并阅读了斯宾诺莎未发表的《伦理学》手稿。(参见陈修斋的文章"莱布尼兹",王树人、余丽嫦、侯鸿勋主编《西方著名哲学家传略》上,山东人民出版社1987年版,第408页)

唯心论者主张，精神（意识）是世界的本原，物质是精神的产物。[①] 其实，最彻底的唯心论者是神创论者。神学家们认为，上帝是纯精神性的，物质、时间、空间都是上帝后来创造的，上帝不可能具有他后来创造的东西，否则他就不再高贵和神圣。而且，按照传统的理解，有形的东西是可以无限分割的，也就是有死亡和消灭的。如果上帝是有形的（物质的），则意味着上帝有分割、可死亡，这与上帝"永恒"的观念相矛盾。斯宾诺莎的解决方案与唯物论、唯心论都不同。他不追问物质与精神何者是第一性的问题，而是认为二者都只是唯一实体的属性，它们没有独立的存在，存在的只是实体的分殊（个别事物）。既然物质和精神（广延和思想）连独立存在者都不是，追问它们何者是第一性那就没有意义了。美国学者戴安娜·斯坦贝格把斯宾诺莎的"属性"（如广延、思想）理解为事物的"类"，而把"样式"理解为"类"中的具体事物，这是很有见地的[②]，可以说是很准确地理解了斯宾诺莎的原意。我们为什么要在广延的事物、思想的事物或其他种类的事物中去追问哪一类事物是本原、是第一性的呢？笔者认为，斯宾诺莎的方案至今仍有参考价值。[③]

[①] 但是，最著名的唯心论者黑格尔并不像人们理解的那样，以为精神创造了物质世界。黑格尔只是说，精神对于物质来说具有逻辑上的优先性，精神是物质世界的本质，精神比物质重要，但从时间上说自然在意识之先。绝对理念"外化"为自然，绝不等同于绝对理念"创造"了自然，对此许多研究者（比如费尔巴哈）对黑格尔有误读。精神与物质同时存在，所以黑格尔更像是一个泛神论者。

[②] 参见戴安娜·斯坦贝格《斯宾诺莎》，黄启祥译、谭鑫田校，中华书局 2002 年版，第 26 页。

[③] 当代著名量子物理学家、自然哲学家戴维·玻姆为了解决心物关系、身心关系，提出了"体—义"（soma - significance）一词，作为物理事物与精神事物之间关系的新概念。"体—义概念的意思是，体（或物理的东西）和它的义（精神性的）决不是分离存在的，而是一个总实在的两个方面。"（Donald Factor edited.，*Unfolding Meaning—A Weekend of Dialogue with David Bohm*，Foundation House Publications，Mickleton，1985. p. 73.）玻姆认为，物质与精神就像磁体的两极，绝不能分开。在物质的每一层次都还有精神的一极，有某种"体—义"。如果进到物质的无限深度，我们可以达到某种非常接近在精神的深度上达到的东西。在无生命的物质中也有心灵的一面。这样，"我们不再有心灵与物质的区分。"（D. Factor ed.，*Unfolding Meaning*, p. 90. 另见拙著《玻姆自然哲学研究》第八章第四节，中央编译出版社 2014 年版）。我认为玻姆的观点几乎是斯宾诺莎观点的现代翻版，他的"总实在"相当于斯宾诺莎的"实体"或"自然"，"方面"或"形式"即是斯宾诺莎的"属性"即"本质"。

三 莱布尼兹的实体观点

莱布尼兹（1646—1716）在《神正论》的序言中提出了两个"迷宫"："我们的理性常常在两个著名的迷宫中迷路：一个是关于**自由**和**必然**的大问题，特别是关于恶的产生和起源的问题；另一个在于有关连续性和看起来是它的要素的不可分的点的争论，而这其中涉及到对无限性的思考。"① 这两大迷宫是莱布尼兹终生关注的问题，对第一问题的回答产生了他的"神正论"（限于论题，本书不讨论），对第二问题的思考构成了他的形而上学的基本内容，实体观正是其内容之一。

莱布尼兹非常重视"实体"问题。他说，"实体概念是（了解）深奥哲学的关键。……实体是最重要的概念，因为对上帝、灵魂和物体本质的认识都取决于对这个概念的正确理解"②。

莱布尼兹的实体观是为了解决笛卡尔、斯宾诺莎的实体观中存在的问题而提出的。那么，在莱布尼兹看来，他们的实体观有哪些问题呢？

（一）笛卡尔、斯宾诺莎实体观中的问题

关于斯宾诺莎哲学与笛卡尔哲学的关系，莱布尼兹有一个基本看法，那就是斯宾诺莎哲学"只是在笛卡尔哲学中培植起来的某些种子"，斯宾诺莎的哲学是"夸大的笛卡尔主义"③。我们认为，莱布尼兹对斯宾诺莎哲学与笛卡尔哲学关系的理解基本上是正确的，当然它们之间的区别也是不能抹杀的。

首先，莱布尼兹对斯宾诺莎的神即实体即自然的观点并不满意，因为它把神限制在实际存在的事物上。只承认实际存在的事物，就否定了神的自由意志，也否定了人的自由。对莱布尼兹来说，神在自身包含了所有可能性，而不只是现实世界，现实世界只是神有最充足的理由去实现的一种可能性。

其次，斯宾诺莎认为只有一个实体，即神或自然。斯宾诺莎只承认唯一的实体，是为了解决笛卡尔的"三实体说"，尤其是"心物二元论"的

---

① G. W. Leibniz, *Thoedicy* (《神正论》), translated by E. M. Huggard, London: Routledge & Kegan Paul, 1951. p. 53.

② 转引自费尔巴哈《对莱布尼兹哲学的叙述、分析和批判》，涂纪亮译，商务印书馆1985年版，第30页。

③ G. W. Leibniz, *Theodicy*, translated by E. M. Huggard, London: Routledge & Kegan Paul. 1951, p. 359.

矛盾。但是，在莱布尼兹看来，笛卡尔的实体说固然存在矛盾，而斯宾诺莎的实体观也不正确。只承认一个实体，就会把除上帝以外的所有事物（包括人）都看成属性、关系甚至虚幻的东西，否定人和其他事物的实在性。这是很难接受的。莱布尼兹认为，统一的自然不是实体，只有个体事物才是实体。上帝是实体，但上帝是一个最完善的单子而不是完整的自然界。如果只有一个实体，万事万物都是实体的样式，那事物就没有实质性的区别。莱布尼兹认为，既然有无限多的实体，每一实体都有自己的灵魂或形式，那么每个实体就是彼此不同的。"除了时间和地点的区别以外，永远还必须有一种内在的**区别原则**，而虽然有同类的许多事物，却的确没有任何两件事物是完全一样的……"① 坚持任何事物都有内在区别，这是莱布尼兹的基本观点。不过在后来的康德看来，莱布尼兹对内在区别的强调是过头了。康德认为，仅凭空间区别，我们就能把事物（如两滴水）区别开来。

此外，在莱布尼兹看来，斯宾诺莎的实体还有一个缺陷，它是不动不变的，缺少动力或者活力。斯宾诺莎说，"我们不难理解整个自然界是一个个体，它的各部分，换言之，即一切物体，虽有极其多样的转化，但整个个体可以不致有什么改变"②。个体事物的变化只是外在的因果关系引起的必然变化，这里没有偶然性、没有人的自由意志。斯宾诺莎显然走过了头，他否认了偶然性，否认了自由意志，整个世界完全是一部机器。世界不再生机勃勃，人也不必为自己的行为负责（因为没有自由选择，人的一切行为都是必然的），恶人会对这样的世界叫好。

莱布尼兹则认为，个体事物成为实体就是因为个体具有内在的活动力及由活动力所引起的活动，"凡不具有活动力、不具有区别或不具有区别原则的东西，都决不是实体"③。关于这一点，我们下文再讨论。

最后，关于有广延的实体的问题。

有广延的实体即物体是笛卡尔的三个实体之一。由于物体的主要属性是广延，心灵的主要属性是思想，物体不能思想，心灵没有广延，所以形成了"心物二元论"。斯宾诺莎取消了物体的实体地位，

---

① ［德］莱布尼兹：《人类理智新论》上册，陈修斋译，商务印书馆1982年版，第233页。
② ［荷］斯宾诺莎：《伦理学》，第56页。
③ 转引自费尔巴哈《对莱布尼兹哲学的叙述、分析和批判》，涂纪亮译，商务印书馆1985年版，第33页。

把它降格为实体的属性即本质。斯宾诺莎认为本质即存在,唯一的实体具有广延性,即唯一的实体是有广延的实体。对此,莱布尼兹坚决反对。

莱布尼兹的观点主要是针对笛卡尔的,因为斯宾诺莎的观点实际上是笛卡尔观点的变种。作为著名的物理学家,笛卡尔制定了一个可行的物理学发展纲要,而这个纲要基于这样的理念:所有物质的属性都是几何学的。他认为,物质的本质是空间的广延性,物体的所有属性都是广延性的样式。莱布尼兹则认为,除广延性外,物质必定还有一些非几何属性,这些非几何属性通过连续地再现而把空间填满形成阻力。换言之,在莱布尼兹看来,广延性本身是由于阻力连续出现而产生的,而非原始的本性。①

此外,依据笛卡尔的观点,空间的广延性是单纯的或不可分析的,而莱布尼兹则认为,广延性是可分析的。"关于广延,可以说它不是物质存在的一种样式,也不是一种实体。"② "实际上,广延并不是一种属性本身,因为它只是知觉的重复。"③ "广延本身对我来说是共同存在并持续相互依赖的实体的复多性产生的一种属性。"④ 无论从主观还是客观,莱布尼兹都认为广延不是事物的本质、不是存在样式。

可以说在如何看待广延性的问题上,莱布尼兹与笛卡尔存在巨大分歧。笛卡尔认为,广延性是根本的、不可还原的、不可分析的,这就为物质的独立存在保留了一块领地,为物理学、机械论的发展提供了哲学论证。后来康德坚持空间的统一性、不可分性,为物质(质料)的独立存在保留了地盘,可以看成笛卡尔观点的继续。莱布尼兹则坚持认为,承认笛卡尔的观点,世界就不能统一起来,世界被认为来自两个独立的来源(物质和精神),则显然与神创论的观点相矛盾:作为纯精神性的上帝,怎么可能创造出独立于、甚至与自己对立的物质呢?所以,在莱布尼兹看来,物质的东西一定不是独立于神、独立于精神的东西,物质只是精神性

---

① 参见加勒特·汤姆森《莱布尼兹》,李素霞、杨富斌译,中华书局 2002 年版,第 43—44 页。
② G. W. Leibniz, *Selections*, edited by Philip P. Wiener, New York, 1951. p. 177.
③ Ibid., p. 490.
④ Ibid., p. 166.

的东西的组合方式。①

然而，问题在于，没有广延性或量的规定的单子如何产生有广延的事物？纯粹精神性的东西如何产生物质的东西？这是彻底的精神论者或唯心论者无法回避的问题。但是，莱布尼兹尽量回避这个问题，他只是在与阿诺尔德（Arnauld）的通信中谈到过这一点：

> 如果不存在物体性的实体（因为它们被认为是来自……的聚合体）……那么可以说，物体只是类似于彩虹的真实现象。……物质的每一部分……都被分割成其它部分。既然物质可以这样无限分割下去，一个人就决不可能到达这样的境地：在那里他可以说，"实体真的就在这里"。②

莱布尼兹的意思是，水本来是无色的，但在彩虹中无色的水滴看起来是有色彩的。同样，没有广延的单子聚集起来后看起来便是有广延的。彩虹只是现象，同样有广延的物体也只是现象。换言之，"广延"是由实体产生的真实现象，是客观存在的，但它本身不是实体。我认为，莱布尼兹的解释是明智的。他没有说，广延是虚幻的、主观的，而只是说广延不是实体本身、是由实体产生的真实现象。③ 他的意思是，有广延的物体是无限可分的，再小的部分都是聚合体。广延性的物体如果脱离任何形式以自

---

① 莱布尼兹的论证思路是：(1) 凡物质性的东西都是有广延的，因此 (2) 它有部分，因此 (3) 是可分的，因此 (4) 是可破坏的，因此 (5) 不是实体。Jonathan Bennett 经过解释，将这一思路换成了这样的思路："凡物质的东西 (1) 都是有广延的，因此 (2) 它有部分，因此 (3) 它是其部分的存在、本性、关系的是 [者] 论上的（ontological）结果，所以 (4) 它不是基本的或是 [者] 论上独立的事物，所以 (5) 它不是实体。"（Jonathan Bennett, *Learning from Six Philosophers*, Volume 1, p. 225）

② Leibniz: "Correspondence with Arnauld", as in H. T. Mason (trans. And ed.) *The Leibni—Arnauld Correspondence*, Manchester/New York: Manchester University Press/ Barnes & Noble. 1967. p. 95.: "if there are no bodily substances [for them to be aggregated from] …it follows that bodies will be no more than true phenomena like the rainbow…. [E]very part of matter is …divided into other parts…and since it continues endlessly in this way, one will never arrive at a thing of which it may be said: 'Here really is an entity.'" 需要说明的是，文中的省略是原文自身的省略，不是引者的省略。

③ J. 本尼特说："莱布尼兹的形而上学方案有三个层次：作为基础的真实的东西是非物质的实体；物质的事物是这些实体的现象，构成了实在性的现象层次；空间和时间是观念的（ideal）——它们纯粹是精神的构造物。"（Jonathan Bennett, *Learning from Six Philosophers*, Volume1, p. 229）

在的方式去考虑的话，从来都不是一种真实的实体。聚合起来的广延性物体，比如没有灵魂的尸体或是一块大理石石板，都没有像具有自主能力的实体那样具有独立的真实性。广延性物体的实体性质来自实体形式的具体化。如果就广延性的物体自身和离开其具体化的形式来考虑，人的物质性身体也不是实体的。① 所以，莱布尼兹的真实意思是，不能把单子理解为物体的部分："准确地说，物质不是由这些组成性的统一体（指单子——引者）构成的，而只是它们的结果。……实体性的统一体实际上不是部分，而是现象的基础。"②

早在1695年的《论实体的本性和交通，兼论灵魂和形体之间的联系的新系统》一文中，莱布尼兹就在思考解决这个问题，并提出了后来著名的"单子论"。莱布尼兹对经院哲学和数学都下过很大功夫，也受到机械论的影响，还相信过原子论的观点。但是，经过深思熟虑后，"我感到要仅仅在物质的或纯粹被动的东西里面找到**真正统一性的原则**是不可能的，因为物质中的一切都不过是可以无限分割的许多部分的聚集或堆积。要有实在的复多，只有由许多**真正的单元**构成才行，这种单元必须有别的来源，而且和数学上的点完全不同"③。莱布尼兹时年49岁，已至中老年，都还没有明确提出"单子"概念，可见他对这个问题思考了很长时间。为了找到实在的单元，他求助于一种实在的和有生命的点（精神的原子），即后来的"单子"。1698年，在《论本性本身；或论属于被创造事物中的力及其活动》一文中，他开始把实体的点或本原称为"单子"④。1714年，他应萨瓦亲王欧根（Eugene）之邀撰写了表达自己哲学体系的纲要，阐述了自己的单子论思想，但未标题，编者艾德曼（Erdmann）在编辑《莱布尼兹哲学文集》（1840年出版）时，代拟了《单子论》这个标题。单子理论是莱布尼兹解决实体问题的最终理论。

（二）单子及其规定

由于笛卡尔和斯宾诺莎的实体观存在一些问题，莱布尼兹的"实体"

---

① Woolhouse, Roger S., Descartes, Spinoza, Leibniz: The Concept of Substance in Seventeenth-century Metaphysics, London: Routledge, 1993, p. 95.
② Gottfried Wilhelm Leibniz, Philosophical Papers and Letters, ed. L. E. Loemker, Dordrecht: Reidel, 1969, p. 536.
③ ［德］莱布尼兹：《新系统及其说明》，陈修斋译，商务印书馆1999年版，第2—3页。
④ 参见江畅《自主与和谐——莱布尼兹形而上学研究》，武汉大学出版社1995年版，第52页。

显然要与它们区别开来，但是我们将看到，它们之间的联系也是明显的。鉴于斯宾诺莎的整体实体否认个体的真实性，莱布尼兹的实体则要强调个体的真实性；鉴于斯宾诺莎的整体实体不能说明运动和变化，莱布尼兹则要把运动、变化的能力赋予个体；鉴于笛卡尔的广延实体、斯宾诺莎的广延属性（本质）遇到的困境，莱布尼兹则力图在他的"实体"中去除广延性；鉴于笛卡尔和斯宾诺莎不能把物质与精神（形体与心灵）统一起来，莱布尼兹则企图用精神性的单子把它们统一起来。这就是莱布尼兹的实体观的基本思路。

莱布尼兹的实体观最终表现在他的《单子论》中。单子（monads）这个词来源于希腊词"monas"，意思是"统一的"或者"作为'一'的东西"。"**单子**不是别的，只是一种组成复合物的单纯实体。**单纯**，就是没有部分的意思。"① 单纯实体组成复合物，这在逻辑上完全成立。莱布尼兹在这里采用了西方人常用的手法——分析法或还原法：看见一个对象，首先想到的是它是由什么构成的，了解了它的构成成分和组织结构，我们就理解了这个对象。

接下来，莱布尼兹说，"在没有部分的地方，是不可能有广延、形状、可分性的。这些单子就是自然的真正原子，总之，就是事物的元素。"② 莱布尼兹在这里首先排除了单子的广延性、空间性，这是他思考多年的结果。他认为，物质的原子既然具有广延性，就必然包含部分，而包含了部分的东西就是无限可分的，不是真正的"原子"。所以，他的"单子"只能是精神性的东西，这种东西既是真正不可分的又是真实存在的，他称为"形而上学的点"，是真正的单纯实体。根据单子不可分即没有部分的规定，莱布尼兹演绎出了单子的一系列性质[3]：

1. 单子由于没有部分，它就不能以自然的方式通过部分的合成而产生、通过部分的分解而消灭。"它们只能通过创造而产生、通过毁灭而消失，至于复合物则是通过部分而产生或消失的"[4]。"神"这个"单子"创造了其他单子，一旦创造出来它们就永远存在，除非神想毁灭它们。

2. 由于没有部分，"没有办法解释一个单子怎样能由某个别的创造物

---

① ［德］莱布尼兹：《单子论》，王太庆译，北大哲学系主编《西方哲学原著选读》上卷，商务印书馆1981年版，第476页。
② 同上书，第476—477页。
③ ［德］莱布尼兹：《人类理智新论》译者序言，陈修斋译，商务印书馆1982年版，xxiii – xxiv。
④ ［德］莱布尼兹：《单子论》，第477页。

在它的内部造成变化或改变……单子并没有可供某物出入的窗户。"① 这样一来，单子就是彻底孤立的东西，它们之间不可能存在相互作用或影响。

3. 由于单子没有部分，即没有广延性，就没有量的规定性，单子之间就没有量的差别。因此，每个单子必须具有不同的质才能相互区别开来。"单子一定要有某种性质，否则它们就根本不是存在的东西了。"② 既然所有的差别都是质的差别，所以世界上任一事物都是不同于其他事物的。莱布尼兹明确肯定世上没有两个不可识别的个体，他把这叫作"不可识别者的同一性"。我们可以说，由于莱布尼兹否认了一切量的差别，只承认质的差别，实际上是只承认了量的差别：因为所有差别排成一个系列，都是连续的，"自然界没有飞跃"。这真是绝妙的辩证法！

4. 单子不能相互作用，但是单子有内部变化。"这种变化在每个单子里都是连续的。……单子的自然变化是来自一个**内在的本原**，因为一个外在的原因不可能影响到单子内部。"③ 单子的变化都是内部的连续变化，而非受到外部的作用，单子的内部变化有其自身的内部动力。

单子没有部分，单子之间不能相互影响，但莱布尼兹又认为单子里面有变化与过渡。那么这种变化或过渡的来源是什么呢？莱布尼兹认为是"知觉"。他在《单子论》的第14节至第17节讨论"知觉"。所有的单子都有"知觉"，知觉是单子的存在状态，"使一个知觉变化或过渡到另一个知觉的那个内在本原，可以称为**欲求**"④。欲求也是一种知觉，它使单子达到一种新的知觉状态，尽管不能达到它所期待的全部知觉。正因为有知觉，才有单纯实体的一切内在活动。莱布尼兹相信，一切单纯实体或被创造出来的单子在其自身内都有一定的完满性，有一种自足性使它们成为其内在活动的源泉，使它们成为"无形体的自动机"。莱布尼兹的这一思想，我认为，是受到了斯宾诺莎的"自因"概念的启发。

按照知觉的清晰程度，单子被分成了不同层级：（1）赤裸裸的单子，无意识的知觉，也没有记忆，这些单子的无限聚集构成了有广延物体的基础；（2）动物灵魂，具有某种程度的记忆和知觉辨别力；（3）理性灵魂，具有自我意识或统觉，能够进行理性思考，而且拥有善恶的知识。人类和天使拥有理性灵魂。

---

① ［德］莱布尼兹：《单子论》，第477页。
② 同上。
③ 同上书，第478页。
④ 同上。

由于莱布尼兹认为,世上最基本的实体是单子,而单子都是有"知觉"的,所以所有事物在某种程度上都是有"知觉"的,都是"活"的。"在一滴最小的水滴里,存在着几乎无数的小动物……物质到处都充满了有生命的实体。"①这一思想其实是斯宾诺莎的物活论思想的翻版,足见斯宾诺莎对莱布尼兹的影响。

单子不能相互作用,那单子之间是否就没有任何联系、整个世界是否就混乱不堪呢?显然不是这样。上帝选择的最好的世界怎么可能这样呢?那么事物之间、单子之间是如何相互联系的呢?莱布尼兹相信,这是神创的结果。他认为,当一个单子有了某种变化时,宇宙中所有其他的单子也作相应的变化而保持了整个序列的联系性。这是因为上帝在创造每一单子时,就已经预见到了一切其他单子的变化情况,他预先安排好了既使每个单子独立变化又自然地与其他单子的变化和谐一致的情况。这就好比一个庞大的交响乐队,每一演奏者演奏着各自的旋律,而整个乐队所演奏的是一首和谐的交响曲。宇宙这首"交响曲"的曲谱是上帝早就写好的。

从另一个角度说,所有不同的单子由于有各自的"知觉",它们都在表现同一个宇宙,成为宇宙的一面镜子。不同的单子表示的并不是不同的世界,而是同一个世界。"由于单纯实体的数量无限多,也就好像有无限多的不同的宇宙,然而这些不同的宇宙乃是唯一宇宙依据每一个单子的各种不同**观点**而产生的种种景观。"② 由于每个单子都有"知觉",所有从不同的"观点"看到不同的"景观"是自然的,但这并不表示有不同的"世界",恰恰表明的是对同一个世界的不同"观点"。从这一点来看,可以说莱布尼兹很好地处理了世界的一与多的问题。

第三节 经验论的实体观

唯理论者是绝对肯定实体的,不论笛卡尔、斯宾诺莎还是莱布尼兹都是如此,尽管他们对实体作了不同的处理。与此相反,经验论者对实体的态度基本上是怀疑的。洛克肯定了实体的存在,却怀疑它的可知性;贝克

---

① Leibniz: Correspondence with Arnauld, as in H. T. Mason (trans. And ed.) *The Leibniz–Arnauld Correspondence*, Manchester/New York: Manchester University Press/Barnes & Noble. 1967. p. 156.

② [德] 莱布尼兹:《单子论》,第 486 页。

莱完全肯定精神实体的存在，又坚决否定物质实体的存在；休谟从其彻底的感觉主义立场出发，必然怀疑一切实体。我们下面分别介绍和分析他们的实体观。

一　洛克的实体观点①

洛克（1632—1704）在《人类理智论》中详尽讨论了"实体"观念。在该书的一至四卷，他都论述过"实体"。

在第一卷批驳"天赋观念"时，洛克说：

> 实体观念不是天赋的。……我们既不能通过感觉也不能通过反思获得实体观念。……我们根本没有那样一个清晰的观念，因此用实体一词不表示其它东西，只表示我们不确定地假设所不知的东西（例如，我们对它没有特别明晰的、肯定的观念），我们把这个东西说成是我们所知观念的基底（the substratum）或支撑物（support）。②

这里表达的意思是：第一，从其产生来说，实体观念不是天赋的，也不是通过经验途径即感觉或反思得来的，只是假设的产物③；第二，"实体"这个东西被说成是所知观念的基底或支撑物。

（一）"实体"观念

在洛克的观念论中，"实体"属于"复杂观念"。洛克认为，观念是思维的对象，我们所有的思维活动都涉及各种观念。从来源说，所有观念或者是从感觉得来的或者是从反思得来的。观念作为理性和认识的材料都是从经验得来的，"我们的一切认识都是建立在经验中的，并且最终是来自经验的"④。这是我们把洛克称为经验论者的基本依据。

---

① 本节的内容是以本人发表的论文《洛克实体观新论》为基础进行压缩和改写的。
② John Locke：*An Essay Concerning Human Understanding*（First published 1690），19，Chapter Ⅲ，book Ⅰ，The Pennsylvania State University，1999.（说明：洛克《人类理智论》有多个英文版本，但都以1690年版为蓝本。为了读者查对方便，以下引文只注明卷、章、节，这也是西方学者标注的惯例。）
③ 洛克认为，所有观念要么来自感觉，要么来自反思，而"实体"观念却是假设的产物。这是否有矛盾呢？我认为，来自感觉或反思的所有"观念"指的是简单观念，"实体"观念作为复杂观念，不能直接来自感觉或反思，它可以是简单观念组合的结果，也可以是假设的结果，这两种选择都是洛克提到过的。
④ John Locke：*An Essay Concerning Human Understanding*，2，Chapter Ⅰ，book Ⅱ.

从观念的构成来说，洛克把观念分为"简单观念"和"复杂观念"。关于简单观念，洛克认为："心灵既不能制造它们也不能毁灭它们。这些简单观念，即我们所有认识的材料，只能通过上面提到的两种途径即感觉和反思，被提示和被提供给心灵。"①心灵在接受这些简单观念时"只是被动的"，"简单观念全都来自事物自身（things themselves）"②。这一点非常重要，它表明了"简单观念"的客观性，不仅来自（外部）感官的简单观念是客观的，来自（内部）反思的简单观念也是客观的，这保证了我们的知识的客观性。③

复杂观念是通过对简单观念进行合成（combining）、汇集（bringing…together）、抽象（abstraction）后形成的观念。复杂观念分为三类：样态（modes）、实体（substances）、关系（relations）。"实体"观念就是我们这里要考察的观念。

对"实体"在哲学中的使用情况洛克并不满意。他认为，"实体和附性（accidents）在哲学并没有什么用处"。他讽刺说，如果印度哲学家想到"实体"一词，就不必大费周章找一只大象来支撑地球了。所以，我们对于实体，并没有什么观念，而只是对它的活动有模糊的观念。

虽然如此，洛克还是对"实体"观念进行了详细论述。

首先，他认为实体观念产生于传达的需要。当有些简单观念经常在一起出现时，"人们假设它们是属于一个事物的，而语词是适于共同理解和用于快速传达的，所以它们就被统一在一个主体（subject）中、用一个名称来称呼它"④。这就是实体。洛克从语用学来谈"实体"观念的产生是有道理的。

其次，他认为，"实体"是各种性质的载体。

我们所拥有的、把一般的实体名称赋予它的那个观念，仅仅是被假设的但不知其为何物的东西，它支撑着我们发现存在的那些性质，我们想象那些性质离开了支托、没有东西支撑它们就不能存在，我们把这种

---

① John Locke：*An Essay Concerning Human Understanding*, 2, Chapter Ⅰ, book Ⅱ.
② John Locke：*An Essay Concerning Human Understanding*, 1, Chapter Ⅻ, book Ⅱ.
③ 康德后来在《纯粹理性批判》中，只肯定了前者，而没有肯定后者。他认为，内部经验一定要参照外部经验才有效（参见《纯粹理性批判》"先验感性论"和第二版加的"驳斥唯心论"等章节）。我认为，康德是在看到洛克的"经验二来源论"遇到困境，特别是遭到贝克莱的批判后，才作出这一修正的。参见笔者的文章《空间观念与"哲学的耻辱"——以贝克莱和康德为中心》。
④ John Locke, *An Essay Concerning Human Understanding*, 1, Chapter XXIII, book Ⅱ.

支撑物（support）叫做实体。用明白的英文来说，实体一词的真正含义就是"站在……之下"或"支持"（standing under or upholding）。①

实体是事物的各种性质、样态、状态、数量等规定性的承载者，这是从亚里士多德以来的基本规定，这是洛克也同意的。

（二）实体观念的分类

洛克对"实体"观念进行了多种分类。

他把实体观念分为"一般实体"（general substance）的观念和"特种实体的观念"（the ideas of particular sorts of substances）。"一般实体"的观念就是上面讲的性质支撑物的观念，它是"晦暗的和相对的"（obscure and relative）。"特种实体的观念"被假设为从某个具体实体的特殊的内在组织（the particular internal constitution）或不可知的本质中流露出来，这样就获得了（比如）人、马、金、水等观念。但是，从获得的途径看，特殊实体的观念仍然是来自可观察性质的组合。比如，铁和金刚石的复杂实体观念，是由铁和金刚石中普通的、可观察到的性质组合起来所形成的，是其简单观念的集合物，我们假设在这些性质下面有一种支撑物。可见，"一般实体"观念和"特种实体"观念的区别就在于，后者是对前者的限制，前者是泛指，后者是特指。它们的共同点都是"性质的支撑者"。

洛克还把实体观念分为"单个实体的观念"（ideas of single substances）和"集合的实体观念"（collective ideas of substances）。前者如单个的人、马、金、苹果等，是个体的存在物的复杂观念；后者如"世界""军队""宇宙"等，是个体的集合物的复杂观念。

受笛卡尔的影响，洛克也将实存的实体本身分为三种：物质实体、精神实体和上帝。

物质实体有广延、形状、坚固性、运动能力。洛克认为，（物质）实体的主动能力和被动能力占据了复杂实体观念的大部分。② 他认为，复杂的"有形实体"（corporeal substances）即"物质实体"的观念是由以下三种观念构成的。"第一是事物的原始性质（the primary qualities）的观念，它们是由我们的感官发现的，并且即使我们没有感知到它们，这些性质也存在于事物中。这些性质包括物体的部分的体积、形状、数目和运

---

① John Locke, *An Essay Concerning Human Understanding*, 2, Chapter XXIII, book II.
② John Locke, *An Essay Concerning Human Understanding*, 9, Chapter XXIII, book II.

动"①。洛克在这里肯定了有形实体存在"原始性质",它们与事物共存,与人的感知无关。"第二是依赖原始性质的可感知的派生性质(the secondary qualities)只是实体拥有的能力,实体借这些能力通过我们的感官在我们心中引起各种观念;派生性质的观念不在事物本身中,这不同于事物存在其原因中。"②"派生性质"依赖"原始性质",是实体的能力,当这种能力与我们的感官相会时,我们在心中产生了观念。洛克在这里强调的是,能力是客观的,但能力引起的观念却有主观性,因此它不同于"原始性质"。第三是实体的"主动能力和被动能力"(active and passive powers),它们最终只是可感的简单观念。总之,在洛克看来,"有形实体"或"物质实体"的观念就是物质事物的"原始性质""派生性质""主动和被动能力"三种观念的合成物。

关于"精神实体",我们不知道它是什么,但我们知道它是所有精神活动的基底,是思想、知识、推理、恐惧等的承担者。

> 通过我们从心灵的活动中获得的简单观念,我们能够形成一个非物质的精神(immaterial spirit)的复杂观念。这些心灵活动是我们每天在自身经验到的,比如思维、理解、意愿、认知、开始运动的能力,它们同时共存于一个实体内。因此,在把思维、感知、自由、运动自身和他物的能力集合在一起时,我们就获得了清晰的非物质实体的知觉和意念(notion),它像物质实体的知觉和意念一样清晰。③

可见非物质的精神实体是我们的各种意识活动,如思维、理解、意愿、认知的载体。

第三种实体是"上帝"。洛克认为,我们的"最高存在者"即上帝的复杂观念也是"由反思得来的简单观念所形成的;我们根据自身的体验,得到了存在和绵延、知识和权能、快乐和幸福的观念,以及其它一些有胜于无的性质和能力;当我们想形成一个我们能够形成的最适合于最高存在者的观念时,我们就用我们的无限观念将其中的任何一种加以扩大,然后把它们合在一起,就形成了我们的复杂的上帝观念。因为如已经表明的那样,心灵有能力把它从感觉和反思得到的某些观念加以扩大"④。洛克认为,我们的"上

---

① John Locke, *An Essay Concerning Human Understanding*, 9, Chapter XXIII, book II.
② Ibid.
③ John Locke, *An Essay Concerning Human Understanding*, 15, Chapter XXIII, book II.
④ John Locke, *An Essay Concerning Human Understanding*, 33, Chapter XXIII, book II.

帝"观念是我们把反思得来的某些观念加以扩大的结果,这揭示了"上帝"观念产生的认识基础和心理根源,对上帝概念的理解具有重要意义。

(三) 实体不可知

虽然洛克对"实体"进行了很多论述,但他认为实体是不可知的,实体只是假设的结果。"精神实体是我们所不知的,同样物质实体也是我们所不知的。"① 关于上帝,洛克说,"上帝自己的本质是不可认知的(incognisable)"②。连一个鹅卵石、一只苍蝇或我们自己的真实本质也是不可知的。

为什么"实体"或其本质是不可知的呢?

洛克将本质分为"名义的"和"实在的"。他说,"本质可以看成是任何事物的真实所是,事物借此成其所是。因此,事物的实在的、内在的、(在实体方面)一般是不可知的组织——事物的可发现的性质依赖它,可以叫做它们的本质。这是本质一词的原有含义,从其形成来说这是显而易见的。本质(essentia)的最初意义就是指存在"③。这种本质,洛克叫作"实在本质"(real essences)。而"名义本质"(nominal essences)只是种名或类名,即类概念,它标志事物的共相,是一类个体存在物的记号。

洛克又把本质与实体联系起来,实体的"实在本质"实际上是指"实体的特殊的内在组织或不可知的本质"(the particular internal constitution, or unknown essence of that substance)④,它指的是事物的内在组织,即"从外部获得的简单观念的基底(substratum)"——物质实体和"思维、认识、怀疑、运动能力等等所寄托的实体"——精神实体。为什么事物的"内在组织"是不可知的呢?因为它超出了我们的经验范围,我们既感觉不到它(对物体而言),也反思不到它(对精神事物而言)。洛克在这里坚持了他的经验主义立场:凡不能感觉和反思的东西就是不可知的!后来休谟的彻底的知觉主义由此而来。

洛克不仅肯定了不可知的实体存在,甚至还讨论了实体观念的"原型"问题。他在"知识论"的第四章说:

> 我们的复杂的实体观念有存在于我们之外的原型(archetypes),对此原型我们没有知识。……还有另一种复杂观念,它们参照了我们之外

---

① John Locke, *An Essay Concerning Human Understanding*, 30, Chapter XXIII, book II.
② John Locke, *An Essay Concerning Human Understanding*, 35, Chapter XXIII, book II.
③ John Locke, *An Essay Concerning Human Understanding*, 15, Chapter III, book III.
④ John Locke, *An Essay Concerning Human Understanding*, 23, Chapter XXIII, book II.

的原型，这种观念和原型可能不同，所以我们关于原型的知识可能缺乏实在性。我们的实体观念就是这样的，它是由简单观念——被认为来自自然的作品——的集合组成的。由于实体观念中包含了比在事物自身中发现的更多乃至更不同的观念，所以实体观念也可能与自然作品不同。由此产生的情况是，实体观念可能且常常不会准确地符合事物自身。[1]

洛克在这里讲了两种实体观念。其中一种实体观念对应于我们之外的原型，但我们对原型一无所知。另外一种实体观念，参照了我们之外的原型，但和原型不同，这种实体观念与自然的作品不同，与事物自身不完全相符。但不论哪一种情况，实体观念的原型或实体本身都是不可知的。

把实体看成支撑各种规定性（属性、数目、时空、样态、状态）的东西，这与亚里士多德的看法相同；但是，认为实体不可知，却是一个重要的转折点：它影响了后来的休谟和康德。休谟全盘否认了实体的存在；康德则把不可知的实体变成了本体或自在之物，但在现象界保留了"实体"概念。

二　贝克莱的实体观点[2]

我们知道，贝克莱（1685—1753）的哲学以洛克的观念论为基础。洛克的"观念"来自感觉和反思。"观念"是思想的对象也是所有知识的基础。但是，洛克没有区分"观念"和"感知者"。贝克莱显然意识到了洛克哲学中的问题：如果观念是思想的对象，那说明"思想"和"观念"不是同一类；观念是被动的，而思想是思想者发出的行为，因而思想者（自我、心灵、精神实体）是主动的。[3] 正是这一重要的区分，使贝克莱走上了不同的哲思之路。

（一）贝克莱的任务与《人类知识原理》

上面说过，洛克承亚里士多德的遗风，将实体定义为性质的载体；又

---

[1] John Locke, *An Essay Concerning Human Understanding*, 11, Chapter Ⅳ, book Ⅳ.
[2] 本节的内容有部分与本人发表的《"心外无物"：王阳明与贝克莱》一文相同。
[3] 关于"主动"与"被动"的区分，是贝克莱哲学的特色之一。他在《海拉斯与菲洛诺斯的三次对话》中多次谈到这种区分。在"第一次对话"中，贝克莱借菲洛诺斯之口说，在每一知觉中都要区分主动者和被动者。在第三次对话中，贝克莱又借菲洛诺斯之口说，自己对上帝及其他精神没有观念，因为这些都是主动的，不能被完全无活力的观念所表现。（参见 George Berkeley, *Three Dialogues Between Hylas and Philonous. In Opposition to Sceptics and Atheists*. Createspace Independent Publishing Platform, 2016, p. 33, p. 66）

受笛卡尔的影响,将实体分为物质实体、心灵实体和上帝。然而,洛克认为,实体只是假设的结果,而且实体是不可知的。

否认实体的可知性,从逻辑上说,就必然导致对实体存在的怀疑甚至否定:既然不可知,洛克先生,您是怎么知道它存在的?您凭什么要断定实体的存在呢?可以说,洛克在实体问题上陷入了悖论之中。

贝克莱发现了洛克实体观的危险性:如果按照洛克的逻辑,不但物质实体是应当怀疑的,连我们自己的存在、甚至至高无上的上帝也是应当怀疑的。这当然是贝克莱不愿意看到的情况。如何论证我们自己和上帝的存在,清除怀疑主义、无神论和反宗教的观点,是贝克莱为自己规定的任务。

贝克莱完成这个任务的主要著作是《人类知识原理》①(出版第一版

---

① 在贝克莱一生中《人类知识原理》出版过两次;1710 年在都柏林(Dublin)第一次出版(这是众人皆知的 A 版),1734 年在伦敦与《海拉斯和斐洛诺斯的三篇对话》合集第二次出版(B 版)。

1744 年,59 岁的贝克莱出版了《西里斯》(SIRIS),在这部书里,贝克莱讨论了焦油水的功效及由此引发的哲学问题。贝克莱在世时,本书受到英国和大陆一些国家的重视,因为它介绍了一种据称对许多疾病有奇效的"万灵药"。然而,随着贝克莱的去世,随着焦油水风波的平息(事实证明焦油水并不能包治百病),《西里斯》便淡出人们的视线,从人们的记忆中慢慢消失了。但是,在 19 世纪和 20 世纪之交,《西里斯》的命运发生了戏剧性的转折。英国学者 A. C. 弗雷泽(Fraser)第一次发现了该书的哲学价值,指出了它在贝克莱哲学发展中和整个哲学史发展中的意义,并对贝克莱的哲学提出了新的研究结论。他认为,有两个贝克莱,即早期的贝克莱和后期的贝克莱。早期的贝克莱坚持的是唯我论,只是为了避免矛盾才承认上帝的作用,因此客观唯心论不是其主要方面,他在认识论上坚持经验论;后期贝克莱(以《西里斯》为代表)转向了泛神论,在认识论上由早期的经验论转向了柏拉图式的天赋论。(参见贝克莱《西里斯》,高新民、曹曼译,商务印书馆 2000 年版,"译者导言")

我们应该相信弗雷泽的观点吗?根据本人的阅读经验,我认为弗雷泽的观点有些言过其实。我认为,所谓"两个贝克莱"的情况根本不存在。知识发端于感知,存在(者)就是被感知,非物质主义,绝对的精神实体和相对的精神实体,神是万物的创造者和知识的来源,对抽象观念的批判——这些基本观点一点都没有变。如果说,前后期有什么不同的话,那就是:早期的贝克莱年轻气盛,只关注自己的观点、原理体系;后期的贝克莱,经历了许多事情后心态平和下来,对自己早期的观点进行反思,反思的结果是依然认为自己的观点正确,只是缺乏史料的支撑。所以,他把工作的重点花在哲学史上,希望从哲学史的大家中找到自己观点的佐证。他在《西里斯》的第 167 节到结束的第 367 节(共 201 节)中,所讨论的都是古希腊哲学(尤其是柏拉图、亚里士多德的哲学)、神学、他之前的近代哲学,但他不是在讨论一般哲学问题,而是从正反两方面找证据证明他的早期观点的合理性。因此,本人赞同《克罗因主教贝克莱全集》(九卷本)的编纂者 A. A. 卢斯(Luce)和 T. E. 约瑟朴(Jessop)的看法:贝克莱早期坚持的一系列原则在《西利斯》中不是被抛弃和否定了,而是得到了加强,也就是从哲学史证明那些原则的正确性。

时贝克莱 25 岁），这也是他一生的主要著作。已经出版的是这部著作的前言、导论 25 节和正文第一部分 156 节。正文附上"第一部分"的说明，是因为贝克莱本来打算写第二部分来论述精神的本性。事实上，他声明过，他"对此已经取得了相当大的进展"，但在意大利旅游途中遗失了，怕麻烦不想再写了。

应当注意的是，该书最初的副标题是："探讨科学中错误和困难的原因以及怀疑主义、无神论和反宗教的基础。"从这一副标题可以看出，贝克莱给自己定的任务是双重的：正面阐述自己的知识原理（贝克莱把它夸大为人类的知识原理），又批判怀疑论、无神论和反宗教的观点。这双重任务都与实体观有关，而且实体观是这双重任务的核心部分。

在"导论"（共 25 节）中，贝克莱只表达了一个主题：批判"抽象观念"（abstract ideas）。这是语言和方法论的批判，可以说是《原理》一书的纲领。《原理》一书的主题是批判物质的独立存在，证明非物质主义原理。如何实现这一主题，贝克莱的策略就是进行语言和方法论的批判，证明"物质"不过是一个抽象观念，既然抽象观念根本不成立，那么物质就不成立。可以说，贝克莱的论证思路简直无懈可击。

"正文"分为四大部分。第一部分，1—33 节，是贝克莱正面阐述自己的唯心论观点。贝克莱把所有存在者分为两种：观念和精神（心灵）。观念是被动的、依附的，只能依赖心灵或精神而存在。所有知识的对象都是感觉或观念，因而只能依赖心灵或精神而存在，除了心灵或精神实体之外，在心外（without the mind）不存在任何其他东西，因而在贝克莱看来设想无思想的物质存在是矛盾的。正文的第二部分，从 34 节到 84 节，是贝克莱预计的对他的新理论的 17 个反驳[1]，以及他对这些反驳的答复。这一部分反映了贝克莱思考精细和缜密，他将别人对他的新理论进行反驳的所有可能性几乎都想到了。正文的第三部分，从 85 节到 134 节，是贝克莱讨论他的新哲学会导致的正面的或积极的结果。正文的第四部分，从 135 到 156 节，贝克莱专门讨论了精神的本性和作用，包括对上帝的论述。

但是，著作的顺序不等于逻辑的次序。从逻辑来说，必须首先论证人

---

[1] 我们随便列举几个：如果按照贝克莱的观点，那么"自然中所有真实存在的东西都被逐出了世界"；"真实的事物和事物的观念之间存在巨大差异"；贝克莱的理论"使万物不断地创造和毁灭"；"如果广延和形象存在于心中，那么心灵就是有广延的、有形象的"；贝克莱的理论"削弱了微粒哲学的说明价值"；"用精神代替自然原因那是荒谬的"。

作为心灵实体的存在，才能论证上帝存在和反驳物质实体的存在，论证其非物质主义的哲学。所以，我们的讨论从论证"人作为心灵实体而存在"这一观点开始。

（二）对心灵实体存在的论证

贝克莱所谓的"人类知识原理"显然属于认识论的范畴。按照认识论的观点，认识过程起码涉及三个东西：谁在认识？认识什么？怎么认识？这就是人们常说的认识主体、认识对象、认识方法。在这三者中，首先又要确定：谁在认识？因为认识对象和认识方法是随认识主体的确立而确定的。

认识者有一个前提：认识者必须是（存在）。所以认识者是（存在）的问题是必须首先解决的问题，而要证明认识者是（存在）必然涉及认识问题。这样，是［者］论（存在论）与认识论就互为依托，既然互为依托，循环论证就不可避免。这是哲学的宿命。

但是，贝克莱试图摆脱这样的宿命，他要直接确认认识者是（存在），这个认识者就是心灵实体。他在《人类知识原理》正文的第一节首先明确了认识对象：观念（idea）。观念分为感觉观念、反思观念和由记忆、想象得来的观念。不难看出，这是洛克的观点，把知识限定在观念的范围内，是洛克知识论的基本立场①。可见，贝克莱是从洛克出发的。由于观念本身不具独立性和主动性，不能单独是（存在），所以必须有使观念是（存在）的东西，这就是感知或认识观念的是者（存在者）。

> 但是，除了无数的各种观念或知识对象以外，还存在认识或感知它们的某种东西，它对它们施加不同的活动，如意愿、想象、记忆。这个能感知的、积极的存在者就是我叫做**心灵**、**精神**、**灵魂**或**我自身**（*Mind*, *Spirit*, *Soul* or *Myself*）的东西。我用这些词语不指代我的任何观念，而是指与观念完全不同的东西：观念存在于其中，或者通过它观念被感知，因为一个观念的存在就在于被感知（the Existence of an

---

① 洛克说："知识是对两个观念之间的一致与不一致的知觉。"（John Locke, *An Essay Concerning Human Understanding*, 2, Chapter I, BOOK IV）

Idea consists in being perceived.）。①

被动存在的观念和感知观念的主动存在者，这就是贝克莱理解的全部存在者（是者）。

在接下来的第3节，贝克莱强调，我们的思想、情感和由想象形成的观念在心灵之外不能存在（exist）。"似乎很明显，印在感官上的各种感觉或观念，不论怎样混合或结合在一起（即不论它们构成何种对象），都只能在感知它们的心灵中存在。我认为，任何人只要注意到当**存在**(Exist)一词用于感性事物时所指的东西，他就可以获得关于这一点的直观（intuitive）知识。"②"直观"确认观念的实际存在和感知观念的主动存在者或心灵，这是一个非常重要的思想，这里充满了现象学的精神。现象学所要求的认识必须是完全自明的、不含前提的、第一性的认识。我们知道，笛卡尔通过怀疑方法确认了一个在怀疑的东西即作为心灵的"我"的必然存在，胡塞尔肯定了笛卡尔对思维明证性的确认，但是也批评笛卡尔在确认思维的明证性之后立即又确定了经验自我的明证性。比较起来，贝克莱的心灵或"主动存在者"是直观地确认的，不需要证明的，即它是自明的，也就是不包含任何前提的——相反，它是观念存在的前提。"心灵"或"主动存在者"是"绝对的、明晰的被给予性，绝对意义上的自身被给予性"③。

我们回到《人类知识原理》。贝克莱指出：

> 说无思想的事物绝对存在、与它们的被感知无关，这似乎是完全不可理解的。它们的存在就是被感知（Their *Esse* is *Percipi*），脱离心灵或感知它们的能思想的东西，它们就根本不可能存在。④

这就是后来被英语哲学界翻译为 To be is to be perceived 的出处。Es-

---

① George Berkeley, *Principles of Human Knowledge*, 2, part Ⅰ. volume Ⅱ of *The Complete Works of George Berkeley*, edited by A. A. Luce and T. E. Jessop（London, 1948—1957）.（贝克莱：《人类知识原理》第一部第2节，A. A. Luce and T. E. Jessop 编：《乔治贝克莱全集》第一卷，伦敦1948—1957）。下同。应注意的是，贝克莱使用的是 the Existence（存在）of an Idea，而不是 the Being（是，存在）of an Idea。

② George Berkeley, *Principles of Human Knowledge*, 3, part Ⅰ.

③ [德] 埃德蒙德·胡塞尔：《现象学的观念》，倪梁康译，上海译文出版社1986年版，第34页。

④ George Berkeley, *Principles of Human Knowledge*, 3, part Ⅰ.

se 这个拉丁词来自希腊文 einai，英文译为 to be，在这个语境中 to be 应译为"存在"，不能译成"是"。其实，英语哲学界用这样的翻译来表达贝克莱的观点，是有问题的。因为贝克莱在 Esse 的前面还有 Their 的限定词，即无思想的事物的存在（时空中的存在）就是被感知。贝克莱讲到观念或无思想的事物的"存在"时，用的是 exist（动词）和 existence（名词），而从没有用过 to be。exist 和 existence 表示的是时间或空间中的存在，一般译为"实存"，而 to be 的主要意思是"是"，当它指"存在"时既指逻辑上可能的存在也指实际存在。"观念"作为时间中的实存是能被人感知到的，而逻辑上可能的存在是不能被感知到的，所以贝克莱本人没有用过 To be is to be perceived 这样的表述。而观念的存在（实存）就是被人感知，这是千真万确的，贝克莱一点都没有说错。奇怪的是，贝克莱的这一观点竟然遭到多数哲学家的批评，我想其罪魁祸首恐怕就是英语翻译的"To be is to be perceived"。可见，这一翻译违背了贝克莱的原意。①

值得注意的是：贝克莱在对其"心"的表述上运用的是 mind、spirit、soul 与 ego，并未用 heart（生理器官"心脏"）。因此，贝克莱所谓的"心"并不包含其感性存在，它只是一种精神性的东西。同时，他又说："一句话，构成世界的巨大结构的所有这些物体，在心之外根本不存在。它们的存在就在于被感知或被认识。因此，只要它们不是实际上被我感知，或者不在我心中或任何其他被造精神的心中存在，它们就根本不存在；要不就是存在于某种永恒精神的心中。"② "被造精神"与"永恒精神"指的是人的精神与上帝的精神。为什么世界上的一切物体都不独立于心灵而存在呢？因为贝克莱认为，"物"只是观念的集合。既然观念只能存在于人或上帝的心中，所以观念的集合物（如苹果）也只能存在于人或上帝的心中。

这个感知观念的主动存在者，即精神、灵魂或我自身，就是唯一的实体。"由上所述可以说，除了**精神**或能感知者不存在任何其他实体（Substance）。"③ 我认为这是一个重要的结论。无论是唯理论者笛卡尔还是经验论者洛克都承认精神实体和物质实体的存在，而同为经验论者的贝克莱却只承认精神实体的存在，而否认物质实体的存在。关于物质问题，我们

---

① 参见俞吾金《究竟如何理解并翻译贝克莱的命题 esse is percipi》，《哲学动态》2009 年第 5 期。
② George Berkeley, *Principles of Human Knowledge*, 6, part Ⅰ.
③ George Berkeley, *Principles of Human Knowledge*, 7, part Ⅰ.

下面再讨论。

贝克莱只承认精神实体的存在，但并不是唯我论者。他在《人类知识原理》第一部的第 3 节讲到，我离开书房后有别的精神看见书桌。所以这里的"感知"是主体间的共同感知，是我与他人甚至与上帝的共同感知。这就是贝克莱一般不给出感知者①的原因。他还论证说，我们可以设想自己的观念与他人的观念是相似的："我们借助自己的观念来设想存在于其他精神的心灵中的观念，我们假设自己的观念与那些观念是类似的。我们同样也知道，我们借助自己的灵魂知道其他精神，在这种意义上我们自己的灵魂是其他精神的影像或观念，它与其他精神的类似关系，就像我感知到的蓝或热同他人所感知的那些观念的关系一样。"②

关于精神实体的特征和功能，贝克莱给出了一些说明。"精神是一个单纯的、不可分的能动存在者：它感知观念时，被叫做**理智**（understanding）；它产生或以别的方式作用于观念时，叫做**意志**（Will）。"③ 在第 26 节，他特别强调了精神实体是"无形体的"（incorporeal）。无形体是精神实体的特征，理智和意志则是精神实体的功能。

贝克莱特别强调要区分精神实体与观念：前者是无形体的、单纯的、不可分的、能感知的、能思想的、能作用的存在者，后者则是无思想的、被感知的被动存在者。不能笼统地把前者和后者都叫作"观念"（idea）。当有人提出，"虽然一个**观念**不能与一个精神在其思维、行动或自存方面相似，但可以在其他方面与精神相似"④ 时，贝克莱回答说："观念如果不在所提到的那几个方面表现精神，那也不可能在任何其他方面表现它。去掉能意欲、能思想、能感知观念的能力，就不再有别的东西使观念能与精神相似。因为我们用**精神**这个词只是指那能思想、能意欲和能感知的东西，这一点且只有这一点才构成了精神一词的

---

① 在以下两个著名的命题中都没有给出感知者："the Existence of an Idea consists in being perceived"（一个观念的存在在于被感知）．"Their Esse is Percipi."（它们的存在就是被感知）（George Berkeley, *Principles of Human Knowledge*, 2, 3, part Ⅰ）．

② George Berkeley, *Principles of Human Knowledge*, 140, part Ⅰ. 我自己如何知道他人的观念和思想，这是哲学和心理学中的难题。贝克莱通过自己的假设和类比，认为自己可以知道他人心中的观念，这显然不能算是充分的论证。当然，这里隐含了贝克莱没有说出来的东西：我们都是上帝创造的，我们都是上帝的肖像，我们都分有上帝的部分理智，这是我们能相互理解的基础。

③ George Berkeley, *Principles of Human Knowledge*, 27, part Ⅰ.

④ George Berkeley, *Principles of Human Knowledge*, 137, part Ⅰ.

含义。因此，如果那些能力的任何程度都不能在一个观念中被表现的话，那么显然就不可能有精神的观念。"① "精神的所有无思想的对象，都与它们的完全被动性一致，它们的存在只在于被感知；但是，灵魂或精神是能动的存在者，其存在不在于被感知，而在于感知观念或思想。因此，为了避免含糊其词，避免把本性完全不同的东西混淆起来，我们区分了**精神和观念**。"②贝克莱承认，在较广的意义上，也就是我们要对精神说点什么的时候，"也可以说我们拥有**精神**的观念，更确切些说是精神的概念（notion），即我们理解这个词的意义，否则我们不能肯定或否定它的任何东西"③。可以说，把握住了精神和观念的区分，我们就有了理解贝克莱哲学的钥匙。

（三）上帝存在且可知

上帝属于精神实体中的一个。贝克莱说，我知道印在我的感官上的观念并非我的意志的产物。所以，"一定还有某种其他的意志或精神在产生它们。"④ 这个意志或精神就是上帝。

我们知道，感觉观念比想象的观念更强烈、更活跃、更清晰。它们是稳定的、有序的。贝克莱认为，感觉观念的存在证明了造物主的智慧和仁慈。所谓的"自然律"（the Laws of Nature）就是上帝在我们心中激起感觉观念时依据的规则和方法，上帝的"意志构成了自然律"⑤。

> 自然的创造者在感官上所印的各种观念叫做**实在事物**；在想象中产生的那些观念不那么规则、生动与持久，它们应更准确地叫做**观念**或它们所复写和表现的**事物的影像**。⑥

贝克莱的这一说法乍看起来十分荒唐：造物主怎么能把实在事物印在我们的感官上呢？其实，这里包含了两重意思。一，贝克莱借鉴了笛卡尔的观点：上帝创造了事物，同时上帝把事物的观念植入我们的心中，这就是"天赋观念"的由来。在这个意义上说，贝克莱应当属于天赋观念论

---

① George Berkeley, *Principles of Human Knowledge*, 138, part I.
② George Berkeley, *Principles of Human Knowledge*, 139, part I.
③ George Berkeley, *Principles of Human Knowledge*, 140, part I.
④ George Berkeley, *Principles of Human Knowledge*, 29, part I.
⑤ George Berkeley, *Principles of Human Knowledge*, 32, part I.
⑥ George Berkeley, *Principles of Human Knowledge*, 33, part I.

者。二，在贝克莱那里，"事物"（thing）就是"观念"。广义地讲，事物包括了"观念"和精神。但是，贝克莱认为我们应当只用其狭义即"观念"。他在《人类知识原理》给予了详细说明。针对有人问他，为什么要用"观念"而不顺从习惯叫"事物"，他回答说："这样做有两个理由。第一，因为**事物**一词和观念进行对比时，一般被认为是指某种在心外存在的东西；第二，因为**事物**的含义比**观念**更广泛，它包括了精神或能思想的事物以及观念。因此，既然感官对象只存在于心中，而且是无思想的、不活动的，所以我选择用**观念**一词来标识它们，观念包含了那些性质。"① 可见，贝克莱的"物"（thing）即是观念或观念的集合物。既然"物"是"观念""观念"是"物"，所以说上帝印在我们感官上的"观念"是实在事物就不奇怪了。

贝克莱在这里区分了"实在事物"和"事物的影像"，或上帝创造的"观念"即"感觉观念"和人在想象中产生的"观念"即"想象观念"，这两种观念在强烈、活跃、清晰、稳定、秩序等方面有明显的差别。贝克莱把洛克的来自感觉和反思的简单观念变成了上帝创造的观念（实在事物），因为他不能接受洛克的观点。如果承认简单观念是来自对外部事物的感觉，就承认了心外事物的存在，这违背了贝克莱的基本立场。

贝克莱认为，上帝是可知的。我们从"自然事物的恒常的规则、秩序和连结"中，从"较大物体的令人吃惊的宏伟、美丽和完善"中，从"所造物较小部分的精细设计"中，"显然可见，上帝正如别的异于我们自己的那些心灵或精神，是明确地、直接地被认识的。我们甚至可以断言，上帝的存在比人的存在还被人更加明显地感知到，因为自然的结果比归属于人的结果多无数倍、重要无数倍。凡能表示人的符号，或由人产生的结果，都强烈地表示那个精神即**自然的作者**的存在。"② "任何稍微能思考的人都可以看到，上帝或亲切地呈现给我们心灵的那个精神是存在的，他在我们心中产生了所有的持续影响我们的不同观念或感觉，我们绝对地、完全地依赖上帝。一句话，**我们在他之中活着、运动和存在**。"③ 我们明确地、直接地认识到上帝，贝克莱的这一结论否定了洛克认为我们不能认识上帝的观点。贝克莱认为，承认外物存在的观点和否认上帝可以认识的观点，都将导致怀疑论，洛克就是其代表人

---

① George Berkeley, *Principles of Human Knowledge*, 39, part Ⅰ.
② George Berkeley, *Principles of Human Knowledge*, 147, part Ⅰ.
③ George Berkeley, *Principles of Human Knowledge*, 149, part Ⅰ.

物。所以，他坚决批判怀疑论。然而，贝克莱的后继者休谟、康德都是否认我们能认识上帝的，倒是批判贝克莱的经验唯心论的黑格尔认为人能认识上帝。

（四）非物质主义

谈到贝克莱的实体观，非物质主义或反物质的观点是其重要内容。

亚里士多德已经隐约地承认了物质实体（物质或质料是个体事物的基本成分，而个体被亚氏认为是第一实体，但是他后来有变化）；笛卡尔和洛克都明确承认物质实体的存在；斯宾诺莎虽然只承认唯一的实体即上帝或自然，但广延和思想（物质和心灵）是其本质，所以实体或上帝或自然本质上也有物质性。莱布尼兹是反对物质实体的，他知道笛卡尔的物质和心灵的实体二元论隐含了尖锐的矛盾，但他又不能解释无广延的心灵何以产生有广延的物质，所以采用了含混的"彩虹"比喻。

贝克莱继承了基督教的传统，认为上帝是从"无"中创造出整个世界的，上帝是彻底的"创造者"而不是"加工者"，不是柏拉图的"德穆革"（demiurge）。他的非物质主义就是对这一思想的论证。

贝克莱的非物质主义表现在"心外无物"的命题上，这一命题要达到的最终目标是否认物质实体的存在。在《人类知识原理》"序言"部分，他从语言学入手，从方法论的角度批判了洛克的"抽象观念说"，否认有抽象的概括观念。他认为，引起了存在于几乎所有知识部门的无数错误和困难的主要原因，"就是认为心灵具有形成事物的**抽象观念**（Abstract Ideas）或概念（Notions）的能力"①。显然，贝克莱持极端唯名论的立场，认为名称只是一个符号（sign），并不代表普遍的东西。"如同那条特殊的线变成一般的线是通过将其用作符号来进行的一样，那个被绝对地认为是特殊的**线**的名称，也是通过作为符号变成一般的。正如前者不是把其一般性归结为它是抽象线或一般线的符号，而是归结为它是可能存在的所有特殊直线的符号一样，我们也必须认为，后者是从同样的原因——它无差别地代表了各种特殊线——中获得它的一般性的。"② 通过批判和否认抽象观念，贝克莱认为人们所谓的"物质"或"物体"不过是抽象的产物，是根本不存在的东西，从而否认了外物的

---

① George Berkeley, *Principles of Human Knowledge*, 6, Introduction.
② George Berkeley, *Principles of Human Knowledge*, 12, Introduction.

存在。

贝克莱从四个方面驳斥了洛克假设物质实体的理由,得出了"物质是虚无"的结论。第一,洛克认为,感觉作为心灵的印记、摹本至少必须反映外物的部分性质,与外物有一定程度的相似。贝克莱反驳说,"一个观念只能与一个观念相似,一种颜色或形状只能与另一种颜色或形状相似"①。观念与外物作为不同类的事物如何比较呢?第二,洛克认为,事物的原始性质是客观的,原始性质的观念与原始性质相似,而派生性质是凭借原始性质的能力在人心中引起的观念,因而是主观的,与事物不相似。贝克莱反驳道,首先,原始性质也是主观的,因为事物的性质是不可分割的,原始性质和派生性质是同时被感知的对象;其次,不但派生性质是相对的,原始性质也是相对的,因为物体的广延、大小、运动、数目等性质也随感知者状态的变化而变化。②第三,洛克认为,物体的可感性质必须有一个不可感的支撑点,所以要假定作为支撑点的物质实体存在。贝克莱认为这是传统的"抽象观念说"在作怪,他站在极端唯名论的立场否认共相的存在,因而否认物质实体的实在本质。③第四,洛克根据原因与结果的观念认为,感觉必须有一个外在的原因,否则无法说明观念的来源。但是他又认为,心灵与外物都是观念的来源即有两个来源。贝克莱则认为,一个来源就够了。既然心灵自身可以通

---

① George Berkeley, *Principles of Human Knowledge*, 8, part I.
② 参见 George Berkeley, *Principles of Human Knowledge*, 9—15. part I. 关于原始性质和派生性质(又译"主要性质和次要性质")的区分,古已有之。如德谟克里特已经认识到,组成物体的原子本身有形状和大小,然而并不具有声色香味等可感性质。近代物理学家和哲学家如伽利略、笛卡尔、霍布斯、波义耳、牛顿等人继承了这一观点。1666年,波义耳在《从微粒哲学看形式和性质的来源》一文中第一次提出了"原始的偶性"和"派生的偶性"的概念,前者指的是不可入性、广延、大小、形相、运动、静止、组织等性质,后者指的是那些性质表现于人的声色香味等感觉。贝克莱继承了这种做法,将前者称为"原始性质",将后者称为"派生性质"。基于这一点,布莱肯等贝克莱学者认为,贝克莱在讨论两种性质时针对的是波义耳而非洛克。中国学者傅有德认为,布莱肯等人的观点基本正确,因为洛克也借用了波义耳的概念,且内容上与波义耳有相同的部分,但是贝克莱没有完全忽略洛克。(参见傅有德《巴克莱哲学研究》,人民出版社1996年版,第97—98页)本人赞同傅有德的观点。

另外,贝克莱把两种性质等同或同化的做法,受到了哲学家培尔的影响。贝克莱在《哲学评论》中,就培尔的《皮罗》篇关于两种性质的论述写下了这样的笔记:"不能证明原始的观念存在于物质中,以同样的方式,也不能证明派生的观念存在其中。"关于这个问题的详细论述,参见傅有德的《巴克莱哲学研究》第二章第五节。

③ George Berkeley, *Principles of Human Knowledge*, 5, 16, 17, part I.

过反思获得观念,为什么它不能成为一切观念的来源呢?假设外在原因并不能说明原因为何产生结果,而"心外即使没有与观念相似的物体存在,我们也很可能受到我们现在具有的观念的影响。因此很明显,外部物体的假设对于我们的观念的产生来说是不必要的;因为人们承认,即使外部物体不同时出现,观念有时也会被产生出来,而且很可能总是按照我们现在看见它们的秩序被产生出来"①。

《海拉斯和菲洛诺斯的三篇对话》(分三次出版:1713 年 A 篇,1725 年 B 篇,1734 年 A、B、C 篇与《人类知识原理》合集出版)是贝克莱的另一重要著作,是对《原理》中的核心思想即非物质主义的进一步阐发。《三篇对话》的副标题是"反对怀疑论者与无神论者",表明了该对话的目的。对话的一方"海拉斯"(Hylas)的字面意思是"物质,质料",代表唯物论者;另一方"菲洛诺斯"(Philonous)的字面意思是"爱心灵、爱精神",代表贝克莱本人。所以,对话过程实际上是贝克莱与唯物论者的辩论过程,在贝克莱的预设中这一过程也是海拉斯逐渐被菲洛诺斯说服的过程。第一篇对话的中心思想(贝克莱的观点)是,原始性质和派生性质(或译"第一性的质"和"第二性的质")都是心中的观念。冷热感觉、痛苦(痛觉)、气味(味觉)、声音(听觉)、颜色(视觉)等派生性质是心中的观念,广延、坚固性、距离(外在性)、运动等原始性质也是心中的观念。第二篇对话的中心是,反驳物质的存在。菲洛诺斯依次反驳了"物质是对象"、"物质是基底"、"物质是观念的原因"、"物质是上帝的工具"、"物质是机缘"等观点,得出的结论是:物质什么也不是,没有任何规定,只是文字游戏。第三篇对话的核心是反驳怀疑论和无神论:承认外物(物质)的存在,必然导致怀疑论和无神论。但是,去除了物质后,一切皆可知:所有存在者只是观念或事物(被动)和感知观念者——心灵或精神或自我(主动),不存在其他;还有,去除了物质后,自然要相信神,因为神是所有观念(事物)的最终感知者,这就消除了无神论。②

在贝克莱的后期重要著作《西里斯》中也有大量的反物质的内容,其基本做法是他引证历史上著名哲学家的观点来说明物质的非实在性。在第 266 节,贝克莱说,毕达哥拉斯学派和柏拉图主义者有一个关于世界的

---

① George Berkeley, *Principles of Human Knowledge*, 18, part Ⅰ. 本段基本摘自本人的论文:《空间观念与"哲学的耻辱"——以贝克莱和康德为中心》。

② George Berkeley, *Three Dialogues Between Hylas and Philonous. In Opposition to Sceptics and Atheists*. Createspace Independent Publishing Platform, 2016.

真正体系的意念。他们容许机械论原则，但认为它们是由灵魂或心灵驱使的。"只有心灵、灵魂或精神才是真实地、实在地存在着的，而物体仅仅是从属的、依赖性的存在。"① 贝克莱把消极的阻力和坚固性而非广延作为物体的属性。在290节，贝克莱说："从物质的阻力中我们就形成了关于物体的意念。就此说来，只要存在着真正的动力，就有精神存在。只要有阻力，就有无能为力或欠缺动力，即是说有对精神的否定。……上帝本身没有任何躯体，至上的存在并不会和世界结合为一……因为，躯体必不可免地表明它存在着缺陷……"② 贝克莱还从亚里士多德对"质料"的解释中说明"物质"的非实在性。在第317节，贝克莱说，"不管现代人怎样理解质料这个词，但柏拉图和亚里士多德都不把质料当作有形的实体看待。对于他们来说，它确切地指称的不是肯定的、现实的存在。亚里士多德将它描述为由否定属性构成的东西，因为它既没有量，也没有质，也没有本质"③。质料（物质）在柏拉图和亚里士多德那里的意思是"可能性"和"潜在性"而不是现实性，这没有错。但是，贝克莱究竟是忘记了还是有意忽略了：质料在他们那里是独立的存在，不是从他物或神中产生出来的？

贝克莱本人完全意识到了"物质"概念的重要性。他说："我们已经表明，物质或有形实体的学说，一直是**怀疑论**的主要支柱和支撑者，同样我们还要说，各种邪恶的**无神论**和反宗教的体系（schemes）④都是建立在同一基础上的。……在所有时代，物质实体都是无神论者的莫逆之友，这是无须赘述的。他们所有的丑陋体系都是如此明显地、必然地依赖它；一旦移走这块基石，整个结构必然垮台。"⑤ 在这里，作为大主教的贝克莱已经表明了他写作此书的目的：去除怀疑论、无神论、反宗教的最后堡垒和支柱——物质实体。

三 休谟的实体观点

休谟（1711—1776）是英国经验论的集大成者，也是经验论的终结者。

---

① [英]贝克莱：《西里斯》，高新民、曹曼译，商务印书馆2000年版，第159页。
② [英]贝克莱：《西里斯》，高新民、曹曼译，商务印书馆2000年版，第290节，第174—175页。
③ 同上书，第317节，第193页。
④ Scheme，有"系统、体制"，"计划、设计"，"阴谋、诡计"等含义，贝克莱用这个词怀有明显的宗教感情，即在贬义上使用它。中文的"体系"一词不能表达出这种感情。
⑤ George Berkeley, *Principles of Human Knowledge*, 92. part I.

他之所以终结了经验论,是因为他彻底贯彻了感觉—经验的原则。这是辩证法的胜利:彻底贯彻感觉—经验原则的结果是走向经验原则的反面。

(一) 休谟哲学的特征

休谟的经验主义哲学有两个重要特征:怀疑主义和自然主义。我们先说自然主义。自然主义是经验主义的产物。休谟认为,在我们的知识活动中始终存在着不同于推理和证明的另一面:"自然的倾向"(natural propensities)、"自然的趋势"(the current of nature)或"自然的本能"(natural instinct)。这种倾向是我们不能抗拒的,我们有"外部事物"存在的信念(belief),有同一个"自我"的信念,有普遍的"因果律"的信念,我们虽然不能证明这些信念,但是这些"信念"是我们实际生活存在的基础,也是我们进行判断的基础。我们对这些信念只能作"自然主义的描述",即"不依赖于任何超自然的、神秘的、武断的、或形式演绎的证明,而是按照生活常识和自然科学可以理解的方式,描述实际发生的自然过程"①。

休谟把自己的哲学称为"人性科学":

> 显然,所有科学与人性都有或大或小的关系。任何科学不论与人性离得多远,它们总会通过这样或那样的途径回到人性。即使是**数学、自然哲学和自然宗教**,在某种程度上都依赖人的科学,因为这些科学从属于人的认知,并且是根据他们的能力和官能而判断的。……任何重要问题的解决都包括在关于人的科学中,在我们不熟悉这门科学之前任何问题都不能得到确实的解决。②

在休谟看来,关于人的科学就是对人的本性进行研究。在人性研究中,他主张经验主义,认为,人性科学是经验科学,必须建立在观察和经验之上。③ 与对自然的研究稍有不同,对人性的研究主要依靠对自己内心

---

① 周晓亮:《休谟哲学研究》,人民出版社 1999 年版,第 220 页。

② David Hume, *A Treatise of Human Nature*, Introducion XiX – XX. Edited, with an Analytical Index by L. A. Seiby – Bigge, Oxford, 1946.

③ 休谟的经验主义受到牛顿自然哲学成功的影响。《人性论》的副标题就是 "在精神科学中尝试引入推理的实验方法"。他像谈 "自然世界" 的吸引力时那样谈 "精神世界" 的吸引力,他把 "习惯" 的存在作为一种精神的 "力" 类比于重力,而将 "联想原则" 类比于运动定律。(参见 Eric Schliesser, "Hume's Newtonianism and Anti – Newtonianism", *Harvard Encyclopedia of Philosophy*, 2004. 10)。

活动的不受干扰的反思，依靠他人对自己内心体验的描述。因此，对心理活动的描述是人性研究中使用的基本方法。为什么要采用心理活动描述法呢？这是因为休谟持自然主义的立场。首先，休谟认为，人作为自然物是自然界的一部分，人也受自然法则支配。就此而已，人与动物没有多大区别。有人强调，人有理性而动物没有。休谟则认为，动物也有理性，尽管在程度上不如人。人和动物都是根据过去的经验来生存的。其次，既然人也是自然物，所以对人可以采用适用于自然物的观察、实验方法，对人的感觉、情感、思想、信念、推理等做实际的考察和描述，排除超自然的、非科学的概念和原理。再次，我们在对人性进行说明时，不应盲目采用或杜撰一种似是而非的原理去解释，也不应诉诸超自然的力量去说明，而应当承认既有的事实，描述其发生、演变的"实际过程"，满足于这种"自然而然"的结果。① 最后，休谟在对因果关系进行解释时，也采用了自然主义的立场：

> 所以，从经验产生的一切结论都是习惯的结果，而不是推理的结果。习惯是人生的伟大指南。只有这条原则使我们的经验对我们有用，并且使我们期待：在将来那些曾经在过去出现过的一连串的类似事件会发生。如果没有习惯的影响，除了那些直接呈现于记忆和感官的东西之外，我们完全不知道其他任何事实。②

他认为，"自然确实可以产生出一切由习惯发生的东西；不但如此，习惯只是自然的一条原则，并从那个根源获得了它的一切力量"③。把因果关系的基础归结为人的自然本性，用人的心理构造来解释因果必然性，这是典型的自然主义解释。

除了自然主义之外，怀疑主义也是其重要特征。休谟主张"温和的怀疑主义"（mitigated skepticism or moderate skepticism），以同皮浪式的过度的或激进的怀疑主义区别开来。休谟的怀疑实际上是对人类理性的怀疑，即人类的理性不可能认识所有的领域，所以认识需要划界：分清楚经验可及的领域和经验不可及的领域。经验之外的领域都是可以怀疑的。

---

① 参见周晓亮主编《近代：理性主义和经验主义，英国哲学》（叶秀山、王树人总主编：《西方哲学史》第四卷），凤凰出版社、江苏人民出版社2004年版，第418页。

② David Hume, *An Inquiry Concerning the Human Understanding*. The Phil Osophical Works of David Hume. Vol. IV, pp. 54–55, Edinburgh: Adam Black and William Tait, 1826.

③ David Hume, *A Treatise of Human Nature*, p. 179.

休谟的自然主义初看起来似乎与其怀疑主义相矛盾：既然主张怀疑主义，为什么又对其自然主义不怀疑呢？实际上，两者是统一的。怀疑是对理性的怀疑，而怀疑理性的结果自然是肯定感性和经验，即肯定自然的东西。怀疑主义其实是感觉—经验主义贯彻到底必然产生的结果：如果你只相信感觉—知觉，那感觉—知觉之外的一切当然都是值得怀疑的。这正是休谟的立场。他公开为怀疑主义辩护：

> 必须承认，这种怀疑主义当它是更温和的时候，可以被理解为是非常合理的，是研究哲学的必要准备。①

他批评洛克和贝克莱想铲除怀疑主义的想法。洛克在《人类理智论》第一章的"引论"中说，人们陷入怀疑主义是因为他们把研究扩展到自己的能力之外，找不到立足点，挑起无数的争论，对问题不能清晰地解决。"反之，如果仔细考虑到我们的理智的能力，发现了我们的认识的范围，找到了划分事物明暗的界限，找到了划分我们能知和不能知事物的界限，人们或许会不那么自责地默认对一方面无知，而满足于运用他们的思想和谈论于另一方面，以获取更大利益。"② 洛克认为，通过划界，了解人类理智的能力，划清能知的和不能知的，就能避免怀疑主义。但是，洛克既然承认有不可知的领域，就为怀疑主义留下了空间。贝克莱认为，物质或有形实体的学说是怀疑主义和无神论的主要支柱，所以驳倒了物质实体的学说就驳倒了怀疑主义和无神论③。他的《人类知识原理》在某种意义上就是反驳物质学说的著作。

休谟的实体观其实是他的怀疑主义方法论的产物。他的基本立场是：除感觉之外的一切都是不可知的，因为没有渠道告诉我们感觉之外的东西存在还是不存在、具有这种性质还是那种性质。我们下面分别论述。

（二）外物存在的信念与证明

休谟知识论的基本概念是"知觉"（perception）、"印象"（impression）和"观念"（idea），但关于它们的起源，休谟没有明确交代。我们知道，洛克认为观念起源于感觉和反思，贝克莱认为观念来自上帝的心灵

---

① David Hume, *An Inquiry Concerning the Human Understanding*. The Philosophical Works of David Hume. Vol. Ⅳ, p. 175.
② John Locke: *An Essay Concerning Human Understanding*, 7, Chapter Ⅰ, book Ⅰ.
③ George Berkeley, 92, part Ⅰ, *Of the Principles of Human Knowledge*.

和我们的心灵。休谟为什么会这样呢？是他没有注意到这个问题吗？当然不是，而是他认为，探讨知觉、印象、观念的起源问题超出了人性科学的研究范围，是人的认识能力达不到的。他说："印象可以分为两种，感觉印象和反思印象。第一种原始地产生于灵魂，来自所不知道的原因（unknown causes）；第二种在很大程度上来自我们的观念。"① 感觉印象是最基本的印象，休谟却认为来自灵魂，但产生的原因不知道。他后来对这个原因做过一些猜测，认为，原始印象或感觉印象没有任何先前知觉，由身体的组织、动物灵魂、或由对象接触外部感官而产生于灵魂，它们"依赖自然的和物理的原因"②。这样看来，休谟似乎又承认了非印象（观念）的东西的存在，并承认了外物是感觉印象的原因。如果是这样，休谟就更接近洛克而不是贝克莱。

事实上，休谟有一个基本信念：意识之外有不依赖于意识的外物存在，它们是知觉产生的外部原因。这是我们认识和研究的前提。他说：

> 我们完全可以问，**什么原因促使我们相信物体的实存**？但是如果问，**是否存在物体**？那是徒劳的。这一点是我们在一切推理中都必须认作理所当然的。③

休谟把相信外物存在（信念问题）和证明外物实存（知识问题）区分开。"至于那些从**感官**产生的**印象**，在我看来，它们的最终原因是完全不能用人的理性来解释的。"④ 我们不能明确地断定，那些印象是直接来自对象，还是由人心的创造力所产生的，或者是来自造物主。

我们先说明休谟的"存在"观念。休谟认为，"存在"观念和我们想象为存在的东西的观念是同一的。存在观念在与任何对象的观念结合起来时，并没有对这个对象观念增加任何东西。不论我们想象什么，我们总是想象它是存在的⑤。休谟在这里把观念与对象看成是同一个东西，关于外界存在的观念也是如此。"除了心灵的知觉或印象和观念以外，没有任何东西实际上呈现在心中，外部对象只是凭借它们引起的知觉才为我们所

---

① David Hume, *A Treatise of Human Nature*, p. 7.
② Ibid., p. 275.
③ Ibid., p. 187.
④ Ibid., p. 84.
⑤ Ibid., p. 67.

知。恨、爱、思、感、看——所有这些都是被知觉到的东西。"① 这些说法，我们大致能接受。问题在于，休谟接着说：

> 我们根本就不可能想象或形成与观念或印象有种类（specifically）差别的任何东西的观念。即使我们尽可能把我们的注意力指向我们自身之外，追随我们的想象力到天际或到宇宙的尽头，我们实际上绝不能超出我们自身一步，而且除了那些出现在那个狭窄范围之内的知觉也不能设想任何一种存在。②

休谟在这里说出了一个事实：我们对于任何事物的想象都是印象和观念的想象，但是休谟由此断定，我们不能设想与印象和观念不同种类的存在，知觉是唯一的存在③，这是武断的。正是这种武断的观点使休谟认为，物质实体（外部物体）是不可知的。

休谟认为，关于物质实体（物体）存在的问题可以分为两个问题：一，当物体不呈现于感官时，我们为什么还以一种继续的实存赋予它们？二，我们为什么假设它们是种类不同于（distinct）心灵和知觉的一种实存？简称为物体的"继续实存"和"种类不同的实存"。他承认这两个问题是密切联系的。如果感官的对象即使在不被知觉时仍然继续实存，那么对象的实存自然是独立于知觉之外而与知觉有区别的；反之，对象的实存如果独立于知觉之外而与知觉有区别，则这些对象即使不被知觉，也必然继续实存。休谟问：产生一种继续实存或种类不同实存的信念的是感官、是理性、还是想象？他认为这是唯一可以理解的问题。他通过回答这个问题来反驳物质实体的概念。

从感官来说，当对象不再呈现于感官之后，这些感官显然不能产生这些对象继续实存的意念（notion，或"概念"）。因为这是用语矛盾。"我们的感官显然不会把对象的印象呈现为任何**种类不同的、独立的和外在的**东西的形象，因为它们只向我们传达了单纯知觉，而丝毫没有向我们提示外部事物。……因此，如果我们的感官提示了不同种类实存的观念，那么它们一定是借助谬误和幻觉才把印象传达为它们的真实存在物。"④ 休谟否认了感官能够区分和传达不同种类（观念与外物）的存在，其理由在

---

① David Hume, *A Treatise of Human Nature*, p. 67.
② Ibid., pp. 67–68.
③ 这一观点来自贝克莱。参见上一节。
④ David Hume, *A Treatise of Human Nature*, p. 189.

于："自我"观念和"人格"观念（下面再讨论）既不固定也不确定，所以由"自我"产生的感觉也是不确定的。这样，"设想感官能够区分我们自己和外部对象，那是荒谬的"①。所以，休谟得出的结论是："我们可以肯定地说，继续实存和种类不同的实存的信念决不可能产生于感官。"②

那么，这两种信念是否产生于想象呢？休谟认为正是如此。他认为，一般人把知觉和对象混淆起来，从而赋予他们所感、所见的东西以种类不同的继续实存，这种观点既然完全不合理，所以就不能产生于理智而只能来自某种其他官能。休谟在这里否定了这两种信念来自"理智"（理性）的可能性，那么剩下的就只能来自"想象"即这里说的"其他官能"（other faculty）了。休谟认为，我们赋予了"继续实存"的一切对象都有一种特别的恒定性（constancy），这种恒定性把对象与依赖我们的知觉而实存的印象区别开来。这种恒定性尽管不完整（如物体会改变其位置和性质），但是"可以观察到的是，在这些变化中物体仍然保持了**一贯性**（coherence），并且彼此间有一种有规则的依赖关系，这是根据因果关系进行的推理的基础，并且产生了物体继续实存的信念。……因此，外部对象中的这种一贯性及其恒定性，是它们的特征之一"③。但是，休谟认为，这种所谓的"一贯性"和"恒定性"其实来自"习惯"，而"习惯只能是知觉重复的结果"。

休谟对物质实体或物体（外部对象）有一个结论性的观点，我认为它很能代表休谟的立场。

> 我们确实知道的唯一实存者就是知觉，它们通过意识直接呈现给我们，获得了我们最强烈的同意，是我们所有结论的原始基础。我们能够从一事物的实存推断出另一事物的实存的唯一结论，是借助了因果关系，这种关系表明，两者之间存在一种联系，一事物的实存依赖另一事物的实存。因果关系的观念来自过去的经验，凭借这种经验我们发现，那两个实存者恒定地结合在一起，并且总是同时呈现于心。但是，既然除了知觉就没有其它存在者呈现于心，那就可以得出结论：我们可以在不同的知觉之间观察到一种结合或因果关系，但绝不能在知觉和对象之间观察到这种结合或因果关系。因此，我们不可能根据知觉的实存或任何性质形成关于对象实存的任何结论，或在这一

---

① David Hume, *A Treatise of Human Nature*, p. 190.
② Ibid., p. 192.
③ Ibid., p. 195.

点上满足我们的理性。①

这段话讲了几层意思：一、知觉是我们确知的东西，是所有结论的原始基础。二、借助因果关系我们可以对事物进行推理，因果关系来自过去的经验即习惯，也就是知觉的重复；三、因果关系只能用于知觉之间，而不能用于知觉和对象之间，所以不能根据知觉的实存推断对象（外物，物质实体）的实存。

休谟还利用了洛克的两种性质理论，否定了外在物体的可知性。我们知道，洛克认为物体具有两种性质，原始性质如广延、形状、大小、运动是物体固有的，与人的感觉无关；派生性质如颜色、声音、滋味等非物体所固有，它们是原始性质在人心中引起的感觉，依赖感官而存在。休谟赞同贝克莱的观念（事物）的"存在就是被感知"，沿贝克莱的思路否认了原始性质与派生性质的差别，认为它们都依赖知觉。"如果你剥夺了它的所有可理解的性质——原始的和派生的——在某种意义上你就毁灭了它，只留下某种不可知的、不可解释的东西作为我们的知觉的原因。这是一个非常不完善的观念，任何怀疑论者都认为它不值一驳。"②

那么物质实体的观念是如何产生的呢？在休谟看来，物体观念仅仅是心灵把几种独立的感性性质的观念集合起来所形成的东西。物质实体的观念产生于调和矛盾的需要：由于我们观察对象时的观点不同，由于我们所比较的时间刹那有远有近，所以我们的思想过程产生了矛盾。

> 为了调和这些矛盾，想象力就容易捏造（feign）一种不可知、不可见的东西，并假设它在所有这些变化之中继续了同一的东西，想象力把这种不可理解的东西叫做**实体，或原始的和最初的质料**（matter，即"物质"——引者）。③

在休谟看来，"实体"是想象力捏造的产物，是用来保持同一性的东西，是原始质料，是各种感性性质的承载者。这种思想从根源上说来自洛克，但洛克认为"实体"是合理推理的产物，而休谟却认为它是想象力捏造的产物。

---

① David Hume, *A Treatise of Human Nature*, p. 212.
② David Hume, *An Inquiry Concerning the Human Understanding*, p. 181.
③ David Hume, *A Treatise of Human Nature*, p. 220.

（三）精神实体不可知

休谟怀疑物质实体的可知性，似乎还可以成立，因为知觉和物质实体（对象）毕竟是不同类的东西，或者说观念在心内而物质实体在心外。洛克也认为物质实体不可知，而贝克莱根本不承认有物质这种东西。但对于精神实体来说，情况应当不同。观念与心灵（精神实体）的密切联系是没有人能否定的：笛卡尔认为心灵比肉体（物质）更容易认识，洛克认为心灵是观念的来源之一，贝克莱认为心灵是观念存在的前提。这样看来，休谟的前辈都肯定了心灵（精神实体）的存在及其可知性。

但是，与这些前辈不同，休谟则明确否认了心灵即精神实体的可知性。一、休谟说，既然每个观念都是由先前的印象得来的，那我们的心灵（灵魂）实体的观念也来自这种实体的印象，但我们根本就没有心灵（灵魂）实体的印象。二、有人把实体定义为"可以独立自存的东西"，而休谟认为一切可以被想象的东西都符合这个定义，偶性、知觉都是"独立自存"的，所以，这一定义不足以区分实体与偶性、心灵与其知觉。三、有人把"寓存于某物之中"作为支持知觉存在的必要条件，但休谟认为，根本没有东西支持知觉的存在。所以，我们没有"寓存"的观念。四、休谟认为，"对象的观念和知觉的观念在每一方面都是同样的，两者之间只是伴随了一种假设的既不可知也不可理解的差异"①。他总结说：

> 总的来说，我们可以作出一个最终的判决：关于灵魂实体的问题是绝对无法理解的。②

（四）对上帝的否定

关于上帝这一最高实体，休谟的前辈洛克认为，我们的"上帝"观念是我们把反省得来的某些观念加以扩大的结果，上帝是真实存在的。当然，上帝的本质是不可认知的。贝克莱则相反，认为上帝不但存在而且是可知的。上帝的"意志组成了自然法则"，"自然法则"就是上帝在我们心中激起感觉观念时依据的规则和方法；感觉观念的存在证明了造物主的智慧和仁慈；"自然的创造者"在我们的感官上所印的各种观念就是实在

---

① David Hume, *A Treatise of Human Nature*, p. 244.
② Ibid., p. 250.

事物。

与两位经验论的前辈不同，休谟则怀疑上帝存在的可能性，否认其可认识性。我们在这里主要介绍休谟在《人性论》与《人类理智研究》中的上帝观点。

在《人性论》中，休谟批判了这样的观点：物质本身是完全不活动的，神才是宇宙的原动力。他不但创造了物质，给它以原始动力，还继续施展全能的力量，支持物质的存在、运动和形象。休谟认为，这种观点很奇特，但是是多余的。休谟认为，全部观念既然是由印象或先前的知觉得来的，那么如果不能举出这种能力被人知觉到在发挥作用的一些例子，那我们就不可能获得任何能力（power）或效能（efficacy）的观念。

> 如果每一个观念都来自印象，那么一个神的观念也是由同一根源发生的；而如果任何感觉印象或反思印象都不包含力量或效能，那么也同样不可能发现或想象神具有任何那样的主动原则。①

休谟在这里批判了想通过物质世界的原动力来证明上帝存在的观点。在同书的248页，休谟表达了类似的观点：宇宙中并没有什么原因或产生原则，甚至神自己也不是，"因为我们的最高存在者的观念是从若干特殊印象得来的，其中任何一个都不包含效能的观念，而且与其他任何存在者似乎都没有**任何**联系。"② 休谟还主张，如果假设神是伟大而具有效能的原理，该原理填补了所有原因的缺失，这样的观点就会把我们引入极端的不敬和荒谬之中。因为这就等于说，"最高存在者是我们所有行为——坏的和好的，恶和善——的原因"③。也就是说，神是我们的恶行的原因，即我们把恶归咎于神。

在《人类理智研究》中，休谟论述上帝的地方很多。《人类理智研究》可以说一部反基督教的著作。休谟说："我们关于**基督**宗教的证据不及我们的感觉真理的证据可靠。"④ 这就明确否认了基督教的权威性。在第十章论"奇迹"（miracles）中，休谟反驳了通过奇迹论证神存在的观点，即批判"奇迹说"。所谓的奇迹说，就是在神圣的和世俗的历史中关于神的形迹和怪异的记载。休谟依据自己的经验主义原则指出，人类的证

---

① David Hume, *A Treatise of Human Nature*, p. 160.
② Ibid., p. 248.
③ Ibid., p. 249.
④ David Hume, *An Inquiry Concerning the Human Understanding*. p. 127.

据要获得权威性，必须依靠直接经验。任何推论都不及亲身经历者的经验可靠。神是否存在的判断标准是经验和观察。依据这一标准，休谟说我们的观念不能超出我们的经验，而我们的经验中并没有关于神的属性和行为的经验。"奇迹是对自然法则的破坏。既然坚实的、恒定的经验已经建立了这些法则，所以反驳奇迹的证明（就事实的本性而言）就与能够被想象的来自经验的任何证明一样是完整的。"① 休谟认为，一件奇怪的事情必然有一种相反的恒常一律的经验同它对立，否则它便不能称为奇迹。"但是，既然恒常一律的经验相当于证明，那么就事实的本性来说，这里就有了一种直接的和充分的证明来反驳任何奇迹的存在。"② 休谟讽刺说，"任何证据都不足以建立一个奇迹，除非它是这样的一种证据——它的虚假性比它企图建立的事实更神奇"③。

休谟批判奇迹的结果，既否定了神的可证明性，又否定了宗教的基础。他说："我们可以确立一个公理：人类的任何证据都无力证明一个奇迹，使其成为任何这类宗教体系的正当基础。"④ 接下来，休谟直接否定了《圣经》的权威性。他认为，所谓的神圣宗教是在信仰（Faith）上而非在理性（Reason）上建立起来的。《摩西五经》所记载的神的"奇迹"，不是上帝自己的语言或证据，只是世俗作家和历史学家的作品而已。它们是由野蛮、无知的民族在野蛮的时期写成的。

> 我希望任何一个人将手置于胸前，在慎重思考后公开表明，他是否认为，由这样的证据所支持的这样一部书的虚假性，比它所叙述的所有奇迹还要奇特、还要怪异。⑤

休谟批判基督教的言辞可谓激烈至极！所以，该书在他在世时就招致了社会的强烈不满，甚至成为禁书⑥。

在第十一章"论特殊的天佑和来世"中，休谟还通过批判"设计论"或"神人类比说"来否认神的存在。人们认为神存在的主要证据其实是由自然秩序推论出来的。自然秩序是结果，而自然本身不可能有这么良好

---

① David Hume, *An Inquiry Concerning the Human Understanding*. p. 133.
② David Hume, *An Inquiry Concerning the Human Understanding*. p. 134.
③ Ibid., pp. 134—135.
④ Ibid., p. 150.
⑤ Ibid., p. 154.
⑥ 参见伊丽莎白·S. 拉德克利夫《休谟》，胡自信译，中华书局2002年版，第113页。

的秩序，所以它一定来自别的原因。这就好比我们看到一个人工作品，就会想到它是某人设计和制造出来的。"自然"这件"作品"也是一样，它一定是被设计、被制造出来的，这个设计者和制造者就是我们所说的"神"。这样的论证似乎无懈可击，成为人们信神的"铁证"。休谟要否定神学，就必须直面这样的"铁证"，即因果类比理论或设计者理论。

首先，休谟说："当我们由结果推出一个特殊原因时，我们必须使原因与结果相匹配，而且我们所归于原因的各种性质只能是恰好能产生那个结果所需的，除此之外决不容许把其他性质归于它。"① 因此，即使上帝创造了宇宙的存在或秩序，我们也只能说，它恰好只具有它在自然作品中表现出来的能力、智慧和仁慈，但是我们却不能在此之外提供更多证明。我们只能在所见范围之内断言，这些品德是存在的，要说还有别的属性，那是没有根据的假设。我们绝对不能由作为"结果"的宇宙推出作为"原因"的上帝。其次，这种所谓因果类比根本推不出上帝存在。因果推论建立在过去事件的恒常会合的经验基础之上。如果要推断一事物为其他事物的原因，必须根据过去同类事件诸多例子的归纳。人工作品和其设计者是我们过去多次经验到的，由眼下的一个人工作品推知一个设计者存在，这是与过去的经验相吻合的（暂且不论这种推断的逻辑必然性）。但是，我们绝对不能由自然作品推知上帝存在。神是宇宙中的唯一实存，并不隶属于任何种或类，所以我们不能由相同种或类的此种性质推出上帝的彼种性质。

休谟认为，我们之所以犯不当类比的错误就在于，

> 我们不自觉地把自己置于神的位置，并且断言，他在每一种情况下都观察到我们自己处于他的情况下那样的同样的行为，这样的行为被认为是合理的、恰当的。但是，自然的一般过程使我们相信，调节每一件事情的原则和公理都完全异于我们的原则和公理。此外，我们看到，根据人类的计划和意图来推论异于人类万分、高于人类万分的神的计划和意图，那显然违反了类比的所有规则。②

再其次，传统宗教关于上帝存在的道德证明（神正论）是：现实世界的苦难、不幸和罪恶并非真实的东西，这只是从人的角度来看的，全

---

① David Hume, *An Inquiry Concerning the Human Understanding*. p.159.
② Ibid., p.170.

知、全能、至善的上帝保证了这个世界的善，这个世界是上帝从一切可能的世界中选择的最好世界。对此，休谟提出了质疑：如果上帝是全知的，那么对于这个现实世界的苦难、不幸和罪恶，他肯定知道；既然知道，他就应该消除它们，否则他就不是全善的。假使他知道了，但无力去消除它们，他就不是全能的。因此，现实世界的苦难和罪恶不能证明完满的上帝存在。

总之，关于上帝这一"实体"，休谟认为我们不能从理性上证明他的存在。休谟对宗教的批判直接影响了后来的康德。康德在《纯粹理性批判》中，对上帝存在的各种证明进行了驳斥，将上帝驱逐出了知识领域：上帝的存在与否不能从理性得到证明，它只能是信仰的对象。

第四节 康德的实体观

康德综合了经验论和唯理论的观点，把"实体"变成了"自在之物"，又在是［者］论中保留了"实体"范畴。像唯理论者那样，他断定"自在之物"存在，又像洛克、休谟那样否认"自在之物"（实体）的可知性。在《纯粹理性批判》的"先验辩证论"中，康德分别讨论了心灵实体、物质实体、上帝实体这三类实体，其实是集中批判了以前的哲学家的实体观。"先验辩证论"对实体的讨论虽然安排在是［者］论之后，但在逻辑上先于是［者］论部分对实体的讨论。在是［者］论部分中涉及"实体"（本体）的有两部分。一是自在之物作为刺激感官的东西而存在，这种刺激感官的东西实际上是传统的物质实体；二是作为范畴的"实体"，它是属性的承载者，是时间中持存的东西，即"现象中的实体"，这是康德对传统的实体进行改造后的产物。

一 对传统实体观的批判[1]

康德的实体观主要来自洛克和休谟。洛克肯定了实体的存在又否定它的可知性，他把"实体"规定为"基质""内在组织"；休谟怀疑所有实体的可知性，并把实体与"原始的质料"等同。这二人的思想直接影响了康德，当然康德有创造：他否定了本体意义上的"实体"的可知性，

---

[1] 本节的内容是以本人的论文《康德实体观的来源及其对传统实体观的批判》为基础改写的。

却在现象意义上肯定了"实体"及其可知性。

康德把认识的"对象"分为现象和本体。作为现象的对象,是自在之物刺激我们的感官后,经过我们的时空形式和范畴加工后的产物。这种意义上的认识对象实际上是我们自己创造的。作为本体的对象(自在之物)则不可能成为我们的认识对象,因为我们只有感性直观而没有"理智直观"("原始存在者"的"本源直观"),离开感性我们无法直观到本体,我们也不知道"理智直观"为何物。如果要把本体或自在之物作为我们的认识对象,那就必须要假定"一种特殊的直观方式,即智性的直观方式,但它不是我们所具有的,我们甚至不能看出它的可能性"①。

当然,康德其实预设了"理智直观"(die intellektuelle Anschauung,"本源的直观")的存在。他把"理智直观"与"感性直观"统称为"一般直观":"统觉毋宁说是作为一切联结的根源而以范畴的名义指向**一般直观**的杂多的,是先于一切感性直观而指向一般客体的"②。这里的"一般直观"包括了"感性直观"与"理智直观","一般直观"指向"一般客体",而"一般客体"分为"现象"和"本体"。"感性直观"指向"现象",所以"理智直观"就指向"本体"或"自在之物"。在这种意义上,本体或自在之物(我们暂时忽略它们之间的差别)在理论上是可以被"原始存在者"直观着的。③ 所以,本体或自在之物在康德那里绝不仅仅是逻辑的预设,康德还设想了它的直观者。

(一)心灵实体论证的错误

不论唯理论者笛卡尔、斯宾诺莎、莱布尼兹还是经验论者贝克莱都承认心灵实体存在且可知。但是,康德秉承洛克的看法,只承认心灵存在而认为其不可知。在《纯粹理性批判》"先验辩证论"的"纯粹理性的谬误推理"中,康德详细分析了唯理论者的错误。他说,自己将跟随范畴的

---

① [德]康德:《纯粹理性批判》B307,邓晓芒译、杨祖陶校,人民出版社2004年版,第226页。

② [德]康德:《纯粹理性批判》B154,邓晓芒译、杨祖陶校,人民出版社2004年版,第102页。

③ 参见康德《纯粹理性批判》B72,邓晓芒译、杨祖陶校,人民出版社2004年版(下同),第50页:康德说,我们不必把时空的直观方式局限于人类的感性,也许一切有限的思维存在者在这点上是与人类一致的,但它们并不会因为这种普遍性而不再是感性的,因为它们"是派生的直观(intuitus derivatitus),而不是本源的直观(intuitus originarius),因而不是智性直观,这种智性直观,依据上述同一理由,看来只应属于原始存在者"。

引线对"理性灵魂学"予以评论,但是范畴的顺序会有调整,首先"要从实体范畴开始,以便表现自在之物本身"①。可见,传统的"实体"就是康德所指的"自在之物",换言之,康德把传统的"实体"变成了自在之物或本体。

康德指出,作为思维活动的"我"和作为对象的"我"(实体)是两个不同的"我"。但是,理性心理学(唯理论者的心灵理论)却通过下面的推理把两个"我"混同起来:

> 凡是只能被思考为主词的东西也只能作为主体而实存,因而也就是实体。
> 现在,一个思维着的存在者仅仅作为本身来看,只能被思考为主词。
> 所以,它也只作为一个主体、也就是作为实体而实存。②

康德认为,大前提中的"存在者"指的是有可能出现在直观中的对象即真正的实体;而小前提中的"存在者"仅仅是思维和意识统一性的主词,是不可能出现在直观中的对象,即不是真正的实体。显然,这个推理犯了修辞格诡辩(四名词)错误。理性心理学"把思维的那个持久不变的逻辑主词冒充为对依存性的实在主体的知识,而我们对这个主体没有、也不可能有丝毫知识"③。这个自在的主体或"我"与一切思想的"根据"就是传统的"思想实体"或"灵魂实体",我们对于它毫无所知。

在《未来形而上学导论》中康德对"我"(自我)、物体都作了现象与本体的理解:"在'我存在'这一命题里的'**我**'并不仅仅意味着(在时间里的)内直观对象,同时也意味着意识的主体,正如同物体不仅仅意味着(在空间的)外直观,同时也意味着作为这一现象的基础的**自在**之物一样。"④可见,康德把"实体"和"对象"既理解为现象也理解为自在之物!这是我们理解康德实体观的关键。

---

① [德]康德:《纯粹理性批判》A344,B402,邓晓芒译、杨祖陶校,人民出版社2004年版,第289页。
② [德]康德:《纯粹理性批判》B410-1,邓晓芒译、杨祖陶校,人民出版社2004年版,第295页。
③ [德]康德:《纯粹理性批判》A350,邓晓芒译、杨祖陶校,人民出版社2004年版,第311—312页。
④ [德]康德:《未来形而上学导论》,庞景仁译,商务印书馆1978年版(下同),第118页。

康德认为，如果人们要把自我（灵魂）称作实体，就必须证明其常住性。因为常住性是使实体概念在经验中丰富多彩的东西。然而，"常住性决不能在一个当作自在之物的实体概念中，而只有在经验中，才能得到证明"①。我们不能单靠主体概念证明主体（灵魂实体）的存在是常住的，只能在经验中证明其常住性。康德由此把作为自在之物的"实体"变成了"现象中的实体"，把本体界与现象界联系起来了！

康德认为，我们只能在生活中推论灵魂的常住性，灵魂的常住性只能在人活着的时候而不是死后得到证明，所以"灵魂不死"的说法是不能证明的。"形而上学家们永远忽视实体的常住性原则，从来不想证明它，这确是非常值得注意的事。毫无疑问，他们一开始处理实体概念就感到完全没法证明它。"②他在《纯粹理性批判》里面也说过，"实体是持存的"原理从来没有被证明过。③

康德的结论是："我只能通过现象（内在情态就是由它做成的）把我的灵魂认识成为内感官的对象。至于灵魂的自在的本质（这是这些现象的基础），那对我来说是不知道的。"④

（二）物质实体不可知

唯理论者笛卡尔、斯宾诺莎想当然地认为我们能认识物质实体。笛卡尔认为，广延的观念是上帝在我们心中造成的，因而必定是真实的。所以知道了广延观念就等于认识了外部事物。斯宾诺莎把广延（笛卡尔的物质实体）变成了唯一实体（自然或上帝）的两种属性即本质之一，并且认为人所能认识的属性只有广延和思想。可见，认识外部事物在斯宾诺莎看来也是理所当然的。莱布尼兹用精神性的单子取代了物质实体，取消了广延性，所以谈不上物质实体可知还是不可知的问题。经验论者洛克断言有物质实体（外部物体）存在，但认为其基质和内部组织（洛克称其为"实在本质"）无法被认识。贝克莱由于彻底否认了物质实体的存在，所以不涉及物质实体的可知性问题。休谟的态度比较暧昧，一方面他像洛克一样承认物体存在的事实，另一方面又认为，物体存在的信念是不能证明的。

康德关于物质实体的观点基本上承袭了洛克和休谟的观点，即承认物

---

① ［德］康德：《未来形而上学导论》，第114页。
② 同上书，第115—116页注释。
③ ［德］康德：《纯粹理性批判》A184，B227，第172页。
④ ［德］康德：《未来形而上学导论》，第117页。

质实体存在但是不可知。康德认为，我们的感官受到外部对象的刺激，才产生感觉。与感觉相应的东西是现象的质料，这个"先验质料"就是自在之物（准确地说，先验质料被包含在自在之物中）。先验质料刺激感官后，与我们的先天认识形式（时空形式和范畴）结合，产生现象或认识对象。至于先验质料（即物质实体）尽管与我们的现象有联系，却永远不能进入我们的认识形式。

尽管否认物质实体的可知性，但是康德绝不否认其存在。相反，为了和质料的（material，物质的）唯心论划清界限，康德花了很多功夫来证明物质实体的存在。"唯心主义在于主张除了能思的存在体之外没有别的东西……相反，我说：作为我们的感官对象而存在于我们之外的物是已有的，只是这些物本身可能是什么样子，我们一点也不知道……无论如何，我承认在我们之外有物体存在。"① 为了回应他的观点是贝克莱观点的翻版的指责，他在《纯粹理性批判》第二版专门增加了"驳斥唯心论"一小节，批判质料唯心论（观念论）。

（三）上帝存在证明的不可能性

上帝存在且为我们所知，这是唯理论者笛卡尔、斯宾诺莎、莱布尼兹的共同观点。经验论者贝克莱更是明确断定，上帝创造了世界、创造了我们人类，而且上帝一直"感知"着整个世界。洛克也肯定了上帝的存在，而且认为人能形成上帝的复杂实体的观念。至于上帝的本质是我们所不知的，正如我们不知道鹅卵石、苍蝇或我们自己的真实本质一样。② 休谟对上帝实体的怀疑远胜于洛克。他说，"我们只能从反思我们自己的官能（faculties）所学得的东西中获得最高存在者的观念。因此，如果我们的无知是拒绝任何事物的很好理由，那我们就应根据这样的原则否认最高存在者的所有能力（或能量，energy），正如否认最粗重的物质的所有能力一样。我们确信，对两者的作用都一无所知"③。休谟在康德之前就对上帝存在的证明展开了深入的批判，包括对上帝存在的后天证明、先天证明、道德证明的批判。

康德对上帝（实体）的态度是复杂的。他坚决否认上帝是我们的认识对象。我们既不能肯定上帝也不能否定上帝，同样我们绝不能证明上帝存在。由此，康德对历史上的上帝存在证明进行了深入地分析和批判。他

---

① [德] 康德：《未来形而上学导论》，第50页。
② 同上书，XIII. 35, pp. 298–299.
③ David Hume, *An Inquiry Concerning the Human Understanding*, pp. 86–87.

把思辨理性对上帝存在的证明分为三种：是［者］论的证明，自然神学的证明和宇宙论的证明。

"是［者］论证明"（ontologische Beweis，旧译为"本体论证明"）是三种证明中最重要的，因为自然神学的证明和宇宙论的证明最终都归结到是［者］论证明，即落脚到"绝对必然的是者（存在者）"的概念。又因为此证明不涉及经验（后天）的东西，所以此证明又被称为"先天证明"。是［者］论证明的核心是，从一个"绝对必然的是者"的概念推论出一定有一个实在地存在于此概念之外的绝对必然的对象，否则就会发生一个概念内的自相矛盾。康德反驳说，如果我在同一性判断中取消谓词而保留主词时是会产生矛盾，比如说，"Gott ist."（"上帝是。"），但是又说"Gott ist nicht allmächtig."（"上帝不是全能的。"）因为"上帝"的概念包含了"全能"的概念。然而，如果我把谓词和主词同时取消则不会产生什么矛盾，比如我说"没有上帝"，当然就同时没有了上帝的"全能、全知、至善"的谓词。

康德进一步指出，sein（英文 to be，"是"）不能被当作一个实在的谓词①，它不过是对一物或某些规定性本身的肯定。在逻辑上，它只是一个判断的系词。当我说"上帝是全能的"（Gott ist allmächtig）时候，"是"（ist）并非是另外一个谓词，而只是把谓词"全能的"（allmächtig）设定在与主词"上帝"（Gott）的关系中，它丝毫没有肯定上帝现实地存在、"全能的"是现实存在的上帝的属性的意思。② 现实的一百元钱与一百元钱的概念在量上是相等的，但是现实的一百元与一百元的概念对于一

---

① 休谟在《人性论》中谈到了类似的思想。他说："实存（existence）的观念与我们设想为实存的东西的观念是完全同一的。单纯地反思任何东西与反思该物实存，两者是一回事。实存的观念与任何对象的观念结合起来时，并没有对它增加任何东西。"（David Hume, *A Treatise of Human Nature*, Beijing: China Social Sciences Publishing House, 1999, pp. 66 - 67.）休谟走得更远，这朵玫瑰 = 这朵玫瑰实际存在。而康德只是说，"是"不是实在的谓词，只是联系主词与谓词的系词。康德是否受到休谟这一思想的影响，我们没有证据（据说，康德没有读过《人性论》，而只读过《人类理智研究》）。但是，两种思想的一致性是不能否认的。

② 德文系动词 sein（ist 是第三人称现在时）与希腊词 einai 同义，einai（sein）本身有"存在"的意思，中世纪常用"Gott ist."这样的句子表示"上帝存在。"此时的 einai（sein）是实义动词，即"存在"。但是在"S ist P"（"S 是 P"）中，ist 只是一个系词，系词用法是 einai（sein）的最主要用法。

个人的财产状况来说显然是不同的。① 总之，康德认为，如果我们不超出"上帝"概念本身，想分析地证明上帝实际存在，那是根本不可能的。传统的是［者］论证明正是犯了这样的错误。用后来分析哲学家的话说，这是把无指称的东西与有指称的东西混为一谈了。②

但是，康德并不像休谟那样彻底否认上帝存在的证明。休谟在《自然宗教对话录》中，批判了上帝存在的道德证明，认为现实的苦难恰好反证了上帝的不存在。"为什么这个世界上要有痛苦呢？当然不是由于偶然而来的。那么，必然是出于某种原因。它是由于神的主意吗？但他是完全仁慈的。它是违反了神的主意而来的吗？但他是全能的。"③ 康德与此不同，他否认了关于上帝的是［者］论证明、自然神学证明、宇宙论证

---

① 黑格尔认为，康德的例子是"粗野"的："姑且不谈把一百塔勒尔之类的东西叫做概念，可以被正当地称为粗野，那些总是再三反对哲学理念，认为思维与存在有差别的人们，也毕竟应该最后假定，哲学家们并不是同样不知道**思维与存在**的差别这个事实；实际上，还会有什么比这更浅薄的知识吗？但是，大家却必须随后想到，在谈到**上帝**的时候，这是一个与一百塔勒尔、**任何**特殊概念、表象或随便叫什么名称的东西不同类的对象。一切**有限事物**其实都是、并且**仅仅**是这样：**它的存在不同于它的概念**。反之，上帝则显然一定是那种只能'**被设想为存在着**'的东西，上帝的概念在自身就包含着存在。正是概念与存在的这种统一构成上帝的概念。"（《哲学全书·第一部·逻辑学》，梁志学译，人民出版社 2002 年版，第 122—123 页）译文有一些问题，"思维与存在"的德文为 Denken und Sein，应译为"思维与是"；"它的存在不同于它的概念"中的"存在"的德文是"Dasein"，应译为"实是"，如果 Sein 译为"存在"，则 Dasein 应译为"实存"或"定在"，两个词有分别也有词源上的联系，不应该都译成"存在"。"只能被设想为存在着"中的"存在着"，其德文是 existierend，意为"实际存在的"。黑格尔在这里用了三个表示"存在"的词，但意思有差别。中译本没有译出这种差别和联系。（参见 G. W. F. Hegel, Enzyklopädie der philosophischen Wissenschaften im Grundrisse 1830, Erster Teil, Die Wissenschaft der Logik, Mit den mündlichen Zusätzen, G. W. F. Hegel Werke 8, Suhrkamp, 1970, S. 136）黑格尔重申了安瑟尔谟的立场：上帝概念与其他概念不同类，上帝概念自身包含了存在，而其它概念与其存在是分离的。他认为，康德没有分清上帝概念与其他概念的区别，竟然把"一百塔勒尔"（Thaler，德国货币）也叫作"概念"，而且以"一百塔勒尔"的概念与现实存在的区别来论证上帝概念与其实际存在的区别，这是粗野的行为。黑格尔与康德对待"上帝"概念的不同立场，其实是他们对待感觉经验的不同反映：康德坚持认为，凡存在的东西必须能被感知（这应是受了贝克莱的影响）；黑格尔则认为，能感知的存在不是真实的存在，只有理性、概念才能把握真实的存在。

② 罗素提出的著名的"摹状词理论"就是要解决把无指称的东西当成有指称的东西来判断的问题。

③ ［英］休谟：《自然宗教对话录》，陈修斋、曹棉之译，郑之骧校，商务印书馆 1962 年版，第 80 页。

明，却肯定了道德（实践理性）的证明。康德认为，既然在实践领域我们要求绝对的、无条件的命令即道德律，就必然要求某种实在（如上帝）作为其约束力的可能性条件，且要从自身推出这种条件的绝对必然性。可见，最高是者（上帝）的概念是道德实践所必需的。上帝不但作为约束力保证道德律的实现，而且保证行善的人享有幸福（此生不幸福还有来世，所以"灵魂不朽"也是"公设"之一），即达到"至善"（德福统一）。可见，上帝是康德的道德哲学不可或缺的。

二 "现象中的实体"①

康德批判了传统的实体观，自创了"现象中的实体"（die Substanz in der Erscheinung）的概念，可以说是提出了一种新的实体观。这一概念具有现象主义的特征。学界通常认为，康德哲学标志着现象主义的转折。比如，胡塞尔说，康德所开创的是一种新式的先验论的主观主义，"他是近代历史中重要的转折点"②。胡塞尔甚至认为康德已经到了现象学的门口。他深有感触地说：第一位正确地发现现象学的人是康德，"他的伟大的直观，只有当我们通过艰苦努力对现象学领域的特殊性，获得其清晰认识后才能充分理解"③。国内学者郑昕先生也认为：康德的哲学是严格的现象论。④ 照这种观点来看，康德应该是抛弃了传统的实体主义路线。果真如此吗？康德既然否定了传统的"实体"是知识的最高对象，为什么还要在他的认识论中保留"实体"概念、并把它作为十二个范畴之一呢？康德的"现象中的实体"到底是什么意思？

（一）"实在之物"或"实在性"

考察康德的"实体"必须先考察"实在之物"（Reale），因为在康德那里"实体"是根据"实在之物"来规定的，即"实体"是具有"量"和"质"的范畴所规定的"实在之物"。所以，我们先讨论与"实在之物"相关的"实在性"（Realitäs）范畴及其图型。在范畴表中，"实在性"属于"质的范畴"的第一个，它来自判断表中的肯定判断，比如

---

① 本节的内容是以本人发表的论文《论康德的"现象中的实体"——兼论胡塞尔的"超越"》为基础改写的。
② ［德］胡塞尔：《欧洲科学的危机与超越论的现象学》，王炳文译，商务印书馆2001年版，第124页。
③ ［德］胡塞尔：《纯粹现象学通论》，李幼蒸译，商务印书馆1992年版，第160页。
④ 郑昕：《康德学述》，商务印书馆1994年版，第64页。

"这是一棵松树"。这里的"实在性"是判断的结果，不完全是物自身的客观实在性。康德在图型法中解释了"实在性"的图型，即在时间中表现出来的"实在性"："实在性在纯粹知性概念中是和一般感觉相应的东西；因而这种东西的概念自在地本身表明某种（时间中的）存在；否定性的概念则表现某种（时间中的）非存在。"① 从这里可以看出，"实在性"表明的是某种时间中的存在，即"实在性"必须通过时间被表象出来。康德的意思是说，一个对象只有在时间中呈现给我们，我们能感知到它并作出肯定的判断，那个对象才是实在的。所以，"时间"就是"实在性"的范畴运用于对象（现象）的图型。这就说明"实在性"是具有主观性的，因为时间是人的直观形式。

当然，"实在性"还有"客观性"的一面，不是完全主观的东西。如果是完全的主观性即完全依赖"我"、心灵、精神的东西，在康德看来就是不实在的。这是康德坚决要与贝克莱划清界限的原因。贝克莱坚决否认物质实体（外物）存在。康德显然是反对这种观点的。"我说：作为我们的感官对象而存在于我们之外的物是已有的，只是这些物本身可能是什么样子，我们一点也不知道……无论如何，我承认在我们之外有物体存在。"② 我认为，康德的"客观性"最终应当落实到这里，这才是真正的客观性。

那么"实在性"中的"客观性"究竟来自何处呢？康德在讨论实在性的图形时说："实在性在纯粹知性概念中是和一般感觉相应的东西；因而这种东西的概念自在地本身表明某种（时间中的）存在……"③ 和感觉相应的东西是什么呢？康德接下来说：

> 由于时间只是直观的形式，因而是对象作为现象的形式，所以凡是在这些对象上与感觉相应的东西，就是一切对象作为自在之物的先验质料（事实性，实在性）。④

关于这段话，我们进行两点分析。其一，关于这里的"就是"，维勒（Wille）认为应为"不是"，N. K. 斯密斯的英译本采用了维勒的观点，

---

① ［德］康德：《纯粹理性批判》A143，B182，第142页。
② ［德］康德：《未来形而上学导论》，庞景仁译，商务印书馆1978年版，第50页。
③ ［德］康德：《纯粹理性批判》A143，B182，第142页。
④ ［德］康德：《纯粹理性批判》A143，B182，第142页。

也理解成"不是"①。我认为,维勒和斯密斯都没有真正理解康德的意思。在康德看来,自在之物或先验质料就是那个刺激我们感官的东西。我们只有受到先验质料、自在之物的刺激,才会产生对外物的感觉,才有时空形式整理的对象。可见,康德把"实在性"落实在先验质料、自在之物上。理解这一点非常重要。其二,准确地说,先验质料与自在之物还有分别,前者是比后者更深层次的东西。"die transzendentale Materie aller Gegenstände, als Dinge an sich"的意思是"作为自在之物的所有对象的先验质料"。"自在之物"和"所有对象"用的都是复数(Dinge, Gegenstände),而这些对象的"先验质料"(die transzendentale Materie)用的却是专有名词。换言之,自在之物有众多,而先验质料只有一个。可见,"先验质料"是更深层次的东西。②"质料"之所以被称为"先验的",这是因为康德认为,质料在我们的经验出现以前就已经存在于我们之外了,正如认识形式在我们的经验形成以前就存在于我们之中一样。③当然,康德也不那么严谨,他经常把"自在之物"和"先验质料"等同使用,把它们都看成刺激我们感官的东西。然而,康德在表述中只把自在之物看成现象的基础,而从不说先验质料是现象的基础,这是有原因的。第一,就物质的东西来说,先验质料已经包含在自在之物中;第二,自在之物既包括物质的东西还包括精神的东西,而先验质料(Materie)只是指物质(Materie)。

"实在性"或"实在之物"的概念在康德的范畴表和图形论里是基础性的概念,没有这个概念,其他的范畴都无从谈起。因为"实在性"指的是对象的实在性,我们只有假设了一个对象(这是认识论必须假定的)的存在,才谈得上用范畴去整理它。

(二)"现象中的实体"的含义

"实体"与"偶性"一起出现在关系范畴中。它来自关系判断中的定

---

① N. K. Smith 的英译:Since time is merely the form of intuition, and so of objects as appearances, that in the objects which corresponds to sensation is not the transcendental matter of all objects as things in themselves (thinghood, reality)。(The Macmillan Press Ltd. 1933) 另外,国内李秋零译本也译为"就是"。"就是"与"不是"的区别在这里非常关键!"是"就表明,"实体"在现象界与本体界指的是同一个东西,"不是"则表明不是同一个东西。

② 康德的这一观点应当是来自托马斯·阿奎那的观点,见前面"托马斯·阿奎那的实体观"。

③ 参见康德《纯粹理性批判》A20, B34, 第26页。

言判断①，表达的是谓词对主词的关系，即对主词的述说。在亚里士多德的逻辑学与形而上学的关系中，逻辑学中的主词就是形而上学中的实体，而逻辑学中的谓词则是形而上学中的属性。实体是独立存在的即自存的，而属性或偶性则是依赖实体而存在的。所以，康德认为，我们能够从谓词表述主词的"定言判断"中合理地得出"依存性与自存性"或"实体与偶性"的范畴，它表达的是现象中的"自存性"与"依存性"的关系。从康德的规定来看，他对"实体"与"偶性"的理解与前人基本相同。在图形论中，

> 实体的图型是实在之物在时间中的持存性，即作为一般经验性时间规定之一个基底的那个东西的表象，因而这个东西在一切其他东西变化时保持不变。②

可见，康德讲的作为范畴的"实体"实际上讲的是"实体的图形"。这个图形带有主观性即时间性，康德用它来表现"实在之物"在时间中的持存性，这种持存性是作为一般经验性时间规定的基底的表象。当一切其他东西变化时，唯有这个基底不变，这个基底就是"先验质料"，就是刺激我们的感官或与感觉相应的东西："在现象中，我把那与感觉相应的东西称之为现象的**质料**。"③

康德在知识原理中对"实体的持存性原理"是这样表述的："**实体在现象的一切变化中持存着，它的量在自然中既不增加也不减少。**"④ 康德在"证明"中说，时间不能被单独地知觉到，在知觉的对象中必定可以遇到这个基底，它表象出一般的时间，通过它才能知觉到现象的变更和并存。

> 一切实在的东西、即一切属于物之实存的东西的基底，就是实体，一切属于存有的东西都只有作为它身上的规定才能被思维。……现象中的实体（die Substanz in der Erscheinung），即是现象的那种作

---

① 现代逻辑学的判断分类中并没有"定言判断"（Kategorische Urteile），康德说的"定言判断"相当于现代逻辑学的简单判断中的"性质判断"而非"关系判断"，现代逻辑学中的"关系判断"指的关于对称关系和传递关系的判断。
② ［德］康德：《纯粹理性批判》A143，B183，第142页。
③ ［德］康德：《纯粹理性批判》A20，B34，第25页。
④ ［德］康德：《纯粹理性批判》A182，B224，第170页。

为一切变更的基底而一直保持着同一的实在的东西。所以，既然实体在存有中不会变更，那么它在自然中的量既不会增加也不会减少。①

"现象中的实体"是现象变更的"基底"，它是"保持着同一的实在的东西"，它就是我们前面提到的"先验质料"或"质料"。在论述"反思"概念时，康德再次谈到了"质料"即"现象中的实体"：

> 质料是 substantia phaenomenou②……因为质料任何时候对于纯粹知性都不是什么对象，但那个可能作为我们称之为质料的这一现象的基础的先验客体，却只是一个"某物"，我们连它是什么都不会理解，即使有人能够告诉我们。③

而"质料"（Materie）其实就是"物质"（Materie）。在自然哲学中，康德把实体的持存性原理表述为"物质不灭定理"："在物质自然的一切变化中物质的总量不变，既不增加也不减少。"④

这样一来，我们就明白，康德的"先验质料"或"质料"究竟指什么了，也明白了如何来区分自在之物与现象。"先验质料"指的是一种无形的质料，它可以变成世界万物即对象。这些对象从其本身（本体）来看是自在之物，所以自在之物用的是多数；从现象（自在之物对我们显现的东西）来看，它们就是我们的认识对象。"先验质料"或"质料"永远在我们之外，不属于我们自己（有限的理性存在者）。质料的总量是固定的，既不增加也不减少（康德利用了物理学的物质守恒原理），当然这就意味着：质料既不能产生也不能消灭。

了解上述结论对于理解康德哲学有着重要意义。康德对物质实体的"质料"已经做了质和量的全面规定，而对于有限的精神实体（如人的灵魂）和无限的精神实体（如神）康德从来没有做过这种规定，这是很说明问题的。那些强调康德是现象论者（主观论者）的人完全忽视了康德的这一论证。

---

① ［德］康德：《纯粹理性批判》A182，B225，第 171 页。译文有改动。
② 采纳熊林教授的建议，译为"作为现象中的实体"。
③ Immanuel Kant, *Kritik der reinen Vernunft*, A277, B333, Felix Meiner, 1956.
④ ［德］康德：《自然科学的形而上学基础》，邓晓芒译，生活·读书·新知三联书店 1988 年版，第 130 页。

(三) 胡塞尔的"超越"

在这里我们稍微作一点扩展,讨论胡塞尔的相关观点。

胡塞尔高度评价了康德的工作。他认为,"《纯粹理性批判》第一版中的先验演绎,实际上已经是现象学领域内的工作了"。但遗憾的是,康德又把它放弃了,"因为他错误地把它解释为心理学领域"①。康德在第二版中放弃的就是所谓的"主观演绎",它是从知识发生的过程去探索这个过程所需要的主观先天条件。这样的"演绎"难以避免心理主义的嫌疑。而且,《纯粹理性批判》第一版出版之后,被学界有些人认为没有什么新东西,只是贝克莱观点的翻版。这让康德很恼火,所以他在出第二版时就把这些强调主观性的、有贝克莱色彩的内容去掉了,而且专门增加了对"质料唯心论"的批判的一小节。但是,胡塞尔对康德的这个重大改动很不满意。

然而,胡塞尔最不满意的恐怕就是康德的"自在之物"尤其是"先验质料"("物质")。康德的"哥白尼式的革命"主张认识的"对象"依照知识(的形式)来"构造",这在胡塞尔看来是一个重大进步。但是,胡塞尔认为,康德的"构造"并不彻底。康德尽管对各种实体主义进行了清算,对作为先验实在论的独断论与经验实在论的经验论进行了"悬搁",然而其悬搁并不彻底,没有达到现象学"纯粹"的要求,有着大量的实体主义的残余。尤其是"自在之物"("先验质料"),是一个很令人讨厌的东西。在康德那里,它们是"先验意识"无法构造的东西(用现象学的术语来说,是"先验还原"无法还原的东西)——因为它们在"先验意识"("纯粹意识")之外。

为了把这个自在之物(先验质料或外在事物)纳入意识中来,胡塞尔进行了大量的工作,产生了一系列论述。"一种根本错误的看法是认为,知觉(而且任何各按其自身方式的其它种类的物直观)并未达到物自身(Ding selbst)。"人的知觉达不到物自身,但是,"上帝,作为具有绝对完善知识、因此也具有一切可能的充分知觉的主体,自然具有对该物自体(Dinge an sich)的知觉,而这是我们这些有限存在者所无法达到的"②。胡塞尔这里叙述的观点正是康德的观点。康德虽然没有明确讲过上帝具有对物自体的知觉,但是他的确设想过"原始存在者"(上帝)具

---

① [德] 胡塞尔:《纯粹现象学通论》,李幼蒸译,商务印书馆1996年版(下同),第161页。
② [德] 胡塞尔:《纯粹现象学通论》,第120页。

有"智性直观"①。然而,胡塞尔说,"这种看法是荒谬的"②。因为胡塞尔主张彻底的理性主义,他认为在人能解决的范围内无须上帝的帮助。这是胡塞尔与康德的重要区别,也可以说是前者超越后者的地方。康德坚信神人之分:神有理智直观,他能认识本体(当然还有现象);人只有感性直观,只能认识现象,不能认识本体(本质)。跨越界限,就是人的僭越,这是绝对不允许的。胡塞尔则反对这样的划界:现象就是本质,没有超越现象的本质。

在胡塞尔看来,物本身是"非独立的",物必然只在"显现方式"中被给予。物是"诸可能的知觉复合体,它们彼此不断相互融合,共同汇为一个知觉统一体"。可见,所谓的"超验存在者"(超越经验的存在者)"只能在类似于物被给予的方式中被给予,因此也就是通过显现被给予"③。"**物质存在**绝非某种按其所与性是**必然所需的东西**,反之,在某种方式上它永远是偶然的。"④ 显然,这与我们前面介绍过的康德的观点是对立的。康德认为,物质不是从外部经验(空间)获得的,而是先天规定的,并且是一切时间规定的必要条件!

与物质的存在依赖纯粹意识相反,在胡塞尔看来,内在知觉是不可怀疑的,内在知觉的主体"我"也是不可怀疑的。"只要我在其现实现前中注视着这个流动的生命,并因此把我自己把握为这个生命的纯主体(稍后我将专论其含义),我就无条件地和必然地说:我存在着,这个生命存在着,我生存着:cogito(我思着)。"⑤ 胡塞尔断言道:"与作为一'偶然'设定的世界设定相对的是关于我的纯自我和自我生命的设定,它是'必然的',绝对无疑的。一切在机体上被给予的物质都可能是非存在的,但没有任何在机体上被给予的体验可能是非存在的:这就是规定着后者必然性和前者偶然性的本质法则。"⑥ 胡塞尔提出了与康德直接对立的观点:"内在的存在无疑在如下的意义上是绝对的存在,即它在本质上不需要任何其他的物而去存在(nulla 're' indiget ad existendum)。"⑦ 而康德恰恰认为:"我"不能规定"我"自己,"我的存有"是通过与"持存之

---

① 参见康德《纯粹理性批判》B72,第 50 页。
② [德]胡塞尔:《纯粹现象学通论》,第 120 页。
③ 同上书,第 122 页。
④ [德]胡塞尔:《纯粹现象学通论》,第 127 页。
⑤ 同上书,第 127 页。
⑥ 同上书,第 128 页。
⑦ 同上书,第 134 页。根据熊林教授的建议,译文有改动。

物"——"现象中的实体"或"先验质料"的关系来规定的。

既然胡塞尔直接否定了康德的"现象中的实体"或"先验质料"(自在之物),那么在何种意义上我们可以说胡塞尔的现象学"超越"了康德的先验哲学呢?或许,胡塞尔的学生海德格尔的一段话用在这里是最恰当的。在谈到费希特、谢林、黑格尔在康德哲学的基础上阐述了以"摆脱他的哲学的方式"发展了"德国唯心主义"时,海德格尔说:"在这种哲学中,康德的声望虽然被跳过了,但并没有被胜过,之所以终究无法胜过他,是因为康德真正的基本立场并没有被攻破,而只是被抛弃了;它不只一次被抛弃,是因为它根本没有被占有,它只是被绕过去了。"① 我以为康德的"真正的基本立场"就是坚持现象界与本体界划分、坚持两个世界同样实在、坚持人神之分的立场。对这一立场,费希特、谢林、黑格尔没有攻破,同样胡塞尔也没有攻破,胡塞尔只是又一次"抛弃"了、又一次"绕过"了康德而已!

对这样的被"抛弃"和被"绕过",康德其实早有预言:"如果不承认任何自在之物,或者想要把我们的经验当做对物的唯一可能的认识样式,也就是说,把我们在空间里和时间里的直观当做唯一可能的直观,把我们的论证性的理智当做一切可能的理智的原型,因而把经验的可能性的原则视为自在之物本身的普遍条件,那就更加荒谬了。"② 康德实在高明:他已经预料到有人会把人类现有的认识方式看成事物唯一的显现方式,而关于这样的显现方式的学问就是胡塞尔的现象学!康德如果在世,他一定会像当年对费希特声明③的那样对胡塞尔说:我对您的学说没有兴趣!

---

① [德]海德格尔:《物的追问——康德关于先验原理的学说》,赵卫国译,上海译文出版社 2010 年版,第 53 页。
② [德]康德:《未来形而上学导论》,第 138—139 页。
③ 李秋零编译:《康德书信百封》,上海人民出版社 2006 年版,第 244—245 页:"关于与费希特知识学关系的声明":"我声明如下:我把费希特的知识学看作是完全站不住脚的体系。因为纯粹的知识学不多也不少,恰恰就是单纯的逻辑。……对于依照费希特的原则建立起来的形而上学,我委实没有任何兴趣。"

第二章 时空观

时空论题与实体论题表面看起来似乎不相干：我们既可以单独讨论实体也可以单独讨论时空。① 但是，在经验论与唯理论那里，时空与实体是密切相关的。唯理论者把实体作为认识对象，时空成为实体及其表现（对象）的存在场所，或者时空是对象间的关系；而经验论者洛克和休谟则认为实体不可知，实体表现出来的、存在于时空中的现象（性质）即观念才是认识对象，时空成为划分可知与不可知的依据。显然，经验论者洛克和休谟的观点直接影响了后来的康德。康德把传统的实体变成了"自在之物"，而把现象置于时空之中，使其成为我们的认识对象。可见，无论在经验论、唯理论还是康德哲学中，时空论题与实体论题都是不可分割的。

第一节 近代以前的时空观举要

在讨论经验论、唯理论、康德的时空观以前，我们先简要讨论近代以前的时空观，以了解这一问题的由来。

一 古希腊的时空观点

我们先谈谈古希腊的时空观点。古希腊是西方哲学的摇篮，哲学的所有问题都源自古希腊时期，时空问题也不例外。

（一）空间的观点

在古希腊哲学中，最早涉及"空间"的大概是毕达哥拉斯派。因为这个学派最早使用"数学"（mathematikee 包括数学和自然科学），而数

---

① 比如，有些学者单独讨论时空问题，如吴国盛的《时间的观念》（中国社会科学出版社1996年版）和《希腊空间概念的发展》（四川教育出版社1994年版）。

学研究"多少""大小"。关于"大小"的研究就是涉及空间的,几何学研究就是空间关系研究。不仅如此,毕达哥拉斯派相信,数是万物的本原,物的形成按照点、线、面、体从一维到三维的序而形成,所以,物体是占有空间的立体。这个学派甚至提出了"天体系统图"。但是,这个学派似乎并没有专门讨论过"空间"。

专门论述过"空间"概念的最早学派是原子论。① 亚里士多德在《论生灭》中有这样的记载和分析:留基伯宣称:虚空是非存在,"存在"是完全充实的。"存在"体积太小而且有无限多,它们在虚空中移动。其结合生成事物,分离则毁灭事物。② 这里的"虚空"就是后来讲的"空间"。由于德谟克里特与留基伯几乎同时代,他们的著作保存不多,人们很难把两人的观点严格区分开,所以这里记载的观点也可以说就是德谟克里特的观点。第欧根尼·拉尔修把前面说的"存在"和"充实"明确为"原子"。他说,德谟克里特的学说如下:"宇宙的始基是原子和虚空,其余的一切都是意见的产物。"③ 其中的"原子"(atomos, atom)是指"不可分割的"东西。德谟克里特说的原子是指最微小的、不可再分的物质微粒,它是坚固的、充实的、内部没有空隙的。而"虚空"(kenos, empty)是指内部完全空虚(包括没有空气,当时希腊人已经知道气体也是实在的存在物),"虚空"是空无一物的空间,它只是给原子提供运动的场所。如果只有原子,整个宇宙就是完全充实的,原子就不能运动了;只有肯定虚空存在,原子才有运动的可能。需要注意的是,原子论派的"原子"是能够自己运动的,它自己有动力,无须寻找后来亚里士多德所说的"第一因",免除了第一因和目的论,所以这是一种彻底的唯物论学说。亚里士多德在《物理学》中分析了当时的自然哲学家关于虚空的两种意见:一是以阿那克萨戈拉为代表,他们否认虚空存在;二是以留基伯和德谟克里特为代表,他们肯定虚空存在。亚氏认为后者比前者有理,说"那些断言虚空存在的人都宣称地点是存在的;因为虚空似乎就是失却物体的地点。……地点就是有别于物体的某种东西,而一切感觉物体都处在

---

① 汪子嵩、范明生、陈村富、姚介厚在《希腊哲学史》第一卷(人民出版社1997年版,第1036页)中说:"留基伯和德谟克利特将虚空看成是构造自然万物的另一个本原。在西方哲学史上,这是第一次比较明确提出'空间'概念,具有重要意义。"
② 参见亚里士多德《论生成和消灭》325a25—35,徐开来译,苗力田主编《亚里士多德全集》第二卷,中国人民大学出版社1991年版,第428页。
③ [古罗马]第欧根尼·拉尔修:《名哲言行录》第9卷第7章,徐开来、溥林译,广西师范大学出版社2010年版,第454页。

地点中"①。这里的"地点"就是空间，是物体存在的场所。物体离开一个地点到另一个地点，就是物体的运动。这种运动就是"位移运动"："虚空的运动是移动，是在地点上发生的。"②

另外，虚空除了是原子存在和运动的场所外，还是原子在组成物体时原子之间的"空隙"。"这种空隙，使原子的结合具有不同的形式结构，从而造成事物具有不同的特性。原子论者试图以此来说明事物的不同性质。"③所以，"空隙"意义上的"空间"对原子论具有重要作用。

柏拉图对空间也进行过探讨。柏拉图在《蒂迈欧篇》中指出，为了说明宇宙我们把事物分为三类：一类是被设定为模型的理性的不变存在者（被模仿者）；一类是它的摹本即变化的、可见的事物（生成者）；一类是接受者——生成过程发生于其中的东西，即接受器（hypodoche, receptacle），它是培养一切变化的"保姆"。这最后一类即第三类"是永久存在不会毁灭的空间"④，它为所有被造物提供了存在场所。柏拉图说："我的定论是：存在、空间、生成这三者以其存在的方式在宇宙产生之前就已存在。"⑤ 汪子嵩等学者认为，"这是柏拉图最先提出也是人类最早提出的'空间'概念，所以他自己意识到像做梦一样说不清楚"⑥。柏拉图提出"空间"是为了解决变动事物（相的影子）的存在问题，空间是变动事物在其中生成并依附于它的东西。康福德把柏拉图的空间概括为三个要点：一、从空间的存在方式说，它是永恒的、不会毁灭的；它不是由于创造者才存在，而是作为限制创造者活动的必然条件而存在的；空间没有自己的原型，它是独立存在的。二、从对空间的认识来说，空间不是感觉的对象，但它又是可见世界的一种因素；它是永恒不灭的，只有思想才能理解它。三、从空间和"相"及其摹本的关系说，空间和"相"不同，"相"不接受别的东西进入它里面；它和摹本也不同，空间自身从不进入别的东

---

① ［古希腊］亚里士多德：《物理学》208b25—30，第83页。
② ［古希腊］亚里士多德：《物理学》265b25—30，第256页。
③ 汪子嵩、范明生、陈村富、姚介厚：《希腊哲学史》第一卷，人民出版社1997年版，第1037页。
④ 原文是 χωρος，译为"空间"或"处所"。
⑤ ［古希腊］柏拉图："蒂迈欧篇"52B—C, D,《柏拉图全集》第三卷，王晓朝译，人民出版社2003年版，第304页。
⑥ 汪子嵩、范明生、陈村富、姚介厚：《希腊哲学史》第二卷，人民出版社1997年版，第1058页。

西里面。空间是摹本或影像存在的中介,摹本依存于它而存在。① 从柏拉图这里,我们看到了后来的牛顿的客观的"绝对空间"和康德主观的"绝对空间"的原型。

亚里士多德对以前的空间观点进行了总结,并提出了自己的空间观。亚氏在《物理学》中的第四卷讨论了空间、虚空和时间问题。"如若没有地点、虚空和时间,运动也不能够存在。"② 可见,他研究空间是为了解决运动问题。古希腊有两个词表示现代意义上的"空间":一是 topos,原来指地点、地方,英译为 place;二是 chora,其抽象意义也指 position, place。亚氏一般不加区分地使用这两个词,而多数时间使用 topos。亚氏要研究的运动主要是位移的空间,所以汪子嵩等先生在《希腊哲学史》认为,徐开来教授在苗力田主编的《亚里士多德全集》中将 topos 译为"地点"是合理的。但是,他们又认为,当亚氏把 topos 作为自然哲学的范畴来讨论时,它就不局限于作为感官对象的"这一个"的场所,而是讨论它的一般意义,所以译为"空间"也有道理。③

亚里士多德在《物理学》第四卷第一章至第五章(208a27—28),根据他的习惯思路,提出并回答了三个问题:空间(地点)是否存在?它如何存在?它是什么?

亚氏认为,空间是存在的,它作为物体的存在场所而存在。"大家都假定,存在的东西总是存在于某个地方(因为不存在的东西是无处存在的,例如,山羊牛或狮身人面的怪物存在于何处呢?)。而且,运动的最一般、最基本的形式是地点方面的变化,即我们所谓的移动。"④ 空间是有别于物体的某种东西,一切感觉物体都处于空间(地点)中。

亚氏肯定了空间的存在和存在方式,接下来就要回答"空间是什么"的问题。他分析说,空间只有四种可能:形式、质料、极限之间的某种广延、包容着物体的界限。他论证的结果是,"如果地点(空间)不是上述三者中的任何一种,……那么,地点就必然是剩下的那第四个,即包容着物体的界限。我所说的被包容的物体指的是在作位移运动的东西"⑤。空

---

① [英] 康福德:《柏拉图的宇宙论》第 192—194 页,参见汪子嵩、范明生、陈村富、姚介厚《希腊哲学史》第二卷,人民出版社 1997 年版,第 1058—1059 页。
② [古希腊] 亚里士多德:《物理学》200b21—25,第 57 页。
③ 参见汪子嵩、范明生、陈村富、姚介厚《希腊哲学史》第三卷,人民出版社 2003 年版,第 499 页。
④ [古希腊] 亚里士多德:《物理学》208a29—32,第 82 页。
⑤ [古希腊] 亚里士多德:《物理学》212a3—7,第 94 页。

间是作位移运动的物体的界限,这就是亚氏关于空间的基本观点。

接着亚氏作了更详细的论述。他说:"我们的看法是,首先,地点(空间)包容着以它为处所的事物,但又不是该事物的部分。其次,最初的地点(空间)既不比所包容物更大些,也不更小些。最后,地点(空间)并不随着事物的离去而离去,能单独留下来,因此可与事物分离。除了以上这些外,所有地点(空间)都有上下之分,每一物体都自然地被移动到各自固有的地点(空间)并停留在那里,这样,就形成了地点(空间)的上面和下面。"① 从这段话,我们可以看出,亚氏把空间(地点)看成物体的包容物或容器,而且它与物体一样大小,就像一张没有厚度的"外包装"。诡异的是,物体从这一没有厚度的"外包装"(我们假设像一张极薄的塑料纸)离开后,这一"外包装"能独自留下来,当其他物体(不论大小)进入这一"外包装"时,它马上又严丝合缝地"套在"该物体上。空间(地点)就是位移物体占据的大小体积。他认为,宇宙空间也是由物体所占据的,因而它同样是有限的,并且在宇宙之外并无空间存在。"在天之外没有无限的物体,也无什么有限的东西。所以,天外完全无物。"② 这样,亚里士多德就规定了宇宙空间的有限性和物体与空间的同一性。

亚里士多德还谈到了"共有空间"与"特有空间"的问题。"地点(空间)也是这样,一种是一切物体都处于其中的共有地点(空间),另一种是每个物体最初直接所处的特有地点(空间)。"③ 毫无疑问,"共有空间"是指作为大容器的"宇宙空间",而"特有空间"则是指每一物体所占有的处所或位置。亚氏在这里看到了空间的统一性与分离性的问题,这是空间认识上的巨大进步,为后来牛顿区分绝对空间和相对空间提供了重要的理论参考。

此外,顺着上面的思路,亚氏否定了"虚空"(kenon, empty)。他认为,空无一物的虚空并不存在,至少里面还有气体;物体内部的虚空也不存在,因为间隙只能证明空间的存在;潜能意义上的虚空也不存在,因为无论物体小变大、大变小,还是冷变热、热变冷,都不是因为有潜在的虚空,而是物体的质料有此潜能。

总的说来,亚氏的空间观是对前人思想的总结。像许多领域一样,他

---

① [古希腊] 亚里士多德:《物理学》210b35—211a7,第91页。
② [古希腊] 亚里士多德:《论天》275b9—10,徐开来译,苗力田主编《亚里士多德全集》第二卷,中国人民大学出版社1991年版,第286页。
③ [古希腊] 亚里士多德:《物理学》208a30—32,第86页。

也是这一领域的集大成者。他的空间观无疑是客观的空间观,为后来科学空间的建立奠定了基础。

(二) 时间的观点

在奥菲斯教中,时间"克洛诺斯"(Κρόνος,Cronus)是产生一切的东西,它产生以太和混沌。在赫西俄德的《神谱》中,作为万物之源的卡俄斯(chaos,混沌),是一种硕大无双的单细胞生物,他几乎包含了一切。卡俄斯单性繁殖,生出地母盖亚(Gaia,大地女神)。盖亚继续单性繁殖,生出宙斯的爷爷乌拉诺斯。乌拉诺斯是第一代神王。乌拉诺斯和母亲盖亚乱伦,生下了六男六女十二个泰坦神。在六个男泰坦神中,最小的一个便是宙斯的父亲克洛诺斯。克洛诺斯是第二代神王。克洛诺斯和他的姐姐即时间女神瑞亚乱伦,生下了宙斯。克洛诺斯是时间的创造力和破坏力的结合体,是吞噬一切的时间。

尽管古希腊有"时间"的神话,但是实际上,希腊人的时间观念与历史感并不强。英国著名历史学家柯林伍德说:古希腊的思想具有强烈的反历史倾向。[1] 与同时代的其他民族相比,古希腊人只有较短的记忆,对古代或传统缺少尊重。即使是著名的历史学家修昔底德,他对待历史的态度也只是实用主义的:只需记住那些对目前有用的东西。

与淡漠的历史观形成呼应,希腊人在时间问题上持一种循环的时间观念。循环的时间观念认为,时间是一个圆圈,周而复始。其中又可以分为强的时间循环观和弱的时间循环观。前者认为,历史事件会严格周期性地重演;后者认为,某些历史特征会周期性地重演,但并不严格地重演已经发生过的所有事情。弱的循环时间观很容易找到证据,比如日出日落、阴晴圆缺、春夏秋冬都是弱的意义上的时间循环,因此,所有文明都几乎存在某种弱的循环时间观。

在希腊哲学中,强的循环时间观和弱的循环时间观都有。古希腊哲学的始祖泰勒斯提出的"本原"(arche)概念本身就具有循环的意思:万物从本原中产生,又复归到本原。亚里士多德总结说,"在第一批作哲学思考的人中,大多数人只把质料之类的东西当作万物的本原。一切存在着的东西由它而存在,最初由它产生,毁灭后又复归于它"[2]。这里的"本原"既是万物存在的根据(逻辑意义),也是万物产生的起点(时间意

---

[1] 参见柯林伍德《历史的观念》,何兆武等译,中国社会科学出版社1986年版,第22页。
[2] [古希腊] 亚里士多德:《形而上学》,苗力田主编:《古希腊哲学》,中国人民大学出版社1989年版,第21页。

义)。从时间意义上说,万物从一个本原产生,它们毁灭后又复归于它,这就有了循环的意义。

如果说一般的哲学家都持有弱的循环时间观的话,那么毕达哥拉斯及其学派则持有强的循环时间观,这种时间观与他们追求永恒和不朽有关。据史料记载,人们关于毕达哥拉斯知道的有以下几点:第一,他认为灵魂不朽;第二,灵魂能够移居到其他生物体,且循环反复出现;第三,所有有生命的人都是血缘相通的。① 灵魂不朽,生命循环,这是毕达哥拉斯学派的核心思想,这样的观念影响了许多希腊的著名人物,包括像柏拉图这样的哲学家。柏拉图本人也持宇宙大循环的观念。他在《蒂迈欧篇》中提到的"大年",指的是所有天体(恒星和行星)都回归到原初位置的周期。他还提到地球上周期性的洪水和大火。

而持有最强烈的循环时间观念的学派当属斯多亚学派。赫拉克利特曾说,"这个万物自同的宇宙既不是任何神,也不是任何人所创造的,它过去是、现在是、将来也是一团永恒的活生生的火,按照一定的分寸燃烧,按照一定的分寸熄灭"②。斯多亚派认为,这里的"燃烧"和"熄灭"对应着宇宙中的重大事件,每一次大火都标志着宇宙循环的终结和开始,循环的周期是赫拉克利特的"大年"(一万零八百个太阳年)。"斯多亚学派认为,各行星经过一定时间的运行回复到宇宙形成之初的相对位置时,就会给万物带来灾变和毁灭。随后,宇宙又精确地按照和以前一样的秩序重新恢复起来……苏格拉底、柏拉图以及每一个人都将再次复活,还有同样的朋友和同乡,他们将经历同样的事情,进行同样的活动。"③ 这是一种严格的、彻底的循环论。

在介绍了这些时间观点之后,我们来介绍亚里士多德的时间观。他是古希腊对时间进行过认真思考的哲学家。亚里士多德在《物理学》第四卷第10—14节讨论"时间"。

在远古的农牧社会,时间观念是同季节紧密相连的。季节的到来给人们带来丰收的喜悦,季节的错过又给人们带来失望和恐惧。时间之神是一位手持镰刀的长者,他是无情和残酷的象征。亚氏接受了这种传统的时间观念,认为时间比在时间中存在的所有事物都更长久。事物要承受时间的

---

① 参见波菲利《毕达哥拉斯传》第18节,汪子嵩等《希腊哲学史》第一卷,人民出版社1997年版,第256页。
② [古希腊] 赫拉克利特:"残篇30"。苗力田主编:《古希腊哲学》,中国人民大学出版社1989年版,第37—38页。
③ [英] 威特罗:《时间的本质》,文荆江等译,科学出版社1982年版,第7页。

消磨作用，时间是一种毁灭性的原因。所以，永远存在的东西不存在于时间之中，其存在不以时间来度量。这样，亚氏就把所有事物分成了两类：在时间中存在的、有生有灭的事物和不在时间中存在、永恒的事物。

这样说来，时间当然是存在的。但是，时间真的存在吗？它是全部存在还是一部分存在？在亚氏看来，流逝的时间部分（过去）已经不存在，尚未到来的部分（未来）也不存在。那么，就只剩下"现在"是存在的。但"现在"是如何存在的呢？如果"现在"是由不同的"现在"比如说"现在1""现在2"……"现在n"组成的，那么，当"现在2"出现时"现在1"就过去了，变得和"过去"一样，这就不会有并存的"现在"；如果"现在"是始终同一的，则一万年前发生的事就会与今日之事并存了①。这是亚里士多德就时间的存在提出的疑难。

亚里士多德把时间与运动联系起来考察。"时间既不是运动，又不能没有运动。"②他把时间与运动的先后联系起来，认为时间乃是就先后而言的运动的数目，时间是用来计量运动的，并且是连续的。时间不是用以计数的数目，而是被计数的数目。但是，亚里士多德又说，"我们不仅通过时间来度量运动，而且也通过运动来度量时间，因为它们是相互被规定的"③。运动与时间相互规定，这说明单独考察时间是没有意义的。总之，时间是用来计数的数目，而不是数目本身；时间是一维的、连续的，所以表现为不间断的、连续的"现在"（当下）。"现在"的本性是同一的，即都是"当下"；但是，作为不间断的连续的"现在"又不是同一的，因为前一个"现在"与后一个"现在"是不同的。

这是亚里士多德关于时间存在与本性的说明。至于时间是否循环的问题，亚氏认为，时间本身无所谓循环，但是因为天体运动周而复始，所以"正如运动可以反复不断地同一，时间也能如此"④。

上述时间观点，我们可以称之为"客观的时间观"，也就是把时间看成是测度时间，即空间化的东西。⑤ 测度时间没有揭示时间的本质，

---

① 参见亚里士多德《物理学》218a5—30，徐开来译，苗力田主编《亚里士多德全集》第二卷，中国人民大学出版社1991年版，第113—115页。
② [古希腊]亚里士多德：《物理学》219a1—5，徐开来译，苗力田主编《亚里士多德全集》第二卷，中国人民大学出版社1991年版，116页。
③ [古希腊]亚里士多德：《物理学》220b15—20，徐开来译，苗力田主编《亚里士多德全集》第二卷，中国人民大学出版社1991年版，第121页。
④ [古希腊]亚里士多德：《物理学》220b10—15，同上书，第121页。
⑤ 参见吴国盛《时间的观念》，中国社会科学出版社1996年版，第30页。

测量到的只是物理运动的过程而非时间本身。然而，亚里士多德不仅揭示了测度时间即客观的时间，还谈到了"主观时间"或"心理时间"。他说："如若灵魂不存在，时间是否会存在？"① 这里的"灵魂"（psyche）指的是理性的认知部分。这种观点认为，计数者是人，如果没有有心智能力的人去计数，当然就无所谓时间，所以时间不存在。但是，亚里士多德显然不同意这种观点，他认为无论灵魂存在与否，物体的运动总是存在的，"先于和后于是在运动中的，而它们作为可数的东西就是时间。"② 所以，亚里士多德最终坚持的是测度时间，即客观的时间。这种时间观对科学和日常生活的影响是巨大的，后来的海德格尔称之为"流俗的时间观"。"亚里士多德的时间论著是流传至今的对时间这一现象的第一部详细解释，它基本上规定了后世所有人对时间的看法——包括柏格森的看法。"③

二　中世纪的时空观点

现在，我们简要谈一谈中世纪的时空观点。西方的中世纪是基督教占统治地位的一千年。所以，谈中世纪的时空观我们以基督教的时空观为代表。

（一）空间的观点

我们能够找到的关于中世纪的空间观念的资料不多。我们先介绍《圣经》中的关于天地的观念。《创世记》中说，第一天，"神创造天地"，地是空虚混沌，渊面黑暗，神的灵运行在水面上。神给予了光，分出昼夜。第二天，神造出空气，将水分出上下，空气为"天"。奥古斯丁在《忏悔录》中把"空虚混沌"的"地"理解为未具形状的"原始物质"，而且认为神从虚无中创造了它。"你从空虚中创造了近乎空虚的、未具形状的物质，又用这物质创造了世界，创造了我们人的子孙们所赞叹的千奇万妙。"④ 神创造了地，神所造的地球是球形的，神把地悬在空中，

---

① ［古希腊］亚里士多德：《物理学》223a20—25，同上书，第128—129页。
② ［古希腊］亚里士多德：《物理学》223a25—30，同上书，第129页。
③ ［德］海德格尔：《存在与时间》，陈嘉映、王庆节译，熊伟校，陈嘉映修订，生活·读书·新知三联书店2006年第三版，第31页。
④ ［古罗马］奥古斯丁：《忏悔录》，周士良译，商务印书馆1963年版，第263页。这样的创世行为显然不同于柏拉图的创世。在柏拉图那里，创造者（德漠革）只是按照"相"（原型）将接受器（空间）加工成宇宙，宇宙是原型的摹本。创造者、原型和接受器三者都是预先存在的东西。也就是说，创造者不是无中生有而造世界，而是按模型加工出世界。

使它生出植物来，使动物在其上生活。神还按自己的形象用地上的尘土造人。神把地给了世人，并要人管理它。

关于天。天是神所创造的一部分，是宇宙的一部分。天是神放置太阳、月亮和星宿的地方，雨、霜、雪从天而降。最重要的是，天是神的居所，是神的座位之所在，是基督上升所到的地方。天因是神的居所而变得神圣，我们要进天堂，就必须重生，必须信神和耶稣，必须有名字记录在天上，必须有圣洁的生活，必须遵循天父的旨意，必须谦卑，必须得胜，必须得到新的身体。

可见，基督教的天地观念即空间观念，带有浓厚的宗教色彩，它不再是简单的万物存在的空间，而是上帝存在及其万能属性的证明。

（二）时间的观点

《旧约全书》作为犹太教和基督教的共同圣经，规定了有继承关系的两大教的时间观念。《旧约全书》开篇的"创世记"把创世行动作为时间中的非凡事件凸显出来了。"起初，神创造天地。地是空虚混沌，渊面黑暗；神的灵运行在水面上。神说：'要有光。'就有了光。神看光是好的，就把光暗分开了。神称光为'昼'，称暗为'夜'。有晚上，有早晨，这是头一日。"① 从这段文字看出，万物赖以存在的场所——天地是神创造的，用以区分昼夜、用于计时的光是神创造的。在第一章的第14节，《旧约全书》更明确地说道："神说：'天上要有光体，可以分昼夜，作记号、定节令、日子、年岁……'。"② 这里的文字告诉我们，在犹太教和基督教那里，时间本身是神创造的，神从无中或从自身创造了时间，神创世界以前是没有时间的，神创的时间是时间的起点。从理论上讲，有起点的时间就会有终点，时间不再是循环的。

基督教增加了《新约全书》，它记载的是耶稣降生、受死、复活、升天、初期教会的建立与扩展等事迹，内容涵盖了主前6年至主后60年的期间。它引入了"原罪""神恩"和"救赎"的概念，它将犹太人的"上帝"变成了全人类的"救世主"，将犹太人的宗教变成了全人类的宗教，将犹太人的历史变成了全人类的历史：普世主义登场了。

基督教引入了一个新的历史事件：这就是耶稣·基督的诞生。这是全部历史中最伟大、最重要的事件，它提供了时间原点和时间标准，过去和

---

① 《圣经》（研用本），《旧约全书》第一章第1—5节。
② 《圣经》（研用本），《旧约全书》第一章14节。

将来依此获得了方向：过去向它而来，将来由此开启。"神恩"和"救赎"是因为人类的祖先亚当和夏娃犯有"原罪"，人类罪孽深重，都是罪的奴仆，无力拯救自己，必须靠神的恩典才能得救。神派自己的独生子耶稣·基督到世间救赎人类，他以受死作赎价来救赎（《马可福音》10章），救赎的目的是让人称义、脱离罪恶，救赎的结果是：人的罪行得以赦免，人得到了自由的生活（《加拉太书》第5章）。

基督教的普世主义带来了"世界史"概念。以前的编年史总是一个民族或一个国家的历史，普世主义的世界历史概念是不可能的。但是，统一的基督教使真正意义上的世界史成为可能。英国著名历史学家柯林伍德说，"对基督徒来说，在上帝的眼中人人平等：没有什么选民、没有什么特权种族或阶级，没有哪个集体的命运比其他集体的更重要。……基督徒不能满足于罗马史或犹太史或任何其他局部的和特殊主义的历史；他要求一部世界史，一部其主题将是上帝对人生目的的普遍开展的历史。"[1]

以循环为主要特征的古希腊的时间观在中世纪基督教的时间中被否定了。"对基督徒来说，基督的拯救行为这一历史事实既赋予了时间价值，同时又排除了任何试图逃避时间的苦行主义。……基督既是历史的终点，又是历史的目的，而时间则是使这双重断言成为可能的条件。"[2] 由此可见，在基督教那里时间具有重要价值，时间是非循环的。

正是非循环性，使得时间和时间里发生的事情具有了独特的价值。基督教的时间是有方向性的线性时间。对这样的时间来说，未来不是封闭的而是开放的。在这样的时间里，通过基督的降生、受死与复合，世人具备了从罪恶中被拯救的可能性。早在教父哲学家奥古斯丁那里，他就发现了时间与历史的循环观点和基督教义的深刻矛盾。他在《上帝之城》中反驳了异教哲学家的循环思想，"我说，上帝不许我们轻信这种胡言！基督死了，由于我们的罪恶，永远死了"[3]。

对后世影响最大的当属奥古斯丁的"主观时间论"。

上帝创世作为时间上的起点带来一个重要问题：上帝是否在时间中创造世界？如果是，上帝将受时间的限制，他就不是永恒的；还有，如果上

---

[1] [英] 柯林伍德：《历史的观念》，何兆武等译，中国社会科学出版社1986年版，第55—56页。

[2] 热尔马诺·帕塔罗：《基督教的时间观》，载于《文化与时间》，郑乐平等译，浙江人民出版社1988年版，第231—232页。

[3] [古罗马] 奥古斯丁：《上帝之城》，转引自布尔斯廷《发现者——人类探索世界和自我的历史》，严撷芸译，上海译文出版社1995年版，第820页。

帝在时间中创造世界，那说明时间不是他创造的，他就不是全能的，因为至少有一样东西他不能创造。如果上帝不在时间中创造世界，《创世记》中的时间表尤其是前三日是怎么来的？因为记载的是：上帝在第四日才"分昼夜、作记号、定节令、日子、年岁"。伊璧鸠鲁派的凯尔斯就这样质问："多么愚蠢！尚未有时间，即说花了多少天世界才形成。事实上，天还没有创造，地还没有固定，太阳还没有围绕大地运作，怎么能说已经有了日子呢？"① 凯尔斯的质问代表大多数非基督徒的疑问，即使在基督教内部这个问题也是令人头痛的。

奥古斯丁也为这个问题所困扰，他在《忏悔录》中说，"有些人满怀充塞着成见，向我们诘问：'天主在创造天地之前做些什么？如果闲着无所事事，何不常无所为，犹如他以后停止工作一样？如果天主为了创造从未创造过的东西，有新的行动、新的意愿，那么怎能说是真正的永恒？'"② 对于第一个问题，奥古斯丁的回答是，"天主在创造天地之前，不造一物。因为如果造，那么除了创造受造之物外，能造什么？"③ 关于第二个问题，即上帝创造天地是否说明有真正永恒的问题，他的回答是，说这种话的人还不了解天主的智慧、不了解"永恒"的含义。卓然不移的永恒光辉与川流不息的时间岂可相提并论，"时间不论如何悠久，也不过是流光的相续，不能同时伸展延留，永恒却没有过去，整个只有现在……"④这样就引出了时间的问题。

> 那么时间究竟是什么？没有人问我，我倒清楚，有人问我，我想说明，便茫然不解了。但我敢自信地说，我知道如果没有过去的事物，则没有过去的时间；没有来到的事物，也没有将来的时间，并且如果什么也不存在，则也没有现在的时间。⑤

在这段话里，奥古斯丁把事物作为时间存在的前提，因为事物存在于过去、现在和将来，才有过去、现在和将来的时间："因为时间的形成是

---

① ［古埃及］奥里根：《驳凯尔斯》。转引自何佩智："奥里根"，叶秀山等编《西方著名哲学家评传》第二卷，山东人民出版社 1984 年版，第 223 页。
② ［古罗马］奥古斯丁：《忏悔录》，周士良译，商务印书馆 1963 年版，第 239 页。
③ 同上书，第 240 页。
④ 同上。
⑤ 同上书，第 242 页。

由于事物的变化。"① 这样一来，奥古斯丁似乎持一种客观的时间观点。这样的时间观与上帝创世的观点是一致的：上帝不是在时间中创造了世界，而是在创造世界的同时创造了时间，所以设想上帝在创世之前做什么是没有意义的。

但是，当奥古斯丁离开事物来思考时间的时候问题就出现了。

> 既然过去已经不在，将来尚未到来，则过去和将来这两个时间怎样存在呢？现在如果永远是现在，便没有时间，而是永恒。现在的所以成为时间，由于走向过去；那末我们怎能说现在存在呢？现在所以在的原因是即将不在；因此，除非时间走向不存在，否则我们便不能正确地说时间不存在。②

这是一段充满了哲学思辨的时间分析。如果离开事物只谈时间本身，我们就分不清过去、现在与将来。因为过去已经不在，将来尚未到来。以现在为原点，指向过去，便有了过去，指向将来，便有了将来，但现在之所以存在是因为它即将不在——时间的现在充满了矛盾。

"现在"不但充满了矛盾，连它的长度也是可疑的。如果把时间收缩到一天，对第一小时而言，其余都属将来；对最后一个小时而言，其余都属过去；而中间的任何一个小时，则既有过去也有将来。如果"现在"没有长度，时间如何存在？过去已经不存在，将来还未存在，而"现在"竟然没有丝毫长度，时间在哪里？

> 我们通过感觉来度量时间，只能趁时间在目前经过时加以度量；已经不存在的过去，或尚未存在的将来又何从加以度量？谁敢说不存在的东西也能度量？③

奥古斯丁在这里，把客观的时间（与事物相联系的时间）变成了主观的时间，把时间内在化了："我们通过感觉来度量时间。"既然通过感觉来度量时间，过去和将来就不存在，因为感觉只在当下（现在）。

有意思的是，奥古斯丁先是把时间与事物相联系，持一种近似客观时间的观点；随后又离开事物单独思考时间，发现时间的内在矛盾（现在

---

① ［古罗马］奥古斯丁：《忏悔录》，第264页。
② 同上书，第242页。
③ 同上书，第244页。

无长度），随后把时间内在化；但是把时间内在化后，他发现我们仍然无法度量时间，于是再次把事物引入时间：我们只能记忆、感觉、期望事物——确切地说是事物的印象，而不是时间。

记忆、感觉和期望都离不开事物的印象，印象即时间，时间即某物的印象，印象只能发生在心中，所以心中才有时间。"时间之流的内在化，使奥古斯丁能够回答上帝不在时间之流中所导致的困难。……时间之流纯然是人心中的存在，时间对上帝而言根本不存在。"① 当康德说，"时间并不依赖于对象本身，而只依赖于直观它的那个主体"② 的时候，我们不是能从中看到奥古斯丁的影子吗？

三 牛顿的时空观点

先要说明的是，牛顿（1642—1727）与斯宾诺莎（1632—1677）、莱布尼兹（1646—1716）和洛克（1632—1704）同时代，比笛卡尔（1596—1650）晚近半个世纪，而且牛顿的物理学还受到笛卡尔物理学的深刻影响，把牛顿的时空观放在唯理论与经验论的时空观之前来论述似乎是不合适的。但是，这里为了行文的方便，我们先介绍牛顿的时空观。

（一）绝对时空观

牛顿的物理学受到笛卡尔物理学的深刻影响。笛卡尔的机械论自然观是 17 世纪物理学的旗帜。它不仅排除了经院哲学的"隐蔽的质"，也排除了神的不断干预，而且坚持用物质和运动来解释自然。笛卡尔的思想深深地影响了牛顿。"特别是，惯性定律、碰撞问题的公式表示和动量守恒原理、圆周运动的解析法，是牛顿立志建立力学体系时，从笛卡尔那里继承过来的三项主要成果。"③

但是，笛卡尔主张充实的空间，牛顿则主张空虚的空间论。牛顿从力学体系的需要出发，认为物体的具体运动是具有相对独立性的。牛顿"把我们的感官根据自然物体和运动所量度的相对空间与时间，同不动地存在着的绝对空间，和'不管外界情形如何'，均匀流动着的绝对时间区

---

① 吴国盛：《时间的观念》，中国社会科学出版社 1996 年版，第 101 页。
② [德] 康德：《纯粹理性批判》A38，B54，邓晓芒译、杨祖陶校，人民出版社 2004 年版，第 39 页。
③ 桂起权编著：《科学思想的源流》，武汉大学出版社 1994 年版，第 126 页。

别开来"①。牛顿说,"绝对的、真正的和数学的时间,由其特性决定,自身均匀地流逝,与一切外在事物无关,又名延续……绝对空间:其自身特性与一切外在事物无关,处处均匀,永不移动"②。牛顿认为,空间虚空,像一个无限大的箱子,它是均匀的,各向同性的;时间是纯粹的连续性,其流程是无限的、均匀的。不难看出,牛顿在空间问题上继承的是原子论的"虚空"观点。

(二) 爱因斯坦对牛顿时空观的评论

牛顿的时空观对牛顿以来的物理学产生了深远影响。爱因斯坦在创立相对论时,对牛顿的时空进行过深入分析。关于牛顿时空观的合理性,爱因斯坦认为它肯定了空间和时间的客观实在性。关于牛顿时空观的意义,爱因斯坦谈了三点。第一,它揭示了空间和时间的独立性。在牛顿体系中,"如果物质消失了,空时本身(作为表演物理事件的一种舞台)仍将依然存在"③。这里指出了时空的绝对性,即对物理事件的非依赖性。第二,牛顿时空观是古典物理学的基础。牛顿"已经认识到,可观测的几何量(质点彼此之间的距离)和它们在时间中的流程,并不能从物理方面完备地表征运动。他以著名的旋转水桶实验来证明这一点"④。正是由于绝对时空关涉到牛顿体系的"理论的逻辑结构",牛顿是始终不渝的。第三,牛顿的时空观影响了18、19世纪科学家们的物理学和哲学思想。

爱因斯坦认为,牛顿的"与外物无关"的绝对空间和绝对时间如同其"以太"观念一样,都是主观的虚构,不是以实验事实为根据的。他抛弃了绝对的时空观念,揭示了物质、运动和时空的统一性。爱因斯坦说:"狭义相对论的成就可以表征如下:它一般地指出了普适常数 C(光速)在自然规律中所起的作用,并且表明以时间作为一方,空间坐标作为另一方,两者进入自然规律的形式之间存在着密切的联系。"⑤ 狭义相对论抛弃了"绝对同时性"概念,也取消了瞬时"超距作用"概念。狭

---

① [英] W. C. 丹皮尔:《科学史——及其与哲学和宗教的关系》,李珩译、张今校,广西师范大学出版社2001年版,第165页。
② [英] 牛顿:《自然哲学之数学原理》,王克迪译、袁江洋校,北京大学出版社2006年版,第4页。
③ 许良英、范岱年编译:《爱因斯坦文集》第一卷,商务印书馆1976年版,第114页。
④ 同上书,第226页。
⑤ 许良英、范岱年编译:《爱因斯坦文集》第一卷,第458页。

义相对论证明，空间特性和时间特性是随物质运动的变化而变化的，是相对的。当物体以接近光速而运动时，物体沿运动方向的空间广延性将缩小，内部过程的时间持续性则会延长。

爱因斯坦后来提出了广义相对论。它将牛顿万有引力定律包含在狭义相对论的框架中，并在此基础上应用了等效原理。在广义相对论中，引力被描述为时空的一种几何属性（曲率）；而这种时空曲率与处于时空中的物质和辐射的能量—动量张量直接相关。根据这一理论，引力场的时空依赖物质的质量的分布。质量越大，分布越密，引力场就越强，空间的"曲率"就越大。引力场就是时空几何场，因此"不存在虚空这样的东西，即不存在没有场的空间。空间—时间本身并没有要求存在的权利，它只是场的一种结构性质"①。爱因斯坦根据引力场理论，取消了空间—时间的独立存在的权利。当然，关于时空的认识是没有止境的，爱因斯坦只是根据当时的科学理论重新解释了时空而已。

第二节　唯理论的时空观

关于唯理论的时空观人们很少讨论。② 因为笛卡尔、斯宾诺莎和莱布尼兹等唯理论者似乎没有专门讨论过时空问题，即使涉及时空论题也是很零散的。尽管如此，我们还是要介绍和评论他们的时空观。或许论述的人很少，这里的研究才显得有价值。再者，不了解他们的时空观，对他们的哲学的理解不能算是全面的。

一　笛卡尔的时空观点

笛卡尔对时间的论述较简单，但对"空间"的论述却比较详细，我们下面分别讨论。

---

① 许良英、范岱年编译：《爱因斯坦文集》第一卷，第558页。
② 国内研究唯理论代表人物的专著——冯俊的《开启理性之门：笛卡尔哲学研究》（中国人民大学出版社2005年版）、洪汉鼎的《斯宾诺莎哲学研究》（人民出版社1993年版）、陈修斋的《莱布尼兹哲学研究》（载段德智选编《陈修斋哲学与哲学史论文集》武汉大学出版社1995年版）、江畅的《自主与和谐——莱布尼兹形而上学研究》（武汉大学出版社1995年版）——都没有专门论述笛卡尔、斯宾诺莎和莱布尼兹的时空观的章节，甚至没有提到他们的时空观。国内专门研究他们的时空观的论文也很少看到，只有陈修斋先生在《莱布尼兹与克拉克论战书信集》的"译者弁言"中对莱布尼兹的时空观有所论述。

(一) 时间的观点

在时间和空间的论述顺序上，西方学者（如康德）一般是先论述空间再论述时间，我们在本书也大致遵照这个顺序。但是，对笛卡尔例外。我们先讨论他的时间观点。为什么呢？这与笛卡尔哲学的出发点有关。我们知道，笛卡尔通过怀疑方法得出的第一个不容怀疑的第一原理是"我思故我是"，而这个思之"我"其实是"能思的实体"。笛卡尔认为，"每一种实体都有一个主要属性，如心灵的思想 (thinking) 属性，物体的广延属性"①。然而，每一实体都只有一种主要性质，它构成其本性或本质，所有其他属性都依赖它。比如，广延构成了有形实体的本质，思想构成了能思实体的本质。有形实体的本质——广延涉及空间问题（我们稍后论述），而能思实体（心灵）及其本质——思想显然涉及时间。既然"心灵"及其本质（思想）被首先论述，我们自然要首先讨论时间。

按照基督教的观点，绝对实体——上帝存在于时间之前，因为他在创造世界的同时创造了时间，笛卡尔作为信仰基督教的人对这一点应该没有异议。但是，能思的实体或心灵存在于什么地方呢？既然心灵及其思想没有长、宽、高三维的广延，它就不能存在于空间中。然而，笛卡尔并没有明确地告诉我们，心灵存在于时间中，他甚至在他的著作中很少提到"时间"这个概念。在他晚年最重要的哲学著作《哲学原理》中，只有一节提到"时间"："有些属性存在于它们所从属的事物中，而其他属性只存在于我们的思想中；在这里还要说明绵延 (duration) 和时间 (time) 是什么。"② 这是第一部分第 57 节的提要，接下来，笛卡尔进行了论述：

> 在这些属性或方式 (modes) 中，有些存在于事物本身中，而另一些只存在于我们的思想中。例如，时间——我们把它与一般认为的绵延区别开来，并称之为运动的尺度——只是我们用以思考绵延自身的某种方式；因为我们的确不认为处于运动中的事物的绵延与不运动的事物的绵延不同，下面一事可以为证：如果两个物体运动了一小时，其中一个较快另一个较慢，我们并没有计算出一个比另一个花了更多的时间，尽管前一个物体的运动可能多于后一个物体的运动。但

---

① R. Descartes, Of the Priciples of Human Knowledge LIII., *Principles of Philosophy*, translated by John Veitch, *Meditations and Selections from the Principles of Philosophy*; Descartes 1596—1650, La Salle Illinois: Open Court 1964.

② R. Descartes, Of the Priciples of Human Knowledge LVII. *Principles of Philosophy*.

是，我们可以在一个共同的尺度下来理解所有事物的绵延，我们就把它们的绵延与引起年和天的最大的、最规则的运动的绵延加以比较，而把它叫作时间。因此，我们如此命名的这种东西，不是额外添加在一般绵延上的东西，而只是一种思想方式。①

这是笛卡尔著作中唯一详细论述"时间"的文字，我们作一分析。

第一，笛卡尔认为，属性分为两种：存在于事物本身中的和只存在于思想中的。他在《哲学原理》第一部第69节、70节、71节谈到了对两种属性的不同的感知。他说，我们对物体的大小、形状和运动、各部分的位置、绵延、数目等的知觉的途径，根本不同于对同一物体中的颜色、气味、滋味的知觉的途径。我们认识物体的形状性质要比认识它的颜色更清楚。当我们认为自己感知到对象中的颜色时，实际上并不知道命名为颜色的东西是什么，"也不能设想我们所认为的存在于对象中的颜色与我们在感觉中所意识到的颜色有任何相似性"②。他继续说，当我们的身体受到轻微刺激时，"心灵便体验到我们叫作滋味、气味、声音、热、冷、光、颜色及类似的感觉"③。但是这些感觉事实上代表的不是我们心外存在的任何东西，而且它们还随身体受刺激时其部分和方式的不同而变化。与此同时，心灵也感知到体积、形状、运动等，但这些东西不是作为感觉，而是作为事物或事物存在——至少是能在思想之外存在——的方式，呈现给心灵的。存在于事物中的性质是客观的，它们相当于伽利略和后来洛克讲的"原始性质"（"第一性的质"）。只存在于思想中的性质是主观的，它们相当于伽利略和后来洛克讲的"派生性质"（"第二性的质"）。显然，笛卡尔已经明确区分了两种性质。当然，既然伽利略（1564—1642）早笛卡尔几十年已经提出了"原始性质"和"派生性质"，所以我们可以合理地推测，笛卡尔的这一观点是受了伽利略的影响。

第二，在只存在于思想中的性质或方式中，笛卡尔列举了"时间"。显然，笛卡尔理解的"时间"是主观的，因为它只存在于思想中。

第三，笛卡尔把"时间"（time）与"绵延"（duration）区分开来。从前面的引文可以看出，他把"绵延"看成客观的，而把"时间"看成"思考绵延自身的某种方式"。时间是物体运动的"共同的尺度"，我们用以衡量不同物体运动的绵延，但它仅仅是主观的东西，"只是一种思想方

---

① R. Descartes, Of the Priciples of Human Knowledge LVII. *Principles of Philosophy*.
② R. Descartes, Of the Priciples of Human Knowledge LXX. *Principles of Philosophy*.
③ R. Descartes, Of the Priciples of Human Knowledge LXXI. *Principles of Philosophy*.

式"。笛卡尔的意思是，时间仅仅是从不同的物体绵延中抽象出来的"共同的尺度"，物体中本来没有"时间"，我们只是为了测度和计算的方便才发明了"时间"一词。

可以说，笛卡尔的"时间"是亚里士多德的"时间"与奥古斯丁的"时间"的结合。他保留了亚里士多德的"时间是运动的尺度"的观点，但是放弃了时间的客观性，而接受了奥古斯丁"主观时间"的观点。奥古斯丁主张"主观时间"是为了把时间看成人的感觉方式而与上帝无关，这样就可以摆脱上帝是否在时间中的困境，笛卡尔主张"主观时间"是否也是出于这样的考虑？作为基督徒，他这样考虑是完全合理的。但是，他没有明确告诉我们。

然而，仅仅把"时间"作为心灵的一种思想方式、使时间变得无足轻重，这无论如何还是令我们吃惊。因为我们可以合理地问，有广延的物体存在于空间中或与空间等同，那么非物理的心灵实体及其本质（思想）存在于何处呢？笛卡尔似乎在担心，如果说非物理的心灵实体存在于时间中的话，那么作为纯灵存在的上帝不就存在于时间中而受时间限制了吗？如果这样，那不就与上帝创世（宇宙包括时间的起点）相矛盾了吗？但是，这样的担心是多余的。因为按照基督教的观点，有限的心灵（人心）不同于无限的心灵（上帝），上帝创造了世界才创造了人心，所以不用担心上帝存在于时间中的难题。问题是，上帝创世以后，人心及其思想存在于何处？人心及其思想也运动吗？人心及其思想也是一种绵延吗？如果人心及其思想也运动，也是一种绵延，它与物体的运动与绵延有何区别？

(二) 空间的观点①

笛卡尔涉及空间的领域非常广泛。作为数学家和物理学家，笛卡尔都涉及空间。就空间科学的成就而言，笛卡尔创立了解析几何学，将代数与几何联系起来，创立了"笛卡尔坐标"，突破了欧几里得几何学的限制，对现代数学的发展具有重要意义；在物理学方面，笛卡尔用坐标几何学研究光学，提出了物质运动的相对性原理；在天文学领域，他用惯性理论与漩涡论来解释宇宙间天地运动的成因。

笛卡尔讨论空间是因为有广延的实体。他说，"具有长、宽、高的广延构成了有形实体的本质"②。广延（空间的一部分）是有形实体的本

---

① 本节的内容来自本人的论文《笛卡尔的空间观念及其现代意义》，文字有压缩和改动。
② R. Descartes, Of the Priciples of Human Knowledge LIII. *Principles of Philosophy*.

质，所以研究空间是为了研究广延即物体的本质。物质的事物是指有广延的实体及其性质，如体积，长、宽、高三维，形状，运动，位置，部分的可分割性等。但是，在这多种性质中，笛卡尔认为，只有长、宽、高三维是最重要的。"凡能归属于物体的任何其他东西，皆以广延为前提，而且只是有广延的事物的某种样式（mode）。"①

在《哲学原理》的第二部"物质事物的原理"中，笛卡尔详细论述了"空间"。他首先在第四节继续强调，物体的本性不在于重量、硬度、颜色等，而只在于广延。然后，他分析了两种先入为主的意见即"稀化"（rarefaction）和"虚空"（vacuum），认为它们使关于物体本性的真理不能彰显。先说"稀化"。一种流行意见认为，大多数物体是可以稀化或压缩的，稀化后物体的广延比压缩的物体的广延要大。笛卡尔反驳了这种观点，他认为，所谓稀化的物体就是其各部分之间有许多间距，而其中充满了别的物体的空间；反之，压缩的物体则是指各部分之间的间距较小。不过，物体稀化以后，尽管包含了较大的空间，可是它的广延并没有增大。因为，我们不能把它在稀化时各部分所不占的空隙或间距的广延归于它，只应把那些空隙的广延归于充满这些空隙的别的物体。②

在讨论空间之前，笛卡尔讨论了数量与有数量的事物、数目与被计数的事物的关系。他认为，这两者是不能分离的，甚至是无分别的，它们的差别只存在于思想中。"只有在思想中，数量和数目才不同于有数量的事物和被计数的事物。因为数量之不同于有广延的实体，数目之不同于被计数的东西，并不是在实在中而只是在思想中。"③ 比如，在思想中我们可以考察一个10英尺空间所包含的一个物质实体的本性，而不必同时注意到10英尺的量度，因为那件东西不论在那个空间的一部分还是全体其本性都是一样的；同样，我们也可以单独设想10这个数目，以及10英尺大的一段连续的数量，而不必同时想到这个有限定的实体。但是，在实在方面，我们减少了数量或广延部分，就减少了实体，而减少了实体就要减少相应的数量或广延。显然，笛卡尔认为，在客观上数目或数量是不能独立存在的。讲这样一个例子，笛卡尔是想得出一个结论："有形（corporeal）的实体，当与其数量区分开来时，就会混乱地被认为是无形（incorporeal）的东西。"④ 当人们把有形实体与广延或数量区分开来时，他们或者

---

① R. Descartes, Of the Priciples of Human Knowledge LIII. *Principles of Philosophy*.
② R. Descartes, Of the Principles of Material things VI. *Principles of Philosophy*.
③ R. Descartes, Of the Principles of Material things VIII. *Principles of Philosophy*.
④ R. Descartes, Of the Principles of Material things IX. *Principles of Philosophy*.

用"有形实体"这个词不指称任何东西,或者在他们心中仅仅形成了一个混乱的无形实体的观念。笛卡尔强调的是,关于无形实体(如心灵)的科学不能用数量来表达,数学在此领域无能为力①;而有形实体或物质是不能同数量分离的,这意味着所有关于物质的科学都是数量的科学,都能用数学来研究和表达。

我们下面来讨论"空间"概念。接下来,在《哲学原理》第二部的第10节,笛卡尔讨论了"空间"。

> 空间(space)或内部场所(internal place)是什么呢?空间或内部场所,同其中所含的有形实体,实际上并无差异,只在我们设想它们的方式(mode)上不同。因为事实上,同样的长、宽、高的广延,不但构成了空间,也构成了物体。它们之间的差异只在于,在物体中我们认为广延是特殊的,并且设想它随物体而变化。反之在空间中,我们把概括的统一体归于广延,所以,当从某一空间移走占据它的物体后,我们并不认为同时移走了那一空间的广延。因为在我们看来,那一段广延只要具有同一的体积和形状,只要同我们借以确定这个空间的四周的某些物体保持其相同的位置,则那段广延仍是不变的。②

在这段话里,笛卡尔的意思是明白的:"空间"或"内部场所"等于其中所含的有形实体(物体)的广延,只是思考它们的方式不同。物体是特殊的广延,空间是统一的广延。

在接下来的几节,他对这一基本观点进行了论证。他重申,空间与有形实体实际上并无差异,同一广延既构成物体的本性也构成空间的本性。他以石头为例,认为我们可以排除其硬度、颜色、重量、冷热等性质,排除这些东西之后,"物体观念中没有剩下别的东西,只剩下长、宽、高三向延伸的东西。这种东西不仅包含在充满了物体的空间观念中,甚至包含

---

① 应当说,笛卡尔知道数学的界限,后来的康德和黑格尔都继承了这一思想。康德只在现象界强调数学的重要性,而在道德和宗教领域不再强调数学。黑格尔认为,数学只在低级事物中有其重要性,而在精神领域数学并不重要。马克思强调数学在科学中的重要性:"一种科学只有在成功地运用数学时,才算达到了真正完善的地步。"(保尔·拉法格:《回忆马克思恩格斯》,人民出版社1973年,第7页)但是,我们不知道这里的"科学"是否包括人文科学。

② R. Descartes, Of the Principles of Material things X. *Principles of Philosophy*.

在被叫作虚空的空间观念中"①。

在第 12 节，他论证在我们设想空间的方式中空间如何不同于物体。简言之，实际的空间总是被物体（特殊广延）占据着，但是我们在思想上可以设想"一般广延"（extension in general）或"普遍空间"（笛卡尔本人没有使用这个词汇）。当某一空间中的物体（如石头）被移走以后，就留下了"一般广延"或"普遍空间"，它可以继续由木头、水、空气或任何别的物体（特殊广延）来占据。这样说来，笛卡尔好像是在主张，特殊空间（具体空间）是客观存在的，而"普遍空间"只是人脑抽象的产物，是主观的东西。但是实际上，笛卡尔谈的是具体空间的相互比较，由此而产生了"普遍空间"，"普遍空间"仍然是客观存在的，尽管我们感知不到它而只能通过理性的抽象或思考来形成。

由于笛卡尔持实在空间的立场，他批评了"虚空"的观点。"要说有一个绝对无物体的虚空或空间，那是令理性反感的。说到哲学意义上的虚空，即其中没有实体的空间，这种东西显然不存在，因为空间的或内部场所的广延与物体的广延并无区别。既然我们只从物体有长、宽、高的广延就有理由得出结论说，它是一个实体，那么，说无（nothing）拥有广延那是绝对矛盾的。"② 笛卡尔接着分析说，"虚空"一词的通常用法并不排除一切物体。比如，热水瓶里没有水只有空气时，我们说它是空的；鱼池里没有鱼，尽管装满了水，我们也说里面什么都没有。同样，当空间没有包含可感知的事物（尽管它包含着被创造的和独立自存的物质）时，我们也说空间是空虚的（void）。我们由这些通常的感觉形成了"虚空"的错误观念。还有，两个物体之间的距离（distance）只是广延的一种样式，不是空无一物的虚空，离开有广延的实体，就没有距离。

由否定"虚空"，笛卡尔继而否定"原子"的存在。"我们还发现，根本不可能存在具有不可分本性的原子或物质的部分。因为不论我们假设这些部分是如何之小，它们既然必定是有广延的，我们就总能够在思想中把任何一部分分出两个或较多的更小部分，并因此承认其可分性。"③ 既然物质是无限可分的，那就没有不可再分的"原子"。笛卡尔在那个时代根据其广延理论就断定了物质的无限可分性，这是了不起的。而且，更了不起的是，笛卡尔考虑到了实际分割物质的困难（技术瓶颈），所以他说我们总能够"在思想中"分割出更小的物质。

---

① R. Descartes, Of the Principles of Material things XI. *Principles of Philosophy*.
② R. Descartes, Of the Principles of Material things XVI. *Principles of Philosophy*.
③ R. Descartes, Of the Principles of Material things XX. *Principles of Philosophy*.

笛卡尔否认"原子"和"虚空",颠覆了原子论的观点,倒是继承了亚里士多德的观点:"地点(空间)是包容物体的界限。"笛卡尔的"外部场所"不就是亚里士多德的"容器"或"外包装"吗?笛卡尔的"普遍空间"和"特殊空间"不就是亚里士多德的"共有空间"与"特有空间"吗?

由无限多的、具体的物体的广延,笛卡尔还得出了"世界的广延是无限的(indefinite)"结论:"我们进而发现,世界或有形实体的全体(整体)是无限地伸展的,因为不论我们在何处设一界限,我们不仅仍然可以想象它之外的无限伸展的众多空间,而且能感知到这些空间是真正可以想象的;换言之,它们实际上就是我们想象的那样。因此,它们所包含的有形实体也是无限伸展的。"① 物质空间是无限的,这是唯物论坚持的观点。不仅如此,笛卡尔由此否定了亚里士多德的"天上的物质"与"地上的物质"有区别的结论,认为它们都是一样的,并断言"不可能存在多个世界"。

这是一个惊人的结论,笛卡尔相信,宇宙间所有的物体都是由同一种物质组成的,它们都是由有三维的广延组成的,可以计算的,因此数学适用于整个宇宙。英国学者 E. A. 伯特对此有一段精彩的解读:

> 他发觉,空间或广延的本质是这样的,以致于其关系不管多么复杂,总是可以用代数公式来表示,反过来,数量真理(在某些幂内)也可以完全在空间上加以表达。作为这个著名发明的一个并非不同寻常的结果,笛卡尔在心灵产生了这一希望:或许可以把整个物理学王国还原为纯粹几何特性。不论自然界会是什么别的样子,它显然是一个几何世界,它的对象是在运动中出现和扩展的数量。如果我们能够去掉所有其他特性,或者把它们还原为数量,那么明显的是,数学必定是开启自然真理的唯一合适的钥匙。②

这就是笛卡尔为什么那么重视数学的根本原因,原来物理的世界都可以还原为几何世界,都可以用算术和几何学来处理。笛卡尔觉得自己已经发现了解开宇宙秘密的钥匙。哲学家为什么都这样自信呢?

在讨论了世界的统一性之后,笛卡尔没有忘记其多样性。物理的宇宙

---

① R. Descartes, Of the Principles of Material things XXI. *Principles of Philosophy*.
② E. A. 伯特:《近代物理科学的形而上学基础》,徐向东译,四川教育出版社 1994 年版,第 92 页。

统一于物质，统一于其广延性。但是，物质的宇宙也不是一块呆板的整体，它是丰富的、多样的，这种多样性和丰富性来自运动。"物质所有的多样性（variety）或其形式的差异性（diversity）都取决于运动。"① 而他所说的"运动"（motion），其通常含义是指这样一种"行动"："借此行动，一个物体从一个地方到另一地方。"在第 25 节，他更明确地说，运动"是一个物体或物质的一部分，从那些与它直接接触的或者我们视为静止的物体的附近，转移到另一个物体的附近。"② 换言之，笛卡尔的"运动"就是物体的"位移"，他坦言自己想不到还有其他运动。在第 24 节，他谈到了位移运动的相对性问题：一个人坐在船上，相对于船他自己是不动的，相对于岸边他又是运动的。

笛卡尔的空间观点受到爱因斯坦的重视，获得了现代意义。爱因斯坦说：

> 笛卡儿曾大体上按照下述方式进行论证：空间与广延性是同一的，但广延性是与物体相联系的；因此，没有物体的空间是不存在的。亦即一无所有的空间是不存在的。……以后我们将会看到，广义相对论绕了一个大弯仍旧证实了笛卡儿的概念。③

二 斯宾诺莎的时空观点

在斯宾诺莎的主要哲学著作《伦理学》《知性改进论》中几乎找不到关于时间和空间的论述，连国内研究斯宾诺莎最详细的著作——洪汉鼎的《斯宾诺莎哲学研究》也没有涉及斯宾诺莎的时空观。时间和空间问题似乎不在斯宾诺莎的法眼中，为什么会这样呢？

（一）空间的观点

我们知道，斯宾诺莎的代表作是《伦理学》，这本书采用的方法是几何学的方法，即按照欧几里得的《几何原本》从界说（定义）、公设和公理出发演绎命题的方法，斯宾诺莎用这种方法来构造他的哲学体系。我们这里不讨论这种方法的优劣，只想指出，几何学涉及的就是"空间"。斯宾诺莎采用了研究空间的几何学的方法，却对空间问题熟视无睹，这是令

---

① R. Descartes, Of the Principles of Material things XXIII. *Principles of Philosophy*.
② R. Descartes, Of the Principles of Material things XXV. *Principles of Philosophy*.
③ [德] 爱因斯坦：《狭义与广义相对论浅说》，杨润殷译，北京大学出版社 2006 年版，第 65 页。

人费解的。

此外，与笛卡尔不同，斯宾诺莎认为只有一个"实体"，那就是"自然"或"神"。自然或神有两种我们人能认识的属性或本质：广延和思想，而广延涉及的就是空间。至于"物体"（笛卡尔的"有形实体"），斯宾诺莎说，"物体，我理解为在某种一定的方式下表示神的本质的样式，但就神被认作一个有广延之物而言……"① 斯宾诺莎把"神"理解为是有广延的，这显然不同于传统的宗教神学，他为此付出了惨重的代价：被革除出犹太教，一生生活艰难。他的"神"也不同于笛卡尔的"神"，笛卡尔的"神"与传统宗教一致，是纯灵的。斯宾诺莎在这里把"物体"理解为"神"（自然）的存在样式。"物体"当然涉及空间，斯宾诺莎为什么不谈呢？我认为，这与斯宾诺莎的哲学没有讨论"运动"有关。我们在前面看到，亚里士多德和笛卡尔都是因为涉及物体的运动问题才讨论"空间"。一物体离开了原来的场所（位移），我们就会感觉到原来的那个场所"空"了，该物体到达新的场所后我们又觉得原来的"空间"被"充满"了（实际上是，固体的东西可以在气体、液体中移动，反之则不行）。亚里士多德和笛卡尔都认为，宇宙间除了固体外还有气体和液体，所以空间其实是"充实的"而非"空虚的"。但是，因为固体的物体可以在空气、水中移动（密度大的物体可以在密度小的物体中移动），所以位移的运动仍然是可能的且现实存在的。

斯宾诺莎分析和构建世界的方法是几何学方法。为什么呢？斯宾诺莎研究者洪汉鼎认为，斯宾诺莎采用几何学方法，因为他主张彻底的决定论观点。② 既然整个世界都被彻底地决定了，讨论物体的"运动"就意义不大了，所以他不讨论现实的运动，而只是对存在的世界做逻辑分析。既然不讨论"运动"，"空间"又有何用呢？我认为，这样的解释应该是合理的。

斯宾诺莎不讨论空间，还有一个原因。无论是亚里士多德还是笛卡尔在讨论"空间"时，都把"空间"与物体或"有形实体"的广延等同，也就是说，"空间"是纯粹属于物质的东西。但斯宾诺莎不同意这种观点，他在给爱伦费德·瓦尔特·封·谢恩豪斯的信中说，"笛卡尔用广延来给物质下定义是不正确的。物质必须要以表现永恒的、无限的本质的一种属性来下定义"③。在斯宾诺莎这里，纯粹的物质（纯粹的广延）是没

---

① ［荷］斯宾诺莎：《伦理学》，第41页。
② 参见洪汉鼎《斯宾诺莎哲学研究》，人民出版社1993年版，第213页。
③ ［荷］斯宾诺莎：《斯宾诺莎书信集》，第307页。

有的①，任何具体存在的样式——事物，都是唯一的实体的分殊，都既有广延属性也有思想属性，这样的东西无法在传统的"空间"中存在。所以，从他的哲学体系看，他不能讨论"空间"。

(二) 时间的观点

斯宾诺莎不讨论空间，但对"时间"还是涉及了，尽管论述不多。

在成书于1663年的《笛卡尔哲学原理》附录的"形而上学思想"第一篇第四章，斯宾诺莎讨论了永恒、绵延和时间：

> **永恒性是一种属性，我们把这种属性理解为神的无限存在。**……反之，**绵延是一种属性，我们把这种属性理解为被创造事物保留在它们自身现实性中的存在**。由此可以明白推出：事物的绵延和整个存在之间的区别仅仅在于思想上不同，因为抽出事物的绵延也就必然抽出它的存在。为了确定事物的绵延，我们拿它同具有稳定的和确定的运动的那些事物的绵延作比较。**这种比较就叫做时间**。……因此**时间**并不是事物的状态，而只是思想的样式。②

在第十章，斯宾诺莎再次强调：

> 在创造之前，我们不能设想任何时间和任何绵延。时间和绵延是从事物开始的，因为时间是绵延的尺度，或者正确些说，时间只是思想的样式。因此，它不仅需要某种被创造的事物，而主要是需要能思想的人作为前提。③

时间产生于绵延的比较，它不是客观存在的，只是说明绵延的思想样式（方式），这完全是笛卡尔观点的翻版，甚至连表达方式都是一样的。当然，这一点也不奇怪，因为这本书是斯宾诺莎的早期著作，这一时期的

---

① 洪汉鼎在这封信的"注释"中说："斯宾诺莎这里提及的思想很重要，即物质不能光用广延来下定义，而是必须用一种能表现永恒无限本质的属性来下定义。这里斯宾诺莎所说的物质，不是指有形物质，而是指他的神、自然或实体。因而那种完全以机械唯物论来解释斯宾诺莎哲学的做法是不对的。"（斯宾诺莎：《斯宾诺莎书信集》，第308页）
② [荷] 斯宾诺莎：《笛卡尔哲学原理》，王荫庭、洪汉鼎译，商务印书馆1980年版，第145页。
③ 同上书，第186页。

斯宾诺莎还没有摆脱笛卡尔的影响。

1663年，在给路德维希·梅耶尔的信中，斯宾诺莎也谈到了永恒、绵延和时间问题。"我们用绵延概念来说明样态的存在，而实体的存在只能用永恒概念来说明。"① 这与上段引文的意思是一样的。在这封信里，斯宾诺莎不点名地、毫不客气地批判了笛卡尔的观点。"所有那些断言广延实体是由各个实际上不同的部分或物体所组成的人，不是在说疯话，就是在说蠢话。"② 认为广延实体或物体是由部分组成、物体无限可分的代表人物就是笛卡尔。他认为这种做法没有考虑到自然的秩序：

> 通常当我们只考虑样态的本质而不考虑自然的秩序时，我们就能任意地规定样态的存在和样态的绵延，我们能够任意设想它们大一些或小一些，能够任意把它们分成部分，我们这样做，丝毫也不会有害于我们关于样态所具有的概念；但对于永恒和实体，因为它们只能被设想为无限的，所以我们就不能这么做了，否则我们就会同时破坏了我们关于它们所具有的概念。③

我们必须说，斯宾诺莎的这一观点实在高明。他告诉我们，自然的秩序是固定的，所有样态的存在和绵延也是有限的，所以随意设想无限定的样态、用数量随意对它们进行计算都是错误的。

时间和量度是怎样产生的呢？斯宾诺莎认为：

> 因为我们能够随意地规定绵延和数量，也就是当我们设想数量与实体脱离，当我们把绵延同其赖以从永恒事物而来的样态分开，这样就产生了**时间**和**量度**。用时间这样来规定绵延，用量度这样来规定数量，以致我们就可以非常容易地想象它们。而且，由于我们把实体的状态同实体自身分开把它们加以分类，以致我们可以非常容易想象它们，因而就产生了**数**，我们用数来规定这些状态。由此我们就可以明显看到，度量、时间和数只是思想的样式，或者更准确地说，只是想象的样式。④

---

① ［荷］斯宾诺莎：《斯宾诺莎书信集》，第50页。
② 同上书，第51页。
③ 同上书，第51页。
④ ［荷］斯宾诺莎：《斯宾诺莎书信集》，第51—52页。

在斯宾诺莎看来，时间和量度只是思想的样式，而且是错误的思想——想象的产物。我们离开了实体、离开了来自永恒事物的样态，即进行了不合理的抽象，才产生了数、度量、时间。

有意思的是，尽管在空间（广延）问题上斯宾诺莎激烈地批判了笛卡尔，但在时间问题上他仍然继承的是笛卡尔的观点。这不难理解，在写这封信的1663年，斯宾诺莎正在写作《笛卡尔哲学原理》的附录"形而上学思想"。所以，其时间观点与"形而上学思想"中的时间观点一致，就不足为奇了。

《斯坦福哲学百科全书》"斯宾诺莎的物理理论"条目的作者 Richard Manning 对上述观点进行了这样的解读："属性和能动自然的永恒应当与存在方式的绵延相比较。企图通过时间的抽象来理解存在方式的绵延，通过度量和数目来理解存在方式的空间广延，那只对想象有帮助，而绝不可能导致理解，只能导致荒谬。"[①] 这样的理解符合斯宾诺莎的思想。

印度资深学者 Swami Krishnananda 对斯宾诺莎的时空观这样评论："对斯宾诺莎来说，世界上所有事物都来自最高实体，它们不是最高实体在时间过程中的展开物，而是在几何定理的命题方式中的展开物。……空间、时间和物体是那个唯一实体的所有样式。斯宾诺莎没有给予时间以独立的实在性；对他来说只存在永恒，时间只是思想的方式。"[②] 可以说，Swami Krishnananda 准确地把握住了斯宾诺莎的思想。

三 莱布尼兹的时空观点

斯宾诺莎不大关注时空问题出于他的哲学体系的需要：他静态地分析宇宙，厘清实体、属性与样式的关系。至于涉及具体样式的绵延、广延、数量等以及表现这些东西的时间、空间、度量，不是他论述的重点。所以，他很少甚至不论述时空问题，是可以理解的。

与斯宾诺莎不同，莱布尼兹则对时空问题进行了深入讨论。莱布尼兹的基本主张是，没有绝对空虚的时间和空间，时间和空间都只是物质及其运动的关系和秩序，不是独立的实体。

莱布尼兹论述时空的主要文献有：《人类理智新论》《新系统及其说

[①] Richard Manning, "Spinoza's Physical Theory", *Stanford Encyclopedia of Philosophy*, First published Fri Sep 22, 2006; substantive revision Mon Jan 30, 2012.

[②] Swami Krishnananda, Studies In Comparative Philosophy, pp. 28–29. The Divine Life Society. http://www.swami-krishnananda.org/comp_00.html. 2015-07-21.

明》和《莱布尼茨与克拉克论战书信集》。

（一）空间的观点

先说空间。空间涉及物质，所以，我们先要弄清楚莱布尼兹关于物质的观点。我们在前面已经说过，在莱布尼兹那里，精神性的"单子"是世界的唯一实体，他不同意笛卡尔把物质也看成是实体（尽管是有限实体）的观点。物质不是实体是什么呢？他在给阿诺尔德的信中说，物体只是类似于彩虹的真实现象。物质的每一部分都被分割成其他部分。既然物质可以这样无限分割下去，说明物质作为实体是不存在的。莱布尼兹的意思是，水本来是无色的，但在彩虹中无色的水滴看起来是有色彩的。同样，没有广延的单子聚集起来后看起来便是有广延的。彩虹只是现象，同样有广延的物体也只是现象。换言之，"广延"是由实体产生的真实现象，是客观存在的，但它本身不是实体。

莱布尼兹的物质观点主要是"原初物质"和"次级物质"的观点。他的"原初物质"来自对亚里士多德的"质料"的改造。亚里士多德的"纯质料"是毫无规定的东西，因而也是消极的、被动的。亚里士多德再没有说明质料的来源，而且陷入了"质料"与"形式"的二元论。莱布尼兹把这样的"质料"称为"原始物质"，与"次级物质"或单子构成的形体的物质区分开来。但他不认为，"原初物质"是原始的、独立存在于宇宙中的。他认为，"原初物质"本身就存在于作为宇宙元素的单子中，它就是单子的被动性。"他认为，单子有能动性，这就是形式，单子也有被动性，这就是物质或原初物质。"① 所谓"次级物质"就是物体或形体，是由单子的被动性构成的东西。莱布尼兹认为，"次级物质"或物体（形体）不是实体。"实际上，物质的确存在，但是它不是实体，因为它是堆积或组合"②。尽管"次级物质"或物体是被动的，但是与笛卡尔的完全被动的物体不同，它本身是由简单实体（单子）构成的，具有能动性，只是相对于灵魂来说才是被动的。"物质的每个部分都可以设想成一座充满植物的花园，一个充满鱼的池塘。……宇宙中没有任何荒芜的、不毛的、死的东西，根本没有混乱，而只是看起来如此。"③ 我们不难看

---

① 江畅：《自主与和谐——莱布尼兹形而上学研究》，武汉大学出版社 1995 年版，第 83 页。江畅博士在本书中深入讨论了莱布尼兹的物质观点，可参考。
② Philip. P. Wiener edited, *Leibniz: Selections*, New York, 1951, p. 486. 转引自江畅《自主与和谐——莱布尼兹形而上学研究》第 84 页。
③ ［德］莱布尼兹：《单子论》67—69 节，《西方哲学原著选读》上卷，第 489 页。

出,莱布尼兹的观点受到了斯宾诺莎的"实体观"的影响,在斯宾诺莎那里,物体作为实体的样式是集广延与心灵于一身的,也就是没有纯粹的死物质。

明白了莱布尼兹的"物质"或"物体",讨论其时空观就容易多了。

莱布尼兹在傅歇的反驳的按语中说,"广延或空间,以及可以在这方面设想的面、线及点,不论对实际存在的东西而言,还是对可以代替那实际存在的可能的东西而言,都只是一种秩序的关系,或同时并存的东西的秩序"①。莱布尼兹这里似乎把"空间"与"广延"等同起来,并认为"空间"是同时并存的东西的秩序。在1698年"对于培尔先生在关于灵魂与形体的联系的新系统中所发现的困难的说明"中,莱布尼兹也说:"我们想到广延是想到并存的事物的一种秩序;但我们对于广延以及对于空间,都不应该以一种实体那样的方式来设想。这和时间一样,那无非是为心灵表示一种变化中的秩序。"② 莱布尼兹在这里不但重复了前面的观点,而且特别强调不能把广延或空间设想为"实体",同时他还认为"时间"也和"空间"一样,是用来表示心灵变化的秩序。1702年在"对培尔先生在第二版《批判辞典》'罗拉留'条下关于前定和谐系统的再思考的答复"中,莱布尼兹再次提到,广延是"可能的并存"的秩序,"时间"是"不并存的可能性"的秩序。③ 这些材料是我们在《新系统及其说明》中找到的关于空间与时间的论述。

在《人类理智新论》中,莱布尼兹跟随洛克的《人类理智论》的思路,在洛克论及时空的地方,他也讨论了时空。

在"序言"中,莱布尼兹指出,洛克认为虚空是运动所必需的,因为他以为物质的各个小部分是坚不可摧的。但是他不同意洛克的观点。"我们毋宁应该设想空间充满了一种原本是流动的物质,可以接受一切分割,甚至在实际上被一分再分,直至无穷。"④ 莱布尼兹认为,物质既是坚硬的又是流动的,他想避免"坚硬的物质"概念带来的麻烦。

在第二卷第4章"论坚实性"一章中,莱布尼兹反对洛克把物体的广延与空间的广延相区分,认为"不必设想有两种广延,一种是抽象的空间的广延,一种是具体的物体的广延,那具体的只有通过那抽象的才能成为如此。……事实上空间和时间都不过是一种次序,而在这次序中,那

---

① [德]莱布尼兹:《新系统及其说明》,陈修斋译,商务印书馆1999年版,第38页。
② 同上书,第67页。
③ [德]莱布尼兹:《新系统及其说明》,陈修斋译,商务印书馆1999年版,第124页。
④ [德]莱布尼兹:《人类理智新论》上册,陈修斋译,商务印书馆1982年版,第16页。

空的地方（对于空间来说就叫做真空），如果有的话，只不过表示一个东西相对于其实有来说完全没有的一种可能性"①。在第13章，莱布尼兹再次表明，空间"是一种关系，一种秩序，不仅是在现存事物之间的，而且也是在可能存在的东西之间的〈关系或秩序〉。但它的真理性和实在性，像一切永恒真理一样，是以上帝为根据的"②。这里增加了两点新东西：一是空间作为关系不但规定了现实而且规定了可能，如果这样，空间关系就可以抽象化和几何化，这一立场恐怕与笛卡尔有关，也与他的数学家身份有关；二是说上帝是空间秩序的根源，作为宗教信徒，莱布尼兹的观点不难理解。

（二）时间的观点

在《人类理智新论》第14章，莱布尼兹论述了"时间"。

> 一连串知觉的接续，在我们心中唤醒了绵延的观念，但它并不是造成了这观念。我们的知觉从来不会有那样经常和有规律的接续足以和时间的接续相应的，时间是一种齐一和单纯的连续体，就像一条直线一样。知觉的变化给了我们机会来想到时间，而人们是用齐一的变化来衡量时间的；但即使当在自然界中没有任何齐一的东西时，时间仍旧是可以被决定的，正如当没有任何固定的或不动的物体时位置也仍旧可以被决定一样。这是因为认识了非齐一运动的规律，我们总能把它们拿来和可理解的齐一运动相参照，而用这办法就能预见到一些不同的运动结合在一起将会发生什么。在这意义之下，时间是运动的量度，这就是说，齐一的运动是非齐一运动的量度。③

这是莱布尼兹著作中最详细地论述"时间"的一段话，我们做一分析。

第一句话的意思是，绵延早已存在于心中，而非知觉造成的。绵延早已存在于心中有两种可能：绵延是心中固有的，这是主观的绵延。如果是主观的绵延，离开了知觉的接续怎么可能有呢？可见这种可能性不成立。还有一种可能就是，早已存在于心中的"绵延"意象来自外部事物的

---

① ［德］莱布尼兹：《人类理智新论》上册，陈修斋译，商务印书馆1982年版，第101—102页。
② 同上书，第131页。
③ ［德］莱布尼兹：《人类理智新论》上册，第133—134页。

"绵延"，两者有对应关系，这种意义上的"绵延"有客观性。第二句话讲知觉和时间不同，知觉不是有规律地接续，而时间则是齐一和单纯的连续体，如一直线。莱布尼兹在这里揭示了时间的一向性。第三句话讲，人们用齐一的变化来衡量时间。这里会产生问题：什么东西的齐一变化用来衡量时间？没有齐一的东西，时间仍然可以被决定，那说明齐一变化并非时间存在的必要条件。还有，没有齐一东西，时间靠什么来决定？莱布尼兹没有告诉我们。他打了个比方：正如没有任何固定的或不动的物体时位置也仍旧可以被决定一样。这里的"位置"是什么？是空间吗？前面说到，空间是事物并存的秩序。事物应该包括运动的事物和不动的事物。莱布尼兹的意思应当是，即使没有不动的物体，我们根据运动的物体仍然能确定空间（位置）。第五句和第六句讲明了理由。我们认识了非齐一运动的规律，就能将其与齐一运动相比较，从而预见不同运动结合在一起时会发生什么。会发生什么呢？我们用齐一运动度量非齐一运动，从而产生"时间"。比如说，我们用天体如太阳、地球的有规则的齐一运动来度量所有其他物体的不规则运动，就产生了"时间"：一天、一年。"时间是运动的量度"，这就是莱布尼兹的结论。但是，我们必须指出，这一观点与上面所说的相矛盾：上面说没有齐一的东西，时间仍然可以被决定。可是我们在这里看到，时间只能被齐一的运动所决定。

莱布尼兹在接下来与洛克的代表斐拉莱特的对话中继续论证说，"的确，亚里士多德说过，时间是运动的数而不是它的量度。事实上可以说，绵延是靠周期性的相等运动来认识的，在这种运动中，当一个结束时另一个就开始了，例如靠地球或其它星球的许多运转来认识"[①]。我们在前面说过，亚里士多德认为"时间是运动的尺度"，运动与时间相互度量。时间是用来计数的数目，而不是数目本身；时间是一维的、连续的，所以表现为不间断的、连续的"现在"。可见，莱布尼兹的转述并不准确。从内容上说，莱布尼兹似乎在重复亚氏的时间观点，他也把时间看成测量的时间，即客观的时间。

莱布尼兹还谈到了时空与上帝的关系。"如果上帝是广延的，它就会有部分。但绵延只把这些部分给与他的作品。可是关于空间方面得把广大性归之于他，这也把部分和秩序给了上帝的直接作品。他既是可能性也是现实性的源泉，对前者是由于他的本质，对后者是由于他的意志。因此空间和时间一样都只是从他得到自己的实在性，而他只要觉得好，就可以充

---

① ［德］莱布尼兹：《人类理智新论》上册，第135页。

满空间。就是因为这样,他在这方面是无所不在的。"① 对于不信神的中国人来说,这样的解释难以理解,但我们相信莱布尼兹是真诚地这么认为的。

(三) 与克拉克的论战

当然,莱布尼兹集中讨论时空的文字出现在他与克拉克论战的《书信集》中。撒母耳·克拉克是与莱布尼茨同时代的一位英国学者,1697年,他曾将笛卡尔派物理学家雅各·罗奥(1620—1675)的《物理学》译成拉丁文出版,并根据牛顿观点作了许多注释。该书多次再版,产生了很大影响。

克拉克所维护的是牛顿的观点,即把空间和时间看作"绝对的、实在的存在",并独立于物体,但物体只能存在于时空之中。物质在宇宙间只占很小一部分,宇宙的大部分乃是空的空间。

莱布尼茨在第三封信,即对克拉克第二封回信的答复的第4条中说:

> 我把空间看作某种纯粹相对的东西,就像时间一样;看作一种并存的秩序,正如时间是一种接续的秩序一样。②

这是莱布尼兹的基本立场。莱布尼兹在第四封信中反驳了牛顿的"绝对空间":

> 如果空间是一种绝对的实在,远不是一种和实体相对立的性质或偶性,那它就比实体更能继续存在了,上帝也不能毁灭它,甚至也丝毫不能改变它。③

这是基于神学立场的反驳:如果像牛顿那样把空间看成绝对的实在,那上帝既不能创造也不能毁灭它,这是违背《创世记》记载的。上帝创造空间和时间是为了给予被造物以秩序,没有被造物就没有时空,有时空必有被造物,所以时空与被造物是不可分的。设想离开被造物的绝对时

---

① [德] 莱布尼兹:《人类理智新论》上册,第137页。
② 陈修斋编译:《莱布尼兹与克拉克论战书信集》,商务印书馆1996年版。莱布尼兹的第三封信(1716年2月25日)第4条。
③ 陈修斋编译:《莱布尼兹与克拉克论战书信集》,莱布尼兹第四封信(1716年6月2日)第10条。

空，那是荒谬的。

莱布尼兹的时空观受到研究者的重视。美国知名学者加勒特·汤姆森认为，莱布尼兹论证了时空的非实在性："莱布尼兹认为，实在仅仅是由实体及其属性所组成的，并且认为，这些实体是无空间延伸的单子。这些观点明确地说明，空间中的物体从根本上讲不是实在的。现在以这一时空理论为前提，莱布尼兹能够提出另一个不同的论证来说明这一相同的结论。……他认为关系是虚构的，即不是实在的。这一观点与时空关系理论一同表明：空间和时间是非实在的或者是虚构的。"① Jeffrey K. McDonough 也注意到了这一点。他认为，莱布尼兹关于时空正面解释的第二根支柱②是："作为'理性存在物'的空间和时间，在某种意义上至少是从其成熟的形而上学的单子中提取出来的两个步骤。第一，虽然物体可以被认为是位于空间与时间的相互关系中，但是莱布尼兹断言，空间和时间本身必须被认为是关于这些关系的抽象或理想化。……第二，……根据莱布尼兹最成熟的形而上学，物理的物体和事件本身只应当被理解为有根据的现象。"③ 与单子这一实体相比较，当然可以说物体及其时空是非实在的，但是在非实体即现象的意义上，物体及其时空又是实在的。从神学的角度说，万物及其时空皆为上帝所造，所以也是客观的、实在的。莱布尼兹否定了绝对时空的实在性（因为那否定了创世说），但决没有否认关系时空的实在性。所以，汤姆森的观点值得商榷，而 Jeffrey K. McDonough 的解读符合莱布尼兹的思想。

第三节　经验论的时空观

我们现在来讨论经验论的时空观。需要说明的是，两种时空观在时间上互有交叉。比如，莱布尼兹的时空观理应在洛克的时空观之后，因为莱布尼兹对其进行过评论。但是，为了叙述的方便和结构的完整，我们将洛克的时空观放在莱布尼兹的时空观之后来论述。

---

① ［美］加勒特·汤姆森：《莱布尼兹》，李素霞、杨富斌译，中华书局2002年版，第59页。
② 第一根支柱，即"时空是事物之间的关系"的观点。
③ Jeffrey K. McDonough, "Leibniz's Philosophy of Physics", *Stanford Encyclopedia of Philosophy*, First published Mon Dec 17, 2007.

一 洛克的时空观点

总的说来，洛克的时空观接受了牛顿的时空观。关于洛克与牛顿的关系，Hylarie Kochiras 在为《斯坦福哲学百科全书》撰写的"洛克的科学哲学"词条中认为，"洛克和牛顿的著作表明了一种显而易见的理智上的亲和性，他们的努力在很大程度上被认为是互补的，洛克为牛顿的自然哲学提供了详细的认识论。当洛克把自己描述成为牛顿那样的思想家工作的低级劳动者时，他表达了这样的意图"①。1689 年，他们两次见面，建立了友谊，在广泛的论题上交换了看法。在时空问题上，我们可以看到他们在"理智上的亲和性"。

关于时间，洛克认为绝对时间即绵延本身是绝对均匀的，而对时间的量度是相对时间，它不是绝对均匀的；关于空间，他认为存在纯粹的空间，它独立于物体和运动而存在。我们下面主要依据《人类理智论》中的时空论述来分析。

（一）空间的观点

《人类理智论》的第二卷论述的主题是"观念"（idea）。洛克在第四章论"坚固性"（Solidity）观念时，首先谈到"空间"。他说，我们通过触觉（touch）获得坚固性的观念，在所有从感觉得来的观念中，坚固性观念是最恒久的。坚固性也可以叫作"不可入性"。坚固性属于物体，因此它填满（占有）空间。"填满空间"的意思是，只要一个坚固的物体填满了某一空间，该空间就排斥一切其他的坚固物体。"坚固性的观念既不同于纯粹空间（pure space）——纯粹空间既无阻力（resistance）也不能运动，也不同于通常的坚硬性（hardness）。"② 洛克在这里提到了"纯粹空间"，它既无阻力也不能运动。显然，"纯粹空间"来自牛顿的"绝对空间"。

坚固性的观念很重要。"借助坚固性的观念，物体的广延与空间的广延区分开来。物体的广延仅仅是坚固的、可分的、可移动的部分的黏合或连续；空间的广延则是不坚固的、不可分的、不可移动的部分的连续。"③ 洛克在这里把物体的广延与空间的广延区分开来，显然不同于笛卡尔的"空间与有形实体无异"的观点，而是原子论的、牛顿的观点的继续。

---

① Hylarie Kochiras, "Locke's Philosophy of Science", *Stanford Encyclopedia of Philosophy*, First published Fri Jul 24, 2009.
② John Locke, *An Essay Concerning Human Understanding*, 3, Chapter IV, book II.
③ John Locke, *An Essay Concerning Human Understanding*, 5, Chapter IV, book II.

在第 13 章，在 "论空间观念的简单样式"中，洛克详细讨论了 "空间"。

他首先说，空间从视觉和触觉得来。接下来他谈到了空间、距离和容量。如果只在长度上考虑两个物体之间的空间，这样的空间叫作 "距离"；如果把长、宽、厚都考虑进去，这样的空间可以叫作 "容积"。而 "广延"一词，通常都用于空间。

每一种不同的距离都是空间的不同变状，形状（figure）是空间的另一种变状。形状是有限空间或有边际的广延中各部分之间的关系。

就空间与运动的关系而言，洛克说："没有空间，运动既不能存在，也不能设想。但是，运动不是空间，空间不是运动；空间离开了运动能够存在。空间和运动是非常不同的观念。"① 空间与运动不同，运动依赖空间，空间却不依赖运动。这是典型的 "绝对空间"。

"我认为，空间观念和坚固性的观念也是非常不同的。坚固性是与物体不可分割的观念，依赖坚固性，物体才能充满空间，才有物体的接触、推动和基于推动的运动的传递。……空间和坚固性之为独立的观念，正如思维和广延一样，都是完全可以在心中相互分开的。显然，物体和广延也是独立的观念。"② 坚固性是物体所固有的，物体依赖坚固性；空间是物体存在和运动的场所。坚固性与空间是各自独立的观念。

物体与广延也是各自独立的观念。洛克的理由是。"广延既不包含坚固性也不包含对物体运动的阻碍，而物体则两样都包含。"③ 在笛卡尔和斯宾诺莎那里，物体最重要的属性或本质就是广延，所以 "广延"几乎成为 "物体"的同义语，但是洛克把它们分开来。

洛克还谈到了纯粹空间与其部分、运动的关系。"纯粹空间的一些部分同另外的部分是不能分割的，所以空间的连续性既不能在实际上也不能在精神中分割。……既然纯粹空间产生于诸多部分的不可分性，所以纯粹空间的部分是不可移动的；运动只是任意两物之间的距离的变化，但这不可能发生在不可分割的空间部分之间，因此，纯粹空间的各部分必须同时处于永久静止的状态。"④ 这是把牛顿的 "绝对空间"细化了。"纯粹空间"的各部分不能分割也不能移动，所以 "纯粹空间"只是一个巨大的、静止的 "空盒子"。

在接下来的几节中，洛克论证了 "虚空"。他用了三条证据。第一条，在第 21 节他认为，在物体的极限之外存在虚空（vacuum）。他举例

---

① John Locke, *An Essay Concerning Human Understanding*, 11, Chapter Ⅳ, book Ⅱ.
② Ibid.
③ Ibid.
④ John Locke, *An Essay Concerning Human Understanding*, 13, Chapter Ⅳ, book Ⅱ.

说,一个人把手指伸开,就会感觉到各个手指之间有无物体的空间存在。这个证据显然缺乏说服力:"虚空"不等于没有固体物质的空间,手指间的"空间"肯定还有气体物质,所以不是"虚空"。第二条,上帝的毁灭能力(the power of annihilation)能证明"虚空"存在。"人们如果主张空间离开物质便不能存在,那就不仅使物体变成无限的,而且也必定会否认上帝有毁灭任何物质部分的能力。……任何人只要承认,上帝在这种普遍的静止中能够毁灭这本书或读这本书的人的身体,他就必然会承认虚空是可能的。因为很显然,被毁灭物体的各部分所充满的空间将仍然存在,是没有物体的空间。"[①] 借用上帝来证明"虚空",对信神的人似乎有效,但莱布尼兹则刚好相反:利用上帝否定"绝对空间"和"虚空"。第三条,"运动证明虚空"[②]。洛克说,我们不必通过前两条来证明虚空,只需看看附近的物体的运动就能证明。比如说,你把一个固体物质分成几块,它们要在上下左右自由移动,就必须要有"空的空间"(void space)才行。洛克的这个证明当然不能成立:他把没有固体物质的"空的空间"当成了没有任何物质的"虚空"。

(二)时间的观点

下面,我们讨论洛克的时间观点。

在《人类理智论》第二卷第14章,洛克讨论了"绵延"(duration)和"时间"(time)。他首先把"绵延"与"广延"联系起来,认为"绵延是飞逝的广延"。"绵延"这种"距离"或"长度"不是从经常存在的空间部分产生的,而是由飘忽消逝的连续部分而来的。绵延的各种简单样式就是绵延的不同长度,我们能体验到的有时辰、日、年、时间、永久等。这是一种典型的化"时间"为"空间"的做法,当我们用有箭头的直线表示时间时就是化时间为空间。

"绵延"观念如何产生呢?洛克认为,它来自"对我们的观念系列的反思"(reflection on the train of our ideas)。

> 人们只要观察自己心中所流逝的东西,显然就会发现存在一连串的观念,只要他醒着,这些观念就在他的理智中恒常地连续出现。对这些在我们心中相继出现的不同观念进行反思,就向我们提供了连续

[①] John Locke, *An Essay Concerning Human Understanding*, 21, Chapter XIII, book II.
[②] John Locke, *An Essay Concerning Human Understanding*, 23, Chapter XIII, book II.

(succession) 的观念：在这一连续中任何两个部分之间的距离，或者我们心中任何两个观念出现之间的距离，就是我们所说的绵延。①

洛克把"绵延"看成主观的东西，认为它是对恒常出现的观念系列进行反思的结果。笛卡尔把"绵延"看成客观的，而把"时间"看成主观的。上面提到的莱布尼兹的观点，正是他反驳洛克的"绵延"和"时间"观点而提出的："一连串知觉的接续，在我们心中唤醒了绵延的观念，但它并不是造成了这一观念。"②

"时间"与"绵延"是什么关系呢？洛克说，"时间是由度量（measures）来表示的绵延。……这样来考虑绵延，即通过一定的时期来表示、通过某些尺度或时代来标志，我想我们可以很恰当地把这样的绵延叫做时间"③。被度量的"绵延"就是"时间"，所以时间实际上是绵延的一种样式。接下来，洛克对这一观点继续展开。他说，"要很好地度量时间就必须把整个绵延分成相等的时间段。""日月的运行对人类而言是时间的最恰当的尺度。"④洛克还是回到了"测量时间"的路子。但"测量时间"是客观时间，这显然与他的"主观绵延"不相容。

在这一章的最后，洛克谈到了类似"绝对时间"的东西。"通过考虑由周期性的尺度所表示的无限绵延的任何部分，我们就能获得叫做一般时间（time in general）的东西的观念。"⑤"一般时间"显然是牛顿的"绝对时间"，但是洛克没有明确使用"绝对时间"的概念，正如他只使用"纯粹空间"而不用"绝对空间"一样。

（三）时空观念对人的意义

尤其重要的是，洛克本人谈到了时空对人的存在和认识意义。他说：

何地（Where）与何时（when）是属于所有有限存在者的问题，我们总是从这个感性世界的某些已知部分、从感性世界中可观察的运动向我们表明的某些时代来计算（reckon）它们。没有这种固定的部分或周期，对我们有限的理智来说，在无限一律的绵延海洋和扩延

---

① John Locke, *An Essay Concerning Human Understanding*, 4, Chapter XIV, book Ⅱ.
② ［德］莱布尼兹：《人类理智新论》上册，第133页。
③ John Locke, *An Essay Concerning Human Understanding*, 17, Chapter XIV, book Ⅱ.
④ John Locke, *An Essay Concerning Human Understanding*, 19, Chapter XIV, book Ⅱ.
⑤ John Locke, *An Essay Concerning Human Understanding*, 31, Chapter XIV, book Ⅱ.

(expansion)海洋中事物的秩序都将失去，因为无限的绵延和扩延包含了一切有限的存在者，只有神明才能完全了解它们。①

在何地（空间）与何时（时间）是所有有限存在者必须首先确定的问题，但对无限存在者即神来说不存在这样的问题，因为神是超时空的。对我们这些有限理智的存在和认识来说，时空具有重要意义：没有时空我们就根本无法确定自己在世界中的位置，无法把握事物的秩序，无法认识现象世界。时空对人来说，首先是存在论（生存论）的，其次才是认识论的。当康德后来把时空作为有限的思维存在者进行认识的先天条件时，不正是洛克的这一观点的继承和发展吗？可见，洛克对康德的影响至深。但是，康德在他的著作只谈休谟对他的影响，而对洛克的影响只字不提，很令人费解。

二 贝克莱的时空观点②

贝克莱的时空观与他对外物（物质）的否定紧密相连，前者是后者的前提。物质实体（外物）有广延而占有空间，心灵或精神实体没有广延而不占有空间，这是笛卡尔以来的近代哲学的一个基本假设。这一基本假设导致了心物二元论，留下了巨大的难题。笛卡尔想通过上帝这一"绝对实体"来统一物质和精神这两个"相对实体"，但是由于上帝被认为是精神性的存在，所以他的企图是不成功的。由于精神与物质（外部事物）不能统一，存在论上的统一论和认识论上的符合论都无法自圆其说。③ 贝克莱就直接指出了假设外物存在在认识论（唯物论的符合论）上

---

① John Locke, *An Essay Concerning Human Understanding*, 8, Chapter XV, book Ⅱ.
② 本节的部分内容是以本人的论文《空间观念与"哲学的耻辱"——以贝克莱和康德为中心》为基础改写的。
③ 要解决这一问题有三条思路。第一条是怀疑论的思路，即认为本体、实体、世界的统一问题是人的认识无法解决的问题，应当存而不论。休谟认为，我们不但不能认识上帝、物质实体、精神实体甚至连它们是否存在我们都不能断定，尽管休谟通过自然主义的"信念"相信它们存在。康德否认上帝、自在之物、本体的可知性，却断定它们必定存在。第二条思路是把精神归结为物质，说明物质是能动的、精神产生于物质，但是在当时的知识条件下，这条路几乎是走不通的。即使在今天，生命的起源问题也还没有彻底解决，更谈不上意识的起源问题的解决。第三条解决的思路就是把物质统一于精神。这里的"精神"包括上帝和客观精神。基督教哲学是把世界统一于上帝的典型，而黑格尔哲学是把世界统一于客观精神的典型。贝克莱也把世界统一于精神。他认为，精神性的神创造了万物。他的特别之处在于，他认为，我们能够感知上帝创造的万物（感官的观念）及其自然界，万物（自然界）是非物质的，它们不能在感知者（上帝和人心）之外独立存在。

造成的难题：

>只要人们认为，真实事物存在于心外，并认为他们的知识只有在符合**真实事物**时才是**真实的**，那就可以得出结论：他们不能确定自己有任何真实的知识。因为，怎么可能知道，被感知的事物符合不被感知的或心外存在的事物呢？①

贝克莱的诘问是认识论中最难回答的问题之一，我认为，康德的"哥白尼式的革命"应当是因此而发生。至于贝克莱本人，他是从认识论入手，通过把物质的东西化为精神的东西（观念）来解决物质与精神的统一问题，具体做法是通过主张主观的和相对的空间来使物质实在（广延）观念化。

(一) 空间的观点

先谈贝克莱的空间观点。贝克莱在《海拉斯和菲洛诺斯的三次对话》中，否定了"绝对广延"和"绝对运动"。我们看下面的对话：

>海拉斯（Hylas）：菲洛诺斯（Philonous），我现在刚想起，我曾经在别处听人说过绝对广延与可感广延的区别。我们虽然承认：所谓**大小**，只在其他有广延的物体与我们身体上各部分的关系中存在，并不真正存在于实体本身；不过，我们却不能因此对于**绝对广延**，也非得持相同的理论不可；因为绝对广延，是从**大**和**小**中抽象出来的，是从此一个彼一个特殊的体积或形状中抽象出来的。关于运动也是如此，**快**与**慢**完全是与我们心中观念的连续相关的。但是我们不能因为这些运动的变化离了心不能存在，就说从它们抽象出来的绝对运动也不能独立存在。
>
>菲：请您告诉我，可以区别各种运动、各种广延部分的是什么？那不是可感的东西吗？不是快与慢的程度、每一部分独有的形状或体积吗？
>
>海：我想是。
>
>菲：那么这些原始性质，要是剥夺了它们所有可感的性质，便没有各种学派所说的一切种类差别和数目差别了。
>
>海：是的。

---

① George Berkeley, *Principles of Human Knowledge*, 86, part I.

菲：那就是说，它们都成了一般广延、一般的运动了。

海：可以这样说。

菲：不过普遍接受的公理是，**凡存在的任何东西都是特殊的**。那么，一般运动、一般广延如何可以存在于有形的实体之内呢？

海：我要花些时间来解决您的难题。[1]

这里的"海拉斯"指唯物论者，是牛顿观点的代表人物，他持"绝对广延"（绝对空间）和"绝对运动"的观点；而"菲洛诺斯"作为贝克莱观点的代表，则反对对方的观点。菲洛诺斯正面阐述说：

我承认，海拉斯，关于这些性质，要形成一般的命题和推论，而不提及其他性质，那也并非难事；而且我们如果在这种意义下抽象地来考察它们、处理它们，那也是容易的。不过我不能因为自己单独说"运动"这一名词，就说自己可以离开物体在心中形成运动的观念，也不能因为自己离开大、小以及种种可感的形状或性质，还可以形成广延同形状的公理，就可以说，离了特殊的大小、形状与可感性，我的心仍然可以清晰地形成抽象的广延观念。[2]

贝克莱不相信"一般运动""一般广袤"的存在，他只相信相对的空间。"至于空间，除了相对的空间以外，我没有任何别的空间意念。"[3] 所谓的"相对空间"是指"那种被物体所包围或限定，也因而成为感觉对象的空间"[4]。贝克莱的"相对空间"从对象的角度说类似于物体之间的关系，这似乎与莱布尼兹等人的观点相似。但这不是主要的方面，他其实更强调的是空间的被感觉性质，即空间的主观性。

在《视觉新论》中，贝克莱认为，视觉经验和触觉经验共同构成人们的知觉经验，人们的空间知觉经验就是人们的空间感。他认为，视觉虽是人类感知对象的距离、体积和位置的主要途径，但只有和触觉一起才能

---

[1] George Berkeley, "The First Dialogue, In Opposition to Sceptics and Atheists". *Three Dialogues Between Hylas and Philonous.* p. 27.

[2] George Berkeley, "The First Dialogue, In Opposition to Sceptics and Atheists". *Three Dialogues Between Hylas and Philonous.* p. 28.

[3] 贝克莱给约翰逊的第二封信。转引自傅有德《巴克莱哲学研究》，第243页。

[4] [英]贝克莱：《论运动》第52节。转引自傅有德《巴克莱哲学研究》，第243页。

起作用。① 贝克莱对空间的知觉分析，对生理学和心理学作出了重要贡献。

贝克莱的空间观点集中体现在《人类知识原理》中。他主张主观的和相对的空间，反对客观的和绝对的空间。从 111 节到 117 节，贝克莱论述了"空间"。他首先概述了牛顿的观点。"这位著名的作者（指'牛顿'——引者）认为，存在**绝对空间**，它是感官不能感知的，但它在自身是相似的、不动的；而相对空间是绝对空间的量度，是可动的"②。但贝克莱则否定了绝对空间。

> 根据所说的东西来看，对运动的哲学考察并不意味着**绝对空间**的存在，即不存在与感官感知的、与物体相关的空间不同的空间，这样的空间不可能在心外存在；这一点根据我们证明所有其他感官对象的类似性质所用的同一原理，可以看得很清楚。如果我们仔细探究，或许会发现，我们甚至不能形成一个排除了所有物体的**纯粹空间**(pure space) 的观念。③

贝克莱认为空间是相对的，他否认牛顿的绝对空间。其理由是，我们不能排除所有物体来形成绝对空间的观念。在这里他坚持极端的唯名论立场，认为离开物体谈论抽象的纯粹空间是传统的"抽象观念说"在作祟。

更为重要的是，贝克莱认为，"空间不可能离开心灵而存在"。强调空间的主观性、可感知性是贝克莱的空间观的主要论点。贝克莱是从一个感知者的体验来谈空间的。"**距离**或外部本身既不是通过视觉直接感知到的，也不能通过线段与角度或与其有必然联系的任何东西来理解或判断，它只是通过某些可见观念和伴随着视觉的感觉而呈现给我们的思想的，但是这些观念和感觉在其本性上与距离或远隔的事物没有任何相似之处或关系。"④ 这是贝克莱在《视觉新论》中表达的观点，在《原理》中他再次重申。在他看来，空间只是与视觉观念和触觉有关的东西，是主观的东西，它既不是客观的、绝对存在的，也不是客观事物间的相互关系。在上面引用的这段话的后面，他甚至认为，没有我的身体，就没有运动也没有

---

① 参见 George Berkeley, *An Essay Towards a New Theory of Vision* (4th ed., 1732).
② G. Berkeley, *Principles of Human Knowledge*, 111, part I.
③ G. Berkeley, *Principles of Human Knowledge*, 116, part I.
④ G. Berkeley, *Principles of Human Knowledge*, 43, part I.

空间。可见，运动和空间是我感知的产物。可以说，贝克莱的哲学里是充满了现象学意味的。

由于"空间"只是相对的主观观念，所以在"空间"中呈现给我们的东西即通常说的"物体"在贝克莱看来只是一些观念的集合而已，并没有什么客观的事物。可见，贝克莱正是通过把空间主观化和相对化来否认外部事物存在的：如果没有客观的、绝对的空间，当然就没有外部事物、没有物质（占有空间）的存在余地。

贝克莱还把空间与上帝联系起来考察。他说，关于纯粹空间的本性问题，在学者当中存在许多争论和难题，而我们所主张的观点可以结束这些争论，避免危险的二难推理：

> 或者认为真实的空间就是上帝，或者认为在上帝之外还存在某种永恒的、非被创造的、无限的、不可分的、不变的东西。这两种观点都可以正当地被认为是险恶的、荒谬的。有些知名的神学家和哲学家，因为难于设想空间的界限或毁灭，而断言空间一定是**神圣的**。近来有些人还特别指出，上帝的不能传达的属性与空间是一致的。这样的学说是对神圣本性的污蔑，然而只要我们固守被普遍接受的观点，就很难清除它。①

假如真实空间是上帝，那就等于说上帝是有广延的，或上帝就是一个容器，这就否定了上帝是纯灵的；如果存在与上帝无关的、并存的空间，那就否认了上帝是唯一的创造者。这两者都是决不可接受的。可以看出，贝克莱否定"实在空间"的理由与莱布尼兹否认"绝对空间"的理由是一样的。上帝真的成了"救急神"。

（二）时间的观点

关于时间，贝克莱也反对"绝对时间"即抽象的时间。他在《原理》中说，抽象观念的学说是我们知识的最大的错误来源之一。如果人们把时间与地点、事件联系起来，时间并不难理解。"如果您吩咐您的仆人在**某一时间**、**某一地点**（place）② 与您会面，他绝不会停下来仔细思考那些词的意思；在设想那个特殊的时间或地点，或他借以到达那里的运动时，他

---

① G. Berkeley, *Principles of Human Knowledge*, 117, part I.
② place 既有"地点"之意，也有"空间"之意。

不会发现有丝毫困难。但是，如果排除了所有那些能区分一天的特殊的活动和观念，只把时间看成是抽象的存在的连续或绵延，那么即使是一个哲学家在理解它时也会感到困惑。"① 接下来的一节（第98节）他将这一观点展开：

> 每当我试图形成一个简单的、从我心中观念的连续——观念的连续均匀流动、为所有存在者所参与——中抽象出来的**时间**观念时，我就迷失了，陷入无法摆脱的困境中。我对时间根本没有概念，而只是听人说它是无限可分的，但这种说法使我对自己的**存在**产生了古怪的**想法**：这种学说使人绝对必然地想到，或者自己毫无思想地度过了无数时代，或者他在自己一生的每时每刻都被消灭着。但这两种说法似乎都是荒谬的。因此，时间决不是从我们心中的观念的连续中抽象出来的东西②。由此可以得出：任何有限精神的绵延，必须由同一精神或心灵中的相互继起的大量观念和行为来评估。所以，明显的结论是，灵魂总是在思想的③。事实上，任何人想在自己的思想中，把精神的**存在**与其**思想**(Cogitation) 分离开，或从**思想**(Cogitation) 中抽

---

① G. Berkeley, *Principles of Human Knowledge*, 97, part Ⅰ.
② 与时间、空间、连续统或无限相关的问题，是哲学中最棘手的问题。贝克莱理论的问题之一是，单个观念——其连续形成时间——本身必定有绵延或是比观念的无限分量更短，这样就不可能拥有时间的长度。因此，时间不可能在观念的连续中存在，因为观念单个地拥有时间。这样，人们自然认为，单个观念拥有最小的可识别的时间间隔，这类似于被认为是用来组成空间的最小的可见物。这里的难点在于，我们很难在想到任何长度的同时而不意识到：这个长度或绵延还可以减半。
③ 笛卡尔相信灵魂总是在思想的，因为他认为思想（意识）是心灵的本质，灵魂不可能没有思想（参见笛卡尔《第一哲学沉思集》对第五组反驳的答复）。在本书的手稿中，贝克莱在这一节的后面还有下面一段文字："我确信，有人会告诉我，存在这样的时间：在其中，一个精神没有感知地实际存在着，或者一个没有被感知的观念实际存在着，或者存在第三种东西——它不意欲、不感知、或是不被感知而存在，他的言辞对我的心灵没有什么效果，他只是在说一种无人知道的语言。实际上，人们更容易说心灵无思地存在，而不是设想一个意思可以与那些声音相符，或形成一个精神的存在能离开其思想的概念，这在我看来似乎是不可能的。我怀疑那种学说的最顽固的教唆者，也可能稍微减少他们拥有的坚定性，抛开言辞，平静地注意自己的思想，以考察他们用言辞究竟指什么。"

象出精神的**存在**，我认为这是一项并不容易完成的任务。①

这是贝克莱的著作中对时间论述最为清楚和完整的一段话，我们稍微做一点分析。它包含了两层意思。第一，我心中存在均匀流动的、为所有存在者所参与的观念，它们在连续流逝，但是我不能"从我们心中

---

① G. Berkeley, *Principles of Human Knowledge*, 98, part I. 这段话的原文是：
"Whenever I attempt to frame a simple Idea of *Time*, abstracted from the succession of Ideas in my Mind, which flows uniformly, and is participated by all Beings, I am lost and embrangled in inextricable Difficulties. I have no Notion of it at all, only I hear others say, it is infinitely divisible, and speak of it in such a manner as leads me to entertain odd Thoughts of my Existence: Since that Doctrine lays one under an absolute necessity of thinking, either that he passes away innumerable Ages without a Thought, or else that he is annihilated every moment of his Life: Both which seem equally absurd. *Time therefore being nothing*, *abstracted from the Succession of Ideas in our Minds*, it follows that the Duration of any finite Spirit must be estimated by the Number of Ideas or Actions succeeding each other in that same Spirit or Mind. Hence it is a plain consequence that the Soul always thinks: And in truth whoever shall go about to divide in his Thoughts, or abstract the Existence of a Spirit from its *Cogitation*, will, I believe, find it no easy Task." 研究贝克莱的国内学者傅有德对这一段话是这么翻译的：**"时间之成立是由于我心中有连续不断的观念**，它们均匀地流失着，并为一切事物所分有。每当我试图抽离我心中的观念的相继性而构成一个简单的时间观念时，我总会陷入迷惑和不可自拔的困境。我对它毫无意念。我只是听别人说它是无限可分的。而且他们的说法不由得使我对自己的存在发一番奇特的感想。由于那个学说使人绝对必然地认为，要么他度过了无数的年代，而没有任何思想；要么他的一生的每时每刻都在被消灭。两者似乎都是荒谬的。因此，**离开我们心中的观念的相继性（succesion），时间就无法存在**。由此可知，任何有限精神的持续期间（duration）都是由在那一个精神或心灵中彼此相继的观念和动作的数目来推算的。"（《巴克莱哲学研究》第239页）傅的译文基本上是关文运译文（参见贝克莱《人类知识原理》，关文运译，商务印书馆1973年版）的改写，但关文运的译文错谬较多，不能用。第一句黑体（傅的译文没有黑体字，黑体为我所加），英文原文没有，不知道为何有这一句。我仔细查对，是把第一句英文分成了两句来译，这一分问题就出来了：贝克莱的原意是否定时间来自连续观念的抽象，而不是相反。原来关译本就是这么处理的："难题：在我看来，时间之成立是由于在我心中有连续不断的观念以同一速度流动，而且一切事物都是和这一串时间有关的。因此，任何时候我如果想离开那一串观念来构成一个简单的时间观念，则我总会迷惑起来，陷于不可脱出的困难中。"（关译本，第64页）傅对这一译文只作了个别文字的改动。第二句黑体的译文更荒唐，原文的意思是"因此，时间绝不是从我们心中的观念的连续中抽象出来的东西"（关译本："实在说来，离开了心中观念的前后相承，时间是不能存在的"。可以看出，傅的译文是关译本的改写），哪里在谈时间如何存在的问题呢？

的观念的连续中"抽象出"时间"。我对时间毫无意念。认为时间无限可分，会导致两种荒谬的想法。所以，时间不是从我们观念的连续中抽象出来的。第二，有限精神的绵延，须由相互继起的观念和行为来评估。贝克莱在这里否弃了"时间"概念，而用"绵延"概念来表示有限精神（人心）的持续，并认为有限精神的绵延是通过心中的观念和行为来评估的。精神（实体）的存在与其思想（观念）不可分离，也就是不能抽象地去谈论两者。这里的"思想"（Cogitation），是一个广义的概念，包括想法、思想、意图、计划、概念、观念等，与笛卡尔的"我思故我是"（Cogito, ergo sum）的"思"（cogito）来自同一个拉丁词 cogitare。贝克莱的意思很清楚，我们无法从观念的连续中抽象出时间，我们甚至不能把精神（心灵）与其思想分开来。我以为这后一种观点深深地影响了休谟：当休谟认为"我"只是流动和运动中的不同知觉的集合体或一束知觉时（详见第三章），不就是贝克莱观点的翻版吗？

三　休谟的时空观点

休谟的时空观点[①]总体上来自贝克莱，然而其论述要详细得多。他认为，空间观念来自可见和可触知的对象的排列方式，时间观念来自观念和印象的连续。作为接近关系的时间和空间是因果关系的必要条件。

休谟提出了观念联系的三条原则："在我看来，观念之间的联系似乎只有三条原则，即**相似性**、时间或空间中的**相邻**和**原因**或**结果**。"[②] 他对其中的因果关系作了十分详尽的论述。因果关系包含了三个环节：空间上接近、时间上连续以及因果关系的恒常性。可见，空间关系和时间关系是

---

① 国内研究休谟哲学的几本专门著作，如罗中枢的《人性的探究——休谟哲学述评》（四川大学出版社 1995 年版）、张志林的《因果观念与休谟问题》（湖南教育出版社 1998 年版）、周晓亮的《休谟哲学研究》（人民出版社 1999 年版），几乎都不讨论休谟的时空观，更没有论述休谟时空观的章节。只有罗中枢在第八章第二节谈到了休谟的时空观点：一、空间和时间观念的无限分割是不可能的；二、空间和时间的无限可分是不可能的；三、空间和时间的无限可分说动摇了人类理性的最明白最自然的原则（参见上书，第 217 页）。但其实不是论述休谟自己的时空观点，而是休谟批驳流行的时空观，以表明休谟对理性、对论证知识的怀疑。笔者认为，时空观点是休谟的重要观点。在经验论和唯理论的六位代表人物中，只有休谟列了专章来讨论时空问题，可见他对时空问题的重视。人们公认，休谟最有创造性的理论是他的因果论，而构成因果关系的相邻关系、接续关系、恒常关系都是以时间和空间为前提的。

② David Hume, *An Inquiry Concerning the Human Understanding*, p. 25.

因果关系的先决条件。但是，时空关系又单独作为一种观念间的关系被休谟研究。由此可见时空问题在休谟哲学中的重要性。

"同一关系之后，最普遍和最概括的关系就是**空间**和**时间**关系，这些关系是无数比较的来源，例如**远**、**近**，**上**、**下**，**前**、**后**等等。"① 在《人性论》第一卷第二章，休谟专门论述了空间观念和时间观念。第一节"关于我们的空间和时间观念的无限可分性"，第二节"关于空间和时间的无限可分性"，第三节"关于我们的空间和时间观念的其他性质"，第四、五节对别人的反驳进行了答复，第六节讨论实存观念和外界实存的观念。我们不按照休谟论述的顺序来讨论，而是分成几个问题来论述：1. 休谟如何反驳流行的时空观点——时空无限可分；2. 空间观念和时间观念如何产生；3. 空间观念和时间观念的含义；4. 空间和时间的性质有哪些；5. 空间观念和时间观念与其哲学的关系。

（一）对流行时空观的反驳

第一个问题：休谟如何反驳流行的时空观点，即时空无限可分？休谟对流行时空观的反驳分为两点来进行。第一，针对空间和时间可以无限分割的观点，休谟提出，我们对任何有限性质所形成的观念都不是可以无限分割的。因为心灵的能力有限，不可能得到一个充分的、恰当的"无限"概念。当我们否认心灵具有无限能力的同时，就假设了心灵分割它的观念是有止境的。"凡是由部分组成的东西仍可区分那些部分，而凡是可以区分的东西也都是可以分离的。但是，不管我们怎样想象这个东西，一粒沙子的观念不可能区分或分割为二十个观念，甚至更少的一千、一万或无数不同的观念。"② 所以，时空观念不是可以无限分割的。我觉得休谟的这个论证是很成问题的，是无的放矢。人们一般只是讨论时空本身是否能够无限分割，而没有人会去讨论时空的观念是否能够无限分割。所以，休谟的这个反驳显得很奇怪。第二，既然空间观念和时间观念的无限可分是不可能的，那么空间和时间的无限可分也是不可能的。因为，"当观念是对象的恰当表象时，这些观念的关系、矛盾和一致都可以运用于观念的对象上；我们可以一般地说这是所有人类知识的基础"③。休谟在这里强调了观念和对象的一致是人类知识的基础，他由此得出：既然空间和时间的观念不是无限可分的，那么空间和时间本身也不是无限可分的。这就是为什

---

① David Hume, *A Treatise of Human Nature*, p. 14.

② David Hume, *A Treatise of Human Nature*, p. 27.

③ Ibid., p. 29.

么休谟先要论证空间观念和时间观念不是无限可分的原因：原来他是要为论证空间、时间不可分做准备。这个论证看起来无懈可击，其实是有重大疏漏的。因为，空间观念和时间观念能否无限可分与空间、时间本身能否无限可分是两个不同性质的问题，观念和对象是两个层次的问题，观念不能无限分割不代表其对象不能无限分割。休谟显然将两者混为一谈了。

（二）时空观念的产生及其性质

第二个问题：空间观念和时间观念如何产生？

既然观念都有产生或来源的问题，空间观念和时间观念也不例外。我们先说空间观念的产生。休谟说，当我张开眼睛去看周围的对象时，就看到了许多可见的物体，而当我闭眼思考这些物体间的距离时，就得到了"广延"的观念。其实，我看不见广延，我的感官传给我的只是"以某种方式排列着的色点的印象"，"广延观念只是这些色点和它们的表现方式的一个摹本"①，"我们从可见的和可触知的对象的排列中得到空间观念"，"空间观念是由视觉和触觉这两个感官传入心中的"。② 休谟对空间观念产生的描述有浓厚的生理学和心理学意味，是合乎现代科学的；同时，我们看到它与贝克莱的空间观点是相似的。

时间观念如何产生呢？"时间观念是从我们各种知觉的连续中得来的，这些知觉包括观念、印象、反省印象以及感觉印象。……从观念和印象的连续中我们形成时间观念；时间绝不可能单独地出现，或被心灵注意到。"③ 时间观念产生于各种知觉的连续，心灵不能单独知觉到时间，这就否定了"绝对时间"。显然，这种时间产生的观点继承了贝克莱的看法。

第三个问题：什么是"空间"观念和"时间"观念？在我们了解了空间观念和时间观念的产生后，理解"空间"观念和"时间"观念就不难了。休谟将"空间"和"广袤"等同：**"空间或广延的观念，只是分布在某种秩序中的可见的点或可触知的点的观念。"**④ 这一句话集中了笛卡尔和贝克莱的思想：空间等于广延的思想来自笛卡尔，而空间（距离）是可触觉的思想来自贝克莱。时间和"绵延"的意思相同，"时间或绵延是由各部分组成的……时间观念不是得自和其他印象混合着的、并可以和其他印象明显区分开的一个特殊印象，而是完全产生于这一方式：在其中印象呈现给心

---

① David Hume, *A Treatise of Human Nature*, p. 34.
② Ibid., p. 35, p. 38.
③ Ibid., p. 35.
④ Ibid., p. 53.

灵，而时间观念不过是那些印象中的一个"①。总之，空间观念和时间观念只是对象的存在方式的观念或者秩序的观念，而非独立存在的。② 这种时空观反对牛顿的绝对时空观和洛克的时空观，而接近贝克莱的时空观。

第四个问题：空间和时间的性质有哪些？

休谟在第二章的第一节先提出一个观点：事物可分，事物的观念不可分，但在休谟这里，事物就是事物的观念。具体到空间时，休谟说："总之，我可以得出结论说，无数的部分的观念与无限广延的观念是同一个观念，有限广延不可能包含无数的部分，因此任何有限广延都不是无限可分的。"③ 广延即空间，所以，休谟否定了空间的无限可分性。

关于时间，休谟说上述关于空间的观点也可以用于时间，也就是时间不是无限可分的。此外，"有一个和时间不可分的特性，它在一定程度上构成了时间的本质，这就是它的每一部分都接续着另一部分，而且任何一部分不论如何相邻，都绝不可能共存。……于是可以确定，时间当其存在时必定是由不可分的时刻组成的。"④ 休谟否定了时间的无限可分性，并指出了时间的一维性。时间的连续是前后相继的，精神活动可以在时间中获得确定位置。但我们对时间的反思比对空间的反思要难得多：思想可以跳出空间之外，却不能跳出时间之外。

休谟在心理主义的立场上建立了"相对"的时空学说，批判了牛顿关于纯粹空间、绝对时间的观点。休谟虽然深受牛顿的影响——他号称要按照牛顿的实验方法来研究人性，但在时空观上却持相反的观点。他没有继承牛顿和洛克的时空观，而是继承了贝克莱的时空观。休谟认为，无物存在的空间（绝对空间）是不可能的，"虚空"（vacuum）观念是非常荒谬的。他用三个证据批判了"虚空"观念。首先，在黑暗的环境中，我们并不能由于去除掉可见的对象后就产生了没有物质的广延印象。其次，假设把人悬空、并把一切可见和可触知的事物全部排除出去之后，黑暗和运动也不能给予我们没有物质的广延观念和虚空观念。最后，把黑暗与可见的和可触知的事物混杂，也不能得到虚空观念。⑤ 这是直接针对牛顿和洛克的观点的。

---

① David Hume, *A Treatise of Human Nature*, p. 36.
② Ibid., p. 40.
③ David Hume, *A Treatise of Human Nature*, p. 30.
④ Ibid., p. 31.
⑤ Ibid., pp. 55 – 56.

(三) 休谟的时空观念与其哲学的关系

第五个即最后一个问题：空间和时间观念与其哲学的关系是什么？

休谟哲学最重要的贡献之一是因果关系的理论。人们进行归纳推理必须以因果关系为基础，而时空关系又是因果关系的前提。每一个对象（现象）必须在一定的时间和空间中才能存在。空间观念是人们通过视觉和触觉得来的对象的排列方式，是人对所有对象在空间中的属性如位置、形状、相对位置及位置变化等的认知。时间则是知觉的流动，而这种流动必须要为人自己所感知才有意义。如果说空间观念是以物（对象）为参照的，那么时间观念则是以人自身为参照的。

从时空观念的来源可以得知，时空关系是人们观察对象时所发现的关系。换言之，时空关系并非事物本身具有的关系，我们不能通过分析事物获得时空关系，从而得到时空观念，即时空观念不具有逻辑必然性。所以，时空观念只能给人以概然性的知识。

虽然通过空间和时间关系只能获得概然性的知识，但是它们却能极大地影响我们认识事物的方式和我们日常生活中的空间经验与时间经验。

休谟认为，所有推理都只是比较或发现两个或更多的对象彼此之间的恒常的或不恒常的关系。而不由观念决定的关系有三种：同一关系、时空中的位置和因果关系。我们对前两种关系的观察不能叫做推理，因为心灵不能超出直接呈现于感官之前的对象，去发现对象的真实存在或关系。"只有**因果关系**才产生了这种联系，使我们从一个对象的实存和行为中确信，此前或此后有任何其他的实存或行为；其他的两种关系除非影响这种关系或受此关系影响，才能在推理中应用。"[1] 只有因果关系才是推理，另外的两种关系都能直观到。于是，休谟得出结论说：

> 因此，很显然，在这三种不依赖纯粹观念的关系中，只有一种关系能够超越我们的感官，并告知我们看不见或感觉不到的存在者和对象，这就是因果关系（causation）。[2]

这就是休谟为什么重视因果关系的理由。关于纯粹观念的知识，用康德的话来说，虽然具有普遍性、必然性，但不能扩大认识。而在概然性的

---

[1] David Hume, *A Treatise of Human Nature*, pp. 73–74.

[2] Ibid., p. 74.

知识中，同一关系和时空关系则局限于感官，使我们的认识受到极大限制。唯有因果关系超出了同一关系和时空关系的局限，能扩大我们的认识。

因果关系虽然超越了同一关系和时空关系的局限，却与它们密切相关——尤其与时空关系密不可分。休谟说，因果关系的观念必定是从对象间的某种关系得来的。这种关系具有三个特点。第一，"凡被认为是原因或结果的那些对象总是**相邻的**（contiguous），……因此，我们可以认为相邻关系对因果关系是必不可少的"①。这里强调了时空上的相邻关系对因果关系的重要性。第二，对原因和结果来说必不可少的第二关系是："原因在时间上先于结果"的"接续关系"（succession）。休谟承认，这一点并非普遍公认，但对大多数情况是适用的。大多数情况下，原因在先，结果在后。当然也有原因与结果同时出现的，比如，后来康德在《纯粹理性批判》中举的例子：生火与房间暖。还有（想象的）结果在前原因在后的例子，比如，为了获得好收入而努力工作，为了获得证书而努力学习。第三，原因和结果之间有一种"必然联系"："一个对象可能与另一个对象相邻并先于它，但仍然不被认为是它的原因。这其中存在一种应予以考虑的**必然联系**（NECESSARY CONNEXION）。这种关系比上述两种中的任何一种都更加重要。"②这种"必然联系"是超时空的关系，是人的感知无法把握的。所以，休谟没有承认客观的必然联系，而是把它变成了两个对象的"恒常结合"（constant conjunction）。人们之所以能够观察到事物之间存在着恒常结合，是因为人们观察到的这些事物总是相邻地发生，并且总是相伴随地呈现。所以，"恒常关系"也是以时空关系为前提的。

总之，在休谟看来，构成因果关系的相邻关系、接续关系、恒常关系都是以时间和空间为前提的。所以，不研究时空关系，我们就无法真正理解休谟的因果观点。从另一个角度说，由于休谟否定了认识实体（本质）的可能性，所有的认识对象只是现象，而现象只能存在于时空中。用康德的话说，时空是现象存在的必要条件。这就是为什么休谟特别重视时空、要专门立一章来论述空间和时间的原因。说到这里，康德的时空观就呼之欲出了。

第四节　康德的时空观

如同康德的实体观是对经验论和唯理论的实体观的继承、反思、总结

---

① David Hume, *A Treatise of Human Nature*, p. 75.
② Ibid., p. 77.

和创新一样,康德的时空观也包含了对经验论和唯理论的时空观的继承、反思、总结,不过创新的成分更多。贝克莱和休谟把时空看作是主观的思想显然影响了康德。但是,尽管康德赞成经验论者的时空是主观的看法,但他反对时空的经验起源的观点。在康德看来,如果每个人的时空观念都来自经验,而每个人的经验又不同,那时空观念一定是千奇百怪的。但是,这种现象为什么没有发生呢?为什么我们大家都认为,外界物体存在于空间中、各种观念或意念在时间中流动呢?这只能说明,空间和时间已经作为先天条件存在于每个人当中,而且这种先天条件是感性的、自发的,并不需要反思和理性认识,不具理性的小孩也有时空感,尽管他或她说不出"空间"或"时间"这个词。换言之,时空尽管是主观的,却是普遍的,对人人都有效的。显然,这种时空观又受到了牛顿的"绝对时空观"和洛克的"一般时空观"的影响。

康德的时空观与其实体观有密切的联系:时空是现象得以成立的条件,现象中的"对象"才与认识产生联系,而时空之外的"实体"即"本体"或"自在之物"与人的知识无关,因而时空既是认识的条件也是认识的界限。

一 空间观念

时空问题在康德哲学中占有重要地位,它是《纯粹理性批判》先验感性论的主题。"空间"是康德首先论述的内容。一般认为,与空间相比康德更重视时间,而我却认为,康德似乎更重视空间。

(一) 空间的含义①

康德在对"空间"的"形而上学阐明"和"先验阐明"② 中,对空间作了这样一些规定:一、空间不是从外部经验中抽引出来的经验性的概念,而是外部经验可能的条件。这说明空间对于外部经验具有在先性。

---

① 本小节的部分内容是以本人发表的《空间的观念与"哲学的耻辱"——以贝克莱和康德为中心》为基础,进行压缩和改写的。
② 所谓"形而上学阐明"是将概念里所含的东西清晰地介绍出来,并把"概念描述为先天给予的"(《纯粹理性批判》A23,B38)。可见"形而上学阐明"是分析性的、先天的阐明。"先验阐明"则是"将一个概念解释为一条原则,从这条原则能够看出其他先天综合知识的可能性"(《纯粹理性批判》B40)。也就是说,"先验阐明"是从其在认识中的作用方式上进一步说明时空的这种性质如何使数学的先天综合判断成为可能,是先天综合的阐明。

二、空间是一个作为一切外部直观之基础的必然的先天表象。康德在这里明显继承了牛顿的"绝对空间"的观念。因为他说,"对于空间不存在,我们永远不能形成一个表象,虽然我们完全可以设想在空间中找不到任何对象"①。但是,应当区别开来的是,牛顿的空间是客观的"绝对空间",而康德的空间是主观的"绝对空间"。尽管如此,康德的意图很明显,他反对贝克莱的主观的相对空间。康德的意思是,尽管空间是主观的,但是作为每个有理性的人(甚至包括"一切有限的有思维的存在者")的感受形式,它又是普遍有效的、必然的。三、空间不是普遍概念,而是纯直观,我们只能表象一个唯一的空间。空间不是概念,如果空间是概念那就属于知性,那我们就无法直观外物,因而不能认识外物。所以,空间不是概念而是纯直观(先天直观),这是我们感知外物的唯一通道或条件。在"先验阐明"中,康德从空间在认识中的作用方式进一步说明了空间的先天性质如何使几何学的先天综合判断成为可能。随后,康德得出两条重要结论:第一,空间所表象的决不是某些自在之物的属性,或是在它们的相互关系中的属性。第二,空间无非只是外感官的一切现象的形式,亦即唯一使我们的外直观成为可能的主观感性条件。

可见,康德的空间观念是比较奇特的。一方面,他反对客观的空间观念,如牛顿的客观的"绝对空间"、莱布尼兹的客观的"相对空间"(空间是"纯粹相对的",是"事物并存的秩序"),认为它们主张空间的"先验的实在性"(离开经验、现象而言的实在性),而他本人主张主观的空间:空间只是人的纯直观感受形式,它不表象自在之物及其相互关系的属性。在这一点上,他和贝克莱有相似之处:空间仅仅是人(或一切有限的思维存在者)的主观感受形式,与客观事物无关。这样,康德认为,自己的空间具有"先验的观念性"(离开经验、现象的非实在性)。另一方面,康德虽然反对客观空间,却在主观的意义上保留了"绝对空间":空间是人类(乃至一切有限的思维存在者)普遍的纯直观形式,它对所有的人有效,对所有的现象(对人呈现的现象)有效,因此它具有"经验性的实在性"(空间在经验、现象的意义上是实在的),而非贝克莱的"经验性的观念性"(空间在经验、现象的意义也不是实在的)。

以上叙述的是我们大家都知道的康德的空间观点。问题是,康德的空间观是否仅仅如此?是否还有更深的意义值得发掘?笔者以为,康德隐藏

---

① [德]康德:《纯粹理性批判》A24、B39,第28页。

了另一种意义上的"空间",可以称之为"本源的空间"①,因为这种"空间"似乎与他明白表达出来的"空间"相矛盾,所以他从不谈及。

康德认为,如果我们把"本体"理解为通过知性概念来思维的对象,由于我们抽去了我们直观它的方式,它不是我们感性直观的客体,这样就是**消极地**理解本体。反之,"如果我们把它理解为一个**非感性的直观的客体**,那么我们就假定了一种特殊的直观方式,即智性的直观方式,但它不是我们所具有的,我们甚至不能看出它的可能性,而这将会是**积极的**意义上的本体"②。在人的认识的意义上,康德否定了积极意义本体的可能性,因为他说"智性的直观完全处于我们的认识能力之外","凡是被我们称为本体的东西,都必须作为某种只有消极意义的东西来理解"③。

然而,在康德看来,本体的存在是不容置疑的,因为他把"对象"区分为现象和本体并给出了区分的理由。这里应当注意的是,康德在认定"本体"的同时也假设了本体的"直观者"即"原始存在者"及其直观方式——"智性直观"的存在④。这样的假设说明,本体在"原始存在者"之外,是其"智性直观"的对象。"原始存在者"如何去直观自身之外的对象呢?康德没有告诉我们。但是,按照他对人的直观方式的论述,这样的直观方式只能被设想为与"空间"类似的东西,否则"原始存在者"就无法把"本体"直观为在自身之外存在的。这种空间应当是"本源的空间"("本源的直观"的形式之一),人的空间感或现象的空间其实是派生的"空间"。康德否认了人认识"本源的空间"的可能性,但是预设了它的存在。否则,我们会提出这样的问题:本体或自在之物的存在何以证明?康德既然肯定了本体或自在之物的存在(思的对象而非认识即感知的对象,感性认识的质料的来源),就同时肯定了对本体或自在之物的直观形式即"智性直观"或"本源的直观"。这样康德就可以理直气壮地说,本体或自在之物不仅在消极的意义上(知识的界限)是存在的,而且在积极的意义(它是神学的对象)上也是存在的,因为有"原始存

---

① 邓晓芒教授在《康德的"智性直观"探微》(邓晓芒《康德哲学诸问题》,生活·读书·新知三联书店 2006 年版,第 58—72 页)一文中探讨了康德的"智性直观"概念,但是没有涉及"本源的空间"和"本源的时间"。笔者在这里斗胆提出这两个概念,以求教于方家。
② [德] 康德:《纯粹理性批判》,第 226 页。
③ 同上书,第 227 页。
④ 同上书,第 50 页。

在者"直观着它①。

(二) 对"质料唯心论"的批判②

康德的空间观念在其哲学中具有重要意义,通过空间观念康德肯定了在我们之外的物的客观存在,并批判了唯心论(观念论)。

康德在《纯粹理性批判》的第二版专门增加了一小节:"驳斥唯心论"。一开始,康德把他所说的"唯心论"界定为"质料的唯心论",(der materiale Idealismus)③。这一奇怪的限定是与他的"先验的唯心论"(der Transzendentalen Idealismus) 相对的,"先验的唯心论"的实质是"形式的唯心论"即认识形式的唯心论或观念论。

康德说,质料的唯心论把我们之外空间中诸对象的存在要么宣布为仅仅是可疑的和不可证明的,要么宣布为虚假的和不可能的。前者是笛卡尔的存疑式的唯心论,它只把"我在"这个经验性的主张宣布为不可怀疑的;后者则是贝克莱的独断式的唯心论,他把空间及其中的事物宣布为只是想象④。康德认为,对于贝克莱的独断式唯心论,由于我们区分了自在之物和现象,时空只适用于现象,现象在时空中是真实存在的,所以这种

---

① 照此思路,后来费希特、黑格尔责怪的"不可认识的自在之物存在"的矛盾也可以消除,因为虽然人不能认识自在之物,但是"原始存在者"却直观着它。哲学史家文德尔班注意到了康德哲学中"理智直观"对"物自体"的直观问题。他说:"如果我们想象有一种**非接受性的直观**,这种直观不仅综合地产生自己的形式而且产生自己的内容,这是一种真正的'创造性的想象力',那么这种直观的对象就必然不再是现象,而是物自体。这样的能力够得上称为知性的直观(或译'理智的直观'——引者),或**直观的知性**。它是感性和知性这两种认识能力的统一,这两种认识能力在人身上表现为彼此分离,尽管它们通过经常接触表现出潜在的共同的根源。像这样一种能力的可能性很难否定,正如它的现实性很难肯定一样;可是康德在这里表示:我们倒可以思考有这么一个最高的精神实体。因此,本体或**物自体**是**可以从反面的意义上去思考为一种非感性直观的对象**,关于这些对象我们的知识绝对无言可述,——它们可设想为经验的**极限概念**。"(文德尔班:《哲学史教程》下卷,罗达仁译,商务印书馆1993年版,第751页。) 文德尔班相当准确地把握住了康德的思想:康德预设了原始存在者(上帝)及其"本源的直观"("理智直观")。海德格尔在《康德与形而上学的疑难》中尤其看重康德的"先验的想象力"(即"超越的形象力"),并认为这是更本源的能力。这是否受到了文德尔班的启发?

② 本小节的部分内容是以本人发表的《空间的观念与"哲学的耻辱"——以贝克莱和康德为中心》为基础,进行压缩和改写的。

③ 参见康德《纯粹理性批判》B274—B279,第202—206页。"der materiale Idealismus"译成"质料观念论"似乎更好些,即把实在存在的质料(物质)观念化、虚化。

④ 康德《纯粹理性批判》B274,第202页。

唯心论的根基被我们在先验感性论中取消了。这样,他对质料唯心论的批判就主要是针对笛卡尔的,也就是要去除人们的怀疑,证明外物的存在。康德说,我们"必须表明我们对外物也拥有**经验**,而不只是**想像**;这一点很可能做不到,除非我们能证明,就连我们**内部**那种笛卡尔不加怀疑的经验也只有以**外部**经验为前提才是可能的。"① 为此,康德提出了这样的定理:"**对我自己的存有的单纯的、但经验性地被规定了的意识证明在我之外的空间中的诸对象的存有**。"② 简单地说,我对自己的经验意识证明在我之外的空间中的诸对象是存在的。康德认为,如果自己能证明这一定理,他就能消除"哲学的耻辱"或"丑闻"。

接下来,康德对此定理提出了证明,他的证明思路是从时间规定引出"持存之物"再引向空间中的存在物。"我意识到我的存有是在时间中被规定了的。"③ 康德为什么要从我对自己的意识开始来证明呢?我想有两个原因。其一,质料的唯心论者笛卡尔和贝克莱都是从"我"的自我意识开始来怀疑或否定外物的,康德也只能从这里开始,看看能否引出不同的结论;其二,从逻辑来说,不从内在的"我"的意识来证明外物的存在,就只能从外物来证明外物的存在,但是外物的存在正是需要证明的东西,不能作为证据,所以只能从内在的"我"的意识来证明。

按照哲学的通常观念,意识只占有时间而不占有空间,康德赞同这一观点,并由此得出:我对自己的意识是在时间中被规定的。但是,康德立即说,"一切时间规定都以知觉中某种**持存的东西**为前提"④。从"我"的时间规定过渡到知觉中的持存之物,这是[者]论证的关键步骤。但是,康德的这一过渡似乎存在问题。我们要问,知觉中那种"持存的东西"是现象还是本体?按照康德的逻辑,其答案当然是"现象"。然而,按照康德对时间的规定,时间"依赖于直观它的那个主体",是"内直观的现实的形式"⑤,而且"时间是为一切直观奠定基础的一个必然表象",所以时间不仅是内部现象(意识)而且是外部现象的"先天形式条件"⑥。那么,这个"先天形式条件"为何要以现象即"持存的东西"为前提呢?究竟何者是何者的条件和前提呢?我认为,康德在这个看似矛盾

---

① 康德:《纯粹理性批判》B275,第 203 页。
② 同上。
③ 同上。
④ 同上。
⑤ [德]康德:《纯粹理性批判》A37,B53,第 39 页。
⑥ [德]康德:《纯粹理性批判》A33,B50,第 36、37 页。

的表述里隐含了他的独特的"质料形式说":"持存的东西"的"形式"表现为时间的连续即同一表象的相继,但是"持存的东西"的"质料"却来自外部,它并非我心中的东西。

康德随后说,"**这一持存之物不可能是我心中的一个直观。因为我能在我心中遇到的有关我的存有的一切规定根据都是表象,并且作为表象,它们本身就需要一个与它们区别开来的持存之物,在与该物的关系中这些表象的变化、因而表象在其中变化的那个时间中的我的存有才可能得到规定。**"① 这是康德在第二版序言中改正过的文字,他自己说第二版正文的表述"有些含混不清"。尽管康德本人做了这样的修正,他知道人们仍然会提出疑问:我在自身意识到的所谓"外在事物的表象"是否一定有外在事物与之相应呢?康德作了这样的回答:我通过内部经验而意识到我在时间中的存有即我对自己的经验性的意识,多于我的表象的单纯意识(贝克莱似的"想象"),而我对自己存有的经验性意识"只有通过与某种和我的实存结合着的**外在于**我的东西发生关系才能得到规定。因此对我的在时间中的存有的意识是与对在我之外的某物的关系的意识结合为一体的,所以它是经验而不是虚构,是感觉而不是想象力,它把外部的东西和我的内感官不可分割地连接起来;因为外感官本身已经是直观和某种外在于我的现实之物的关系了"。② 康德反复申述他的意思:"我"对自己的经验性的意识只有借助于"我"之外的持存之物才是可能的。

接着,康德更明白地说,"内部经验本身都依赖于某种不在我心中、所以只在我之外的某物中的持存之物,我必须在对它的关系中来观察我自己;这样,外感官的实在性为了一般经验的可能而必须和内感官的实在性相结合:就是说,我如此肯定地知道,有我之外与我的感官发生关系的物,正如我知道我本人在时间中确定地实存着一样"③。

康德还加了一条说明:"关于某物存有中的**持存之物**的表象与**持存的表象**不是等同的"④。因为持存之物的表象虽然也变动不居,但是毕竟与某种持存之物相关,这种持存之物是与我的一切表象(包括"持存的表象")不同的外在之物。这一说明非常重要,它表明,康德把他的认识论的"质料形式说"贯穿在认识的每一个环节:只要有经验,就有认识的质料在其中,而认识的质料只能来自"我"之外。

---

① [德]康德:《纯粹理性批判》"第二版序",BXL,第27页注释。
② 同上。
③ [德]康德:《纯粹理性批判》"第二版序",BXLI,第28页注释。
④ 同上。

在"驳斥唯心论"一节,康德还加了三个注释,我们讨论前两个注释。第一个注释反驳唯心论的这一观点:"惟一直接的经验就是内部经验,外部之物只是由此**推论出**来的。"但是这样的推论是不可靠的,因为从结果推论出的原因也许就在我们自身中,而我们错误地把它归之于外物了。① 唯心论的这一反驳是相当有力的。在本书的前面我们看到,贝克莱就是这样来反驳洛克的。而且,我们每个人都可以感觉到,我们的直接经验只有内部经验,只有意识是纯粹被给予的。这正是现象学的观点。所以,胡塞尔虽然承认笛卡尔的"我思"为现象学提供了起点,思维是"最初的绝对被给予性",但是他认为笛卡尔由此就推出外物、上帝的存在是"超越",必须进行"现象学的还原"②。

康德对此的反驳是,"外部经验本来就是直接的,只有借助于它,内部经验才是可能的"③。其理由同上:内直观形式即时间方面的规定需借助外部的持存之物才有可能。所以,康德说,"那些外部对象就是绝对必要的,以致于内部经验本身由此也只是间接地、并且只有通过外部经验才是可能的"④。

第二个注释直接反驳贝克莱对"物质"的否定。康德在这一注释中一针见血地指出:外部空间中的持存之物实际上就是"物质":"只要除开物质,我们就甚至根本不拥有我们也许可以作为直观置于一个实体概念之下的任何持存之物,而且甚至物质的持存性本身也并不是从外部经验取得的,而是先天地被作为一切时间规定的必要条件、因而也作为通过外物的实存在我们自己的存有方面对内感官所作的规定而预设的。"⑤ 离开"物质"我们就不能拥有"持存之物","物质的持存性本身"被预设为"一切时间规定的必要条件"和内感官的规定。可见,康德在是〔者〕论和认识论中是把"物质"作为基础的。这是令所有后来的唯心论者(观念论者)都头痛的"物质"。

(三)海德格尔对"康德证明"的批判

由于康德主张有"感性的空间"("派生的空间")和隐含了"智性的空间"("本源的空间"),所以现象和本体的存在在康德看来都是不成

---

① 〔德〕康德:《纯粹理性批判》B276,第204页。
② 参见胡塞尔《现象学的观念》,倪梁康译,上海译文出版社1986年版,第8、10页。
③ 〔德〕康德:《纯粹理性批判》B276,第204页。
④ 〔德〕康德:《纯粹理性批判》B277,第205页。
⑤ 〔德〕康德:《纯粹理性批判》B277,第205页。

问题的。"物质"作为本体其存在至少可以从两点来证明：其一，它是现象的来源，是从外部刺激我们的感官的质料；其二，有"本源的空间""直观"着它、证明着它。这样看来，康德似乎已经驳倒了笛卡尔和贝克莱，证明了外部世界的存在，为哲学洗刷了"耻辱"！

然而，事情并没有完结。20世纪的大哲海德格尔在他的名著《存在与时间》中重提"哲学的耻辱"（或"哲学的丑闻"），并且写下了一段名言："'哲学的耻辱'不在于至今尚未完成这个证明，而**在于人们还一而再再而三地期待着、尝试着**这样的**证明**。"① 照此说来，康德对外部世界的证明这一事件本身属于"哲学的耻辱"了！

海德格尔在书中详细分析了康德的证明。海德格尔认为，当康德要求为"在我之外的物的实存（Dasein）"提供一种证明时，就已经表明康德提问题的"立足点是在主体之中的，是在'我之内'的。因为承担着这一证明的'时间'只'**在我之内**'被经验到。时间提供了基地，使证明得以跳到'我之外'去"②。在海德格尔看来，康德之所以这样做，是因为他不知道"在世现象"。就算康德证明了外部事物的存在，但是"**在存在者层次上及存在论上，物理的东西和心理的东西的共同现成存在都完全不同于在世现象。**"③ 作为存在者的此在当他把"孤立的主体"作为开端并由此而证明外部世界的现成存在时，他已经在世界中了。世界"是**随着**此在的**存在**展开的，'世界'随着世界的展开也总已经被揭示了。"④ 所以，"外部世界是否现成以及可否证明"实际上是一个伪问题，"因为在这个问题中作为主角的存在者本身似乎就拒绝这样提出问题"⑤。

海德格尔认为，先在认识论上把外部世界葬入虚无，然后证明它的原因在于"此在的沉沦"，在于此在将起初的存在的领会变成了对作为现成性的存在的领会。"一旦毁坏了在世的源始现象，那么，和一个'世界'的拼接就只有依靠残留下来的孤立主体来进行了。"⑥

从生存论（存在论）的立场来看，海德格尔对康德的批判当然是有

---

① [德]海德格尔：《存在与时间》（修订译本），陈嘉映、王庆节合译，熊伟校，陈嘉映修订，生活·读书·新知三联书店2006年第3版，第236页。
② 同上书，第235页。
③ [德]海德格尔：《存在与时间》（修订译本），陈嘉映、王庆节合译，熊伟校，陈嘉映修订，生活·读书·新知三联书店2006年第3版，第235—236页。
④ 同上书，第233页。
⑤ 同上书，第237页。
⑥ 同上书，第238页。

道理的。"此在"（人）首先在世，才谈得上去证明"外部世界的存在"问题。生存先于认识。而当此在领会到自己的生存（在世）的时候，就同时领会到"世界"的存在，所以，（外部）世界的存在是每个此在（人）当下领会到的简单事实。但是，我们不禁要问：一、"领会"外部世界的存在与从认识论上"证明"外部世界的存在是否是一回事？我想，从常识来说贝克莱决不是不知道外部世界存在的人，所以当年的约翰逊校长用脚踢石头的例子来反驳贝克莱的观点其实是隔靴搔痒，并不能驳倒贝克莱。我们每个人都"意识""领会"到世界的"存在"，问题是"世界的什么东西存在？""世界如何存在？""如果有人怀疑甚至否定世界的存在，我们怎么来反驳对方？"康德就是因为有人怀疑世界的存在，才来证明外部世界的存在的。[1] 二、"此在"如何去"领会"自己的生存（在世）、世界？"领会"是什么？是意识性的吗？如果不是，它如何能够"领会"？如果是意识性的，岂不是又回到了康德乃至笛卡尔的立场——"我"只能从"我"当下的意识出发？其实，康德的立场正是（意识）现象学的立场，海德格尔作为胡塞尔的学生也是从现象学出发的。他想把此在（人）的生存作为意识现象的基础，这当然是对的。问题是，只要我们"谈及""领会"此在的生存与世界的存在，就已经在意识现象中了。我们能够"不意识"地"领会"吗？

此外，海德格尔在对康德的证明进行批判时，始终没有谈及康德的空间，而只谈及康德的时间，这令人费解。康德之所以能够从时间规定引出"持存之物"的表象再引向空间中的"持存之物"，是因为先有他的空间观念。"现象的空间"和"本源的空间"分别保证了现象和自在之物（本体）的实在性，这是时间规定以及时间中我的"存有"（或"此在"）的依据。康德的整个论证的核心是：我的存有（意识的存在）、内在的时间规定只能通过空间中的"持存之物"（"物质"）来规定，尽管我只能从我的意识、内在的时间出发（因为"感觉""知觉""认识"或海德格尔的"领会"只能从"我的意识"开始）。而海德格尔却认为，康德在证明中把时间作为最重要的东西。他说，在康德那里，"时间提供了基地，使证明得以跳到'我之外'去"[2]。康德实际上没有放弃"孤立主体和内部

---

[1] 休谟已经分清楚了关于外部世界存在的"信念"和"证明"（参见前面第一章第三节）：外部世界的存在是基本的、自然的信念，这是不容怀疑的，但是要"证明"外部世界存在是不可能的。康德显然也分清楚了这两个问题。海德格尔为什么要把二者混为一谈呢？

[2] ［德］海德格尔：《存在与时间》，第235页。

经验在存在状态上的优先地位"。我们不能同意海德格尔的解读。康德已经跳出了意识现象学的立场。康德在反驳贝克莱的"质料唯心论"时，恰恰是放弃了主体、内部经验、时间在存在状态上的优先地位，而确立了客体（"持存之物"即"物质"或"先验质料"）、外部经验、空间在存在状态上的优先地位！①

"哲学的耻辱"恐怕是哲学家们永远要背负的重担。只要生命的起源、意识的起源问题没有真正解决，从"我"的意识出发去怀疑外部世界的存在就总是需要的。

二 时间观念

时间与康德哲学的关系似乎更为密切，当人们把康德定位为主观唯心论者的时候，时间的重要性就凸显出来。当然，如前所言，这种传统的理解是有问题的，但时间在康德那里仍然具有独特的意义。

（一）时间的含义与性质

康德在时间概念的"形而上学阐明"中指出：1. 时间不是从经验中抽引出来的经验概念，相反，时间表象是同时和相继表象的基础。这是康德强调时间的先天性、对其他表象的基础性。2. "时间是为一切直观奠定基础的一个必然的表象。我们不能在一般现象中取消时间本身，尽管我们可以完全可以从时间中去掉现象。"② 在这里可以看到牛顿的"绝对时间"的影响，当然牛顿的"绝对时间"是客观的，而康德的"必然的时间表象"是主观的。3. 时间不是推论性的或普遍性的概念，而是"感性直观的纯形式"。这是讲时间的性质：时间是直观形式而非概念。时间是直观形式，就意味着必须与直观相联系才能体验到时间，而不能对时间进行逻辑分析。这一思想显然来自贝克莱和休谟。4. 时间是唯一的、完整的，具体的时间是对唯一的、完整的时间进行限制的结果。这是讲时间的唯一性和完整性，这是对时间的绝对性和在先性的补充。总之，在康德看来，时间是先天的、绝对的、完整的必然表象或纯形式。

在对时间概念的"先验阐明"中，康德讲了两点。第一，在时间这一必然表象的基础上，才有可能建立时间关系的那些无可置疑的原理或时

---

① 参见本书第一章第四节"胡塞尔的超越"。
② ［德］康德：《纯粹理性批判》A31，B46，第34页。

间公理。① 这一原理不可能来自经验，而是使经验成为可能的规则。第二，变化和运动的概念只有并在时间表象中才是可能的。

从上面的阐述中，康德得出了三条结论。一、"时间不是独立存在的东西，也不是附属于物的客观规定，因而不是抽掉物的直观的一切主观条件仍然还会留存下来的东西"②。这一条否认了牛顿的客观的"绝对时间"，也否定了莱布尼兹的客观的"相对时间"，强调了时间的主观性。二、"时间不过是内部感官的形式，即我们自己的直观活动和我们内部状态的形式。"③ 这是强调时间和空间的区别。时间不规定外部性的东西，只规定我们内心的各种表象的关系。由于内部直观没有任何形状，难以把握，所以我们通过空间类比来解决这一问题④。"由此也表明了，时间本身的表象是直观，因为时间的一切关系都能够在一个外部直观上面表达出来。"⑤ 这一段引文告诉我们一个重要信息："直观"（Anschauung）⑥ 的本身含义是"外部直观"，时间只有借助空间中的一条延伸至无限的线才能被"直观"。三、"时间是所有一般表象的先天形式条件。空间是一切外部直观的纯形式，它作为先天条件只是限制在外部现象。……时间是所有一般现象的先天条件，也就是说，是内部现象（我们的灵魂）的直接条件，正因此也间接地是外部现象的条件。"⑦ 在这里，康德通过与空间表象的比较，说明时间表象包含的范围更宽：空间表象只对外部现象有效，而时间表象不但对内部表象有效对外部表象也有效。因为外部现象一旦成为表象，它也是内心的规定，从而要服从时间的先天条件。这样说来，时间似乎比空间更根本。后来的现象学者胡塞尔、海德格尔都持这种观点。但是，我认为，这样的结论有待商榷。时间表象包含的范围更广，这没有争议，但是否就比空间表象更重要呢？如果是这样，康德为什么要说内部经验"也只有以**外部**经验为前提才是可能的"呢？

关于时间的性质，康德强调，时间只就现象而言才有客观有效性。时间只是我们人类直观的一个主观条件。时间这种直观永远是感性的（与

---

① 比如，时间具有一维性；不同的时间不是同时的，而是前后相继的。
② ［德］康德：《纯粹理性批判》A32，B49，第36页。
③ ［德］康德：《纯粹理性批判》A33，B49，第36页。
④ 比如，用一条延伸至无限的线来表象时间序列。
⑤ ［德］康德：《纯粹理性批判》A33，B50，第37页。
⑥ 德文"Anschauung"的动词形式是"anschauen"，意思是"朝……看，观察"，所以本身就有向外的含义。
⑦ ［德］康德：《纯粹理性批判》A34，B50，第37页。

原始存在者的"理智直观"相对照），超出人的主观就时间本身而言时间什么都不是。但是对现象（一切能在经验中向我们显现的事物）来说，时间又是必然的、普遍的。这样的性质就是康德所讲的"时间的**经验性的实在性**，即对每次可能给予我们感官的一切对象而言的客观有效性"①。但是，"时间的经验性的实在性"同时就是"时间的先验的观念性"，即如果我们抽掉感性直观的主观条件，时间就什么也不是。据此，康德反对关于时间的"绝对实在性"的要求，即反对把时间看成客观存在的：不论是牛顿的"绝对时间"还是莱布尼兹等人的"相对时间"。

（二）时间的意义

我在上面已经较全面地概述了康德的"时间"的含义和性质，并作了一些分析，接下来我们来讨论其时间的意义。

其实上面介绍的康德关于时间的第三个结论正是时间的意义，而且是其最重要的意义：时间是所有一般现象的先天形式条件，不仅是内部现象的直接条件，也是外部现象的间接条件。作为对象的现象既是存在论范畴——现象是与本体相对的存在者，也是认识论范畴——现象是认识的对象。但是，现象的成立是以时间为条件的，所以时间不仅与现象的存在有关也与现象的认识有关。这凸显了时间的存在论意义和认识论意义。

在康德那里，时间还有一个重要意义，那就是作为联系范畴与现象的第三者，即先验图型。康德认为，要把一个对象归摄到一个概念之下时，对象的表象必须和这个概念是同质的。然而，纯粹知性概念在与经验性的直观相比较时是完全不同质的。所以，要把两者联系起来就需要一个第三者。"它一方面必须与范畴同质，另一方面与现象同质，并使前者应用于后者之上成为可能。这个中介的表象必须是纯粹的（没有任何经验性的东西），但却一方面是**智性的**，另一方面是**感性的**。这样一种表象就是**先验的图型**。"② 这种先验的图型就是时间。先验的时间规定是普遍的而且建立在某种先天规则之上的，所以与范畴同质；所有经验杂多表象都包含了时间，所以先验的时间规定又与现象同质。"因此，范畴在现象上的应用借助于先验的时间规定而成为可能，后者作为知性概念的图形对于现象被**归摄**到范畴之下起了中介作用。"③ 康德的表述相当

---

① ［德］康德：《纯粹理性批判》A35、B52，第38页。
② ［德］康德：《纯粹理性批判》A138、B177，第139页。
③ ［德］康德：《纯粹理性批判》A139、B178，第139页。

清楚,我无须做任何说明。接下来,康德根据范畴的分类,论述了量的图形、质的图形、关系的图形和模态的图型。他总结说,"图形无非是按照规则的先天**时间规定**而已,这些规则是按照范畴的秩序而与一切可能对象上的**时间序列**、**时间内容**、**时间次序**及最后,**时间总和**发生关系的。"①先验图形就是时间,康德通过时间将范畴与感性对象连接起来,解决了认识中知性与感性怎么联系的难题,为认识论作出了重要贡献。这是康德知识论中的得意之笔。

但是,我对康德的"得意之笔"有疑问。按康德的观点,时间不过是内部感官的形式,是纯粹直观,是纯粹感性的东西,纵然是内部现象和外部现象的条件,也只是感性条件。它怎么可能满足"一方面是智性的,另一方面是感性的"要求呢?康德说,"一种先验的时间规定就它是**普遍的**并建立在某种先天规则之上而言,是与**范畴**(它构成了这个先验时间规定的统一性)同质的"。这样的说法似是而非,因为用在"空间"上同样合适:一种先验的空间规定就它是普遍的并建立在某种先天规则之上的,是与范畴同质的。那为什么不用"空间"作为先验图形呢?当然,康德可以找到一个理由说,空间只是外部现象的感性条件,而时间是所有现象的感性条件。就算这个理由成立,我们还是可以追问:为什么"一种先验的时间规定就它是普遍的并建立在某种先天规则之上而言是与范畴同质的(gleichartig)"呢?范畴具有普遍性,先验的时间也具有普遍性(先验的空间也具有普遍性),这是它们的共同性。但这是不同质的(heterogen)普遍性:范畴的普遍性是知性的,而时间的普遍性是感性的。所以,我认为,康德的观点并不成立,他把两种不同的普遍性认为是同质的。

我认为,要让先验的时间规定与范畴具有同质性,只有一种可能性,那就是,人的"时间"其实只是"本源的时间"的"派生的时间"。"本源的时间"是"理智直观"的形式之一("本源的空间"也是其形式之一)。康德预设了作为本体或自在之物"恒在"的"时间",否则我们可以对本体或自在之物的持存性表示怀疑。"原始存在者"或"上帝"对本体或自在之物的这种"内在直观形式"我们可以称之为"本源的时间",人的时间感或现象的时间只是派生的时间而已。

如果人的时间是"本源的时间"的派生物,"本源的时间"是"理智直观"的形式之一,那么人的时间与范畴的同质性就好理解了。因为,

---

① [德]康德:《纯粹理性批判》A145、B184,第143页。

拉丁文的 intellectus 相当于德文的 Verstand，而中文将 Verstand 译成"知性""理智"。在康德那里，知性是现象认识的最高能力，范畴或纯粹知性概念是知性自身依据判断（判断是知性的行动）的分类得出的东西。也就是说，在原始存在者（如上帝）那里，直观与理智、思想与行动是合二为一的①，但到人（人是上帝的派生物）这里，直观与理智、行动与思想分开了：理智不能直观，感性不能思维，思想不等于行动。人永远达不到上帝的能力，但在人这里直观与理智的原始联系还是存在的。人是上帝的派生物，人的感性直观是"理智直观"的派生物（人的时间是"本源的时间"的派生物），人的智性即"模仿的智性"（intellectus ectypus）也是"原型的智性"（intellectus archetypus）的派生物。所以，人的时间与范畴的同质性最终来自它们的同源性：它们都是原始存在者的理智直观的派生物。如果这样来解释，就可以很好地解释范畴与现象的联系问题。海德格尔在《康德与形而上学疑难》中一再强调"先验想象力"（"超越论形象力"），其实也是想解决这个问题。②

总之，经验论、唯理论及牛顿的时空观在康德那里得到了综合：一方面他坚持绝对时空的观念（来自牛顿和洛克），反对时空的相对性；另一方面他的时空又是主观的（来自贝克莱和休谟）感受形式；一方面他反对客观的时空观念（反对时空的"先验的实在性"）；另一方面他又反对贝克莱、休谟的纯主观的时空观念（反对时空的"经验性的观念性"）。康德本人主张时空具有"先验的观念性"（离开经验、现象的非实在性）和"经验性的实在性"（时空在经验、现象的意义上是实在的）。

时间和空间在经验论和唯理论那里不仅仅是事物的存在方式，也是我们认识事物的方式，尤其是贝克莱和休谟主要是在认识论的意义上讲时间和空间。这种观点明显被康德继承。在康德那里，时空首先是我们认识事物（现象）的方式，然后才是现象界的存在方式。时间和空间成为我们认识对象的首要条件，也成为划分现象界和自在之物的标准——自在之物不在时空中，所以不是认识对象。这样，时空问题就和实体（自在之物）

---

① 《圣经·旧约全书》"创世记"第一章："神说：'要有光。'就有了光。……神说：'诸水之间要有空气，将水分为上下。'神就造出空气，将空气以下的水、空气以上的水分开了。事就这样成了。"

② 参见海德格尔《康德与形而上学疑难》（王庆节译，上海译文出版社 2011 年版）第二、三章；并参见王庆节论文：《"先验想象力"抑或"超越论形象力"——海德格尔对康德先验想象力概念的解释与批判》，《现代哲学》2016 年第 4 期。

问题紧密联系起来了。此外，由于康德预设了"原始存在者""理智直观"，他就同时预设了"本源的空间"和"本源的时间"：它们其实是人的先验的感性空间和时间的来源。只有通过这样的预设，本体世界的存在（对神、人而言）和现象世界的可知（对人而言）才是成立的。

第三章　人格观或自我观

在前面两章，我们讨论了经验论、唯理论和康德哲学中的实体观点、时空观点。空间、时间与实体的密切关系，如前所述。从逻辑上说，接下来我们应该讨论唯理论、经验论和康德哲学中的"人"这个存在者或认识主体。但是，鉴于相关论述已经很多，可谓汗牛充栋，我们只选择与人这个存在者或认识主体相关的"自我"或"人格"及其同一性问题来阐述，分析经验论、唯理论和康德哲学中关于人格或自我的同一性的观点。

"人格"一词来自拉丁语词 persona，本意是"面具"①，转义成"角色""人物""性格""特性"等，因而"人格"都与人尤其是人的意识、精神活动有关。Personality（人格），据牛津词典的解释，1.指成其为一个人的状态，或作为个体性的存在；2. 构成一个人的特征的那些性质。可见，"人格"是指一个人独有的存在状态、个性特征。它不但包括性格，还包括信念、自我观念等。准确地说，"人格"是指一个人一致的行为特征的集合。人格的组成特征因人而异，因此每个人都有其独特性，这种独特性致使每个人面对同一情况下都可能有不同的反应。人格同一性（personal identity），"（1）一种现象学的说法，指一个人有独立于其他人和超越于变化不定的世界所产生的生物学变动和心理变动的一种内在自我。（2）指每个人都是一个独立的人。"② 这是美国心理学家阿瑟·S. 雷伯对"人格同一性"的解释，他指出了具有人格同一性的人是独立的人，他能应对世界的变化而保持内在自我的同一和完整。人格及其同一性问题是当代人文学科的重要问题之一。

相对来说，"自我"（self, selbst, 或译"自身"；ego, Ego；I, Ich）的概念更加常用，在"人格"成为心理学的重要概念之前它一直是重要的哲学概念。在某种意义上说，一部西方哲学史就是以"自我"及其相

---

① 特别是演员的面具，通常由陶土制作，有时也用木头或树皮制作。
② ［美］阿瑟·S. 雷伯：《心理学词典》，李伯黍等译，上海译文出版社1996年版，第607—608页。

关概念（如思想、理性、感性、意志、自我意识）为中心的历史①，如谢林说："哲学是自我意识的一部历史"②。"自我同一性"（ego-identity）与"人格同一性"的含义相同。据《英汉辞海》的解释，ego-identity（自我同一性）是对于一个人在自我形象方面的连续性和一致性，以及对于自己在社会关系方面的连续性和一致性的知觉。这里强调的是，个体要"知觉"或"意识"到自我形象（含与社会的关系）的连续性和一致性。心理学认为，"自我同一性"是一个与自我、人格的发展有密切关系的多层次、多维度的心理学概念。从本质上讲，它是指人格发展的连续性、成熟性和整合感，它包含三个层面：自我同一性、个人同一性和社会同一性，其本意是要证明身份。

我们把"人格同一性"（personal identity）或"自我同一性"（ego-identity）理解为，由记忆的连续性和当前意识所正常地证实的关于个别人的持久的和连续的统一。在这里我们强调了正常"意识"（记忆和当下意识）对人格同一性概念的重要性。没有正常意识，就没有人格，也就没有人的责任。因此，精神失常者意识不到自己的人格完整，也无须对自己的不良行为甚至违法行为负责。

第一节 近代以前的"自我"观点举要

在讨论经验论、唯理论和康德哲学中的自我或人格的同一性观点之

---

① 倪梁康在《自识与反思——近现代西方哲学的基本问题》（商务印书馆2002年版）中提出"自识"这个模糊概念，认为它包含了"自身意识"（英文 self-consciousness，德文 Selbstbewußtsein）和"自身认识"（英文 self-knowledge，德文 Selbsterkenntnis）两重意思。另外，他批评国内的翻译者将德文的 Selbstbewußtsein 译成"自我意识"，认为应该译成"自身意识"，因为德文中有专门的与"自我意识"对应的词"Ichbewußtsein"（这个词准确地应该译成"我意识"，"自我意识"在德文中有 Ego-bewußtsein，在英文中 ego-consciousness）。海德格尔也指出"自身性（Selbstheit）绝不与自我性（Ichheit）相等同。"在德文中，的确有这两个词。但笔者认为，将两者明确区分开恐怕是现象学出现以后的事情。比如，康德在《纯粹理性批判》中，就从来没有使用过 Ichbewußtsein，而只使用过 Selbstbewußtsein。而康德使用 Selbstbewußtsein 时，又讲的是"我思"（Ich denken, B140），所以将其译为"自我意识"可以解释得通。另外，在英文中，只有 self-consciousness 而没有 I-consciousness（我意识），说明英语世界并没有将"我意识"与"自身意识"区分开。

② 谢林：《先验唯心论体系》，梁志学、石泉译，商务印书馆1977年版，第63页。

前，我们先简单追溯一下近代以前的"自我"或"自身"的观点，了解这个论题的由来。因为"人格"概念出现较晚，历史上最早论述过"人格"及其同一性的大概是洛克，而现代人格心理学的建立还是近百年的事。①

一 古希腊的"自我"观点

哲学的诞生，伴随着人的"自我"的觉醒。古希腊时期关于"自我"的思想资源很丰富，限于论题，笔者摘要介绍以下几种观点。

(一) 苏格拉底的"认识你自己"与柏拉图的"灵魂"

人类关于自身（自我）的认识有籍可查的资料，可以追溯到古希腊苏格拉底转述的德尔斐神庙的神谕："认识你自己。"其意思是，人要先考察自己的用处和能力。② 多数解释者认为，这句话之所以被称为"神谕"，是因为它借神祇之口告诫凡人："认识你自己。人啊，你不是神！"据柏拉图的对话《普罗泰戈拉篇》记载，古代"七贤"③ 在德尔斐神庙聚会，向阿波罗神奉献他们的智慧之果时，除了"认识你自己"之外，还有一句是"切勿过分"。"切勿过分"也就是要"自制"，"自制"正是柏拉图《卡尔米德篇》的主题。人不是神，要认识到自己的局限与无知，不要过分，要自制。所以，"认识你自己"，"切勿过分"，"要自制"，三者的意思是统一的。苏格拉底之所以被传递神谕的女祭司称为"最聪明的人"，就是因为苏格拉底知道自己的无知。他知道，与神的智慧相比较，"人的智慧"低得没有什么价值。人认识到自己的无知和局限，这是人类自我意识的觉醒。汪子嵩等学者认为，根据克里底亚的新定义，"'自制'就是'认识你自己'的智慧，或者说它是'自我认识'的知识，这种智慧或知识就是关于人自身的知识，就是关于人自身的一门学问（科学）。……这里苏格拉底已经明确地提出来要以人自身作为知识的对

---

① 20世纪初弗洛伊德提出"本我、自我、超我"的人格结构；1937年美国心理学家奥尔波特（Allport, G. W.）出版名著《人格：心理学的解释》；1938年哈佛大学心理诊所所长默瑞（Murray, H. A.）出版《人格探究》。
② 参见色诺芬《回忆苏格拉底》，吴永泉译，商务印书馆1984年版，第149页。
③ 据柏拉图的记载，古希腊"七贤"指的是米利都的泰勒斯，米提尼亚的庇塔库斯，普里耶涅的彼亚斯、梭伦，林杜斯的克莱俄布卢斯，泽恩的密松，斯巴达的喀隆。（参见柏拉图《普罗泰戈拉篇》，《柏拉图全集》第一卷，王晓朝译，人民出版社2002年版，第467页）

象，也就是要建立有关人的哲学……"①

苏格拉底所说的"认识你自己"就是要认识自己的灵魂，而灵魂之所以是神圣的，是因为它是理性和智慧的所在地。理性是灵魂的本质，苏格拉底相信，通过理性人能够获得确定的绝对知识。在柏拉图那里，灵魂是真正的"自我"。他在《理想国》中区分了灵魂的三重性：欲望、激情和理智。理智是智慧的，起领导作用；激情接受理智的指导，能够控制情感便是勇敢；欲望服从理智即节制便是美德。三者协调一致的人就是有节制和智慧的人，就是灵魂的正义和健康状态。柏拉图还论证了灵魂是不灭的，他认为对于美德所能给予的最大奖赏就是灵魂不灭；只有正义才是最有益于灵魂的，行正义的人在生前和死后都可以从人和神那里得到最好的报酬。

（二）亚里士多德的"积极理性"

亚里士多德认为，灵魂是统一的，但又可以划分为营养的灵魂、繁殖的灵魂、运动的灵魂、感性的灵魂，被动心灵的灵魂和主动心灵的灵魂。人包括了所有这些灵魂的部分，理性灵魂属于心灵的灵魂，其中一部分依存于肉体，而"积极理性"则能脱离肉体而存在。"积极理性"才是人的"自我"。

在哲学上，亚里士多德把人定义为："人是 logos（逻各斯）的动物"②。"逻各斯"包含"语言"和"理性"两种含义，可见他把语言和理性作为人的本质特征。在《形而上学》中亚里士多德认为，理智（理性）的尊严在于"思想"。理智把最神圣的东西、最尊贵的东西作为思想的对象，并且不会发生变化。这个对象是什么呢？就是思想自己。"如若它是最好的，那就思想它自己，思想就是对思想的思想。"③"以自身为对象的思想是万古不没的"。为什么呢？亚里士多德认为，假如思想与被思想不同，它就没有什么优越性。不过在"一些情况下，对象即是知识，在创制科学中，如若撇开质料，就以实体或是其所是为对象；在思辨科学中，原理和思想就是对象。既然在没有质料的东西中被思想的存在和思想

---

① 汪子嵩、范明生、陈村富、姚介厚：《希腊哲学史》第二卷，人民出版社 1993 年版，第 379—380 页。
② 亚里士多德在政治学中着重论述的人的定义是："人是社会的动物。"
③ ［古希腊］亚里士多德：《形而上学》1074b35—36，苗力田译，苗力田主编《亚里士多德全集》第七卷，中国人民大学出版社 1993 年版，第 284 页。

存在并不两样，两者就相同了，思想和被思想的东西是同一的"①。在思想对其自身的思想中，思想和思想对象达到了同一。这个观点受到了黑格尔的高度评价："亚里士多德哲学中的主要环节，是思维与思维的对象的同一——客观的东西和思维（能力）乃是同一个东西。'因为思想能接受思维的对象和本质。'思维乃是**思维的思维**。"② 亚里士多德的"对思想的思想"隐含了人的自我认识，揭示了认识者的主体地位。当然，严格说来，这里讲的"自我认识"并非人的自我认识，而是神的自身认识。因为，只有神是没有质料（物质）——纯形式的、完全主动（没有被动性）的，只有神才能达到纯思或思辨。所以有的学者认为，亚里士多德的这一思想导致了有神论的产生。比如，文德尔班评论说，"一方面，一神论即在此作了概念上的规定并找到了科学根据；另一方面，一神论从色诺芬尼甚至柏拉图的泛神论形式过渡到了**有神论**形式，因为上帝被认为是不同于世界的自觉的存在"③。文德尔班的评论有合理的一面，但他评得过火，亚里士多德的"神"并非"人格神"，而只是精神的"神"。

（三）恩披里克："自我认识"不可能

晚期希腊的怀疑论者塞克斯都·恩披里克提出了"自我认识"不可能的观点。他认为，"自我认识"是一个无意义的概念。他的理由是，从认识者把握一个对象得知：简单的东西不可能把握自身，因为它不能既是认识者又是被认识者；复合的东西也无法把握自身。④ 塞克斯都·恩披里克是晚期希腊怀疑派的代表人物，他的《毕洛主义概略》和《反杂学》保存了怀疑主义的基本资料。怀疑主义既不相信感觉，也不相信理智，把一切自以为是的论断都悬置起来。在上面，他根据简单与复合的划分证明，认识者不能同时是被认识者，即"自我认识"是不可能的。尽管他否认了"自我认识"的可能性，但仍然涉及了"自我认识"的问题。

二 罗马和中世纪的"自我"观点

罗马和中世纪也有丰富的关于人的自我的观点。在这里我们简要介绍

---

① [古希腊] 亚里士多德：《形而上学》1074a1—5，第284—285页。
② [德] 黑格尔：《哲学史讲演录》第二卷，贺麟、王太庆译，商务印书馆1960年版，第299页。
③ [德] 文德尔班：《哲学史教程》上卷，罗达仁译，商务印书馆1987年版，第197页。
④ 参见 Sextus Empiricus, *Adversus Mathematicos*, VII 284 - 286, 310 - 312, 倪梁康《自识与反思》，第30—31页。

普罗提诺和奥古斯丁关于"自我"的观点。

(一) 普罗提诺的"自我意识"概念

新柏拉图主义者普罗提诺（205—270）是明确提出"自身意识"（自我意识）的人。布洛赫认为，"只是通过普罗提诺，某种在我们看来相当自明的东西才显现出来，这就是自身意识"①。斯坦泽尔认为，作为哲学概念的"自我"在普罗提诺哲学中才得到明确的把握。普罗提诺是柏拉图主义者，他把"一"（或译"太一"）、"理智"和"灵魂"理解为柏拉图的三一体。一或太一是事物的全体，理智作为一的肖像而存在，理智的制作因是善，一的"流溢生成了新的事物。它的产品再转向自己的产生者，得到充实，变成了它的关照者。这就是理智"②，而"灵魂是理智的表达和活动，正如理智是'一'的表达和行为一样。"③ "自身意识"体现在，"所有的神圣事物都始终不停地关注它们自己的活动，理智及其源泉总是自我注意"。"对'一'的转向（事物由于'一'而存在这一事实）建立了存在；投向'一'的景观建立了理智；在景观的终端又朝向'一'，它同时既是理智又是存在。"④ 理智同其静止不动的源泉一样，"处于宁静自足的状态"。理智活动"把理智作为自己的泉源，这也是它唯一的对象，所以也就变成了理智，即是说，变成了另一个理智存在。"⑤ 理智既是存在又是活动，它以自身为对象，所以它达到了思维与存在的统一。当然，普罗提诺这里讲的理智的"自身意识"还不是指人的"自我意识"，而是指神的"自身意识"。在神的思想中，"心智通过思维活动来思维，它就是这思维活动本身，并且心智思维着被思维者，它重又是这被思维者本身。"⑥

(二) 奥古斯丁：心灵自身的确定性最可靠

教父思想的集大成者奥古斯丁在自身意识理论方面的重要性在于，他

---

① E. Bloch, *Antike Philosophie. Leipziger Vorlesungen zur Geschichte der Philosophie*, Bd. 1, Frankfurt a. M. 1985. S. 502. 转引自倪梁康《自识与反思》，第34页。
② [古罗马] 普罗提诺：《九章集》，V, 2. 苗力田主编：《古希腊哲学》，中国人民大学出版社1989年版，第685页。
③ [古罗马] 普罗提诺：《九章集》，V, 1. 苗力田主编：《古希腊哲学》，第680页。
④ [古罗马] 普罗提诺：《九章集》，V, 2. 苗力田主编：《古希腊哲学》，第685—686页。
⑤ [古罗马] 普罗提诺：《九章集》，V, 4, 苗力田主编：《古希腊哲学》，第689页。
⑥ [古罗马] 普罗提诺：《九章集》，V, 3, 转引自倪梁康《自识与反思》第34页。

主张心灵自身的确定性是最可靠的。希腊哲学中最彻底的怀疑论者皮浪主张怀疑一切，"悬搁"所有的判断。在《论自由意志》一文中，奥古斯丁针对怀疑论者的"一切都可以怀疑"的说法，提出了一个有力的反驳："我问你：'你存在吗？'你是否害怕被这一问题所欺骗呢？然而，如果你不存在，你也就不可能被欺骗了。"① 你怀疑自己被骗，说明你确知你自己存在："我怀疑，故我存在。""既然你确实存在，那么你只有活着才能知道这一点，因此你也确实活着，你知道这两件事绝对为真。"② 尽管奥古斯丁的目的是神学的：他要通过批判怀疑主义，让每个人通过自身的经验来确定某些东西，进而确信上帝的存在，但他对怀疑主义的反驳的确是无懈可击的，他告诉人们：心灵自身的确定性是最直接、最可靠的。这一论证方式开启了心灵（精神）自身论证的先河。哲学史家文德尔班高度评价了奥古斯丁。他说，"作为哲学家，奥古斯丁将他所有的观念集中在**意识的绝对的**、**自身的确定性**（*Selbstgewissheit*，原译为'直接的确实性'——引者）的原则上。……奥古斯丁由于这些观念成为**近代思想的奠基人之一**。"③ 我们下面会看到，奥古斯丁的这一思想正是笛卡尔的"我思故我是"第一哲学原理的来源。

第二节 经验论与唯理论的自我（人格）同一性观点

在上一节，我们简要介绍了近代以前关于"自我"的观点，对"自我"观念的起源与流变有了初步认识。在这一节，我们进入主题，讨论经验论和唯理论中的自我或人格同一性观点。我们不分别论述唯理论、经验论的代表人物的"自我"或"人格"的观点，因为洛克的人格及其同一性观点提出后，遭到了莱布尼兹的批评，后来又遭到休谟的批评。所以，我们将他们三人的观点放在一起论述。在论述洛克、莱布尼兹和休谟的观点之前，我们要对笛卡尔、斯宾诺莎、贝克莱的观点作一些介绍。

---

① ［古罗马］奥古斯丁：《论自由意志》，第 2 卷第 3 章第 7 节，转引自赵敦华《基督教哲学 1500 年》，人民出版社 1994 年版，第 146 页。

② 同上。

③ ［德］文德尔班：《哲学史教程》上卷，罗达仁译，商务印书馆 1987 年版，第 370—371 页。

一 笛卡尔的自我和"同一个我"

后来的洛克为何要提出"人格同一性"概念？这是一个值得深究的问题。笔者认为，这和笛卡尔确立近代哲学的出发点有密切的关系。黑格尔说，笛卡尔是近代哲学的真正创始人。他的理由是，近代哲学以思维为原则，它与神学分开了。思维是一个新的基础，而笛卡尔"是一个彻底从头做起、带头重建哲学的基础的英雄人物"。①

（一）通过怀疑确定"自我"②

那么，笛卡尔是如何重建哲学的基础即思维原则的呢？笛卡尔是通过"普遍怀疑"的方法来确立这一原则的。《哲学原理》第一部分的第1至5节，讲的是我们要对一切可以怀疑的事物进行怀疑。③ 笛卡尔说，"为了追求真理，我们有必要在一生中尽可能把所有事物都怀疑一次。"④ 为什么要怀疑呢？笛卡尔的理由是：我们都是从儿童过来的，在我们不能完全运用自己的理性时，就已经对呈现给感官的对象形成了各种判断，大量的偏见阻碍了我们认识真相。所以，我们必须把任何一点可疑的、不确定的东西都怀疑一遍，才能去除偏见（去蔽）。笛卡尔在这里传达了一些重要信息：一、怀疑的目的是为了追求真理，真理等于确定性；二、在不能完全运用自己的理性时形成的判断都是偏见，偏见阻碍我们认识真相，所以必须去除偏见；三、理性才能认识真相；四，每个人都是从儿童走过来的，所以每个人都要对自己所有的关于事物的观念怀疑一次，没有例外。

接下来，笛卡尔把所有可怀疑的事物都怀疑了一遍，包括可感事物、数学的证明甚至上帝的存在。笛卡尔为什么要对他最看重的数学证明也提出怀疑呢？他的理由是，有些人在此问题上犯过错误；还有更重要的理由：我们不知道全能的上帝是否有意把我们这样创造出来，使我们即使在自己认为最熟悉的事物方面也永远受到欺骗。⑤ 他甚至对上帝加以怀疑。在刚才关于数学知识的怀疑中，他已经对上帝的德行提出了怀疑：他可能

---

① [德] 黑格尔：《哲学史讲演录》第四卷，贺麟、王太庆译，商务印书馆1978年版，第63页。
② （一）和（二）小节据本人的论文《论笛卡尔的形而上学观》压缩和改写。
③ 同一内容可以在1641年出版的《第一哲学沉思集》的"第一个沉思"中找到。
④ R. Descartes, I, *Of the Principles of Human Knowledge*, *Principles of Philosophy*.
⑤ R. Descartes, V, *Of the Principles of Human Knowledge*, *Principles of Philosophy*.

有意把我们造成这样，使我们永远受骗；我们甚至可以设想有一个"妖怪"而非真正的上帝有意这样做，他的狡诈和欺骗手段如同他的本领一样高明。

在对所有事物甚至上帝都进行了怀疑之后，笛卡尔笔锋一转，他说，我们拥有意志自由，可以不受欺骗："不论谁最终可能成为我们的存在的创造者，不论他多么有力多么富于欺骗性，我们仍然意识到自由，借此自由我们可以拒绝承认我们的信仰中那些明显不是确定无疑的东西，从而免受欺骗。"①需要指出的是，笛卡尔在《沉思集》中并没有论述意志的这种功能。在那里，他认为，意志作用的范围大于理智的范围，这是我们犯错误的原因之一（当然他在《哲学原理》第一部分第35节也讲了这一层意思）。在《沉思集》中，他是把我受骗作为我存在的证据："可是有一个我不知道是什么的非常强大、非常狡猾的骗子，他总是用尽一切伎俩来骗我。因此，如果他骗我，那么毫无疑问我是存在的；而且他想怎么骗我就怎么骗我，只要我想到我是一个什么东西，他就总不会使我成为什么都不是。"② 为什么三年以后，笛卡尔如此强调"意志自由"，竟然认为我们有意志自由就可以不受欺骗？

在对所有事物都进行了怀疑之后，笛卡尔说，"我们在怀疑的时候不能怀疑我们的存在（existence），这是我们有条理地进行哲学思考时所获得的第一种知识。"③ 这就是著名的 Ego cogito, ergo sum（I think, therefore I am），即"我思故我是"④。"我思故我是"是笛卡尔哲学的第一原理，他自己把它比喻为阿基米德的"固定的靠得住的点"⑤，说明笛卡尔本人完全意识到这一原理的重要性。当然，笛卡尔的这一思想其实是有思想来源的，这就是奥古斯丁的"我怀疑，故我是（存在）"。当年阿尔诺就曾指出，"笛卡尔先生作为他的全部哲学的基础和第一原则而建立起来的东

---

① R. Descartes, VI, *Of the Principles of Human Knowledge*, *Principles of Philosophy*.
② [法] 笛卡尔：《第一哲学沉思集》，庞景仁译，商务印书馆1986年版，第23页。
③ R. Descartes, VII, *Of the Principles of Human Knowledge*, *Principles of Philosophy*.
④ 王太庆先生认为，该命题应该译成"我想，所以我是"。"Ego cogito, ergo sum"中的 sum 的意思是"是个东西""是个本体"。西方语言中的"是"原本是实质动词，意为"起作用"（参见他译的笛卡尔的《谈谈方法》第27页注释）。我在思想，所以我是一个在起作用的东西，一个起作用的东西首先要存在。所以，"我思"说明我首先存在。
⑤ [法] 笛卡尔：《第一哲学沉思集》，第22页。

西就是在他以前圣·奥古斯丁作为他的哲学的基础和支柱而建立的东西"①。笛卡尔对此讳莫如深，只是说他感谢阿尔诺先生"用圣·奥古斯丁的权威来支持我"②。

(二)"自我"的本质与"同一个自我"

笛卡尔的"思"实际上指一切意识活动：怀疑、理解、肯定、否定、愿意、不愿意、想象、感觉都是"思"。但是"思"是没有内容的纯粹活动，因为具体的内容都是可以怀疑的，唯独"我"在"思"是不可怀疑的。笛卡尔是通过"反思"或者"自我意识"而发现这一点的：他在谈到蜡块的例子时说，"有可能我看到的东西实际上不是蜡，也有可能我并没有用来看东西的双眼。但是，当我看或者想到我在看（在这里我不区分这两种情况）的时候，这个在思想的我就决不可能不是一个东西。"③感觉的主体、思想的主体和反思的主体是同一个主体，这个主体就是实体。

那么这个实体是什么样的实体呢？笛卡尔说，"它的全部本质或本性只是思想"④。我或自我这一实体（或本体）不需要地点，不依赖任何物质性的东西，它实际上是与身体不同性质的精神，它比身体更容易认识，即使身体不存在，它仍然存在。当然，笛卡尔没有完全否认身体对人的作用，否则他就不会提出用"松果腺"来联结心灵和身体的问题。然而，人之为人，就是因为人有思想、有意识（特别是自我意识），这一点是毋

---

① [法]笛卡尔：《第一哲学沉思集》，第200页；阿尔诺在给麦尔赛纳神父的信中说，"圣奥古斯丁无论在神学上或是在人类哲学上都是一个有伟大的智慧和超人的学识的人。因为，在《自由意志》一书第二卷第三章里阿里皮乌斯和艾沃迪乌斯辩论想要证明有一个上帝时说道：首先，为了从最明显的事情上开始，我问你，你是否存在？或者你是否也许害怕在回答我的问题上弄错。无论如何，如果你不存在，你决不会弄错。我们的著者（指"笛卡尔"——引者）的话也和上面的话差不多：可是有一个我不知道是什么的非常强大的、非常狡猾的骗子，他总是用尽一切伎俩骗我，因此，如果他骗我，那么毫无疑问我是存在的。"奥古斯丁的意思是，如果你怀疑自己存在或答题时弄错，那你就首先确定了自己存在。笛卡尔的观点与此类似：如果你怀疑有一个强大的、狡猾的骗子骗你，那你首先确定了自己的存在。
② [法]笛卡尔：《第一哲学沉思集》，第222页。
③ Rene Descartes, *Meditations on First Philosophy*, trans. by John Cottingham, China Social Sciences Pubiishing House, 1999, p. 22.
④ [法]笛卡尔：《谈谈方法》，王太庆译，商务印书馆2000年版，第28页。

庸置疑的。还应指出的是，笛卡尔强调"人"是思想实体、精神实体，而非古代流传下来的"灵魂"。这一点导致了后来洛克、莱布尼兹、休谟的诸多误解。

今天的"我"何以证明是以前的"我"？在笛卡尔看来，只要证明前后的"我"是同一个思想实体就够了。以前的"我"接受了很多事物的观念，现在的"我"发现这些观念都是有问题的，都是应当怀疑的。显然，现在对那些观念进行怀疑的"我"就是过去接受各种观念的那个"我"。所以，同一个"人"或者同一个"自我"在笛卡尔看来就是同一个精神实体。这就是笛卡尔所理解的"自我同一性"。

二 斯宾诺莎的自我观点

在六个代表人物中，斯宾诺莎对自我（人格）及其同一性几乎没有涉及。斯宾诺莎虽然继承了笛卡尔的数学（几何）论证法、直观方法、甚至实体观（尽管有差别——详见第一章），但是，唯独对于"自我"的态度两人有重大差别。笛卡尔哲学的出发点是"我思"或"自我"，他首先肯定"我"的存在，才演绎出上帝、世界的存在，所以，"自我"是其整个哲学的出发点。[1] 但在斯宾诺莎那里，他首先肯定的是实体、神或自然，"自我"并非哲学的出发点。

（一）批评笛卡尔的"我思故我是"

卡西尔说"神的概念在笛卡尔那里构成哲学的目的，但并不构成哲学的开端。而对斯宾诺莎来说则相反，笛卡尔通过努力的知识分析而试图寻找的固定点从一开始便是不可动摇地被给予了"[2]。"自我"作为个体只是实体或自然的样式之一，在斯宾诺莎的哲学体系中并不重要，"自我意识"或"反思"不像在笛卡尔那里不可或缺。他甚至针对笛卡尔的

---

[1] 这也是黑格尔认为笛卡尔是近代哲学的真正创始人的原因。当然，笛卡尔通过我的天赋的"上帝"观念，论证说不完善的"我"不可能产生一个完善的"上帝"观念，所以我的"上帝"观念一定来自我之外，上帝创造了我然后打上自己的印记。他由此推出上帝必然存在，上帝是"我"产生和持续存在的真正原因。在此意义上说，"自我"与"上帝"是相互保证的，笛卡尔关于"自我"与"上帝"的论证其实是循环论证。

[2] Cassirer, *Das Erkenntnisproblem in der Philosophie und Wissenschaft der neueren Zeit*, a. a. O., Bd. II, S. 73. 转引自倪梁康《自识与反思》，第 75 页。

"我思故我是"说,"要知道彼得的本质,无须先知道彼得的观念,更无须先知道彼得的观念的观念。这就无异于说,要知道一件事物,无须知道我知道,更无须知道我知道我知道"①。我先知道一个东西,然后才知道我知道这个东西。知对象在前,自知在后。所以,"自我"或"自我意识"在斯宾诺莎那里是可有可无的东西,毫无重要性可言,他甚至没有用过这两个概念。

(二) 心灵是观念

如果说斯宾诺莎勉强涉及"自我"的话,那就是他关于人的"心灵"的论述。他说,"构成人的心灵的现实存在的最初成分不外是一个实际存在的个别事物的观念"②。(第二部分命题十一)接下来的命题十三则说,"构成人的心灵的观念的对象只是实际存在着的身体或某种广延样态"③。心灵是由个别事物的观念构成的,而心灵的观念的对象是身体或广延样态。在命题十九里,他更明确地说,"人的心灵就是人的身体的观念或知识"④。我们看到,这样的"人心"显然与笛卡尔的"心灵"或"自我"不同:笛卡尔的心灵或自我是实体,是各种观念(思想)的产生者、承载者,而斯宾诺莎的"人心"直接就是观念或知识。斯宾诺莎的这种观点倒是和后来的休谟的观点接近:"自我"只是一束知觉而已。

心灵在斯宾诺莎这里属于"思想"的属性,是由观念构成的。但是,斯宾诺莎的"人"(个体)其实是实体的样式,是心灵与身体的统一。心灵是人的身体的复合观念或观念系统,身体是构成人的心灵的观念的对象。笛卡尔认为心灵比身体更容易认识,斯宾诺莎则说,"人心只有通过知觉身体的情状的观念,才能认识其自身。"⑤ 可见,人心不是自知的。斯宾诺莎显然反对笛卡尔将知识内在化或内心化的企图,反对建立所谓的"主体性哲学"。斯宾诺莎很少讨论"自我"或"主体",更谈不上讨论自我或人格的同一性。

斯宾诺莎的这一立场显然与他的哲学视野有关。他和笛卡尔不同。笛卡尔虽然也是唯理论者,但他是个体的唯理论者。也就是说,笛卡尔立足于一个成人个体来谈世界,谈认识。他的主要著作《第一哲学沉思集》

---

① [荷] 斯宾诺莎:《知性改进论》,贺麟译,商务印书馆1960年版,第30页。
② [荷] 斯宾诺莎:《伦理学》,贺麟译,商务印书馆1958年版,第50页。
③ 同上书,第51页。
④ [荷] 斯宾诺莎:《伦理学》,贺麟译,商务印书馆1958年版,第61页。
⑤ 同上书,第63页。

《哲学原理》《谈谈方法》都是以一个哲学家个体的立场来写的，尤其是《谈谈方法》简直就是笛卡尔的学术自传。笛卡尔哲学的个体视野是鲜明的。与此相反，斯宾诺莎哲学的整体视野也是鲜明的。他关注的是实体、自然、上帝、属性（本质）这些整体性的东西，认为"所有个体事物都是偶然的，都是要消逝的"①。他甚至主张人没有自由，认为，人欺骗自己以为自己是自由的，其实是他们意识到自己的行为，却不知道决定这些行为的原因。② 他在《伦理学》的第二部分命题48，直接否认了心灵自由或自由意志："在心灵中没有绝对的或自由的意志，而心灵之有这个意愿或那个意愿乃是被一个原因所决定，而这个原因又为另一个原因所决定，而这个原因又同样为别的原因所决定，如此递进，以至无穷。"③ 从因果系列来看，一切都是被决定了的，人也不例外，那里有什么自由呢？这是后来的康德显然不同意的结论。没有自由、没有自我意识，人还有独立的价值和尊严吗？他在主要著作《纯粹理性批判》"二律背反"的先验理念的第三个冲突的正题中，明确指出："按照自然律的因果性并不是世界的全部现象都可以由之导出的惟一因果性。为了解释这些现象，还有必要假定一种由自由而来的因果性。"④ 可以说，强调人的个体的自由、独立与价值，这是康德哲学的核心观念。

四 贝克莱的自我或人格观点

关于贝克莱的"自我"，我们在第一章论述他的实体观点时已经讨论过。"这个感知的、主动的存在者就是我叫做的**心灵、精神、灵魂或自身**"，它是唯一的实体。"可以得出结论：除了**精神**或能感知的东西外不存在任何别的实体（Substance）。"⑤ 心灵、精神或自身这个唯一的实体又分为"被造精神"与"永恒精神"，即"人的心灵"和"神的心灵"或"人的自身"和"神的自身"。我们这里只涉及"人的自身"即"自我"。贝克莱用来表示人的精神方面的词汇有，心灵（mind），人心（human mind），我（I），自身或自我（self），灵魂（soul），有限的心灵或精神（finite mind or spirit），精神的实体（spiritual substance），人格（person）。

---

① ［荷］斯宾诺莎：《伦理学》，贺麟译，商务印书馆1958年版，第68页。
② 同上书，第69页。
③ 同上书，第80页。
④ ［德］康德：《纯粹理性批判》A445，B473，邓晓芒译、杨祖陶校，人民出版社2004年版，第374页。
⑤ George Berkeley, *Principles of Human Knowledge*, 7, part Ⅰ.

我们在前面指出，贝克莱直接确认了心灵实体的存在，只有心灵实体才能感知观念。观念和心灵是两种不同的存在者：观念是被动的，而心灵是主动的。

贝克莱的"人"是肉体和灵魂的统一。肉体的存在主要指感觉器官，没有感觉器官，说"观念的存在就在于被感知"就是荒谬的。"被感知"显然不等于被思想、被意识。但是，由于贝克莱把"事物"等同于"观念"，他的"肉体"就不是我们理解的物质存在的"肉体"，而是观念复合组成的"肉体"。这样的"肉体"显然不具有感知功能，所以"被感知"似乎又可以等同于"被思想""被意识"（贝克莱本人似乎没有意识到其间的问题）。贝克莱这样做的好处是，彻底解决了观念与对象的一致问题、笛卡尔留下的身心统一（同一）问题，所以他的非物质主义何尝不是一项有价值的选项？后来的莱布尼兹的思路、黑格尔的思路[①]不是如出一辙吗？

贝克莱除了用"人心""自我"外，还用过"人格"一词，这显然是受到洛克的人格观点的影响，但影响似乎有限。在《人类知识原理》中，贝克莱只有一次用过"人格"一词。在第148节他说：

> 一个人的精神或人格（person），不是被感官感知的，因为他不是一个观念。因此，当我们看到一个人的颜色、尺寸、形状和运动时，我们感知到的只是在我们心中刺激产生的某些感觉或观念，这些东西在我们眼前展示的是各种不同观念的集合，用来向我们表示像我们自己一样的有限的、被造的精神的存在。因此很显然，如果用人指的是能生活、运动、感知和思维（如我们所做的那样）的东西，那我们看不到人；但是，如果用人只是指观念的某种集合体，这就使我们认为，存在一个像我们自己一样的不同的思想和运动的原则，伴随

[①] 黑格尔在《哲学史讲演录》（第四卷）中，一方面肯定了贝克莱的观点，说贝克莱的独创的主要思想是"凡属我们称之为物的东西，它的存在就是它的被感知"；另一方面又严厉批评贝克莱，说"最坏的一种唯心论则是抓住个别的或形式的自我意识，除了宣称'一切对象都是我们的观念'外，并没有前进一步。我们在巴克莱（"贝克莱"——引者）那里碰到了这种主观唯心论，在休谟那里碰到了这种主观唯心论的另一变种。"（贺麟、王太庆译，商务印书馆1978年版，第200、198页）黑格尔认为贝克莱取消了"物质"的存在，这是他的独创性的表现，但是贝克莱的"自我意识"还停留在个别的、形式的、主观的层面上，没有达到普遍的、客观的层级，而黑格尔自己把"自我意识"变成了普遍的、客观的"绝对精神"。

这个集合体或被这个集合体表示。①

贝克莱在这里把"人格"等同于"精神",认为它不同于观念、不能被感知,相反它伴随观念的集合体并被观念的集合体表现出来。所谓的"伴随"(accompany)就是"感知"(perceive)。而对"肉体"的"人",贝克莱作了观念化的处理:人是观念的集合体。

可见,贝克莱虽然使用了洛克使用过的"人格"一词,但与洛克的理解不同(参见下面)。洛克把"人格"与精神实体分开来,而贝克莱把"人格"等同于精神实体。② 贝克莱的观点其实更接近笛卡尔、莱布尼兹的观点。

关于自我、人格、精神实体的同一性问题,贝克莱没有论述。但我们可以推论,这种同一性在贝克莱那里是不成问题的:因为他首先就确定了自我、心灵、人格等精神实体的存在,有它们的存在才能感知观念,这样的自我或心灵或人格当然是始终同一的。

四 "同一性":洛克、莱布尼兹、休谟的解释

"人格同一性"论题在近代首先由洛克提出并加以论述,后来莱布尼兹和休谟都针对洛克的观点提出了不同的看法。我们在下面将详细介绍洛

---

① George Berkeley, *Principles of Human Knowledge*, 148, part Ⅰ.

② 傅有德教授在《巴克莱哲学研究》中认为,"巴克莱的人心是从洛克所主张的人格(person)演变而来的"。(第232页)巴克莱在酝酿自己的哲学时,一度接受过洛克的"人格"观念,这有《哲学评论》的前300条笔记为证。根据卢斯(A. A. Luce)在《巴克莱的非物质主义:对他的"人类知识原理"的评论》(伦敦,1945)中的观点,傅有德认为,后来随着思想的成熟,巴克莱逐渐抛弃了"人格"而用"心灵"(mind)代之,因为心灵的意义更适合巴克莱的需要。卢斯认为,人格或意识的东西是一个纯心理学的概念,它只表明人的一种心理活动,只是一种自我意识,无法超出自己而达到外在的事物。心灵则不同,它不但有自我意识的功能,更重要的是它可以认识或感知与自己有区别的对象。(参见傅有德《巴克莱哲学研究》第232页)傅有德显然是转述了并同意卢斯的观点。但笔者认为,这种观点值得商榷。贝克莱受到洛克的人格观点的影响,这一点没有问题。但是,贝克莱并没有把人格和心灵、精神区分开来,恰恰把它们看成一个东西:"一个人的精神或人格(a human spirit or person)"(《人类知识原理》第一部第148节),人格或精神、心灵都是感知、认识观念的东西。卢斯所列的心灵与人格的区别对洛克有效,而对贝克莱无效。因为洛克的"观念"有其相应的在观念之外的"对象",观念是对象刺激的结果;而在贝克莱那里,观念与对象(事物)等同,所谓的"事物"只是观念的集合体,根本就没有卢斯所说的"外在事物"。所以,我不同意卢斯的分析,也不赞同傅有德的观点。

克的人格同一性观点以及莱布尼兹和休谟的批评或评论，然后加以辨析和评论。①

必须说明的是，莱布尼兹是完全按照洛克的思路来讨论人格同一性问题的，所以我先将他们的观点集中在一起介绍和分析，然后再介绍和评论休谟的观点。

我们在上面说过，在笛卡尔那里，"同一个人"就是同一个精神实体。成年的"我"之所以能够"怀疑""反思"之前所接受的各种知识，就是因为不同时期的"我"其实是同一个精神实体。

但是，用同一个精神实体来界定同一个人在洛克看来是成问题的。因为，洛克否认实体是可知的。他把"实体"理解为各种性质的支撑物："因此，我们所具有的、以一般名称**实体**所称呼的观念，仅仅是假设而未知的（supposed, but unknown）、我们发现存在的那些性质的支撑物"②。关于精神实体，洛克说，"我们所以有精神实体的观念，也是因为我们假设有一种实体是为思想、知识、怀疑、冲动所寓托的。"洛克虽然断定实体（上帝、物质实体和精神实体）是存在的，但否认它们是可知的。实体必定存在（否则各种属性就没有载体），但是凭我们的感觉和反思都不能知道它们。既然精神实体不可知，用同一个精神实体来界定同一个人的做法，在洛克看来，就是荒谬的。

问题在于，同一个人、同一个精神性的"我"是不能否认的，这是每个人的直觉告诉他的："我"是在某时某地上小学的那个"我"，也是某时某地开始工作的那个"我"；而且在现实生活中，"同一个人"或"自我的同一性"的观念如此重要，以致离开它我们根本无法正常生活。所以，问题不在于这一观念是否存在，而在于如何解释它。在否认了笛卡尔的用同一个精神实体来说明同一个人的方法之后，洛克必须采用新的途径来说明何以今天的"我"是昨天的"我"，这就是洛克提出人格同一性的背景。③

---

① 休谟在《人性论》第一卷（1739年出版）第四章专门立了一节"论人格的同一性"，其内容也是讨论洛克提出的人格同一性问题。从著作出版的年代可以看出，莱布尼兹的观点和休谟的观点都是针对洛克一人的。莱布尼兹虽然在1704年就完成了《人类理智新论》，但是因为这一年洛克去世，莱布尼兹就不再出版它。直到莱布尼兹逝世（1716）后约五十年即1765年，拉斯普在编纂莱布尼兹的拉丁文和法文哲学著作集时，才首次公开出版这部书。所以，休谟是不可能对莱布尼兹的观点进行评论的。

② John Locke, *An Essay Concerning Human Understanding*, 2, Chapter XXIII.

③ 上面两个自然段来自本人的论文：《论"人格同一性"——洛克、莱布尼兹、休谟的解释与争论》，个别文字有差别。

洛克在1694年第二版的《人类理智论》中提出并详细论述了"人格同一性"问题。莱布尼兹针对洛克的《人类理智论》撰写了《人类理智新论》（1704年完成，1765年出版），几乎是逐章逐节地对洛克的《人类理智论》进行了评论，这其中自然包括了对洛克的人格同一性观点的评论。

洛克的《人类理智论》包括四卷，第一卷批判天赋原则，第二卷是"观念论"，第三卷是"语言论"，第四卷是"知识论"。他是在第二卷的第二十七章中讨论"同一性和差异性"时论述"人格同一性"的。"同一性"观点是洛克讨论人格同一性的前提，所以我们先予以介绍，并分析莱布尼兹的评论，然后分析休谟的评论和他自己的同一性观点。

（一）同一性和差异性

首先，洛克谈到了"同一性"观念和"差异性"观念的形成："当我们考虑存在于某个确定的时间和地点的任何事物时，把它同存在于另一时间的它自身相比较，便形成了同一性（identity）和差异性（diversity）的观念。"① 同一性和差异性的观念产生于某一事物在异时异地的情况的比较。"同一性在于，我们认为具有同一性的那些观念，在当下存在的时刻与它们之前的存在的时刻相比，没有任何改变。"②"同一性"就是有同一性的那些观念在时间中无变化。

洛克的理由是：性质完全相同的两个事物不能同时同地存在。"因为我们既不能发现也不能设想，相同的两个事物能够在同地同时存在，所以我们可以有理由地得出结论：在任何地点、任何时候存在的任何事物都会排斥相同的所有事物，是在那里独自存在的。"③同一事物就是有一个开端，在时间和地点上有不同开端的东西不是同一事物。

对此莱布尼兹并不赞同，他评论说："除了时间和地点的区别以外，永远还必须有另一种内在的区别原则，而虽然有同类的许多事物，却的确没有任何两件事物是完全一样的……同一性和差异性的要旨并不于时间和地点方面……"④

"同一的东西"是只有一个开端的东西，是在一时一地唯一存在的东

---

① John Locke, *An Essay Concerning Human Understanding*, 1, Chapter XXVII.
② Ibid.
③ Ibid.
④ [德] 莱布尼兹：《人类理智新论》上册，陈修斋译，商务印书馆1982年版，第233—234页。

西。洛克从一事物开端或起点的唯一性和存在的唯一性来证明同一事物或一事物的同一性,这是非常明智的,简直无懈可击。我们再次看到,时间和空间在洛克的哲学中占有很重要的地位:它们是划分事物是否是同一事物的依据。但是,在莱布尼兹看来,洛克的同一性和差异性观点虽然是不错的,但是没有抓住主要的东西:内在差别原则。换句话说,洛克只使用了同一与差别的"外在标准",而"内在标准"才是主要的。我们很难评论二者谁对谁错,其实在这里反映出两人不同的哲学观。洛克是经验论者,感觉和经验无法告诉我们事物内部的情况,所以我们不能从内部判断一事物是同一的还是非同一的(有差异的);而莱布尼兹则坚持他的内在差异原则:个体事物首先是内部存在差异,然后才表现为时间上和空间上的差异。

接下来,洛克谈到了三种实体的"同一性"。上帝这种实体永恒不变,他的同一性是没有任何疑问的。至于"有限的精神者"(Finite spirits),洛克说,"有限的精神者有其各自确定的开始存在的时间和地方,而且只要他们存在着,他们与其开始存在的时间和地点的关系就能够确定每一个的同一性"①。看来,洛克对"有限精神者"这种实体的同一性也是不怀疑的。但是,"有限精神者"是否指人,洛克没有说。至于"物体"这种实体,他说,"同样的情况适合于每个物质粒子,如果其物质无增减,它就是同一的。"②

根据上面的论述,洛克得出了一个重要原则:个体性原则(Principium)。"显然,决定任何种类的一个存在者占据特殊时间和地点的存在本身,不能用于该种类的两个存在者。"③ 洛克讲的"个体性"是一事物在时间和空间中的唯一性。据此,洛克假设一个原子在它存在的一刹那是自身相同的。

莱布尼兹评论说:如果两个个体(在时间和空间中)是完全相似和相等的,凭自身不能区别,"那就不会有什么个体性原则"。因此,洛克的"原子概念是怪诞的"。一切物体都是可变的、可区别的。苏斐·夏洛蒂王后都知道没有两片树叶是完全一样的。

洛克的个体性原则仍然着眼于外部区别,而莱布尼兹相信只有内部差异才能把事物相互区别开来。在莱布尼兹看来,在一个时间段内,两个大小和形状完全相同的原子,是没有办法区分开的。因此,洛克着眼于外部

---

① John Locke, *An Essay Concerning Human Understanding*, 2, Chapter XXXVII.

② Ibid.

③ John Locke, *An Essay Concerning Human Understanding*, 3, Chapter XXXVII.

区分的所谓"个体性原则"是不能成立的。这里,再次体现出我们在上面提到的两种哲学观的分歧。不过,后来的康德是明显不赞成莱布尼兹而赞成洛克的观点的:他坚信纯粹的外部差别("空间差别")能把事物区分开:我的手或者我的耳朵同它们在镜子里的影像更相似,然而我不能把镜子里所看到的这只手放在原来的手的位置上,左手的手套也不能戴在右手上①;如果把两滴水的内部差异全部抽掉,但只要它们在不同的地方同时被直观到,它们就是号数上不同的。②康德用这几个例子批判了莱布尼兹的"内部差别原则",相信外部差别也能区别事物,他正是凭借这一点批判了笛卡尔和贝克莱对物质实体的怀疑和否定。

(二)事物的同一性

接下来,洛克谈到了原子、分子、物体、生物、植物、动物的同一性。如果一个原子或分子在确定的时间和空间内继续存在,它就是同一的。如果同一物体的组成原子没有变化,该物体就是同一的。而生物的同一性不是依赖于各同一分子组成的物团,而是依赖别的东西。例如,植物的同一性是那些部分的组织(the organization of those parts)的同一性,它"使植物成为同一的"。因为,"所谓一棵植物,一定拥有在一个结合在一起的物体(coherent body)中的部分的组织,它参与到一个共同的生命中;只有部分的组织参与到同一生命中,该植物才能继续是同一植物"③。至于动物的同一性,洛克认为,它是指动物的公共生命的维持,即它是一个生命连续体,这一点来自动物内部组织的协调和内部运动。

对此,莱布尼兹的看法是:所谓植物的组织(或构造),或者动物的公共生命的维持,都来自单子的继续存在的生命原则。有机的物体和其他物体一样,只是表面上保持为同一事物,其实并非如此。真正具有生命活动的实体,是由于具有灵魂或心灵而完全保持为同一个体的。植物和动物,如果有灵魂,就有严格意义上的个体同一性,尽管它们的有机躯体并不保持这种同一性。④

即使从现代科学的观点来看,我们也必须说,洛克的观点是正确的。

---

① 参见康德《任何一种能够作为科学出现的未来形而上学导论》,庞景仁译,商务印书馆1978年版,第46页。
② 参见康德《纯粹理性批判》A264,B320,邓晓芒译、杨祖陶校,人民出版社2004年版,第238页。
③ John Locke, *An Essay Concerning Human Understanding*, 4, Chapter XXVII.
④ 参见莱布尼兹《人类理智新论》上册,第237页。

生命在于分子的恰当组织和结构，而不是原子、分子的简单集合，新的组织和结构使生命体产生了原子和分子原来不具有的属性，生命属于整体而非其中的某些部分。洛克的生命观是非常现代的，也是整体论而非还原论的。洛克显然反对传统的把"灵魂"看成一种独立实体的观点，而莱布尼兹的观点则是传统观点的继承，是万物有灵论的传统。

（三）人的同一性

讨论了"同一性"概念和"事物的同一性"，我们才能探讨"人的同一性"。人的同一性问题比较复杂一点。首先，洛克认为，人的同一性"像其他动物的同一性一样，在于一个适当组织起来的身体"①。就此而言，人的同一性与动物的同一性没有区别。在此，洛克特别批评了人的同一性在于其"灵魂的同一性"的观点，认为把"身体和形状"排除在"人"一词的含义之外那是很奇怪的。可见，洛克反对用"灵魂"来定义人，反对灵魂独立和灵魂不灭。

莱布尼兹则认为：人的有机身体在这一刹那和另一刹那并不是同一个，它们只是等价而已。不联系灵魂，既不会有同一生命也不会有生命的结合。②

洛克的立场是一贯的，他坚持用身体组织的同一性而不用无法把握的灵魂的同一性来解释人的同一性，而莱布尼兹则坚持：人的同一性在于灵魂的同一性。

其次，洛克把"实体""人"和"人格者"三个名称区分开来。

> 我们必须考虑"同一的"一词当被运用时它所代表的观念是什么。如果人格（person）、人和实体是代表三个不同观念的三个名称的话，那么同一个事物可能指同一实体，其次指同一个人，第三指同一人格。因为相应的观念从属于相应的名称，同一性的观念也必定如此。③

什么是同一的人呢？如刚才所说，人的同一性就在于一个组织适当的身体。"不论我们谈到其他定义是什么，精细的观察使我们不怀疑这一点：在我们的口中健全人的符号所代表的心中的观念，只是具有某种形式

---

① John Locke, *An Essay Concerning Human Understanding*, 6, Chapter XXVII.
② 参见莱布尼兹《人类理智新论》上册，第237页。
③ John Locke, *An Essay Concerning Human Understanding*, 7, Chapter XXVII.

的一种动物。"① 洛克反对"人是理性的动物"（亚里士多德的定义）的传统观点，而坚持认为：人只是有某种形式的动物，"理性"不是人的唯一特性或根本特性，因为可能存在"有理性的鹦鹉"。

针对洛克对"灵魂轮回"的批评，莱布尼兹回答说，"这里有一个名称问题和事情本身的问题。就事情本身来说，同一个别实体的同一性，只有通过同一灵魂的保存才能得到保持，因为身体是在继续不断的流动中……"②他辩解说，这里没有什么轮回。灵魂在死后也永远保持着一个有机的身体，虽然身体要消耗、补充、变化。这不是灵魂的轮回，而是该灵魂的身体有变形、收缩、扩展、转化。而就名称问题来说，《圣经》中的三个人物该隐、含和伊斯梅尔是否有同一个灵魂，是否值得称为同一个人，这只是名称问题。"实体的同一性在这里是有的，但在同一灵魂所成为的各个不同的人之间毫无记忆的联系的情况下，是没有足够的道德上的同一性来说这是同一个人格的。"③

从语义的分析来看，洛克把实体、人和人格者三个概念分开来是非常准确的，而莱布尼兹显然有混淆之嫌疑：人是实体，人的实体又是灵魂，同一实体可以有不同的人格（尽管在这里他也赞成洛克把人格与记忆相连的观点）。

最后，关于人的同一性，洛克作了这样的总结：

> 我认为，在大多数的意识中，形成人的观念的东西不只是思维的或理性的存在者的观念，还有如此这般形象的身体的观念也加入其中。如果这就是人的观念，那么同一的连续的身体是不会立即全部改变的，它必须连同同一的非物质的精神，共同形成同一个人。④

对此，莱布尼兹争辩说：只具有人的形状而不具有理性，就不能算人。而当我们说人是一个理性的动物时，还应加上形状或身体构造，不然精灵也就是人了。⑤ 莱布尼兹强调了传统的"人是理性的动物"的观点，还强调了人形。

可以看出，洛克的"人"（及其同一性）的观念有一些微妙变化：在

---

① John Locke, *An Essay Concerning Human Understanding*, 8, Chapter XXVII.
② [德] 莱布尼兹：《人类理智新论》上册，第238页。
③ 同上书，第239页。
④ John Locke, *An Essay Concerning Human Understanding*, 8, Chapter XXVII.
⑤ 参见莱布尼兹《人类理智新论》上册，第241页。

前面只承认人的身体（形状），现在还包括人的理性：人是有理性的特殊身体。不难看出，洛克的观点是有点摇摆的。洛克的"人"在这里实际上是两种实体的结合体：身体（物质实体）+理性（有限精神实体）。这种观点显然受到笛卡尔的身心二元论的影响。但是，可以肯定的是，洛克不同意笛卡尔把"人"等同于"精神实体"（思想者）的观点，或者说，他正是为了反对这种观点才提出"人格同一性"问题的。而莱布尼兹现在的观点也有了改变：他承认了人的身体的重要性。可以看出，经过与洛克的思想交锋，莱布尼兹的"人"的观点与洛克的"人"的观点越来越接近了。

（四）休谟的同一性观点

休谟在《人性论》"论人格的同一性"一节中论述了"同一性"问题。如同洛克在《人类理智论》中把同一性问题的论述作为人格同一性论述的铺垫一样，休谟在这里也是先讨论同一性、然后讨论人格同一性问题。不言而喻，休谟的论述也是针对洛克的，尽管他没有点洛克的名。

休谟首先界定了"同一性"观念："对于一个经过一段假设的时间变化而仍然没有变化、从不中断的对象，我们有一个明确的观念，这个观念我们称为**同一性**或**相同性**(identity or sameness) 观念。"[1] 这一界定与洛克的界定基本相同，都是强调某一对象经历时间变化后而保持它自身，我们对它就形成了同一性的观念。但是，休谟是根本否认对象的"同一性"的。他认为，这是人们把"同一性"和"相关对象的接续"混淆起来的结果。相关对象的接续关系其实只是一种"类似关系"。我们虽然在心灵上把这一刻的对象与上一刻的对象看成类似的，但我们"知觉"不到这两个不同时刻的对象是同一个对象。然而，这种类似关系使人们发生了错觉，以为这两个不同时刻的对象是同一个对象，"以同一性概念代替相关对象的概念"[2]。显然，这是在批评洛克的同一性观念。

休谟指出，"关于同一性的争论不仅仅是文字之争"[3]。这也是针对洛克的。因为洛克在《人类理智论》中说，关于同一性的困难或模糊与其说产生于事物的模糊不如说产生于名称的误用 (the names are ill-used)。"因为一个名称所应用其上的那个特定观念不论是怎样形成的，只要那个

---

[1] David Hume, *A Treatise of Human Nature*, p. 253.
[2] David Hume, *A Treatise of Human Nature*, p. 254.
[3] Ibid., p. 255.

观念被固守着，就容易设想一事物被区分为相同的和不同的。"①洛克看到了语言与现实的差异和矛盾，这是值得肯定的，而休谟则认为，用文字表达的困难来说明同一性之争其实是在回避问题。

那么"同一性"观念是怎样产生的呢？休谟认为，第一，经验告诉我们，"那些可变的或间断的、可是又被假设为连续的、同一的对象，只是由接续着的部分组成，而由类似关系、接近关系或因果关系联系起来的。"②事实上，我们没有观察到对象的不变性，只是把主观的同一性加给了那些接续的相关对象而已。比如说，一个对象前后发生了很大变化，我们仍然把它看成同一的；又如，一个物体发生了重大变化本来消灭了它的同一性，但是如果这种变化是缓慢发生的，我们就看不出来，仍然认为它前后是一个东西。

第二，共同目的造成同一性。一艘船虽屡经修缮，大部分已经改变，仍被认为是同一的船。"各个部分一起导致的共同目的，在所有部分的变化之下保持同一"③。在动物和植物中，由于各个部分和共同目的的相互依赖，这种情况更加突出。

休谟通过对人的心理分析提出了同一性观念形成的原因，应当说是一个新的视角。在这里我们看到了洛克与休谟的重大差别。虽然同为经验论者，但是洛克相信人能够把握事物之间的联系。尽管我们不能认识实体，然而我们能够通过观察一事物在时间和空间中的唯一性（起始的唯一性和存在的唯一性）来确定它的同一性，把它同其他事物区别开来。休谟则认为，我们无法把握事物的内部联系以及事物之间的联系，因为我们的知觉没有这种能力。而断定前后两个事物是否同一不能仅凭它们在时间和空间中的相似性，必须依据其内部联系。但是，由于我们不能把握事物的内部联系，所以就不能断定前后两个事物是否是同一个事物。换言之，在休谟看来，洛克仅凭其两个事物在前后时间（和空间）中的相似性就断定它们是同一个事物，显然是把主观同一性（两个事物的相似性）当成了客观同一性。从学理上说，休谟的见解是更为深刻的，他坚持了自己的经验主义学说的一贯性。然而，他的感觉主义或知觉主义的立场也在这里展露无遗。

---

① John Locke, *An Essay Concerning Human Understanding*, 28, chapter XXVII, Book Ⅱ.
② David Hume, *A Treatise of Human Nature*, p. 255.
③ Ibid., p. 257.

五 "人格同一性":洛克、莱布尼兹、休谟的争论①

了解了何为"同一性"、何为"人的同一性",我们再来考察洛克、莱布尼兹和休谟的"人格同一性"观点及其争论。

(一) 洛克的人格同一性定义与莱布尼兹的评论

洛克对"人格"下了一个定义:"我认为,人格是有思想、有智慧的存在者,他有理性和反思能力,能够在不同的时间和地点认自己为自己、为同一的思想物。他这样做时只能通过意识,意识与思维不可分割,而且在我看来,意识是思维必不可少的东西:因为任何人在知觉(perceive)时不可能不知觉到他在知觉。"②

这个定义极为重要,它告诉了我们几个重要信息:其一,人格是一种具有功能的存在者;其二,人格的功能是理性(推理)、反省、思维;其三,人格这种存在者有记忆能力,能在异时异地认识自己。其四,意识是思维的本质。

英国学者乔纳森·本尼特评论说,洛克在这里相当不清楚地暗示了"意识的统一性是人格同一性的必要条件和充分条件",而意识的统一性是由相同的实体还是由不同的实体来承载,那是无关紧要的。③ 笔者认为,如果洛克坚持意识的统一性,又坚持意识与实体的分离,他就可能走上后来康德的"先验意识"之路。

莱布尼兹似乎赞成洛克的观点,他说:"对自我的意识或知觉证明了一种道德的或人格的同一性。我正是凭这一点来区别禽兽灵魂的**不休**和人类灵魂的**不朽**;两者都保持着**物理的和实在的同一性**,但就人来说,这样是合乎神圣天道的规则的,就是灵魂还保持着道德的、并且对我们自身显现出来的同一性,以便构成同一个人格,并因此能感受赏罚。"④

莱布尼兹虽然同意"自我意识"证明了人格同一性的观点,但是在两点上反对洛克的观点。其一,莱布尼兹反对把实体同一性与人格同一性分开来,认为"照事物的秩序来说,那对感到自身同一性的同一个人格

---

① 本节的内容是以本人的论文《论"人格同一性"——洛克、莱布尼兹、休谟的解释与争论》为基础,进行压缩和改写的。
② John Locke, *An Essay Concerning Human Understanding*, 9, chapter XXVII, Book II.
③ Jonathan Bennett: *Learning from Six philosophers – Descartes, Spinoza, Leibniz, Locke, Berkeley, Hume*. Oxford University Press, 2005. 12., p. 327.
④ [德] 莱布尼兹:《人类理智新论》上册,第 242 页。

显现出来的同一性，须假定每一**切近的过渡**都有实在的同一性……"① 其二，反对把人格与记忆相联系。"我也更不愿借口我对过去所做的一切毫不记得，就说那**人格的同一性**甚至那自我已不再在我们之中继续保持，我就不再是在摇篮里时的那个**自我**了。"②假如我成人后有意做了一件坏事，但后来生了一场大病失去了记忆。按洛克的说法，这是两个人格，现在的"我"不能对过去的"我"负责。而在莱布尼兹看来，如果旁人证明我过去的确做了坏事，我也应受到惩罚，这与我自己记得不记得无关。

关于人格与实体分离的问题，下面再讨论。我们在这里先讨论人格与记忆的问题。洛克其实是把人格与记忆紧密联系起来的。乔纳森·本尼特直截了当地说，"洛克的'同一意识'的概念是记忆的概念。……'如果 x 在时间 T1 经验到事件 E，而 y 在时间 T2 记得在时间 T1 经验过的事件 E，那么 x 就是 y。'我把这叫做洛克的人格同一性解释的中心命题。"③ 我认为，本尼特的这一断定是准确的。（自我）意识在不同时间和不同地点表现出同一性，此时的"我"记得彼时的"我"及其作为，这就是洛克的人格同一性观点。

从理论上说，莱布尼兹对洛克的反驳似乎更有道理：人格同一性的确离不开"人"这一实体（实在）的同一性，人这一实体的所作所为与他对自己的作为的意识（和记忆）是两回事，人不能借口不知道自己的过去而对自己过去的行为不负责任。但是，从实践的角度说，洛克的观点似乎更具有可操作性。首先，一个人是否真的失去记忆，不能由他本人说了算，这由医生（法医）来决定，所以莱布尼兹的担心是多余的；其次，如果一个人真的生了一场大病而失去了记忆，我们对他过去的错误（乃至犯罪）进行惩罚还有什么意义呢？他既不能反省、认错，也没有改正的可能。另外，惩罚一个没有正常行为能力的人反而显示了法律的不公正。

(二) 洛克对人格同一性的论证与莱布尼兹的反驳

我们接下来分析洛克对自己观点的论证以及莱布尼兹的反驳。

洛克认为，人格同一性只在于意识。人格只能借助意识而思维，意识同思想不能分离，"意识是思维必不可少的东西：因为任何人在知觉

---

① [德] 莱布尼兹：《人类理智新论》上册，第 242 页。
② 同上书，第 242—243 页。
③ Jonathan Bennett: *Learning from Six philosophers – Descartes, Spinoza, Leibniz, Locke, Berkeley, Hume.* p. 332.

(perceive) 时不可能不知觉到他在知觉"①。显然，洛克在这里讲的"意识"是"自我意识"而非"对象意识"，因为他把"对象意识"叫作"感觉"和"知觉"，所以，他的"意识"就等于"自我意识"。"因此，意识总是关于我们当下的感觉和知觉的，而且只有凭借意识，每个人才把他自己叫作自身（self）；在此情况下，人们并不考虑，同一个自身是在同一个实体还是不同的实体中连续存在的。"②洛克的结论是：

> 既然意识常常伴随着思想，那么意识就是使每个人成为他叫作自身（self，或译"自我"）的东西，因而把他自己同所有其他的能思考的东西区分开来，唯有这点构成人格同一性（personal identity），即理性的存在者的同一性；意识能够扩展回溯到过去的行为或思想有多远，那个人格的同一性就达到多远；现在的同一个自身（自我）就是以前的自身；现在反思自身的当下的那个自身就是曾经反思自身的那个自身。③

在这里，洛克把反省的自身或自我与记忆的自我看成同一个自我，他凭直觉把二者看成同一的，没有提出两者相互过渡的合法性问题。

洛克进一步论证说，自我依靠意识：

> 自身（自我）依赖意识而不是依赖实体。自身就是有意识的能思考东西——不论它由何种实体构成（精神的或物质的，单纯的或复合的，都无关紧要），它能感觉或意识到快乐或痛苦，能体会到幸福或苦难，因此，意识扩展多远，自身（自我）对它自身就关心到多远。④

自我（自身）等于（自我）意识，而（自我）意识可与其意识的载体（实体）相分离，所以"自我"（自身）本身并不是精神实体。"这个当下思维的东西的意识能同什么东西相结合，什么东西就形成了同一个人格，而且是一个与该意识（而非任何其他东西）结合的自身（自我）；所以，它归属于它自身，它拥有那个思维的事物的所有行为，当然这以意识

---

① John Locke, *An Essay Concerning Human Understanding*, 9, chapter XXVII, Book II.
② Ibid.
③ John Locke, *An Essay Concerning Human Understanding*, 9, chapter XXVII, Book II.
④ John Locke, *An Essay Concerning Human Understanding*, 17, chapter XXVII, Book II.

到达的范围为限。每个人稍加反思就能感知到这一点。"①

如果人格同一性只在于意识，那就会产生一个问题：人在没有意识时（如说在酣睡中）是否还有人格同一性呢？洛克没有正面回答这一问题，而认为这是两个问题："问题只是，什么东西形成了同一个人格？而不是问，在同一人格中总是在思维的那个东西是否是同一实体？后一问题与我们现在的问题毫不相干。不同的实体，由于同一意识（在这些实体加入其中时）被结合成一个人格，同样，不同的身体由于同一生命被结合成一个动物。"② 洛克的意思是，人格同一性不等于实体同一性。"因为，正是同一意识使一个人成为他自己，人格的同一性完全取决于同一意识，不论这种意识只合并于一个单独的实体，还是能够在几个实体的连续中继续下去。"③ 一个四十岁开始疯了的"人"某甲，仍然是五岁时的某甲——这是这个人的实体（分子、细胞及其生理组织）的同一性，但是这个四十岁的人没有人格同一性，因为他没有正常的自我意识、不能回忆起以前的"我"。还要注意一点：洛克在这里显然把人格的同一性等同于（自我）意识的同一性，而意识既然是附着于"实体"的，所以"人格"就只是一种功能，而非实体。

莱布尼兹反驳道：

> 关于自身，最好把自身的现象和意识区别开来。自身构成了实在的和物理的同一性，而伴随着真理的自身的现象是与人格的同一性相联系的。因此我既不愿说人格的同一性不能扩展到记忆所及的范围之外，更不愿说自身或物理的同一性依赖于它。④

莱布尼兹的意思是，你做过什么和你记不记得是两回事，不能混为一谈。"意识并不是构成人格同一性的唯一手段，而旁人的陈述或其它的标志也能提供这种手段。"⑤ 显然，莱布尼兹反对把意识作为人格同一性的唯一标准。

洛克认为，人的实体虽然变化了，但是人格同一性不变。洛克把身体、肢体及其分子都看成"自我"的一部分："实体变化中的人格同一

---

① John Locke, *An Essay Concerning Human Understanding*, 17, chapter XXVⅡ, BookⅡ.
② John Locke, *An Essay Concerning Human Understanding*, 10, chapter XXVⅡ, BookⅡ.
③ John Locke, *An Essay Concerning Human Understanding*, 10, chapter XXVⅡ, BookⅡ.
④ [德] 莱布尼兹：《人类理智新论》上册，第243页。
⑤ 同上书，第244页。

性。我们在自己的身体中可以获得某种证据来证明这一点。身体的所有微粒（particles）都必不可少地与这同一思维意识的自我联结在一起，所以当身体微粒被触及、受影响，当它们作为我们自己的一部分——即我们的思维意识的自我（our thinking conscious self）的一部分意识到对它们发生的好与坏时，我们就感觉到是如此。"①身体的肢体如能被意识到，就是"自我"的一部分，否则就不是。身体这一（物质）实体虽然时时在变（构成身体的分子在变，某一肢体可能离开身体），但是人格的同一性并不因此就跟着变化。

莱布尼兹反驳说，"我""他"都没有部分。同一实体或同一物理的"自我"是实在地保持着的。"当一部分丧失时我们不能说同一整体还保存着。"②

可见，洛克坚持把人的实体与人格区分开来，认为人的实体变化了但其人格同一性不一定跟着变；莱布尼兹则认为，实体同一性是人格同一性的基础，人的实体一变，其人格必然跟着变化。

思想的实体变化后，是否还有人格同一性？洛克的观点是，同一意识如果能由这一个思想实体转移到另一个思想实体，那么"必须承认，如果同一个意识（如上所述，它完全不同于身体的同一的号数或运动）能够从一个思想实体转移到另一个思想实体，那么很可能这两个思想实体就形成一个人格。因为同一意识不论是在同一实体中还是在不同的实体中只要被保存，那么人格的同一性就被保存了。"③

还有一个相关的问题：同一的非物质的实体如果仍然不变，是否可以有两个独立的人格者出现？洛克的回答是否定的。主张灵魂转世的人认为，一个独立的灵魂可以投生在两个人身上，即可以有两个人格。在洛克看来这是不可能的。首先，灵魂不能独立。前面说过，洛克或者把人看成特殊的身体（生理组织），或者认为人是身体与理性（灵魂）的结合。他坚决反对笛卡尔的"人 = 自我 = 心灵实体"的观点："同一的非物质实体或灵魂，不论在什么地方、什么状态下都不能单独地形成同一个人。"④其次，人格就是自我意识。即使有同一个灵魂，他在前投生为苏格拉底，在后投生为乃斯特（Nestor），如果现在乃斯特不能意识到苏格拉底的所作所为，他便不是一个人格。

---

① John Locke, *An Essay Concerning Human Understanding*, 11, chapter XXVⅡ, Book Ⅱ.
② ［德］莱布尼兹：《人类理智新论》上册，第244页。
③ John Locke, *An Essay Concerning Human Understanding*, 13, chapter XXVⅡ, Book Ⅱ.
④ John Locke, *An Essay Concerning Human Understanding*, 16, chapter XXVⅡ, Book Ⅱ.

莱布尼兹反驳说："非物质的东西或心灵是不能被除去对它过去的存在的一切知觉的。它对以往为它所发生的一切都留有印象,并且甚至对将来要为它发生的一切都有预感。"①然而,由于这些感觉在通常情况下很微弱,以致不能被识别和被知觉。这种知觉的连续或联结造成实在的同一个体,但那些察觉还证明了一种道德的同一性,并使实在的同一性显现出来。

莱布尼兹坚持单子论的立场,单子这样的实体是每时每刻都有知觉的,尽管人有时没有感觉到它。感觉不到的知觉"也可以用来保存记忆的种子"。莱布尼兹由此相信,灵魂是可以不灭的,只有灵魂才造成同一个人。在这里,我们再次看到了莱布尼兹与洛克的根本对立:前者相信灵魂实体的独立存在,后者则根本否认它。

（三）洛克提出人格同一性的目的

洛克为什么要提出人格同一性的问题？答案是为了实践的目的。"罚和赏之所以合理、公正,就在于这个人格的同一性。"② 洛克认为,人人只关心自己的幸福与痛苦,至于同这种意识不相连的任何实体,则不论它变成什么样子,都没有关系。洛克这一观点具有重要的实践价值。人必须能自我意识到自己的行为及其后果,他才会关心自己、对自己的行为负责。这就是我们不处罚小孩、精神失常者的根据。洛克甚至举了一个极端的例子:如果苏格拉底在醒时同在睡时不具有同一的意识,则醒时的苏格拉底与睡时的苏格拉底就不是同一个人格者。我们若加以引申则可以说,醒时的苏格拉底不能对他睡时的行为（如夜游时放火烧了别人的房子）负责,所以不能惩罚他。

> 假如同一个人在不同的时间有明确的不可传达的意识,毫无疑问,这同一个人在不同的时间就形成了不同的人格。我们看到,这就是人类在最庄严地宣示他们的意见时所意识到的东西,人类的法律不因一个人清醒时的行为而惩罚疯时的他,也不因他疯时的行为而惩罚清醒时的他,以此就把疯时的人和清醒时的人看成两个人格。③

洛克进一步明确地说:

---

① [德] 莱布尼兹:《人类理智新论》上册,第246—247页。
② John Locke, *An Essay Concerning Human Understanding*, 13, chapter XXVⅡ, Book Ⅱ.
③ John Locke, *An Essay Concerning Human Understanding*, 26, chapter XXVⅡ, Book Ⅱ.

"人格"是一个用于法庭（forensic）的名词。人格，在我看来，就是自身（自我）的名称。任何一个人在哪里发现他叫作他自己的东西，我想，其他人就可以说那里是同一人格。人格是用于法庭的名词，适用于行为及其价值（merit），所以只属于理智的代理人，适用于法律，他能体会幸福和苦难。①

人格＝自我＝自我意识，这是洛克的基本观点；而提出这一学说的目的，是为了解决法律问题：行为的主体及其法律责任。

莱布尼兹则把人格理解为"道德主体"："对自我的意识或知觉证明了一种道德的或人格的同一性。"② 这种人格能感受赏罚。毫无疑问，莱布尼兹接受了洛克的人格接受赏罚的观点，但是他把"人格"看成道德责任的承担者而非法律责任的承担者。由于莱布尼兹是在读了洛克的著作后提出的这一观点，所以我们认为他是在刻意强调与洛克观点的区别。③

此外，莱布尼兹专门就"疯子"的法律问题进行了辩论。他说，法律的目的是要惩恶扬善。一方面，对于一个疯子来说，由于他不再受理性支配，所以威胁和许诺对他都没有用，因此根据他病弱的程度，处罚也不那么严格；另一方面，既然疯子不能感觉到因清醒时所做的坏事而遭受的惩罚，所以人们愿意等待他清醒后再来执行对他的判决。法律或法官在这两种情况下，都没有把他看作两个人格。④

（四）休谟的人格同一性观点

针对洛克的人格同一性解释，休谟也提出了自己的看法。

在《人性论》第一卷第一章第五节，休谟讨论了七种关系，其中第二种关系就是同一关系或同一性（identity）。这是最严格意义下用于恒常

---

① John Locke, *An Essay Concerning Human Understanding*, 26, chapter XXVⅡ, Book Ⅱ.
② ［德］莱布尼兹：《人类理智新论》上册，第242页。
③ 洛克在《人类理智论》中并没有讲人格的同一性是道德同一性，把两者等同起来的是莱布尼兹。洛克之所以把"人格"理解为法律的主体而非道德的主体，是因为洛克认为法律比道德更重要："道德上的善与恶，只是指我们自愿的行为遵守或违背了某种法律；法律来自立法者的意志和权力，借助法律善或恶将影响我们。行为的善与恶、乐或苦、遵守惯例或破坏依据立法者命令制定的法律，就是我们所说的奖赏与惩罚。"（John Locke, *An Essay Concerning HUMAN Understanding*, 28, chapter XXVⅢ, Book Ⅱ）道德上的善与恶、情感上的苦与乐，皆由法律来定，因此人格是法律责任的承担者，而不是道德责任和情感责任的承担者。
④ 参见莱布尼兹《人类理智新论》上册，第250页。

的和不变对象上的同一性。在所有关系中,同一性最普遍,它是一切具有持续存在时间的存在物所共有的。① 可见,休谟肯定了同一性是普遍存在的,是在时间存在的存在物共有的。而"同一性"的含义就是,一事物经历时间变化以后它自身保持不变。

在《人性论》的"论人格的同一性"一节,休谟首先讨论了"自我"问题。我们在前面谈到,在洛克那里,人格同一性只在于"自我意识"。所以,要讨论人格同一性必然要涉及"自我"或"自我意识"。

休谟说,"有些哲学家设想,我们每一时刻都亲切地意识到所谓我们的**自我**(self,自身),我们感觉到它的实存和它的实存的持续,并且超越了证明的证据,具有完全的同一性和单纯性。"② 但是,休谟认为这样的"自我"观念是违反经验的。他根据自己的"印象产生观念"的理论指出,产生每一个实在观念的必然是某一个印象。

> 但是,自我或人格并不是任何一个印象,而是我们假设若干印象和观念与之有联系的一种东西。如果有任何印象产生了自我观念,那么那个印象在我们一生全部过程中必然连续同一不变;因为自我被假设为是以那种方式存在的。但是并没有任何恒定而不变的印象。痛苦与快乐、悲伤与喜悦、情感和感觉,互相接续而来,从来不全部同时存在。因此,自我观念是不能由这些印象中任何一个或从任何别的印象得来的;因此,也就没有那样一个观念。③

这样,休谟就否定了"自我"或"人格"观念来自印象。

在否认了"自我"观念来自印象之后,休谟没有继续追问它来自何处,而是转向另一个问题。他问,那些互相区别、分离的知觉以何种方式属于"自我"、并且是如何与"自我"相联系的呢?显然,休谟这样转移问题本身是有问题的。因为他在上面明确说,没有"自我""那样一个观念",而在这里,他却假设了"自我"的存在,他现在只关心知觉与"自我"的联系方式。对此,我们不再深究,回到休谟的思路上来。

休谟根据自己的经验来回答这个问题。

> 就我而论,当我亲切地进入我所谓**我自己**时,我总是碰到这个或

---

① Cf. David Hume, *A Treatise of Human Nature*, p. 14.
② David Hume, *A Treatise of Human Nature*, p. 251.
③ David Hume, *A Treatise of Human Nature*, pp. 251–252.

那个特殊的知觉,如冷或热、明或暗、爱或恨、痛苦或快乐等等的知觉。任何时候,我总不能抓住一个没有知觉的**我自己**,而且我也不能观察到除知觉外的任何事物。当我的知觉在一段时间内被移去的时候,例如在酣睡中,那么我便感觉不到**我自己**,因而真正可以说是我自己不存在。①

从这里我们看到,休谟其实是把"自我"理解为正在知觉的并察觉到正在知觉的"我"。

> 我自己……只是那些以不能想象的速度互相接续着、并处于永远流动和运动之中的不同知觉的集合体,或一束知觉。②

心灵在同一时间内没有单纯性,在不同时间内也没有同一性。"构成心灵的只是连续出现的知觉;对于表演这些场景的那个地方,或对于构成这个地方的种种材料,我们连一点概念都没有。"③

有知觉就有"自我",没有知觉就没有"自我","自我"只是一束知觉而已,心灵只是知觉表演的舞台(但我们并不认识它),根本不是什么实体。这样,休谟不但解构了笛卡尔的"心灵"的实体性,而且解构了洛克的"自我"的单纯性和同一性。

介绍和分析了休谟的同一性观点和自我观点之后,我们来讨论他的人格同一性观点。

休谟首先区分了所谓的"思想或想象方面的人格同一性"和"情感或我们对自身的关切方面的人格同一性"。前者是指,我们归于"自我"的那种同一性来自我们的"想象"或思想,即根据前后接续的相似知觉来"想象"它们是同一个对象。后者是指,情感使我们那些远隔的知觉相互影响,并且使我们在现时对于过去或将来的苦乐产生一种关切之感。

休谟认为,我们用来说明物体、植物、动物的同一性的推理方法仍然可以用来说明人的心灵的同一性。

> 我们所归之于人类心灵的那种同一性只是一种虚构的同一性,是与我们归之于植物或动物的那种同一性属于同样种类的。因此,这种

---

① David Hume, *A Treatise of Human Nature*, p. 252.
② Ibid.
③ Ibid., p. 253.

同一性一定不可能有不同的起源，而是一定来自想象在相似对象上的相似作用。①

休谟认为，这个论证是"完全有决定性的"（perfectly decisive）。为了使读者信服，休谟提出了更严密、更直接的推理。"显然，我们所归之于人类心灵的那种同一性，不论我们想象它是如何的完善，仍然不能够使那些各个不同的知觉合并为一个知觉，并使那些知觉失去作为其本质的那些区别和差异的特征。"② 当我们声称一个人格的同一性时，"人的理智决不可能观察到对象之间有任何实在的联系"③，只感知到我们对这些知觉所形成的观念之间有一种结合。因此，"同一性并非真正属于这些不同的知觉而把它们统一起来的一种东西，而只是我们归于知觉的一种性质：当我们反省这些知觉时，它们的观念就在想象中结合起来"④。换言之，同一性是主观的，是我们通过反省知觉而加于知觉的观念的。

休谟接着分析说，在想象中把观念结合起来仅出现三种关系：类似关系（resemblance）、时空中的接近关系（contiguity）和因果关系（causation）。人格同一性问题与接近关系无关，只与类似关系和因果关系有关。休谟在这里主要讨论了洛克的作为人格同一性本质特征的"记忆"。在休谟看来，记忆属于类似关系。记忆就是我们借以唤起过去知觉的意象（image）的一种官能。意象和它的对象必然相似，记忆把这些相互类似的知觉置于思想系列中，使想象顺利地由一个环节过渡到另一个环节，因而使系列显得像一个对象的连续。这样，"记忆不仅发现了（discovers）人格同一性，而且通过产生（producing）知觉间的类似关系而有助于（contributes to）人格同一性的产生。"⑤

休谟认为，我们也可以用因果关系来分析人格同一性。人的心灵是各种不同知觉的一个体系，这些知觉是被因果关系联系起来的，它们相互产生、消灭、影响和限制。就像同一个共和国不但改变其成员也改变其法律和制度一样，同一个人也可以改变其性格、性情、印象和观念而不失去其同一性。一个人不论经历了怎样的变化，他的各个部分仍然被因果关系联系着。这种同一性就是"情感方面的同一性"，它可以证实"想象方面的

---

① David Hume, *A Treatise of Human Nature*, p. 259.
② Ibid.
③ Ibid.
④ Ibid., p. 260.
⑤ David Hume, *A Treatise of Human Nature*, p. 261.

同一性"。

休谟还把记忆与因果关系联系起来。"我们如果没有记忆,那么我们就决不会有任何因果关系的概念,因而也不会有构成自我或人格的因果链条的概念。"① 然而,一旦从记忆中获得了因果关系的概念,我们就能够把这一系列原因、因而也能把人格的同一性扩展到我们的记忆之外,甚至包括我们所完全忘却而只是一般假设为存在过的时间、条件和行动。因此,

> 记忆由于指出了我们不同的知觉之间的因果关系,所以与其说它**产生了**(produce) 不如说它**发现了**(discover) 人格同一性。②

休谟的这一看法也是针对洛克的:"那些主张记忆完全产生(produces entirely)了人格同一性的人,有责任说明我们为什么能够把我们的同一性扩展到我们的记忆之外。"③ 显然,休谟不同意洛克的记忆产生了人格同一性的观点。休谟的思路是,类似关系产生记忆,记忆发现人格同一性,记忆产生因果关系。

休谟的最后结论是,"关于人格同一性的一切细微和微妙的问题,永远不可能得到解决,而只应看作是语法上的、非哲学上的难题。"④ 这是一个有趣的结论。一方面,他说人格同一性问题很深奥,永远得不到解决;另一方面,他解决得很轻松:所谓的人格同一性只是想象根据相似关系产生的虚假的同一性。一方面,他在前面批评洛克把同一性的争论归结为文字上的争论;另一方面,他在这里又认为人格同一性问题只是语法(语言)上的难题。休谟对自己观点的摇摆性是有清醒认识的,他在"附录"中说,"在我较严格地检查了**人格同一性**的那一节以后,我却发现自己陷入了那样一个迷宫,我不得不承认,我既不知道如何改正我以前的意见,也不知道如何使那些意见互相一致。"⑤ 休谟是诚实的,知之为知之,不知为不知,是知也。

---

① David Hume, *A Treatise of Human Nature*, p. 262.
② Ibid.
③ Ibid.
④ David Hume, *A Treatise of Human Nature*, p. 262.
⑤ Ibid., p. 633.

六 几点评论

我们在上面对经验论和唯理论的六个代表人物的自我或人格及其同一性观点予以了介绍和分析,尤其是详细介绍和分析了洛克的人格同一性理论以及莱布尼兹、休谟的批评和解释。关于笛卡尔、斯宾诺莎和贝克莱的自我或人格观点我们分别予以了评论;在下面,我们针对洛克、莱布尼兹和休谟的自我或人格观点作一总评。

(一) 同一性难题

"同一性难题"是千古难题。十大思想实验之一的"特修斯之船"(The Ship of Theseus)最早揭示了这个难题。这个思想实验最早出自普鲁塔克的记载。它描述的是一艘可以在海上航行几百年的船,要归功于不间断的维修和替换部件。只要一块木板腐烂了,它就会被替换掉,以此类推,直到所有的部件都不是最开始的那些部件了。问题是,最终产生的这艘船是否还是原来的那艘"特修斯之船",还是一艘完全不同的船?如果不是原来的船,那么从什么时候开始它不再是原来的船(从量变到质变的临界点在何处)?据说,托马斯·霍布斯后来对此进来了延伸,他说:如果用特修斯之船上取下来的老部件来重新建造一艘新的船,那么两艘船中哪一艘才是真正的特修斯之船?霍布斯的这个"延伸"实在妙不可言。不断更换木板后的新船继承了原来的"特修斯"名号,但几乎没有一块木板是原来的,而用"特修斯"船上被替换下来的木板制作的"新船"是否更有资格称为"特修斯"号呢?

这个思想实验其实不再是思想实验,它反映的是现实中普遍存在的现象:一个不断发展的乐队,直到某一阶段乐队成员中没有任何一个原始成员,这个乐队还是原来的乐队吗?还能用原来的名称吗?一个企业,在不断并购和更换东家后还是原来的企业吗?还能保持原来的名称吗?今天的"北京大学"与一百多年前的"北京大学"是同一所大学吗?

这里涉及的难题就是哲学上的同一性难题,洛克、莱布尼兹、休谟的解释及其争论就是对这个难题的不同解答。洛克既看重事物的外观,事物在时空中的存在,也看重事物的内部组织;而莱布尼兹则只看重内部的灵魂或生命原则、个体差异;休谟则不承认事物有"同一性"(或者说他认为我们根本观察不到这种"同一性"),他认为所谓的"同一性"只是"相似性"(相似关系)而已。显然,他们三人并没有就事物的"同一性"达成一致意见。如果非要选择一种可以接受的观点,我会选择洛克的观点：他的理由更充分，也符合科学知识。莱布尼兹的泛灵论、神秘色彩过重，而休谟的怀疑主义让我们没有安全感。

我们还可以根据亚里士多德的理论对此问题、甚至对霍布斯的难题予以解答。按照亚里士多德的依据"形式"（包括形式因、动力因和目的因）命名的理论，事物的同一性问题是不难解决的。"特修斯"船在更换木板后仍可叫做"特修斯"号，因为木板只是质料而已，不能作为命名的根据。因此，更换成员后的"东方歌舞团"仍然可以叫做"东方歌舞团"，只要他们还像原来一样唱歌、跳舞；并购、合并、改造后的"海尔"集团仍然可以叫做"海尔"，只要它还像以前一样经营；现在的"北京大学"仍然可以叫做"北京大学"，尽管与100年前相比，其人员全换，领导机构完全不同，但是其基本功能没有变。

我们现在来回答霍布斯的难题。从"特修斯"号被替换下来的木板如果被用来制造了一艘和"特修斯"号功能一样的船，它当然更有资格被称为"特修斯"号，也就是说两艘船的"同一性"更强。因为，它和原来的"特修斯"号不但"形式"相同，连"质料"也相同。然而，事实上这样的情况是不存在的：因为被换下来的木板总是有缺陷的（或者全部报废或者报废了一部分，否则就不会更换），不可能用来再造一艘与原来的船具有同样功能的船（比如，原来的船能载5吨，而只用原船上报废的木头制造的新船绝不可能也载5吨；还有，用报废的木头制造的船其安全性也会比原船差很多）。所以我对霍布斯问题的回答是：只能把不断更换木头后的原"特修斯"船叫做"特修斯"号，而不能把用被替换的原来的"特修斯"船上的木板制作的新船叫做"特修斯"号。根据亚里士多德的理论，这里命名的根据是形式而非质料。

后来，弗雷格从语言哲学的角度涉及到"同一性"或"相等"问题。假设 a 和 b 各代表一事物，如果 a＝b 真，则 a＝b 和 a＝a 就是相等的。"这里表达了一事物与自身的关系"①，a＝b 表达的是 a 和 b 这两个符号或名字意指相同的事物。弗雷格由此提出了著名的含义与指称关系的理论：不同的符号可能有相同的指称（对象），但其含义绝不相同。如"昏星"和"晨星"的指称（对象）相同，但意义（含义）却不同。弗雷格还特别强调，"符号的意谓（"指称"——引者）和意义（"含义"——引者）应该与和符号相关联的表象区别开。"② 如果一个符号的指称是一个

---

① ［德］弗雷格："论意义和意谓"，《弗雷格哲学论著选辑》，王路译，王炳文校，商务印书馆1994年版，第90页。
② 同上书，第93页。

感官可以感觉的对象，我们对它就形成了"表象"，这一表象包含了各种感觉印象、记忆和情感。因而表象是主观的，但符号却是客观的即可以共享和传承的。弗雷格由此否决了过去认识论中的心理主义，包括洛克和休谟的心理主义。弗雷格的批评具有重要意义（其实康德已经开始批评心理主义）。的确，经验主义者洛克、贝克莱和休谟的经验哲学都是建立在心理主义的基础上的。感觉（sense）、知觉（perception）、印象（image）、观念（idea）、联想（association）、想象（imagination）、意识（consciousness），经验论者常用的、作为经验论基础的这些词汇充满了个人的心理色彩。由于个人的心理活动是无法共享的，所以，严格说来，我们不能形成以个人心理活动为基础的哲学理论。洛克、贝克莱、休谟之所以有理论流传下来，显然是因为他们超越了个人的心理活动，采用理性思维，进行抽象、概括、分类、推理等活动，才能形成一种理论。所以，停留在纯粹的个人心理活动、个体的意识活动的层面，不可能产生观点或理论。

当然，弗雷格试图从语言分析的角度来解决同一性问题，但是实际上使问题更加复杂化。洛克、莱布尼兹、休谟着重讨论的是：如何确定一事物经历时间的变化后还是它自身，即一事物如何才能保持它的同一性？或者说，我们根据什么标准来确定一事物经历时间的变化后还是同一的？这里不涉及观念、语言的问题，即他们把观念、语言完全看成透明的东西：观念、语言完全客观地、没有变形地投射出事物（对象）本身。他们把观念、语言的透明性当成自明的前提。当然，这样的前提是有问题的。也就是说，观念、语言并非是完全透明的、没有遮蔽的；相反，观念、语言展示了对象的许多方面，对象在观念和语言中显示出来，但同时观念和语言又遮蔽了对象的许多方面。弗雷格发现了问题的复杂性，他从语言表达（名称）、意义（含义）和对象（指称）三个层面来思考这一问题。但他关注的只是语言的表达问题，而非对象本身，因为对象问题超出了语言的范围，属于认识论的范畴（广义的认识论应该包括语言论）。所以，弗雷格只从语言学的角度并不能真正解决同一性问题。

（二）人格所处的层次

关于人格同一性争论的一个焦点问题是，人格处于什么层次？虽然洛克、莱布尼兹和休谟都没有明确提出这一问题，但是他们都围绕这一问题展开论述。笛卡尔把"自我"（或洛克所谓的"人格"）等同于有限的精神实体；莱布尼兹和贝克莱也是这种观点，只是他们也把有限的精神实体叫作"灵魂",他们相信"自我"的同一性就是灵魂的同一性。

洛克则明显不同意笛卡尔的观点,可以说他正是为了反对把"人格"或"自我"与有限的精神实体等同才提出人格同一性问题的。在洛克看来,人格处于比实体低或者浅的一个层次,而且两者是可以相互分离的。同一人格可以通过不同的物质实体(身体)和精神实体(心灵)来承载,而各种不同的实体可以被同一意识结合形成人格。人格需要载体,对这一点洛克没有否认。但是,人格不仅需要精神实体的载体也需要物质实体(身体)的载体,而笛卡尔、莱布尼兹、贝克莱都过分强调了精神实体(心灵或灵魂)的重要性而完全忽视物质实体(身体)的重要性,甚至用精神实体代替人格,这是洛克不能同意的。洛克强调身体的重要性,这是与他的经验主义立场相对应的。此外,洛克把人格与实体分离还与他的实体观点有关。他虽然明确承认实体(上帝、物质、有限的精神实体)的存在,但否认它们是可知的。实体的内部结构不可知(如我们既不知道物质的内部结构也不知道心灵的内部结构),但是"人格"或"自我"却是确定的(每个人都知道他自己,都关心自己的苦和乐),我们不能因为对实体无知就放弃对自己的关心。所以,不能把人格等同于心灵实体,应当把二者分开来。

休谟则把"人格"或"自我"定位在知觉层次。"人格"或"自我"的观念不是来自任何印象,因为不存在恒定的"自我"印象。"自我"或"人格"是正在知觉并察觉到正在知觉的"我","我"是不停地流动的"知觉的集合体"或者"一束知觉"。洛克关于人格或自我的同一性和单纯性的观点被休谟彻底否定了。

这样,我们看到,笛卡尔(莱布尼兹、贝克莱)、洛克、休谟分别把"人格"或"自我"定在了三个层次:有限的精神实体、同一的自我意识和知觉。笛卡尔(莱布尼兹、贝克莱)把"自我"或"人格"等同于精神实体(心灵或灵魂),抹杀了二者的区别,这是洛克不能同意的,所以他要刻意强调二者的区别。休谟则走向了极端,他不但不承认精神实体及其同一性,连同一意识(或意识的同一性)也否定,只承认个别的、流动的知觉,认为所谓的"人格"无非是知觉的"集合体"或"一束知觉"而已。休谟把"人格"或"自我"规定为知觉的集合,是他彻底否认一切客观联系的必然结果。

此外,在人格或自我的问题上,洛克和休谟的区别借用后来康德的话说就是"先验自我"("纯粹统觉"或"先验统一性")和"经验自我"

("经验性的统一性")的区别。① 康德强调，正是有自我意识的"纯粹统觉"或"先验统一性"，"自我"才能把所有的经验意识纳入"我"之中，统觉的先验统一性是客观有效的，而统觉的经验统一性则只有主观的有效性。显然，洛克的"人格"或"自我"正是康德的"先验自我"或"先验统一性"的理论来源，而休谟的"人格"或"自我"在康德这里只是"经验自我"或"经验意识"而已。

（三）人格与记忆的关系

洛克关于人格同一性的核心是"自我意识"和"记忆"。他说，人格同一性只在于（自我）意识，意识在回忆过去时能追忆到多远，人格同一性就达到多远。可见，人格同一性成立的关键是"记忆"。我们也可以把"记忆"看成洛克的人格同一性的标准甚至是唯一标准。不难看出，洛克的记忆标准是"内在标准"，即一个人自己确定而非由他人、其他组织或手段来确定的标准。洛克的"记忆标准"一提出，便遭到了众多责难。首先，莱布尼兹就表示反对。他认为，以记忆作为人格同一性的标准，会成为一些人推脱责任、洗刷罪名的借口：一个干了坏事的人会说"我不记得我曾经做过某事"。莱布尼兹认为，自我意识的记忆并不是构成人格同一性的唯一手段，旁人的陈述或甚至其它的标志也能提供这种手段。

休谟也对"记忆标准"提出异议。他认为，记忆并不是"产生了"人格同一性而是"发现了"人格同一性。记忆属于类似关系，它是我们借以唤起过去知觉的意象的一种官能。因为有记忆，所以我们有因果关系的概念。然而，一旦从记忆中获得了因果关系的概念，我们就能够把这一系列原因、因而也能把人格的同一性扩展到我们的记忆之外。这说明，不能像洛克那样把人格同一性局限在记忆的范围内。谁能记得在 1715 年 1 月 1 日，1719 年 3 月 11 日，1733 年 8 月 3 日他有过什么思想或行动呢？他是否因为完全忘记了这些日子里的事件而说现在的自我不是那时的自我呢？②

在当代，洛克的"记忆标准"也引起了热烈的讨论。巴特勒（Butler）和雷德（Reid）认为休谟的批评是对的，严格的和哲学的同一性是不可能的。雷德提出了"勇敢的将军"的悖论。它可以简单表达为：t_3 时

---

① 康德提出"先验自我"或"先验统觉"与洛克有同样的前提：断定实体（物自体）不可知。不过，康德把洛克的"实体"变成了"物自体"，但把"实体"概念纳入知性范畴即只适用于现象界的范畴。

② David Hume, *A Treatise of Human Nature*, p. 262.

间的 P_3 记得 t_2 时间的 P_2 的行为和经验，t_2 时间的 P_2 记得 t_1 时间的 P_1 的行为和经验，根据洛克的记忆理论和同一性的传递性，那么 $P_3 = P_2$ 并且 $P_2 = P_1$，因此 $P_3 = P_1$。但是事实可能是，由于时间跨度太长，P_3 不记得 P_1 的某些行为和经验。这使得洛克的记忆标准面临悖论。如果对洛克的记忆理论稍加修改便可以消除这个悖论，关键是要区分意识的联系性（connectedness）和连续性（continuity）。换言之，t_2 时间的 P_2 并不需要直接记得意识谱系远端的 t_1 时间的 P_1 的行为和经验才能构成 P_2 和 P_1 的同一，只要它们之间有连续则人格同一性即可成立。这一标准被称为"心理连续性标准"，该标准可以用一个充分必要条件的假言判断来表达：t_2 时间的 P_2 与 t_1 时间的 P_1 是同一个人格者，当且仅当 t_2 时间的 P_2 与 t_1 时间的 P_1 有着心理上的连续性。①

我们认为，尽管洛克的记忆标准遭到种种责难，但到目前为止它仍然是最好的标准。莱布尼兹的责难有一定道理，但是他把内部标准和外部标准混淆了，把"人的同一性"和"人格同一性"混淆了。同一个人可以客观地（外部地）证明，但是同一个人格则只能主观地、内部地证明。因为洛克认为，人人只关心自己的幸福与痛苦，至于同这种意识不相连的任何实体（包括自己的身体和心灵），则不论它变成什么样子，都没有关系。而幸福与痛苦只是人自己的感觉和意识而已！所以，人格同一性是不可能通过他人来证明的，因为幸福和痛苦只有自己知道。我们在前面说过，莱布尼兹担心以记忆做标准会成为某些人逃脱罪责的借口，但是这种担心是多余的。我们知道，法律上的案件审理并不轻信口供，而是重证据尤其是证据链。不但犯罪嫌疑人的无罪辩护不会被轻易相信，就是其主动认罪也不会被轻易相信（主动认罪时有可能是认罪者真的有罪，也有可能是替他人顶罪，还有可能是在刑讯逼供下被迫认罪）。

至于休谟的责难也是可以解决的。因为洛克虽然以记忆作为人格同一性的标准，但并没有说一个人要把一生经历过的所有事情都记清楚。我只要记得一生中若干重大事件就够了，比如说，哪年上小学、初中、高中、大学，上学期间有哪些老师和同学，哪年参加工作等，我就可以证明现在的"我"是若干年前的那个"我"。至于休谟因对记忆的苛刻要求而否认人格同一性的做法就更不可取了。如果休谟连今天的"休谟"是否是昨天的"休谟"都在怀疑，恐怕就没有人敢与他交谈了。这就像一个人不清楚自己现在是醒着还是做梦一样，对这样的人你还能说什么呢？

---

① 参见王球《人格同一性问题的还原论进路》，《世界哲学》2007 年第 6 期。

（四）人格同一性问题有无意义

德里克·帕菲特（Derek Parfit）认为，人格同一性难以解决的关键在于，人们认为人格同一性问题要么全是要么全非的二值逻辑的设定。人格同一性的内部有着难以克服的结构性矛盾，最佳的解决途径就是对人格同一性的追问不予以明确的回答。人格同一性问题只是一个"空洞的问题"，"人格同一性并不重要，根本重要的是有着任何原因的关系 R"[①]。帕菲特的目的很明确，就是要否认人格同一性。但是，帕菲特的观点很难成立。的确，一个 80 岁的人与 8 岁时的他相比改变了很多，仅存疏远的关系 R，但是这并不能否认他是同一个人格。洛克当然知道人一生要经历许多变化（身体和心灵都在变），休谟以此为由否认人格同一性，帕菲特的手法与休谟如出一辙。然而，帕菲特忘记了洛克确定人格同一性的目的是要确定法律主体。假如一个人在 8 岁时父亲去世，他继承了房产，80 岁时他立下遗嘱，要将他继承的房产留给儿子。在这个时候就只有全是或全非的选择，要么他是同一个人格——他有权处理他继承的房产，要么他不是同一个人——他根本没有权利处理他 8 岁时继承的财产。一个如此实际的问题，怎么会是"空洞的问题"呢？"人格同一性"怎么不重要呢？

第三节　康德的先验自我及其同一性

"自我"或"人格"的同一性问题成为西方近代哲学中的重要问题。围绕这一问题，唯理论者和经验论者展开了争论。唯理论者笛卡尔（以及后来的莱布尼兹、经验论者贝克莱）把精神实体的同一性看成自我或人格的同一性；洛克反对这种观点，认为精神实体的同一性不足以证明是同一个人格，他主张意识的同一性（通过记忆）才能表明人格的同一性；休谟则坚持彻底的怀疑论立场，他既不相信唯理论的精神实体的同一性，也不相信洛克的意识的同一性，他对自我或人格持怀疑的态度。可以说，休谟把自我或人格同一性的难题推向了绝境。如果不能拯救"自我"或"人格"，存在和认识的主体就是一个悬而未决的问题；如果不能确定同一的"自我"或"主体"，讨论认识或知识就是没有意义的。正如康德接受了休谟对因果关系的挑战一样，他也接受了休谟对"自我同一性"的挑战：他

[①] 转引自王球《人格同一性问题的还原论进路》，《世界哲学》2007 年第 6 期。

要回答"自我"及其同一性是什么,即首先确定认识或知识的主体是什么。

我们在前面说过,笛卡尔(莱布尼兹、贝克莱)、洛克、休谟分别把"人格"或"自我"定在了三个层次:有限的精神实体、同一的自我意识和知觉。康德选的是哪一个层次呢?答案是第二个层次,即"同一的自我意识"。所以,可以这样说,康德的观点直接来自洛克。① 他由此发展出他著名的"先验自我"理论,提出了"先验自我的同一性"观点。

康德之所以选择了用"同一的自我意识"来规定"自我"或"人格"的同一性,其前提在于他和洛克一样:断言实体不可知。当然,如前所述,康德对传统的"实体"概念作了变通处理。一方面,他坚持实体的不可知性,这是继承洛克和休谟的立场。康德通过先验感性论,把不能展现于时空中的东西叫作"自在之物"或"本体"——这样的东西就是传统的"实体",而把能展现在时空中的东西叫做"现象"。现象才是可知的对象,而"自在之物"或"本体"则不是知识的对象,所以是不可知的(但是可以思考)。康德这样的划分显然与洛克的以下观点有关:知识来自观念,观念来自对外物的感觉(空间)和对内心的反省(时间)。但是,我们只能感知事物的性质(物的现象)和内心的活动(心的现象),而感知不到性质的载体(物质实体)和内心活动的载体(心灵实体)。所以,无论是物质实体还是心灵实体都是不可感知的。但是,不可感知的实体显然是存在的,是可以思考的:因为我们只能设想载体存在那些性质才能存在,心灵实体存在内心活动才能展开。所以,康德的"自在之物"或"本体"(传统的"实体")"不可知但可思"的思想在洛克这里已经明白地表达出来了。另一方面,康德又保留了"实体"概念,

---

① 康德哲学与洛克哲学的亲缘关系没有引起学界的足够重视,人们接受康德的说辞:休谟的提示打破了他的教条主义的迷梦(《未来形而上学导论》,庞景仁译,第13、9页),而忽略了洛克对康德的正面影响。例如,在"实体观"一章我们看到,洛克承认实体存在但不可知的观点,显然影响了康德:康德把洛克的不可知的实体变成了不可知的"物自体",又在现象论中保留"实体"概念。又如,洛克在《人类理智论》的开篇就提出,他的目的是要探讨人类知识的起源、确定性和范围,以及信仰、意见和同意的各种根据与程度。这与康德批判理性的宗旨非常接近。洛克还提出,应当首先考察人类的理智,考察自己的各种能力,看看它们适合于什么事物。他认为,当人们考察了理智的能力,发现了知识的范围,找到了划分幽明事物的地平线、可知与不可知的地平线,则他们对不可知的东西就不会强求,而是心安理得任其无知,但在可知的事物上面尽量运用自己的思想和推理,以获取最大利益和满足。康德关于现象界与本体界的划分、关于把知识限定在现象界的思想,能否在这里找到来源?康德哲学与洛克哲学的关系,是一个值得深入研究的课题。

在范畴表中把"实体"与"属性"放在了"关系"范畴下,把"实体"变成了"现象中的实体"。关于这一点,第一章有详论,这里不再赘述。

一 "自我"不是实体

要回答"自我"或"人格"的同一性是什么的问题,首先就要回答"什么是自我"的问题。康德对这个问题的回答可以分为正面的阐述和反面的否定两部分。在这一小节,我们先论述反面的否定,即否定"自我"是精神实体。

(一) 纯粹灵魂学的四个概念

在《纯粹理性批判》中,康德先论述了空间和时间即先验感性论,然后论述"先验逻辑"。先验逻辑分为"先验分析论"和"先验辩证论"。先验分析论又分为"概念分析论"和"原理分析论",关于"自我"的正面阐述主要在"概念分析论"中进行。"原理分析论"结束后,康德认为关于知识的理论已经完成,于是转入"先验辩证论",即转入对"先验幻相"的批判。第一种先验幻相就是把认识中的"我"或"自我"误认为是精神实体。这种"幻相"建立在一种错误的推理上:"一个先验的谬误推理拥有一个先验的根据:在形式上作出虚假的推论。"① 所以康德把它叫作"纯粹理性的谬误推理"。

康德对这个谬误推理进行了揭露。第一版写得很长,先后列出了四个谬误推理:关于实体性、关于单纯性、关于人格性、关于观念性(外部关系上的)的谬误推理,然后逐一进行批判,篇幅有55页之多。第二版,这一部分压缩到32页,而且没有先分别列出四个谬误推理然后进行批判,而是放在一起论述。当然,第一版的基本内容保存在第二版中。

康德首先区别了作为"灵魂的我"和作为"肉体的我"。"我,作为思维者,是一个内感官的对象,称之为灵魂。作为外感官对象的'我'则称之为肉体。因此作为能思的存在者的'我'这个术语已经意味着心理学的对象了,这种心理学可以称为理性的灵魂学说……"② 心理学或灵魂学说以主体的心灵活动为研究对象,不涉及肉体。

康德认为,理性的灵魂学说所做的唯一文章就是"我思",它要从其

---

① [德] 康德:《纯粹理性批判》A341,B399,第288页。
② [德] 康德:《纯粹理性批判》A342,B400,第288页。其中的"理性的灵魂学说"(die rationale Seelenlehre) 原译为"合理的灵魂学说",这里的"理性的"与"经验的"相对。

中发挥出自己的所有智慧。这门学说排除了一切经验性的谓词，而只包含一些"先验谓词"。康德指出，我们跟随范畴的"引线"，就能把这些先验谓词展现出来，只是顺序上要做一些调整，即首先从"实体"范畴开始，这样就能列出其"主题表"（Topik）：

  1.（关系）：灵魂是实体
  2.（质:）就其质而言是单纯的
  3.（量:）就其所在的不同时间而言灵魂在号数上是同一的，亦即单一性（非多数性）
  4.（模态:）灵魂与空间中可能的对象相关①

这就是纯粹灵魂学说的所有概念。该实体仅仅作为内感官的对象，就给出了"非物质性"（Immaterialität）概念；它作为单纯的实体，就给出了"不朽性"（Inkorruptibilität）概念；它作为智性实体的同一性，就给出了"人格性"（Personalität）概念；所有这三项一起则给出了"精神性"（Spiritualität）概念；与空间中的对象的关系给出了与物体的交感（Kommerzium）；因而这种关系也把能思的实体表现为物质中的生命原则，即把它表现为灵魂，灵魂被精神所限制，则给出了"不死性"（Immortalität）。② 不朽性、人格性和不死性都是灵魂实体的表现，而灵魂实体的本质就是非物质性。

（二）四个谬误推理

这样就产生了先验的灵魂学说的四个谬误推理，这个学说被当成了纯粹理性关于能思的存在者的本性的科学。康德认为，我们为这门所谓的"科学"能找到的根据，就是"我"：

  只不过是这个单纯的、在自身的内容上完全是空洞的表象：**我**（Ich）；关于这个表象我们甚至不能说它是一个概念，它只不过是一个伴随一切概念的意识。③

在康德看来，先验灵魂学说的研究对象"我"只是一个空洞的表象，

---

① 参见［德］康德《纯粹理性批判》A344，B403，第290页。
② ［德］康德：《纯粹理性批判》A345-6，B403-4，第290—291页。
③ ［德］康德：《纯粹理性批判》A346，B404，第291页。

它是伴随其他一切概念的意识,而它本身还不能说是概念。这个能思的"我"表象了一个先验主体 X,但我们对这个主体毫无概念。我们在这里陷入了"循环":我们对这个先验主体毫无所知,却必须使用它的表象"我","我"在判断中只能作主词。

康德把关于实体性的谬误推理写成这样的形式:

> 这样一种东西,它的表象是我们的判断的**绝对主词**,因此不能被用作某个他物的规定,它就是**实体**。
> 我,作为一个思维着的存在者,就是我的一切可能的判断的**绝对主词**,而这个关于我本身的表象不能被用作任何一个他物的谓词。
> 所以,我作为思维着的存在者(灵魂),就是**实体**。①

表面看起来,这个推理无懈可击,是一个标准的直言三段论(dictum de omni),即凡对一类事物有所肯定(或否定),则对该类事物中的每一个对象也有所肯定(或否定)。按照亚里士多德的判断理论,判断的主词(主体)就隐含了"实体"的意思,因为主词是只能被表述的、不能用作他物的规定,而"实体"正是只能被表述的、不能用作他物规定的东西。所以,按照传统的思维习惯,把"我"的表象理解为"实体"是自然而然的。

康德却在"标准的"直言三段论中发现了问题:"它把思维的那个持久不变的逻辑主词(Subjekt,也可译为'主体'——引者)冒充为对依存性的实在主体的知识,而我们对这个主体没有、也不可能有丝毫的知识。"② 换言之,这个三段论中的大前提是有问题的:它把判断中的"逻辑主词"与实际存在的"实体"("主体")混为一谈,这是亚里士多德的判断理论和实体理论带来的不良后果③。

---

① [德]康德:《纯粹理性批判》A348,第 310 页。
② [德]康德:《纯粹理性批判》A350,第 311 页。
③ 康德可以说是现代分析哲学的先驱人物。他在这里敏锐地发现,判断的"主词"(Subjekt)与实际存在的实体(Substanz)或事物不是一回事。事物即使不实际存在,也可以在判断中做主词,比如"那匹飞马有三米长。"后来奥地利哲学家迈农(Alexius Meinong,1853—1920)似乎也发现了这个秘密,他提出了一个悖论:当人们说"金山不存在"时,"金山"一词已经肯定了相应东西的存在,至少"金山"的观念是存在的,先肯定有"金山"又判断它不存在,这是自相矛盾的。迈农把亚里士多德以来的哲学的一个核心问题凸显出来了。正是迈农提出的悖论激发了罗素的思考,使罗素提出了著名的"摹状词理论"来解决这一难题。罗素的摹状词理论表明:判断中的主词与实际被判断的对象不是一回事,一个命题的逻辑结构不同于它的语法结构。

总之，在康德看来，"我"或"自我"不能理解为"实体"。"实体总是与直观相关的，这些直观在我这里只有作为感性的才有可能，因而完全处于知性及其思维的领域之外……"① 作为实体的"灵魂"不能出现在直观中，所以它是不可知的。这样，作为表象的"我"或"自我"就不可能是实体了。

既然"我"不可能是实体，它就没有智性实体的同一性，不可能在不同时间内保持号数上的同一，即"单一性"或"人格性"。

二 经验的自我意识与纯粹的自我意识

我（Ich）或自我不是实体，是什么呢？它是表象或观念（Vorstellung），是意识（Bewuβtsein）。所以，"我"或"自我"就是"我的意识"或"自我意识"（Selbstbewuβtsein）②。康德把自我意识分为"经验的自我意识"（das empirische Selbstbewuβtsein）或"经验性的统觉"（die empirische Apperzeption）和"纯粹的自我意识"（das reine Selbstbewuβtsein），"纯粹的自我意识"又叫"纯粹统觉"（die reine Apperzeption）或"本源的统觉"（die ursprüngliche Apperzeption）。

（一）笛卡尔、洛克的"自我意识"和莱布尼兹的"统觉"

关于"自我意识"这个概念，在西方近代哲学史上，它是由笛卡尔的"我思"演化而来的。笛卡尔认为：意识以外在的东西为对象时也总是以心灵的"眼睛"注视着自身，认识必须从人的灵魂开始，因为我们的全部知识都依赖它。"我只是一个在思维的东西"③。什么在思维的东西呢？那就是在怀疑、领会、肯定、否定、愿意、不愿意、想象、感觉的东西。笛卡尔相信，这个精神的"我"伴随着所有感觉和思维活动，它的存在是不容怀疑的。"我"这个实体的基本功能就是"自我意识"，它统摄所有的对象意识。当然，康德认为笛卡尔的"我思"只是一种经验的、心理学意义上的自我意识。笛卡尔并没有区分"先验的我思"和"经验的我思"。

经验论者洛克也谈到了"自我意识"。他在《人类理智论》唯一一次提到这个概念是在第二卷第 27 章第 16 节。他在这节一开始说，意识

---

① ［德］康德：《纯粹理性批判》B408，第 293 页。
② "Selbstbewuβtsein"的字面意思是"自身意识"，倪梁康批评国内学者将其译为"自我意识"。在本章开头的注释中，对此已有详细说明，可参考。
③ ［法］笛卡尔：《第一哲学沉思集》，第 26—27 页。

(conscious‐ness）能单独地把意识行为结合成一个人格，而灵魂或非物质的实体不能单独形成同一的人。"至于是否是同一的自我（the same self）这一点，则当下的自我（this present self）不论是否由同一实体构成都没有关系。现在我只要通过这种自我意识（this self‐consciousness）认为一千年前的行动是自己的行动，则我对我所做的正如对前一时刻所做的一样关心、一样负责。"① 洛克所说的可以横跨千年的"自我意识"就是同一的"人格"。这个非实体的"人格"或"自我意识"正是康德的"先验自我"的来源。

再说"统觉"这个概念。康德的"统觉"概念来自莱布尼兹。莱布尼兹在《单子论》中提出了"统觉"（Apperzeption）概念，认为，最低级的单子是裸单子，它的知觉如同在睡眠、昏迷状态之中，没有意识，称为"微知觉"，无生命的东西都是如此；较高一级的单子，处于"感性灵魂"阶段，有比较清晰的知觉和记忆，动物就是如此，它们有各种感官；更高级的单子叫作"理性灵魂"或"精神"，比如人类，除了知觉、记忆外，还能运用概念进行判断、推理等思维活动，这种功能被称为"统觉"。"统觉"是对感知自身内部状态的意识的反思，即自我意识。

> 凭着关于必然真理的知识，凭着关于这些真理的抽象概念，我们才提高到具有**反省的活动**。这些活动使我们思想到所谓"我"，使我们观察到这个或那个在"**我们**"之内……②

莱布尼兹认为，只有"理性灵魂"或"精神"及其"统觉"功能才能使人超越感觉和记忆，形成抽象概念，达到必然真理，提高到自我反思，反思到"我"，反思到"我"之内的各种事物，所以，"统觉"就是"自我意识"。这种"自我意识"实际上是"精神"的"自我直观"，是主动的，只有伴随"统觉"的知觉（对象意识）才是清晰的知觉。可见，后来康德经常提到的"自我意识"或"统觉"的主动性（自发性）、综合性、伴随性、反思性等性质，都可以在这里找到根源。

（二）"经验性的统觉"与"纯粹统觉"

介绍了笛卡尔、洛克和莱布尼兹的"自我意识"和"统觉"后，我们来

---

① John Locke, *An Essay Concerning Human Understanding*, 16, chapter XXVII, Book Ⅱ.
② ［德］莱布尼兹：《单子论》，王太庆译，《西方哲学原著选读》上卷，商务印书馆1981年版，第481页。

讨论康德的观点。关于"经验的自我意识"或"经验性的统觉",康德说:

> 对意识本身的意识,按照我们状态的规定来说,在内部知觉中仅仅是经验性的,是随时可以变化的,它在内部诸现象的这一流变中不可能给出任何持存常住的自身,而通常被称之为**内感官**,或者**经验性的统觉**。凡是那**必然**要被表现为号数上同一的东西,都不能通过经验性的材料而被思考为这样一个东西。①

在个体的内部现象的流变中,经验的自我意识或统觉不能保持自身的常住性,不能保持自身的号数上的同一性,当然也就不能保证对象的同一性。经验的自我意识或统觉实际上指的是具体的认识过程中的个体的主体意识。康德把经验的自我意识或统觉所形成的统一性称为"统觉的经验的统一性"(die empirische Einheit der Apperzeption)。

与经验的自我意识或统觉不同,纯粹的(先验的)自我意识或统觉是本源的统一性和自发性。康德说,

> 我把它称之为**纯粹统觉**(reine Apperzeption),以便将它与**经验性**的统觉区别开来,或者也称之为**本源统觉**(ursprüngliche Apperzeption),因为它就是那个自我意识,这个自我意识由于产生出"**我思**"(Ich denke)表象,而这表象必然能够伴随所有其他的表象、并且在一切意识中都是同一个表象,所以决不能被任何其他表象所伴随。我也把这种统一叫做自我意识的**先验的**统一(die transzendentale Einheit des Selbst-bewußtseins),以表明从中产生出先天知识来的可能性。②
> 现在,我要把这种纯粹的、本源的和不变的意识称之为先验统觉(der transzendentale Apperzeption)。③

在康德这里,纯粹统觉、本源统觉、先验统觉这三个名称是一个含义,即指先验统一的自我意识。自我意识的先验统一(die transzendentale

---

① [德]康德:《纯粹理性批判》A107,邓晓芒译、杨祖陶校,人民出版社2004年版,第119页。
② [德]康德:《纯粹理性批判》B132,邓晓芒译、杨祖陶校,人民出版社2004年版,第89页。
③ [德]康德:《纯粹理性批判》A107,邓晓芒译、杨祖陶校,人民出版社2004年版,第119—120页。

Einheit des Selbstbewuβtseins）就是统觉的先验统一（die transzendentale Einheit der Apperzeption）。这种先验自我意识或先验统觉本身不能成为经验对象，却在认识过程中始终伴随一切表象并把它们统一起来。因此，一方面，先验自我意识只能存在于一切经验意识中，只能作为使经验意识成为可能的先天形式而起作用，所以不能脱离经验和经验的自我意识；另一方面，先验自我意识不是认识中的主观心理结构或要素，而是在逻辑上先于确定的思维，在直观、想象和概念的综合中保持同一。可见，康德的先验自我意识或统觉实际上指的是人类意识中的共同意识或普遍意识，康德相信这种共同的"自我意识"高于并统摄着每个人的具体的"自我意识"，这种意识其实是人的"类意识"，即"人类的自我意识"。

三 先验自我或人格的同一性及其意义

先验自我或人格的基本规定就是它的同一性和稳定性，这是它发挥其功能的前提。

（一）先验自我或人格的同一性

康德的"先验自我意识"或"先验统觉"就是不变的、恒定的"先验自我"，即"同一的自我"或"同一的人格"（人格同一性）。先验自我意识（"我思"）作为伴随一切意识的表象，必须是同一个意识。康德说，直观中被给予的杂多的统觉，它的无一例外的同一性包含了各种表象的综合、而且只有通过自我意识的综合或先验的统一意识才是可能的。先验统觉"这个统觉的号数上的统一性就先天地成了一切概念的基础，正如空间和时间的杂多先天地成了感性直观的基础一样"[1]。在另一个地方，康德更明确地说：

> 一切可能的现象作为表象，都是隶属于整个的可能的自我意识的。但与作为一个先验表象的这个自我意识不可分割的、并且是先天地肯定它的，是号数上的同一性，因为若不借助于这个本源的统觉，任何东西都不可能进入到知识中来。[2]

---

① ［德］康德：《纯粹理性批判》A107－A108，邓晓芒译、杨祖陶校，人民出版社2004年版，第120页。
② ［德］康德：《纯粹理性批判》A113，邓晓芒译、杨祖陶校，人民出版社2004年版，第123页。

先验自我意识作为"号数上的同一性",即是"本源的统觉"。只有借助它,直观杂多才能进入"我"的视野中,成为"我"的知识。可见,康德像洛克一样,在废除了精神实体的同一性之后,仍然坚持了"自我的同一性"即"人格的同一性"。但是,他觉得洛克的"自我意识"的"人格同一性"不纯粹,含有更多的经验性的人格同一性的色彩,所以,他提出了"经验的自我"与"先验的自我"即"经验的统觉"和"先验的统觉"的区分。康德相信,先验的自我或统觉才是真正的"号数上的同一性"即"人格同一性"。所以,我们有充分的理由认为,康德的先验自我或先验统觉理论,是以洛克的理论为主,并吸收了莱布尼兹的"统觉"观点,再加以改造和提炼的结果。

我们可以把先验自我或先验统觉这种号数上的同一性即"人格同一性"的性质和功能归纳为以下几点:一、它是一种原始的、非经验性的自发性思维,它独立于经验,不来自经验,却又使经验得以可能;二、它是一种纯粹本源的同一不变的主体意识。先验自我或先验统觉作为自发性的思维,不是直观,不是关于任何对象的概念,而是贯彻于一切表象或经验的先验主体意识。同一不变的先天自我意识或人格是一切表象可能的先天条件。三、先验自我或先验统觉在认识领域具有能动结构。在感性阶段,先验自我在统觉的作用下,用直观形式——空间和时间接纳作为现象的对象;在知性阶段,先验自我用范畴和判断综合和统一感性材料;在理性阶段,先验自我用推理和理性概念(理念)系统化人类的知识。四、先验自我是一种单纯的形式主体与逻辑设定。我们在前面指出,康德批判了笛卡尔式的把思维的"我"理解为"实体"的观点,认为,思维的"我"只是单纯的形式主体,一种逻辑上的设定,一种等于 X 的先验主体;"我"是"内容上完全空洞的",只是逻辑上的主体单一性(单纯性),并非我作为主体的现实单纯性。[①]

(二)先验自我或人格的意义

康德提出先验自我或同一人格的目的,是为了在知识、道德、审美领域发挥其能动的综合建构作用,与洛克相比康德的目标更为宏大(我们在这里只讨论知识领域)。诚如德国学者加林·格洛伊所言:"对康德来说,只有当自我意识在建立客观的世界的知识系统中起作用时,它才具有

---

① 参见康德《纯粹理性批判》A356,第 315 页。

意义。孤立的自我意识本身并无意义。"①

关于先验自我或同一人格的意义，简单来说，在知识领域，先验自我或同一人格依据自身的能动作用，对物自体刺激后的材料进行改造和加工，形成关于现象的知识并建构经验对象，为自然立法。所谓的"现象"，其实是经过人的感性形式（时空）和知性形式（如范畴）加工过的对象，所以我们在现象中发现的形式其实是我们自己预先放进去的，因而关于现象的知识必然是"真"的，即知识与对象是一致的（相符的）；或者反过来说，对象的形式必然是与我们的主观形式（时空、范畴）一致的。

康德对此论题的解答，回答了休谟对知识的挑战。休谟把理性研究的对象分为观念的关系（Relations of Ideas）和事实的事情（Matters of Fact）。观念的关系具有知觉的确定性和论证的确定性，如数学所研究的。关于这一类对象的知识的确实性，休谟并不否认，但认为它们与自然界、与经验无关。这一类知识按照后来康德的术语，可以称为"先天知识"。显然，康德对这一类知识也是毫不怀疑的。

休谟怀疑的是关于"事实的事情"的知识，因为在他看来"各种事实的反面总是可能的"。他坚持彻底的感觉—知觉主义立场，只承认经验能扩展知识，但否认经验的普遍性和必然性。休谟认为，除了时空接触以外，唯一能超出我们的直接感知的就是"因果推理"。但是，因果推理是建立在经验基础上的，所以因果关系只是后天的。后天的因果关系既然依赖经验，就不可能具有普遍性和必然性。因为经验只能告诉过去不能告诉未来，任何归纳总是有限的，不可能从所谓的"完全归纳"中得出普遍、必然的命题。所以，严格说来，按照休谟的观点，我们对事实的事情只有"经验"而没有"知识"。因为照康德的说法，知识不仅要有经验内容还要有普遍性和必然性。换言之，以康德的观点看，休谟实际上否认了关于经验对象的知识的可能性。

休谟对因果关系的挑战就是对科学的挑战，因为所有科学都是建立在因果关系上的：或者根据已有的结果寻找原因（对现象作出合理解释），或者根据已有现象（原因）解释结果（预测未来）。但是，休谟认为客观的因果关系根本找不到（超出了我们的知觉范围），所谓的因果关系只是我们的主观联想、心理习惯而已。这样，建立在因果关系上的科学也只是

---

① ［德］加林·格洛伊：《康德的自我意识理论》，《德国哲学》第1辑，北京大学出版社1986年版，第32页。

主观联想、心理习惯的产物。这个结论是惊人的，它将彻底摧毁科学的可能性！

拯救知识、拯救科学、拯救形而上学（见后），这是康德自认为"受命于天"的职责。如何才能拯救知识和科学，回击休谟的挑战呢？康德的策略就是先验主义。如前所述，虽然像休谟一样，康德否认了认识实体（本体）的可能性，但他相信每个人都意识到"自我"或"人格"的存在，即使像休谟那样否认了自我或人格的同一性，但是对"自我"或"人格"仍然是不能否定的，因为休谟还承认有"知觉"、经验，而知觉和经验总是"自我"或"人格"的知觉和经验。所以，问题不在于是否承认有无"自我"或"人格"，而在于如何解释它。休谟把"自我"或"人格"解释为纯粹知觉的、个体的，它们仅靠类似关系或时空关系联系起来。但是，康德认为，休谟的解释是完全错误的。如果自我或人格是纯粹知觉的、个体的，那我们会要问：是什么东西把这些纯粹知觉的、个体的东西统一起来呢？休谟的答案是类似关系或时空关系。但是康德认为，类似关系或时空关系是不确定的偶然关系，它们怎么能统一知觉和经验呢？所以，康德相信，一定有某种东西或力量能把这些知觉、个体经验统一起来，使它们变成"我"的，这种东西或力量就是"先验自我"或"先验意识"或"先验统觉"，即"同一自我"或"同一人格"，它是超个体的但又普遍必然地存在于每个有理性的人的头脑中的；在我们面对世界时，这个"同一自我"或"同一人格"早已准备好，所以它是先于经验的（验前的）。① 康德的"先验自我"或"先验意识"或"先验统觉"解决了自我或人格的同一性问题，使得在"自我"的实体（心灵或灵魂）缺位的情况下，"我"仍然能够把自己体验到的所有的知觉、意识、经验变成"我"的完整、有序的意识和思想。

当把同一自我或人格用于因果关系时，先验统觉"这个统觉的号数上的统一性就先天地成了一切概念的基础"②，也就成了因果概念（因果关系）的基础。在康德看来，因果关系首先是一种先天关系，其次才是后天（经验）关系。当我们对任何已有的现象进行解释时，我们总是可

---

① 在这个意义上讲，康德的先验主义并不神秘，也与唯心论没有多大关系。长期以来，康德自称的"先验唯心论"遭到学术界的误解。康德是"先验主义者"不假，但并非唯心论者，即并非否定物质或质料或把物质或质料观念化的人，他只是把现象观念化了。详见第一章。

② ［德］康德：《纯粹理性批判》A107－A108，邓晓芒译、杨祖陶校，人民出版社2004年版，第120页。

以首先断定，该现象作为"结果"一定有其产生的"原因"，或者该现象作为"原因"将来一定会产生相应的"结果"。在这个意义上说，因果关系"先于"具体的事实，而且只有在因果关系的引导下，我们才会去寻找具体的原因——具体的原因是经验的，因为我们不能预先得知一事物产生的具体原因。比如说，一个人总是成绩很好，令人羡慕。某人"成绩好"这一现象，肯定有其产生的原因，这是可以预先断定的（先验的）。所以，先天的因果关系（范畴）无条件适用于这类现象。但是，具体的原因则是后天的。例如，人们通过调查发现，那个成绩很好的人是一个"学霸"，他不但勤奋，而且有很好的方法和习惯。比如说，上课认真听讲，及时复习，爱读相关的课外书，甚至能管住自己的欲望（如他怕影响学习总是关掉手机，每天只在午饭后休息时才开手机，查看来电和短信）。然而，另外一个人成绩很好却不是"学霸"，他平常不怎么学习，玩的时间很多。这令人不解。调查后发现，这个不怎么学习的"好成绩"者天资聪明，记忆力好，理解力强，能举一反三。他平时不怎么学习，期末考试时，集中精力复习一段时间，准能考个好成绩。"好成绩"是一个结果，但产生这一结果的具体原因却可能截然相反（确如休谟所言，"事实的反面总是可能的"），可见具体的原因是不可能提前知道的。

　　康德对因果关系的理解非常高明。他既论证了因果关系的先天性，也就是保证了因果关系的普遍性和必然性，又为因果关系的经验应用留下了空间。如果像休谟那样，把因果关系完全理解为后天的经验关系，那么因果关系就只是偶然关系，不具有普遍性和必然性，这样建立在因果关系上的科学就没有普遍性和必然性，也就是说科学是不可能的。反之，如果像莱布尼兹那样把事物存在、变化的原因理解为充足理由律，事物的最后原因都归结为上帝，那科学似乎也就无事可做了。康德综合了唯理论和经验论的观点。他首先把因果关系理解为先天关系，即普遍的和必然的，这就保证了建立在因果关系上的科学的普遍性和必然性。同时，由于具体原因和结果是经验的，所以先天的因果关系必须与后天的因果现象相结合，才不会陷入空洞的同语反复，这样才能让科学成为实证科学，而不是以哲学代替科学。① 所以，我认为，康德是近现代真正为科学奠定哲学基础的第一人。有了康德的论证，我们才可以说，实证科学是有哲学根据的。

　　当然，康德的"先验自我"或"人格"的最大问题是，它与灵魂或

---

① 在这一点上，康德比后来的黑格尔高明。黑格尔的《自然哲学》显然有以哲学代替实证科学的嫌疑，所以被科学家们讥笑为"昏热的胡话"。

心灵实体的关系问题。如前所言,康德的观点来自洛克。洛克把实体作为性质、样式(状态)的载体,但认为实体本身不可知,因为实体不能被感知、不能直接形成观念(实体观念只是假设的或者由其他观念合成的)。尽管不能被感知,实体的存在是无可置疑的,因为被感知到的性质、状态不可能单独存在,只能依存于某种实体而存在。洛克的论证似乎无懈可击。康德继承了这个论证的思路。在他把传统的"实体"变成不可知的"物自身"或"本体"之后,他从来没有否认其存在,相反却一再证明它们是现象存在的基础,是我们认识的源头(刺激感官的东西)。但这只是就物质实体(质料)来说的。康德没有在心灵实体领域作同样的证明。也就是说,他没有证明,心灵实体是意识、表象(观念)等现象及其活动(心理活动)的基础,意识、表象是依存于心灵实体而存在的。康德也没有证明,为何能够在作为现象的意识、表象中分出"先验的自我意识"与"经验的自我意识",而不同时在物质领域区分出"先验的物质现象"和"经验的物质现象"①?虽然康德强调,"先验自我意识""先验统觉"只是功能或作用而非实体,但是它们实际指代的就是"实体",因为一种功能怎么能够统辖另一种功能呢(先验自我意识或先验统觉把经验意识统一、综合成"我"的意识,形成关于现象的知识)?在心灵实体缺位以后,康德必须找一个替代者,这就是他所说的"先验自我"或"先验统觉"即"人格"。我认为,康德肯定意识到了其中的麻烦和不能自圆其说的地方,但他在权衡之后,宁愿放弃自圆其说而坚守物自体与现象界的两分、坚守物自体不可知只有现象可知的立场,这其中必有深意:也许这就是他所说的:必须限制知识,以便为信仰留下地盘!

---

① 康德假设了"先验的质料",但"先验的质料"是本体,而非现象。

第四章 形而上学观

在讨论了经验论者、唯理论者和康德的实体观、时空观、人格观或自我观之后，我们来讨论他们的形而上学观。

先谈谈"形而上学"这一概念。公元前1世纪，罗得斯岛的哲学教师、吕克昂学院第十一代继承人安德罗尼柯（Andronicus），在编完亚里士多德的《物理学》（physics）之后，另编了一卷，取名为"ta meta ta physika"（meta意为"之后"，英文的metaphysics由省略了冠词ta后的metaphysika而来），意为"物理（卷）之后的那些（卷）"，即"物理学之后"。如此说来，此书似乎只有编目上的意义。然而，就内容来说，这一卷要处理的对象恰恰是超感性的事物，即研究"形而上"的东西。所以，这一书名慢慢变成了一门学科的名称。① 到了近代，德国哲学家克里斯蒂安·沃尔夫（Christian Wolff 1679—1754）把理论科学分为三个不同的分支：是［者］论（存在论）、具体的形而上学和物理学。是［者］论（存在论）是一般的、严格意义上的形而上学，具体的形而上学包括宇宙论、心理学和自然神学。

需要说明的是，"形而上学观"不同于前面的"实体观""时空观""人格观或自我观"：后三种"观点"以实存的是者（存在者）为对象，而"形而上学"本身也是"观点"，所以"形而上学观"其实是"观点的观点"。对形而上学进行反思，自觉思考形而上学本身即有形而上学观点的哲学家并不多，所以本章论述的人物将不同于前三章。在本章，我们只论述对形而上学进行过深刻反思的哲学家的观点。我们将不再讨论斯宾诺莎、莱布尼兹、洛克的形而上学观点，因为他们几乎没有这一方面的论

---

① 亚里士多德的《物理学之后》传到中国以后，曾被译作"玄学"，意在表明其内容与中国魏晋时期的"玄学"有相似之处，都以超感性的、超经验的东西为研究对象。日本学者井上哲次郎（1856—1944）根据《周易·系辞》中"形而上者谓之道，形而下者谓之器"，取"形而上"再加上"学"，形成"形而上学"译名，传入中国后被广泛采用。这就是中国哲学界"形而上学"概念的由来。

述。相应地，虽然前面没有涉及沃尔夫的观点，但由于他直接论述了形而上学，而且他的观点直接影响了康德，所以要予以讨论。最后，将附带讨论黑格尔和海德格尔对康德形而上学观点（批判哲学）的评论。

第一节 近代以前的形而上学观举要
一 亚里士多德的形而上学观点

如果把"形而上学"或"第一哲学"定义为关于现象世界的最终原因（本原、原则）的解释的科学，那么可以说，从泰勒斯起形而上学就开始了。因为泰勒斯的"水"虽然是自然界的"水"，他却做了超现象的解释：水是万物的本原，万物来源于水又复归于水。在这种意义上，我们同意康德的说法："形而上学却是本来的、真正的哲学！"[1]把古希腊的"形而上学"或"第一哲学"规定为关于现象世界的最终原因的解释可以得到史实的佐证。自然哲学从米利都学派到原子论，都在寻求现象世界的统一本原或原则。爱利亚学派关于是者（存在者）与非是者（非存在者）的划分，柏拉图关于理念世界与可感世界的划分[2]，也是在为现象世界寻找根据。为现象世界寻找根据就是"拯救现象"（后来研究者的概括），"拯救现象"是希腊哲人的任务。所谓"拯救现象"，是指给现存的一切事物即现象找寻背后起支撑作用的根据或理由，使它们的存在和生成得到合理的解释。现象之所以需要拯救，是由其本性决定的。希腊文的"现象"（phainomennon，复数 phainomenna），是由动词 phainein 的中性现在分词加冠词而变成的名词。Phainein 的基本意思是"照亮""出现""显现""呈现"等，因此其名词 phainomennon 就成了"显现或呈现出来的东西"。而且，由于这个分词是中性语态，带有自返的性质，所以"现象"一词也就具有了"自身显现或呈现"的含义。既然是"（自身）显现"，就有个前提：什么在"（自身）显现"，因为显现出来东西只是结果而非原因。所以，"现象"一词的含义本身就决定了要寻找原因或根据。还有，既然是显现出来的、被感官感知的东西，就有显现得如何的问题，是真实的显

---

[1] ［德］康德：《逻辑学讲义》，许景行译，商务印书馆 1991 年版，第 23 页。
[2] 这几行字引自本人的论文《论笛卡尔的形而上学观》。

现还是虚假的显现,即显现者与被显现者的关系问题。①

亚里士多德在《形而上学》中研究的是高于或先于物理对象的事物,他要为我们在直观上相信的一切事物给出理由。亚里士多德的这一做法被称为"拯救现象"方法②,即从现象出发,然后提出假说以说明现象的缘由,进一步说就是要为现象寻找最终的基础。

亚里士多德关于形而上学的观点可以分三层意思来分析。

(一) 智慧

古希腊开始时只有一门笼统的知识或学问,叫作"智慧"(sophia)。据第欧根尼·拉尔修说,毕达哥拉斯第一个使用"爱智"(philo-sophia)这个词,即"哲学"。亚里士多德仍然使用了"智慧"一词,"智慧"是

---

① 参见徐开来《拯救自然——亚里士多德自然观研究》,四川大学出版社2007年版,第11—12页。如果从这个角度来理解西方哲学,就不难理解,为什么希腊人一开始就要寻找"本原",为什么巴门尼德要作出是者与非是者的区分,为什么柏拉图要把世界分为理念(相)与感性世界,为什么亚里士多德要把寻找最高原因的学问称为"第一哲学"。我把这种现象称为人类的"安全感追求":我们面对纷繁复杂、变动不居的现象世界,感觉到不安全。当我们能够合理地解释现象(找到原因)的时候,我们才有安全感。如果能够找到世界的最高原因,对一切都作出合理解释,我们将不再惧怕任何东西(包括死亡)。所以,真正的哲人无所畏惧,坦然一生。当然,真正的教徒也会无所畏惧,因为他们凭信仰获得了最高原因。

② 亚里士多德的"拯救现象"应该与其老师柏拉图有直接的关系。在天文学领域,柏拉图和毕达哥拉斯学派一样,深信天体是神圣高贵的,因为天体作匀速的圆周运动,匀速的圆周运动被认为是最美、最高贵的。可是在天文观察中,有些星星的运转,时而向东时而向西,时而快时而慢,人们把这些星星叫作"行星"(希腊文中"行星"是"漫游者"的意思)。但柏拉图对这种叫法不以为然,他相信"行星"也一定在遵循着某种规律性、像恒星一样沿着绝对完美的路径运行。因此他给自己的弟子提出了一个任务:研究"行星"这个样子究竟是由哪些均匀的圆周运动叠加而成的。这就是著名的"拯救现象"方法。"拯救"的意思就是行星的现象是如此无规则、"不体面",只有找出其所遵循的规则的高贵运动方式,才能洗刷这种"不体面"。柏拉图的弟子欧多克斯在毕达哥拉斯学派研究的基础上,用天球的组合来模拟天象,为柏拉图的理想提供了第一个有益的方案,即同心球的叠加方案。拯救现象,正是将纷乱的现象归整为有序的东西。此外,将天空中的"漫游者"固定起来或使其规则化,是与希腊当时的一个社会问题相对应的。当时雅典有许多流浪者,游手好闲,到处逛荡,让政府很头痛。希波战争期间,政府强行征募这些游民入伍,接受军队的规范和制约,较好地解决了这一社会问题。"拯救现象"方法,实际上是哲学寻求本原、寻找最高原理、追求统一性和规律性的产物。

"关于某些本原和原因的科学"。哲学家所热爱而追求的"智慧",不是雕虫小技或实用智慧,而是刨根问底、寻求最高原因的大智慧。亚里士多德在《形而上学》的开篇就说,求知是人的本性。经验只知道特殊,技术才知道普遍。有经验的人只知其然,而不知其所以然,有技术的人则知道其所以然,知道原因。所以,技师比工匠懂得更多,更智慧,更受尊重。技术比经验更接近科学,技术能传授而经验不能。亚里士多德通过对比技术与经验是要说明,研究原因的学科更有智慧。"研究最初原因和本原才可以称为智慧……很清楚,智慧是关于某些本原和原因的科学。"①

那么,关于什么原因、什么本原的科学才是智慧呢?第一,智慧以最普遍(一般)的东西为对象,最普遍的东西是最难知道的,因为它离感觉最远。第二,在最初原因的知识中,最原始的就是最确切的,因为内容简练比语言繁杂更为确切。第三,对原因的思辨科学更容易传授,因为"传授"就是对个别事物的原因的谈论。第四,最初原因是最可通晓的,其他事物都是通过它们或由于它们而被知道的,因而关于最初原因的科学是最可通晓的科学。第五,在各种科学中,唯有这种科学才是自由的,因为只有它为自身而存在。

这里的"原因"包括了普遍性和完善性两个特征。关于普遍性易于理解,因为最初的原因对后来所有事物都有效。而"完善性"则较难理解。亚里士多德说,最初的原因是"个别事情的善",在整个自然中它是最高贵的。智慧"应该是对最初本原和原因思辨的科学,因为善以及何所为或目的是原因的一种"②。原因包括了"善"及"目的",这是其完善性的来源。不难看出,这会直接导致后来的"神"。事实上,亚里士多德接下来就说,这种自由的、为自身而存在的科学唯有神才具有,"人没有资格去寻求就自身而言的科学"。"神圣只有两层含义:或者它为神所有;或者是某种对神圣东西的知识。只有这一科学才符合以上两个条件。众所周知,神是宇宙万物各种原因的始点,唯有神才最大限度地具有这种知识。"③ 可见,

---

① [古希腊] 亚里士多德:《形而上学》981b30-982a4,第29页。
② [古希腊] 亚里士多德:《形而上学》982b7-11,第31页。
③ [古希腊] 亚里士多德:《形而上学》983a6-11,第32页。

只有"神"才有"智慧"①,"智慧"最终与"神学"相通。

(二) 第一哲学

亚里士多德的"第一哲学"是从关于"是"的讨论开始的。我们先说"第一哲学"这个概念。亚里士多德在多部著作中都明确提到了"第一哲学"(Πρωτη φιλοσοφία)这个概念。

> 关于形式方面的本原问题,即这种本原是单一还是众多,它或它们的本性是什么的问题的确切规定,是第一哲学的任务。②
> 至于确定可以分离的东西是怎样的及其"是其所是"的问题,则是第一哲学的事情。③
> 既然所有无生命的东西都被其他东西推动,那么第一被推动者和永恒被推动者是如何被推动的,第一推动者又是如何对之进行推动的,在论第一哲学的有关著述中已经讨论过了。④

这三段引文告诉我们,第一哲学研究形式的本原,研究神。

在古希腊,研究哲学的有三个名称:智慧、爱智慧(哲学)、辩证法。但是,亚里士多德第一个把现代意义上的"哲学"与其他知识区分开,使其成为一门独立的学问,这就是专门研究"on"(是,是者)的学问,他叫作"to on hei on"("作为是的是"或"作为是者的是者")。它被叫作"第一哲学"。亚里士多德在两种意义上使用过"第一哲学"。一种是专门研究 on 的,"ontology"("是[者]论")由此而来。另一种"第一哲学""研究既不运动又可分离的"东西,即"神学",它与"第二哲学"即物理学或自然学相对,"第二哲学""研究的是可分离但并不是不运动的"东西。鉴于第二种含义的"第一哲学"有"神学"一词可以代替,所以,我们在这里用"第一哲学"专指研究 on (to on)的学问,

---

① 苏格拉底认为,人不能称为"智慧者",只能称为"爱智者",只有神才能称为"智慧者"。(参见柏拉图"斐德罗篇"278d,《柏拉图全集》第二卷,王晓朝译,人民出版社2003年版,第202页)显然,这一思想影响了亚里士多德。
② [古希腊] 亚里士多德:《物理学》192a35,徐开来译,苗力田主编《亚里士多德全集》第二卷,中国人民大学出版社1991年版,第28—29页。
③ [古希腊] 亚里士多德:《物理学》194b14,同上书,第37页。
④ [古希腊] 亚里士多德:《论动物运动》700b.5-9,崔延强译,苗力田主编《亚里士多德全集》第五卷,中国人民大学出版社1997年版,第163—164页。

即 ontology（die Ontologie）。

虽然到了 17 世纪，die Ontologie 才由德国经院学者郭克兰纽（Rudolphus Goclenius，1547—1628）命名，并由沃尔夫（Christian, Freiherr von Wolff，1679—1754）加以完善且予以系统阐述，但就"是［者］论"这一学问本身而言，则早已由古希腊哲学确定了基本框架和主要内容。实际上，自巴门尼德开始，"是［者］论"就成为古希腊哲学的主流形态。

die Ontologie 的核心范畴是希腊文 on[①]，on（是）则是希腊语 eimi 的中性分词形式。on 本来很普通。但是，自从巴门尼德把它作为真理的对象加以探讨以来，"是"成为了最高的哲学范畴，但其含义却众说纷纭、没有定论，并由此产生了长期影响西方哲学走向的"是［者］论"（德文 die Ontologie，英文 ontology），即关于是和是者的学说。

亚里士多德在《形而上学》的第四卷和第六卷讨论了"作为是者的是者"，即"是者"本身。在第四卷开篇，他就说，"有一门研究作为是者的是者，以及就自身而言依存于它们的东西的学问。"[②] 接下来，他说"是者"[③] 有多种含义，但都与唯一的本性或本原有关。因为事物被说成是"是者"，或者是由于实体，或者是由于实体的属性，或者是由于达到实体的途径，或者是由于实体的消灭、缺失、性质、制造或生成能力等。亚里士多德在这里实际提出了"是者"分类。在各种"是者"中，科学主要研究首要的东西，其他是者（事物）都依赖它并由它而得名。假如首要的东西就是实体的话，那么哲学家就应该掌握实体的原因和本原。接下来，亚里士多德就谈到了是者（事物）的分类。他说，是者和——旦有了种类，知识或科学就相应地能分门别类了。

在第五卷即"哲学词典"卷第 7 章，亚里士多德详细讨论了"是"（"是者"）的四种含义。第一，"是"的含义或者就偶性[④]而言，或者就自身而言。一个公正的人"是"文雅的、白净的、在造屋子，这些"是

[①] 据熊林教授的看法，当把希腊文 to on 视为名词"是者"或"存在者"时，对应的词是：拉丁文 ens，英文 the being，德文 das Seiende。
[②] ［古希腊］亚里士多德：《形而上学》1003a20 – 25，第 84 页。译文有改动。
[③] 在"S 是 P"中，S（主词、主语）和 P（谓词、谓语）都是"是者"。亚氏认为，主语和谓语代表事物，所以，"是者"就是一切存在的事物、性质、关系。
[④] 据熊林教授的看法，"偶性"应是"偶然"。亚里士多德认为"是（者）"有四种含义，但第一种含义，我们对之不具有知识，第三种含义，属于逻辑学或认识论，唯有第二种和第四种含义是形而上学的主题。

者"都只是偶然的,因为一个公正的人不必然具有这些性质(是者),而且可能具有相反的性质。第二,"就自身而言的是的含义如范畴表所表示的那样,范畴表表示多少种,是者就有多少种含义"①。他在这里列举了"是什么"(实体),质,量,关系,动作与承受,地点,时间等七种范畴。"每一范畴都表示一种与之相同的是者。"可见,亚里士多德与柏拉图不同,他不是离开具体事物来讨论哲学范畴。第三,"是"表示真实和肯定,"不是"表示不真实和否定,这是表真。第四,"是"有时表示潜在地"是",有时表示现实地"是"②。

在上述四种含义中,第一种和第二种涉及事物及其属性,以及表示这些事物与属性的范畴,但第一种属于偶然的东西,我们对其没有知识,所以不讨论;第三种涉及逻辑中的判断和认识论中的真假;第四种涉及他的潜能现实理论,现在较少谈及。所以,我们重点讨论第二、三种含义。

第二种含义的"是"或"是者"与"范畴"有关,这就涉及到亚里士多德的《范畴篇》。《范畴篇》有十五章,是西方哲学史上第一个关于"是者"的范畴表。范畴表是对词项的分类还是对事物本身的分类,学者间有争论。其实,仅仅看成是任何一种分类都是偏颇的,范畴表同时是对两者的分类。亚里士多德认为,语言表达事物,名实相应。他通过词项分析,最终落实到对实在事物的意义分析,构成了自己的实体论;同时,普遍性词项的意义分析又为逻辑学说的建立提供了哲学根据。可见,范畴表既是哲学的又是逻辑学的。"'在其自身意义上的是者'就是'范畴意义上的是者'。……从逻辑学的角度看,亚里士多德的范畴乃是简单语词或词项;从形而上学或是态学的角度看,则是对'是者'(τα οντα)的最大分类。'范畴'(Kategorien)体现着'逻辑学'(Logik)和'是态学'(Ontologie)的统一。"③

《范畴篇》在学术发展史上具有重要意义。因为它表明亚里士多德已经开始摆脱柏拉图主义,他不是从抽象原则或原理而是从现实的具体事物出发,他把具体的个别事物看成是第一实体,而把抽象的"种"和"属"

---

① [古希腊]亚里士多德:《形而上学》1007a25 – 30,第121页。译文将原译的"存在"改成了"是者"。
② 在这种意义上,to on 译为"存在"或"存在者"似乎更好。To on 本身包含了是和在的含义,翻译成任何一个词都有可能失掉另一种含义。
③ 溥林:《否定形而上学,延展形而上学?——对 Sein und Zeit 核心思想的一种理解》,《同济大学学报》(社会科学版)2014年第2期。

看成是第二实体。

《范畴篇》一开始就指出,应当根据名称和它所表示的东西的关系来辨析词义。有些是"同名异义的"(homonymous),如"人"和"肖像"都可以叫作"动物",但这两个东西的实体定义不同;有些是"同名同义的"(synonymous),如"人"和"牛"都可以叫作"动物","动物"这个名称对于"人"和"牛"来说是共同的,而且其实体定义也是同一的。接下来一章说,语言的表达有简单与复合之分。简单表达是单独词项,如"人""跑""得胜",它们本身没有肯定或否定、真或假的含义;复合表达是不同语句的组合,构成语句,如"人跑""人得胜",它们构成肯定判断或否定判断,有真假之分。

"一切非复合词包括:实体、数量、性质、关系、何地、何时、所处、属有、动作、承受。"[1] 这其中,中心范畴是"实体"(ousia)[2],"实体"规定了一个事物"是什么",它是主范畴。另外九个范畴一般称为"次范畴",它们都依存于主范畴(主词、实体),是用来表述主词或实体的。[3]《范畴篇》着重论述了数量、性质和关系这三个范畴,因为它们表达了事物最广泛的属性,更重要。[4] 这十个范畴彼此不可通约,没有包含、交叉关系,也不能被归约到更高的属之下,然而,它们都能以"同名异义"的方式被统摄在"是"之下,它们都是"是者"。第十至十五章,讨论了与事物的变化相关的"对立""在先""同时""运动"和"所有"等五个范畴,着重论述了"对立"和"运动"。这五个范畴是在十个范畴之后添加的,所以一般称为"后范畴"。

正如亚里士多德所言,"对于范畴的思考属于对是者的一般思考,归

---

[1] [古希腊] 亚里士多德:《范畴篇》1b25-2a1,秦典华译,苗力田主编《亚里士多德全集》第一卷,中国人民大学出版社1990年版,第5页。康德后来在《纯粹理性批判》中批评亚里士多德的范畴表,说"由于他不拥有任何原则,所以他碰到它们就把它们捡拾起来"(A81,B107)。亚里士多德在《论题篇》中也列举了十大范畴,后九个范畴是相同的,但是第一个范畴不是"实体"而是"本质"。(参见苗力田主编《亚里士多德全集》第一卷,中国人民大学出版社1990年版,第362页)

[2] 海德格尔在《尼采》中,把ousia理解为"在场状态",而"在场状态"指的是存在者中的普遍之物,即存在着。(参见海德格尔《尼采》下,孙周兴译,商务印书馆2002年版,第842页)

[3] 亚里士多德的"主谓逻辑"由此而来,影响西方哲学两千多年。由于主词等于实体,所以很多虚假判断由此而生。比如"那匹飞马在1000米高空飞翔"。为解决此问题,罗素创立了"摹状词理论"。

[4] 在康德的范畴表中,前三类就是量、质、关系,康德自己加了"模态"一类。

属在对于是者作为是者的思考中"。可见，是者论的核心内容就是"范畴论"。亚里士多德的《范畴篇》是对"是""是者"以及由此产生的知识的多样性意义进行科学的逻辑分析，奠立了西方的分析传统，对西方的哲学和科学都产生了重要影响，直至今天。

"是"的第三种含义表示真实（肯定）或虚假（否定）。在《形而上学》第二卷，亚里士多德说，"把哲学称之为真理的知识是正确的。思辨知识以真理为目的，实践知识以行动为目的"①。哲学是思辨知识，是关于"真理"的知识，以获取"真理"为目的。什么是"真理"呢？亚氏的解答是"真理是离不开原因的"。使后来的事物成为"真"的原因就是最高一级的"真"。因此，"永恒事物的本原就必然永远是最真的本原。因为它们并非一时的真，没有东西是它们存在的原因，而它们是其他东西存在的原因。因此，存在的状态决定真理的状态"②。亚里士多德讲的"真理"首先是原因的真，即一个事物的产生有其根据，类推下去最高的本原就是最真的（至真），因为没有其他原因能够作为其原因，用斯宾诺莎的话说，它是"自因"③。

研究"作为是者的是者"的第一哲学，除了研究实体及其属性（用范畴来表达）外还有没有其他任务呢？还有，那就是研究"公理"（axioma）。亚里士多德在《形而上学》第四卷（Γ）讨论了这个问题："必须决定，由同一门还是不同的科学来研究数学中所谓的公理和研究原始是者（实体）。显然，对公理的考察也属于一门科学，属于哲学家的科学；因为它们涉及所有是者，而不是只涉及其他是者中的某一特殊种类。"④尽管每门学问都在使用这些公理，但无论是几何学还是算术都不探讨这些公理，研究其真假。所以，"应由哲学家，即研究所有实体自然本性的人，来考察逻辑推理的本原。"⑤ 这些公理是所有原理中最确定的，人们知道最多而不可能弄错的；这些公理是我们在知道任何是者以前必须先知道的，所以并非假设。这些最确定的公理就是"矛盾律"和"排中律"。

---

① ［古希腊］亚里士多德：《形而上学》993b20 - 25，第59—60页。
② ［古希腊］亚里士多德：《形而上学》993b25 - 35，第60页。译文最后一句有改动。
③ 后来的黑格尔也首先在这种意义上使用"真理"一词，"绝对精神"作为最高原则就是绝对真理。这也驳斥了有些学者认为，西方哲学不能用"真理"而只能用"真"（逻辑的真值）的说法。
④ ［古希腊］亚里士多德：《形而上学》1005a20 - 25，第89页。译文有改动。
⑤ ［古希腊］亚里士多德：《形而上学》1005b5 - 10，第90页。

亚里士多德反对有些哲学家主张的"同一个东西可以既是又不是"，而明确主张："同一个东西不能既是又不是"。衍生来说，在同一时间内，同一属性不能在同一方面既"是"属于又"不是"属于同一事物。如果 A 是 B，就不能同时又不是 B。"是 B"和"不是 B"是相互矛盾的，故称"矛盾律"（也称"不矛盾律"，这是就这一定律的目的而言的）。所有证明均需以矛盾律为前提，矛盾律是无须证明的自明公理，它不能从其他定律得到证明，否则就会陷入无穷倒退。

关于排中律，亚里士多德说，在对立的陈述之间不允许有任何居间者，对于一事物或者肯定或者否定，从真和假的定义来说这是很清楚的。因为，否定是的东西或肯定不是的东西为假，反之，肯定是的东西和否定不是的东西为真。在这两者之间没有第三者，也不能同时肯定或同时否定。亚里士多德讲的"对立"实为"矛盾"。白与黑是对立的，对立之间可以有第三者（如黑白之间的灰），而白和非白才构成矛盾，矛盾双方之间没有第三者。①

亚里士多德把矛盾律和排中律作为"第一哲学"的重要内容似乎出人预料。一般认为这是逻辑学的重要规律，而与哲学无关。但是，亚里士多德认为，哲学的任务是寻求真理，是求真。何为"真"呢？他认为，只有由单词组合而成的肯定命题和否定命题才有"真"和"假"的分别。肯定命题和否定命题由"是"和"不是"组成。但是，命题自身无真假，只有与表述的对象相比较才有真假。命题与是者（事实）相符为真，与是者（事实）不符为假，比如"柏拉图曾经是亚里士多德的老师"是真命题，"柏拉图曾经不是亚里士多德的老师"是假命题。柏拉图不可能"既是又不是"亚里士多德的老师，这是矛盾律；柏拉图或者是或者不是亚里士多德的老师，不能有第三种情况，这是排中律。可见，这两条公理都是判断"作为是者的是者"在什么情况下为真、什么情况下为假的公理，是关于"是者"的公理。所以，亚里士多德把它们作为"第一哲学"的内容，并花了大量篇幅予以讨论。

（三）神学

我们在前面说过，另一种"第一哲学""研究既不运动又可分离的"

---

① 参见亚里士多德《形而上学》第四卷第七章，1011b25–30。

东西,这种"第一哲学"就是"神学"①,我们现在来讨论。

"神学"顾名思义就是以"神"为对象的学问,可见,亚里士多德认为或者假设"神"这个对象是存在的,否则就无"神学"可言。"神学"与其他学科相比有一个显著特征,就是"神"这个对象不是人的感官能感知的,人们会自然地怀疑其存在。所以,证明"神"的存在就成为"神学"的重要内容甚至是主要内容。亚里士多德关于"神"的存在的证明可以说开启了后来的神学证明神存在的先河。亚里士多德的证明可以分为以下几种。

1. 形式与质料理论的证明

亚里士多德在寻找事物的原因的过程中,认为一事物的存在和变化有四种原因:质料因、形式因、动力因和目的因。他把后三种原因合为一种即形式因。质料指不是现实的"这个",而只是潜在的"这个"。比如,砖、石头、木材只是潜在的而非现实的房子,因为砖、石头、木材有可能不用来建房子而建其他。如果说它是"遮蔽人和物品的处所",则是说现实的房子。将两者结合起来便是第三种实体,即由形式和质料组合成的房子。在具体的房子中,形式(形状、功能、目的)才是首要的本原,它决定一事物之所以是该事物而不同于别的事物,是事物间的差异(属差),它是现实的"这个",事物通过其形式来命名。

亚里士多德认为,质料有"最接近的质料"和"最后的质料"。比如,砖瓦是房子最近的质料,但房子的质料由泥土构成,泥土由水和土构成,将水和土中的冷热、干湿、长宽高、动或不动等性质全部去除以后,就剩下"最后的质料",即无形式的质料——"纯质料"②。同样,形式

---

① 徐开来教授在《拯救自然——亚里士多德自然观研究》(四川大学出版社 2007 年版第 79—83 页)中,比较了"第一哲学"即"神学"与"第二哲学"即"自然学"("物理学")的异同。两者的共同点是:第一,性质基本相同。两者都是为知而知的思辨科学,都是自由科学;第二,产生的条件相同,即都是"闲暇"和"好奇"的产物;第三,任务大体相同,都是探求本原和原因的科学;第四,所用概念基本相同,最主要的相同概念有:是(存在)、本原、原因、实体、质料、形式、运动(不动)、所为(目的)、潜能、现实(实现)。主要区别有三点:第一,研究对象不同。自然学的对象是运动的、生灭的、普通的,而神学的对象是不动的、永恒的、神圣的。第二,研究层次不同。自然学研究与质料不分离的形式(只是在认识上、定义上把形式抽象出来),而神学研究独立存在的形式或形式本身,神学研究的层次高于自然学研究的层次。第三,研究方法不同。自然学的研究方法是从普遍到特殊,从整体到部分,从抽象到具体,从思辨到经验;反之,神学的研究是从个别到一般,从具体到抽象,从经验到思辨。

② 参见亚里士多德《形而上学》1029a10-25,第155页。"纯质料"就是"物质"。

也有"最接近的形式"和"最后的形式"。比如,房子的形式因是"如此安排的砖石和木头",它的目的因是"遮蔽人和物的处所",动力因是造房子的工匠。形式也有最后的形式即"纯形式"。那些既没有可感觉质料又没有可思想的质料的东西,每一个都是"一",是一个是者。它们每一个的本质既是"一"也是"是者",因而不需要为它们的"一"和"是"寻求解释,它们是直接的"一"和"是者"。这种不带任何质料的纯形式自身就是一个"是者",是"这个"。亚里士多德认为,所有事物都不满足于现有的形式,都在追求更高的形式,追求的最后结果就是"纯形式"。"纯形式"不含质料,不受质料束缚,是最完满的形式,"纯形式"就是"神"。

2. 潜能与现实理论的证明

"潜能"译自希腊语 dynamis,亚里士多德的 dynamis 包括了三种含义:能或能力,可能,潜能。潜能和"现实"相对。"现实"在亚里士多德那里有两个词 energeia 和 entelecheia。前者表示"在工作中"(en-ergeia),可译为"现实",后者表示"达到了目的"(en-tel-echeia),可译为"实现"。亚里士多德在《形而上学》第八卷第六至九章讨论了潜能与现实的关系。他认为,"现实"就是以和"潜能"不同的方式出现或存在。如赫尔墨斯的雕像是潜能地在木头中,半条线是潜能地在整条线中,和它们对应的就是"现实",如完成的赫尔墨斯雕像、一条线。归纳来说,现实就是已经动作、正在动作或已经完成,而潜能是能够动作而尚未动作的。他又进一步把现实规定为:第一,相对于潜能的运动;第二,相对于质料的实体,它既可以是形式也可以是具体事物。前者是动的意义,后者是静的意义。

两者的基本关系是:现实先于潜能。"先于"包括原理(逻辑、定义、认识)上先于,实体上先于,时间上先于。第一,先说"原理上先于"。最初意义的"可能"就是允许现实的可能。如可造屋就是能够造屋,造屋(现实)先于可造屋(潜能);可观看就是能够观看,观看(现实)先于可观看(潜能)。第二,"实体上先于"是指,其一,生成上在后的东西在形式上和实体上在先,如成人先于儿童,男子先于精子;其二,一切生成的东西都要走向本原和目的,本原是所为的东西,生成就是为了目的。而现实就是潜能的目的。第三,"时间上先于"分为两种情况,一种情况是,当现实的东西和潜能的东西只是在属上相同而在数目上不同,即不是同一个体时,总是现实的先于潜能的,如谷物先于其种子;另一种情况是,现实的是者和潜能的是者是同一个体时,总是潜能的先于现实的，如精子先于人。但是亚氏又说，精子这个潜能的人是由另一个现实的人生成的。这种时间上的在先，"总是一个现实以另外的现实为前提，直到最初运动者"①。

亚里士多德认为，现实是潜能追求的目的，从潜能到现实就是运动，追求目的、实现潜能是事物的本性。他还把现实与形式联系起来讨论，说"实体和形式是现实。按照这种道理，现实在实体上先于潜能"②。从形式质料理论来看，现实就是质料在实现其最近形式的运动过程中或已经实现。可见，形式质料理论和潜能现实理论是对同一个运动过程的不同解释。亚里士多德更进一步认为，永恒的东西在实体上先于可消灭的东西，任何的潜能都不能永恒。换言之，永恒的东西应该是没有任何潜能的东西，即"纯现实"。"纯现实"因为没有任何潜能、任何质料，所以不再消灭而永恒，不再追求而完满，这样的"纯现实"就是神。

3. 第一推动者的证明

推动者是运动的概念。所以，先说"运动"。亚里士多德将运动分为五个要素：直接推动者即致动者，运动者即被推动者，运动经历的时间，运动的起点，运动的终点。其中最重要的是推动者、运动者和运动所趋向的目的。③ 须注意，亚氏讲的"运动"是广义的"运动"，包括位移、量变、质变。运动就是在一定时间内事物从 A 到 B，关键是致动者推动运动者运动。凡运动必有推动者，而运动都趋向一个目的，不完善的总是追求完善的，但原因不是无限的系列，所以必有"第一推动者"④。那个在整个自然系列之外、自身是永恒不动的、唯一的"第一推动者"，就是神。

4. 目的论的证明

"目的因"是亚里士多德自己提出的，他为此甚为得意。他说，关于质料因、形式因和动力因前人都有人提出并作了论述，唯有"目的因"是他自己悟得的。这类似于程颢说"吾学虽有所受，'天理'二字却是自家体贴出来"⑤。亚里士多德在《形而上学》中认为，目的因可以是不动

---

① ［古希腊］亚里士多德：《形而上学》1050b5－10，第 215 页。
② ［古希腊］亚里士多德：《形而上学》1050b1－5，第 215 页。
③ 参见亚里士多德《物理学》224a34－b7，第 132—133 页。
④ 亚里士多德在两种意义上使用过"第一推动者"。第一个含义是指在自然物中，一系列动作的最初发出者，如棍棒运动石头，手运动棍棒，人运动手，人就是这一系列运动的"第一推动者"（徐开来译为"最初运动者"。参见《物理学》256a5－10）。第二个含义是指永恒不动的、唯一的"第一推动者"，它才是神。
⑤ 《河南程氏外书》卷十二。

的东西，"为了什么"或者是为它而动（它本身不动），或者是由它而动。目的因造成运动，事物因追求它而动。永恒的、现实的实体这样运动："像被向往的东西和被思想的东西那样运动而不被运动。"①这样引起的圆周运动永远保持自身。这种被欲求的东西是美好的，是真实的。在运动的系列中，最后被欲求的东西，就是最初的动者（不动的推动者），它是最真实、最美好的。由此，亚里士多德引出了关于"神"的著名论断：

> 神是赋有生命的，生命就是思想的现实活动，神就是现实性，是就其自身的现实性，他的生命是至善和永恒。我们说，神是有生命的、永恒的至善，由于他永远不断地生活着，永恒归于神，这就是神。②

亚里士多德认为，在理智的所有活动中，思想的现实活动比对象更神圣，思辨是最大的快乐，是至高无上的。只有神才配享有这种快乐，我们人若能一刻享受到这种幸福，那真是受宠若惊了。神的生命就是思想的现实活动，以自身为对象的思想活动就是至善和永恒。亚里士多德赋予"思辨"神圣性，将"思辨"神化，足见他对哲学的推崇，对自己作为哲学家的满足感。黑格尔在《哲学史讲演录》中，对这一段话作了详解和引申，足见黑格尔是亚里士多德的知音。

这就是亚里士多德的"理性神学"，他将理性（nous）叫作神。他的理性神学可以归纳为以下几点：第一，理性是永恒的，它没有生成和消灭，是永恒的运动。它是万物的原因，但它是"不动的推动者"。第二，理性只能以自身为对象，因为它所思考的是纯粹的形式和本质，是完全的现实性，不带任何质料和潜能。黑格尔评价说："神是纯粹的活动性，是那自在自为的东西，神不需要任何质料——再没有比这个更高的唯心论了。"③ 第三，理性既以自身为对象，也以自身为目的。因为理性是最好、最尊贵的，没有比它更好的东西了。第四，永恒运动只能是圆周运动，因为它永远不会停止。理性神通过天体的圆周运动推动了万物，成为万物的

---

① [古希腊] 亚里士多德：《形而上学》1072a25-30，第277页。
② [古希腊] 亚里士多德：《形而上学》1072b28-31，第279页。
③ [德] 黑格尔：《哲学史讲演录》第2卷，贺麟、王太庆译，商务印书馆1960年版，第295页。黑格尔据此将亚里士多德判定为唯心论者（观念论者），而否定有人认为亚里士多德是经验论者、唯物论者。

动力因和目的因。①

总之，亚里士多德通过他的理论证明了神的存在。按照形式与质料的相对理论，他推论出了"纯形式"的存在；按照现实与潜能的相对性理论，他推论出了"纯现实"的存在；按照运动的相对性理论，他推论出了有一个"不动的推动者"存在；按照事物活动的目的性理论，他推论出了"终极目的"的存在。但是，"纯形式""纯现实""不动的推动者""终极目的"这四个名称其实是一个是者即"神"的不同叫法。神以自己为思想对象，神的活动只是思想活动，所以亚里士多德的"神"还不是有人格的、创世的、宗教神学的"神"②。

我们在上面介绍和分析了亚里士多德的"形而上学"的三重含义：智慧、第一哲学、神学。关于"智慧"，在亚里士多德那里只是一个过渡性的术语，是从传统继承来的东西，亚氏论述并不多，他实际上是用"第一哲学"和"神学"来代替了它。第一哲学和神学在亚氏那里都叫作"第一哲学"，所以它们也可以说是"第一哲学"的两种含义。那么，问题出现了，第一哲学和神学或者说"第一哲学"的两重含义哪一个更重要？更进一步，如何来理解"是"（是者）和"作为是者的是者"？是把是（是者）理解为最普遍的东西，还是理解为最完善、最神圣的东西？从来源来说，亚里士多德的"是（是者）"来自巴门尼德的"是（是者）"和柏拉图的"相"，因而两方面的含义都有。问题是，哪一个含义是主要的？学者们一直有不同的理解。一种观点认为，研究"作为是者的是者"是一门普遍的学问，神学应包含在其中。因为它所研究的基本范畴和原理是其他一切特殊学科都要使用的，但是这些特殊并不专门研究。它研究普遍的实体、实体及其分类，而不动的分离的实体（神）只是其中一类特殊实体。所以，第一哲学（形而上学）是研究作为是者的学问，神学只是其一个特殊方面。这种观点可以在《形而上学》的 Γ 卷（第四卷）第一章找到文本根据。另一种观点则认为，亚里士多德将是者归结为它的首要核心——实体，又将各种实体归结到最高的一种——不动的分离的实体，"不动的推动者"，也就是"神"。所以，亚氏将自己的"第一哲学"称为"神学"，并说它是最高的理论科学。这种观点可以在

---

① 参见汪子嵩、范明生、陈村富、姚介厚《希腊哲学史》第三卷，人民出版社2003年版，第886—887页。

② 这一段引自本人的论文《论笛卡尔的形而上学观》。

《形而上学》E卷（第六卷）第一章找到文本依据。① 在这两种观点中，一种将 theology（神学）归结为 ontology（"是［者］论"），另一种将 ontology 归结为 theology。此外，还有第三种观点，如 W. Leszl 认为，theology 和 ontology 是两门独立的学问。神学讨论关于实在的原理，说明实在的因果作用；神作为不动的推动者是所有事物的最后原因，在此意义上，神学是普遍的学问。ontology 也是普遍的学问，但不直接讨论实在，而是讨论关于实在的认识、方法和表达，考察是者的各种范畴。这两种学问，互不从属，各自独立。② 陈康先生认为，亚里士多德意识到了两者之间的矛盾，他在《形而上学》Γ卷和E卷中修正了 ontology 和 theology 的矛盾。他以 ousiology（实体论、本体论）来代替 ontology（"是［者］论"），以调和与神学的矛盾。他发现，代替"智慧"的是两门独立的学问，即神学和是［者］论，其中任何一门都不能单独和智慧等同。他企图将二者统一成为一门单独的学问，但未成功。③

亚里士多德的第一哲学或形而上学内部的这种矛盾影响了后来的西方哲学，各种分歧皆由此而出。

二 托马斯·阿奎那的形而上学观点

在中世纪哲学部分，由于资料所限，我们只简单介绍一下托马斯·阿奎那的形而上学观点。

形而上学作为"第一哲学"是真正意义上的哲学，或者说是哲学的核心，所以托马斯·阿奎那讨论哲学与神学的关系，就是对哲学的反思，其中包括了对形而上学的反思。

哲学与神学、理性与信仰的关系问题是中世纪哲学的基本问题之一，每个重要的哲学家都应回答。托马斯作为中世纪最重要的哲学家当然有自己的答案。早期经院哲学的一般倾向是把神学当作真正的哲学，或者把哲学作为神学的理性内容和论证方法。但是，13世纪兴起的亚里士多德哲学突破了这一哲学概念，亚里士多德哲学显然不属于基督教哲学，但这并不影响其重要地位。在新的思想背景下，托马斯重新研究并调整了神学与哲学的关系。一方面他把哲学与神学明确区分为两门不同的学问；另一方

---

① 参见汪子嵩、范明生、陈村富、姚介厚《希腊哲学史》第三卷，人民出版社2003年版，第677—678页。
② 同上书，第686—687页。
③ 参见陈康《智慧：亚里士多德寻求的学问》。江日新、关子尹编：《陈康哲学论文集》，台北联经出版公司1985年版，第384—386页。

面又坚持神学高于哲学的传统立场，反对用哲学批判神学。

托马斯相信真实的、客观的知识是存在的，反对把知识仅看作人类精神的产物。他认为真理的标准不是我们的思维，而是客观的。"理智中的真理就在于理智和所了解的事物一致。"① 真理是主观符合客观，这与我们多数人接受的真理观相同。尽管人的认识具有客观性，托马斯也指出其不足。他认为，在现实世界之上还有一个超现实的世界，这是人仅凭理性无法认识的，比如神的三位一体、道成肉身，这些只能靠上帝的启示、靠信仰才能认识。

托马斯重申了"哲学是神学的婢女"的口号，但作了新的解释：哲学这个"婢女"只为主人服务，服务是她的工作，她有独立的人格。哲学与神学来源不同。"基督教神学来源于信仰之光，哲学来源于自然理性之光。哲学真理不能与信仰的真理相对立，它们确有缺陷，但也能与信仰的真理相类比"②。这段话表明了托马斯的基本立场：哲学与基督教神学有不同的来源，所以不能相互取代；信仰真理高于哲学真理，所以不能用哲学来批判或否定神学；哲学与神学虽是不同的，但也能统一起来。

有人反对在哲学以外还需要其他理论。他们有两条理由。"第一，除了哲学理论，似乎不需要其他理论了。因为我们没有必要追求超出人类理智的事情。……一切属于可理解的事，用哲学理论就足够讲清楚了。所以除哲学外，其他理论都是多余的。第二，理论就在于论述存在，知识就是求真理，真理与存在是相通的。哲学既讨论了一切存在，而且也讨论了上帝。所以，哲学中有一部分就是神学，亦称关于上帝的学问。亚里士多德的《形而上学》一卷六章上就讲过了。所以，除了关于自然的学问外，不必要其他理论了。"③ 这两条理由可以说是反对"教理神学"的"钢鞭"，十分有力，尤其对信奉亚里士多德主义的托马斯来说更是如此。然而，这样的看法显然有悖于基督教的基本观点：哲学是神学的婢女，神学高于哲学。为了维护基督教的基本观点，托马斯作出了正面回答。他说，这些理由是片面的。《圣经·致提摩太书》第二卷第三章说："全部经书，都是凭上帝启示写下的，对于教导，对于谴责，对于使人归正，对于使人

---

① [意] 托马斯：《神学大全》，1集，1部，16题，8条。北京大学哲学系外国哲学史教研室编译：《西方哲学原著选读》上卷，商务印书馆1981年版，第275页。

② [意] 托马斯：《波埃修论三位一体》注，第2题第3条。转引自赵敦华《基督教哲学1500年》，人民出版社1994年版，第365页。

③ [意] 托马斯：《神学大全》，1集，1部，1题，1条。北京大学哲学系外国哲学史教研室编译：《西方哲学原著选读》上卷，商务印书馆1981年版，第259页。

受正义的教育，都是有益的。"托马斯认为，"这就是凭上帝启示写的，它并不属于人类凭理智获得的哲学理论。所以在哲学之外，建立一种凭上帝启示的学问，是有益的"①。

托马斯对此观点进行了解释。"除了哲学理论以外，为了拯救人类，必须有一种上帝启示的学问。第一，因为人都应皈依上帝，皈依一个理智所不能理解的目的。……至于人用理智来讨论上帝的真理，也必须用上帝的启示来指导。"② 托马斯认为，建立一门凭上帝启示的学问（教理神学）不但是有益的，而且是必要的。因为人的理智是有限的，它既不能理解上帝的目的，对上帝的讨论还会有许多错误，所以人的理智讨论上帝时必须以上帝的启示来指导。第二，托马斯从学问（科学）的分类来证明教理神学是必要的。他提出了区分学问（科学）的重要原则：学问（科学）依它们认知对象的方式不同而不同。"对事物，从不同的方面去认识，就可得出不同的学问。"③ 比如，天文学家和物理学家都讨论地圆问题，且得出了相同结论。但是，物理学家只是就物质论物质，而天文学家采用抽象的数学方法。同样，哲学家用理智认识的东西，也可以用上帝启示的学问去研究。所以说，"讲圣道的神学"和"哲学中的神学"是不同类的。托马斯认为，区分学问的标准不在于研究对象，而在于研究方式。对上帝、创世、天使、拯救，哲学以理性方式认识它们，神学靠天启认识它们，因此哲学和神学是两门独立的学问（科学）。"哲学中的神学"即是现在所说的"自然神学"，而"讲圣道的神学"则是现在说的"教理神学"。托马斯认为，这两种"神学"有各自存在的理由。托马斯的观点有一定的合理性。科学（学问）的分类的确有一部分是按照研究方式来分的，比如哲学可以研究"神"神学也可以研究"神"，对同一尺度的物质，物理学可以研究化学也可以研究。但是，认为科学（学问）只是根据研究方式（方法）来分类却是片面的，因为科学的分类主要还是根据研究对象来分类的。比如，力、光、电等物理现象是物理学的研究对象，因此有力学、光学、电学；生命现象（如微生物、植物、动物）是各种生命科学的研究对象，因此有微生物学、植物学、动物学。

托马斯还继承了亚里士多德关于理论科学与实践科学的区分。在理论

---

① ［意］托马斯：《神学大全》，1集，1部，1题，1条。北京大学哲学系外国哲学史教研室编译：《西方哲学原著选读》上卷，商务印书馆1981年版，第259页。

② ［意］托马斯：《神学大全》，1集，1部，1题，1条。北京大学哲学系外国哲学史教研室编译：《西方哲学原著选读》上卷，商务印书馆1981年版，第259页。

③ 同上书，第260页。

科学中他又区分了具体的实验科学和一般的说明科学。一般的说明科学（来自亚里士多德的"理论科学"）"依理性抽象能力的不同水准被分为自然哲学、数学与形而上学三门学科。自然哲学包括研究无生命物质的宇宙学和研究生命、尤其是人的灵魂的心理学；形而上学则包括知识论、存在论和自然神学"①。托马斯的这一区分很重要，影响了近代西方的形而上学。他明确地把知识论（认识论）包含在形而上学中，这一观点影响了笛卡尔和康德，笛卡尔和康德讲的形而上学都包含了知识论（认识论）；他还影响了沃尔夫，沃尔夫把他的观点改造为"一总三分"②的结构，该结构直接影响了康德。

第二节 唯理论的形而上学观

我们现在来讨论唯理论的形而上学观。在唯理论的哲学家中，只有笛卡尔和沃尔夫对形而上学作过深刻反思。尽管在前面的主题讨论中，我们没有提到沃尔夫，但在这一节我们要较详细地讨论他的形而上学观点。

一 笛卡尔的形而上学观点③

作为哲学家，笛卡尔是近代极少数反思过形而上学的人之一，我们在这一节考察他的形而上学观点。

（一）"哲学"与"形而上学"

笛卡尔在《哲学原理》的法文版序言中说：

> 当一个人获得了某种技巧能在这些问题上发现真理时，他就应当开始认真地研究真正的哲学。它的第一部分是形而上学，包括知识原理，其中要解释上帝的主要属性，解释灵魂的非物质性，解释我们心中所有的清楚、简单的观念；第二部分是物理学，……然后，还须简要地考察植物、动物尤其是人的性质，这样才能发现那些对我们有益处的其他学问。于是，所有哲学就像一棵树，形而上学是根，物理学是树干，所有其他的科学是从树干上长出来的树枝，这些科学可以归

---

① 赵敦华：《基督教哲学1500年》，人民出版社1994年版，第366页。
② 一总：是［者］论或存在论；三分：世界论或宇宙论，心理学或灵魂学说，自然神学。
③ 本节的内容是以本人的论文《论笛卡尔的形而上学观》为基础压缩和改写的。

结为主要的三种，即医学、机械学和伦理学。①

可以看出，笛卡尔所谓的"哲学"比我们今天所谓的"哲学"要宽泛得多，实际上是包罗万象的百科全书。所谓的"哲学之树"实为"知识之树"或"科学之树"。笛卡尔的这一用法来源于亚里士多德的科学（知识）分类。笛卡尔关于哲学的分类与亚里士多德的分类大体是相同的，在理论科学部分，笛卡尔也列举了形而上学和物理学。但是，令人奇怪的是，在笛卡尔的理论科学分类中居然没有数学（亚里士多德将数学放在理论科学中）的地位。作为一个大数学家，笛卡尔的行为令人困惑。笔者认为，可以作以下两点解释：其一，笛卡尔并没有严格按照亚里士多德的科学分类来进行分类，比如笛卡尔在上面的科学分类中没有谈到亚里士多德在分类中列举的政治学、工艺。其二，我们知道，在亚里士多德的科学或知识分类中没有逻辑学，他认为逻辑只是帮助我们进入知识领域的工具。笔者认为，笛卡尔对数学的理解有类似的性质，即把数学理解为我们获得知识的工具和方法（"普遍数学"），所以像亚里士多德没有把逻辑列入知识分类中一样，他也没有把数学列入知识的分类中。

在上面的引文中，笛卡尔表达了一个重要思想：形而上学是知识之树的根，物理学（自然哲学）是树干，其他科学是树枝。这说明，形而上学在整个知识之树中地位最重要，它是基础，是根源。这一比喻寓意深刻，可以算是妙喻。第一，根在树中的地位最重要，却最无用，因为人们通常只关心树上的果实。在知识领域，物理学（自然哲学）比形而上学有用，因为它与自然事物密切相关，与我们的生活密切相关。从实用的观点来看，形而上学最无用。② 笛卡尔生活在近代科学兴起的时期，关心科学的实用价值是那个时代的哲学家的普遍心态。培根说，"知识就是力量"——认识自然、改造自然的力量，这是那个时代的哲学家们的共识。这大概是罗素所讲的笛卡尔著作中散发出来的"清新气息"吧。

第二，形而上学的"根"的比喻表明，所有的知识都是从形而上学中生长出来的，而不是如我们通常认为的：哲学（形而上学）是对自然科学、社会科学、思维科学的反思和总结。从方法论说，按照这一比喻，

---

① R. Descartes, *Principles of Philosophy*, translated by John Veitch. *The Selections from the Principles of Philosophy*, Nuvision Publications, 2008.
② 亚里士多德不认为，第一哲学（形而上学）是"无用"的，却认为它是最自由的学问，因为它无所求。第一哲学因为它本身不包含实用或实践的动机和利益，被普通人认为是"无用的"。

知识（部门）的形成应该从形而上学的基点（形而上学原理）出发，采用演绎的、综合的方法，而不是分析的、归纳的方法。事实上，这正是笛卡尔采用的方法。①

笛卡尔的这一段话还有更重要的意义，因为他明确说，"形而上学"研究知识原理，后来康德使用的"形而上学"也是这种意思。古希腊罗马哲学和中世纪经院哲学可以说都是关于是者（存在者）的形而上学。②但是，笛卡尔来了一个巨大的转向：使形而上学从是者转向了知识或认识问题，创立了"知识的形而上学"。

(二)"知识的形而上学"

笛卡尔在《哲学原理》的法文版序言中说，《哲学原理》"第一部分包括人类知识原理，可以叫做第一哲学或形而上学。"③

《哲学原理》第一部分通过对可感事物、数学证明和上帝存在的怀疑，得出的结论是：怀疑者不能怀疑自己存在，"我思故我是"。"我思故我是"是笛卡尔的知识形而上学的第一原理，他把它比喻为阿基米德的"固定的靠得住的点"，说明笛卡尔本人完全意识到这一原理的重要性。他通过这个原理确立了"我"这个实体的存在，而"我"的"全部本质或本性只是思想"④。笛卡尔把"我"或"自我"确定为思维的主体和实体具有非常重要的意义，黑格尔正是根据这一点认为，笛卡尔以思维为原

---

① 黑格尔后来采用了同样的方法即综合演绎的方法，从他的形而上学即"逻辑学"这个"根""生长出"了自然哲学和精神哲学。
② 所谓"是者（存在者）的形而上学"，就是为是者（存在者）即现象世界寻找最终原因（本原、原则）的学问。关于古希腊情况，前面已有说明，不再赘述。把形而上学规定为关于现象世界的最终原因的解释，在中世纪也可以得到证明。从形而上学发展史的角度说，形而上学并没有中断，而是采取了不同的形式。基督教之所以能够和希腊哲学结合而形成基督教哲学，其秘密在于《圣经》与希腊哲学的可比性，其中最重要的是希腊哲学中的"神"与基督教的"神"的可比性。唯一的、圆满的、至善的、纯精神的、纯现实的、万物运动的推动者，这样一些规定是亚里士多德的"神"和中世纪的神都具有的。中世纪的"神"比亚里士多德的"神"多了三个特征：一、彻底的"创世"：不但世界的形式连质料也是被神创造的；二、"有人格"：圣父、圣子、圣灵三位一体，其中圣子耶稣·基督就化身为人形，到世间拯救人类；三、超理性的力量：神的思想即是行动——神想到什么就有什么。显然，基督教的"神"就是现象世界的终极因、本原、原则。
③ R. Descartes, Letter of the Author, *Principles of Philosophy* (translated by John Veitch). *The Selections from the Principles of Philosophy*, Nuvision Publications, 2008.
④ [法] 笛卡尔：《谈谈方法》，王太庆译，商务印书馆2000年版，第28页。

则重建了哲学的基础，开启了近代哲学。胡塞尔认为，笛卡尔的怀疑考察方式为现象学提供了起点，思维是最初的绝对被给予性，是绝对自明的。①

从怀疑一切到确定"我思故我是"的第一哲学原理，笛卡尔采用的是分析方法。应当说，笛卡尔的分析步骤是无懈可击的。然而，仅仅停留在分析的阶段，还不是知识，何况笛卡尔在分析的过程中把所有知识对象（包括上帝）都否定掉了。如何才能建立知识尤其是真知识（真理）呢？

笛卡尔的方法是首先确定真观念（真理）的标准。"我"或"自我"的观念本身就是标准：我们可以怀疑一切观念，但是"我"的存在是不能怀疑的，因为它是极其清楚、明白的。笛卡尔由此把"清楚、明白"作为真观念的标准："我觉得可以建立一条普遍的规则：凡是我非常清楚、明白地想到的东西都是真实的。"② 根据这一标准，他重新确立了上帝观念、广延观念、数学观念的真实性。所有观念可以分为思想自己制造出来的和外来的。思想自己制造的观念是不真实的，在由外部原因造成的观念中由可感事物造成的观念也是不真实的，只有由上帝造成的观念（天赋观念）才是真实的：即有相应的对象存在的。笛卡尔由此完成了由分析向综合的过渡，论证了上帝观念、广延观念（以及相应的外物的数目观念、形状观念、运动观念）的真实性，即它们是有相应对象的。笛卡尔首先通过原因的现实性不可能小于结果的现实性的前提，论证我心中的清楚、明白的上帝观念（结果）不可能是我自己产生的，所以它必定来自一个无限完满的上帝（"无限完满"首先包含"存在"），他把关于自己的观念植入人的大脑当中，我们才有"上帝"的天赋观念。然后，笛卡尔借助上帝的道德属性——"至善"来论证广延观念的真实性：上帝是无限完满的，他在道德上是至善的，他绝不可能欺骗我们，把没有对象的广延观念植入我们心中。假如上帝那样做，他就不是无限完满的，至少他的道德属性是不完满的：他骗人。但是，这与我们的上帝观念是矛盾的，所以是绝不可能的。

我们看到，笛卡尔在从观念分析到存在综合的过程中，有三个重要的步骤：一是确立真理（真观念）的标准；二是借助上帝存在的是［者］论证明（Ontological arguments）；三是用上帝的道德属性来确立广延观念

---

① 参见胡塞尔《现象学的观念》，倪梁康译，上海译文出版社1986年版，第8页。
② Rene Descartes, *Meditations on First Philosophy*, trans. by John Cottingham, China Social Sciences Publishing House, 1999, p. 24.

的真实性（物质世界的真实存在）。后两个步骤可以在中世纪的神学—哲学中找到来源，这就是罗素说的他"保留了经院哲学中许多东西"。但是，确立真观念（真理）的标准（观念自身的清楚明白）可以说是笛卡尔的独创。我们知道，亚里士多德的真理观是反映论与符合论的：存在决定真理，并非我们认为你（肤色）白你才白，而是因为你本身白，我们才真实地这样说。① 柏拉图认为，善的型相（理念）是可知世界中理智和真理的最高源泉。② 中世纪的神学—哲学认为，上帝是真理的来源，真理是上帝之光。从来源上说，笛卡尔的真观念（天赋观念）来源于上帝，这似乎与柏拉图和神学的观点没有多大差别。但是，笛卡尔是首先在思想中确立这一点的：首先有观念自身的清楚明白，然后再去寻找它的来源。这与柏拉图和中世纪神学—哲学首先确定善的型相、上帝，然后确定真理是不同的。也就是说，尽管天赋观念来源于上帝，但是它能否在"我"的心（我思）中清楚明白地显现出来，这要取决于我（思）而非上帝，"我思"在逻辑上是先于上帝的，"我思"甚至可以就此止步不去追问它们的来源。所以，黑格尔高度赞扬笛卡尔与神学分裂、建立了"思维第一"的原则。

这就是我们看到的笛卡尔的"知识的形而上学"：与是者（存在者）的形而上学为自然世界、人类世界寻找本原、终极因的做法相同，笛卡尔在这里是为意识现象、认识过程、知识寻找本原或终极因，这一本原或终极因就是"我思"。笛卡尔实现了从是者（存在者）的形而上学到知识的形而上学的"转向"：他在"我思"的基础上重建了我们关于整个世界的知识。这是哲学史上的重大事件，它直接影响了后来的德国古典哲学和现象学。

二　沃尔夫的形而上学观点

克里斯蒂安·沃尔夫（Christian Wolff 1679—1754），是德国启蒙时期的唯理论哲学家。他主要在数学和哲学领域作出了贡献。他通常被认为是将莱布尼兹哲学与康德哲学联系起来的中心历史人物。尽管沃尔夫的影响主要限于德国的大学和学院，且限于他在世和身后的短暂时期，但他的确获得了国际性的赞誉。他是当时欧洲四个主要科学机构的成员：伦敦皇家

---

① ［古希腊］亚里士多德：《形而上学》933b33, 1051b8 – 9, 参见苗力田主编《亚里士多德全集》第七卷，中国人民大学出版社1993年版。

② ［古希腊］柏拉图：《国家篇》517c, 苗力田主编《古希腊哲学》，中国人民大学出版社1989年版，第317页。

科学学会会员，柏林科学院院士，圣彼得堡科学院院士，巴黎科学院院士。他是公认的第一个用母语（德语）向德国人提供完整哲学体系的哲学家。

康德在《纯粹理性批判》的第二版"序言"中，说沃尔夫是"所有独断论哲学家中最伟大的独断论者"。沃尔夫的"严格的方法"，要求"通过合乎规律地确立原则、对概念作清晰的规定、在证明时力求严格及防止在推论中大胆跳跃，来达到一门科学的稳步前进"①。康德的著作显然受到了这种方法的影响。像当时的许多哲学家如笛卡尔、霍布斯、斯宾诺莎一样，沃尔夫相信，数学方法如果恰当地运用，可以用来扩展知识的其他领域。当然，沃尔夫的阐述风格饱受批评，他的著作中充满了冗长、过于复杂的论证。这种风格也部分影响了康德，比如在他的《纯粹理性批判》就有表现。可以说，沃尔夫对西方哲学史的直接影响不在于他自己的著作，而在于他对德国大学哲学课程的影响。他将莱布尼兹的观点纳入自己的理解中，写了许多教科书似的著作，在大学里使用。沃尔夫的体系化哲学的著名受益者包括亚历山大·鲍姆嘉通（1714—1762）、摩西·门德尔松（1729—1786）、康德②等。

沃尔夫将"哲学"定义为研究可能的和现实的实在性的科学。他把哲学分为理论科学和实践科学。理论科学又被分为三个不同的分支：是［者］论、具体的形而上学和物理学。其中，是［者］论和具体的形而上学都是形而上学。是［者］论是严格意义上的或一般的形而上学，是关于是者（存在者）的一般理论。具体的形而上学包括宇宙论，研究一般的世界整体；心理学，关于心灵或灵魂的科学，包括经验心理学和理性心

---

① ［德］康德：《纯粹理性批判》"第二版序"，邓晓芒译、杨祖陶校，人民出版社 2004 年版，第 25 页。
② 沃尔夫对德国哲学界的影响至深。他的众多学生中，有最出色的学生亚历山大·鲍姆伽登（Alexander Baumgarten，1714—1762）。鲍姆伽登不但是"美学"的提出者和建立者，而且也写了一本《形而上学》。在该书中，鲍姆伽登将全部形而上学教材分成一千个短章节，按照相应的经院划分方式分为四个部分：Ⅰ. 存在论（理性形而上学）；Ⅱ. 宇宙论，心理学，自然神学。"康德本人通过他的老师沃尔菲纳·马丁·克努岑而置身于莱布尼兹—沃尔夫学派的传统之中"。（马丁·海德格尔：《物的追问——康德关于先验原理的学说》，赵卫国译，上海译文出版社 2010 年版，第 103 页）

理学；自然神学，关于上帝的学说。① 如下图所示：

```
              ┌ 是［者］论（严格的或一般的形而上学）
              │              ┌ 宇宙论
理论科学 ┤ 具体形而上学 ┤ 心理学
              │              └ 自然神学
              └ 物理学
```

(一) 是［者］论②

对沃尔夫来说，最一般的是者（存在者）是任何可能的事物。只要可能的事物是由一些无矛盾的规定或谓词组成的，它们就有本质特征。任何给定的可能事物的本质就是它的"是者原理"（"存在者原理"，Prinzip des Seins）或"个体化原理"（Prinzip der Individualisierung）。单纯是者的本质由其要素或本质特征来规定，复合是者的本质则由结合起来的部分规定。单纯的是者和复合的是者不是简单的两种不同的是者。确切地说，在名义的或虚设的实在性层次，单纯物和复合物都产生于认知上的区别，这种区别是通过感知心灵对什么东西"是"（存在）的分析而强加给我们的。严格地说，只有在任何层次都存在的实体性事物才是单纯实体。单纯物通过它们的要素来规定，要素既是主要的又是兼容的。也就是说，规定某一单纯实体的本质特征不能彼此矛盾或相互抵消，它们本身不是通过任何他物和任何其他性质来规定的。鉴于此，我们最好把沃尔夫的"实体"概念理解为"本质"的概念，在这里每一单纯实体都是既兼容又主要的本质特征的不同集。本质特征就是实体本身。

在沃尔夫的体系中，实体的偶性是借助一事物的要素而存在的性质。在沃尔夫看来，有三种基本的偶性：恰当属性，共同属性和方式。实体的

---

① 沃尔夫的形而上学观点是对亚里士多德之后的形而上学、尤其是中世纪形而上学的总结。海德格尔认为，"一总三分"的模式源于基督教的虔诚的世界观念。根据这一观念，一切非神的是者都是被造物，即宇宙万物。而在被造物中，人又拥有一卓绝的地位，因为一切都要依赖人的灵魂得救与永恒的是（存在）。因此，按照基督教的这一观点，"存在物的整体就被划分成了上帝、自然和人，它们的领域也就随即被序划分为：神学——它的对象为最高存在物、宇宙学和心理学。它们组成了特殊形而上学的分科。与特殊形而上学相区别，一般形而上学（存在论）就以'一般'存在物作为对象。"（海德格尔：《康德与形而上学疑难》，王庆节译，上海译文出版社 2011 年版，第 5 页）

② 在本小节及下面的（二）宇宙论、（三）灵魂（心灵）哲学、（四）自然神学中，介绍沃尔夫观点的基本材料来自 Matt Hettche："Christian Wolff", *Stanford Encyclopedia of Philosophy*, 2014。

恰当属性和共同属性都来自一事物的要素并被其决定。"恰当属性"是由所有结合在一起的要素决定的一事物的性质;"共同属性"只是由一事物的某些要素决定的性质。"方式"则只是实体的随机发生的偶性,它们是一事物可以呈现也可以不呈现的性质,如果这种性质实际呈现的话,从因果上说它们是某些随机事态的结果。

沃尔夫的是[者]论(存在论)是纯粹的概念分析,他用单纯与复合、要素与集、可能与实在、实体与偶性(三种偶性)、必要与随机等两分法对是者(存在者)进行分类。沃尔夫似乎想继承和发展亚里士多德的是[者]论即范畴论,但他的努力似乎没有获得多大成功,后人很少提及他的是[者]论以及他用来分析是者(存在者)的范畴。当然,康德是一个例外。康德在《纯粹理性批判》的"范畴论"("概念分析论")中,用到了"实体与偶性"和与"可能与实在"相近似的"可能性(Möglichkeit)""存有(Dasein)"。

(二)宇宙论

按照沃尔夫的观点,宇宙论作为形而上学的一个分支,是具体的或受限制的科学,因为它的主题处理的是"世界整体"(die "Weltganzen")而不是"一般是者(存在者)"。尽管是[者]论与宇宙论、与其他具体科学相关,甚至是后者的必然根据,但是宇宙论本身又是更狭窄、更具体的物理学的基础。正如在是[者]论中确立了与宇宙论相关的原理和真理一样,在宇宙论中也确立了与更具体的物理科学相关的原理和真理。事实上,在沃尔夫的体系中,存在一种自上而下的完全的一致性,以致是[者]论的原理与物理学的具体科学也是相关的。"广延的复合物"的概念是沃尔夫的世界整体学说的核心。宇宙论作为具体的形而上学,是对一般的世界整体的研究。沃尔夫认为,这个世界是众多的广延复合物中的一个广延复合物。在他的《德国形而上学》的第544节,他解释说:"世界是彼此相邻、相互接续的易变的事物的集合,是完全相互联结在一起的。"[1] 用更准确的术语说,沃尔夫相信,世界是一个有广延的整体,它是由有限量的相互作用的物体组成的。

康德在《纯粹理性批判》中,将沃尔夫的"宇宙论"纳入"先验辩证论"中予以批判。在康德看来,"世界整体"不是我们的感知对象,它超出了现象的范围,属于本体领域,我们不可能获得关于"世界整体"

---

[1] 转译自 Matt Hettche: "Christian Wolff", *Stanford Encyclopedia of Philosophy*, 2014。

的知识。当我们用知性范畴去研究"世界整体"时，必然陷入"二论背反"。

(三) 灵魂（心灵）哲学

沃尔夫的灵魂哲学（心灵哲学）包括经验论部分和理性论部分。沃尔夫相信，他能够建立一组基于观察和经验的灵魂（心灵）的原理，然后通过概念分析来解释人的灵魂为什么是这样的方式以及怎样成为这样的方式。沃尔夫认为，内省或一个人对自己意识的经验知识是一种具体的知识，它为证明人的灵魂的存在和把灵魂的主要活动（如认识、知觉、统觉）统一起来提供了出发点。

在他的《经验心理学》的"绪论"中，沃尔夫给予了以下描述："经验心理学是通过经验建立原理的科学，根据这些原理发生在人的灵魂中的那些事物获得了理由。"① 类似地，在他的《理性心理学》的一开始（绪论第1节），沃尔夫写道："理性心理学是通过人的灵魂而**可能的**事物的科学。"②

处理两种心理学的方法是要讨论灵魂的本质或真实定义。在经验方法中，内省体验的内容可以构建灵魂的"名义定义"，所谓的"名义定义"简单说来就是空洞地描述有待进一步阐释的东西。在沃尔夫的方法论中，经验确立了名义定义的内容，通过应用充足理由律，就可以发现一事物的真实定义。例如，在《经验心理学》第20节，沃尔夫对"灵魂"的空洞描述（名义定义）是："我们之中的存在者，它意识到自身，意识到其他事物在我们之外。"③ "灵魂"的真实定义在《理性心理学》的第66节给出："灵魂的本质在于，它是借助灵魂的感觉能力……和借助它在世界中相应的身体状态来表现世界的能力。"④

我们对此定义做一些分析。首先，与莱布尼兹类似，沃尔夫相信，灵魂的主要功能在于它的"表现"（形成关于事物的思想）能力。只要一系列协调的知觉形成了一个人的意识经验的基础，心灵或灵魂就能表现它的环境。按照沃尔夫的看法，心灵中发生的变化取决于一个人的感官条件，以及一个人在世界中发现他自身的情景或地点。莱布尼兹主张人的灵魂是自我包含的（或没有窗户的），沃尔夫则相信，表现能力是灵魂的功能和

---

① 转译自 Matt Hettche："Christian Wolff", *Stanford Encyclopedia of Philosophy*, 2014。
② Ibid.
③ 转译自 Matt Hettche："Christian Wolff", *Stanford Encyclopedia of Philosophy*, 2014。
④ Ibid.

灵魂能够与它的实在性相互作用的方式。其次,"能力"的概念是绝对的中心概念。在证明了灵魂的单纯性和非物质性之后,沃尔夫的《理性心灵学》的焦点就集中在确立统治灵魂的官能(Fakultäten)的运作规律上。沃尔夫笼统地把灵魂的官能解释为"能动的效能",并试图解释统治感觉和反思、想象和记忆、注意和思考的规律。

沃尔夫还研究了身心问题。他考察了"物理思潮""偶因"与"预定和谐"之间的争辩。他是莱布尼兹的预定和谐论的谨慎支持者,认为预定和谐论是解释身心相互作用现象的最好的"哲学假设"。

康德在《纯粹理性批判》中,将沃尔夫及他人的"理性心理学"纳入"先验辩证论"予以批判,认为"理性心理学"是"纯粹理性的谬误推理"。康德根据他的范畴表,列出了理性心理学(理性灵魂学说)的四个论题(论点):灵魂是实体,灵魂是单纯的,灵魂同一的,灵魂与空间中的对象有关。这四个论题(论点)涉及了沃尔夫的理性心理学的核心内容。康德对这四个论点一一进行了批驳。[1]

(四)自然神学

沃尔夫论自然神学的两卷本著作是他论述"具体形而上学"的集大成。"自然神学"被定义为"通过上帝而可能的那些事物的科学",一旦形而上学关注所有可能对象的领域(《自然神学》卷一,第1节),自然神学就表达了形而上学研究的目的。然而,与此同时,只要形而上学关注可能发生的现实存在物和被造物,自然神学也为形而上学提供了自下而上的证明。在两卷本的一开始,沃尔夫就指出,自然神学有三重目标:(1)证明上帝存在;(2)确立上帝的本质属性;(3)确立可能被给予上帝本质属性的事物。对沃尔夫来说,具体形而上学的学科之间存在重要的互联关系。正如宇宙论和心理学一起为提出上帝存在的后天证明提供了基础一样,它们也是神学的先天证明的结果:在其中对可能发生的实在性原因的研究也得到证实。

沃尔夫对上帝存在的"后天证明"(第一卷的主题)是这样阐述的:

> 人的灵魂存在(exists)或我们存在。既然虚无是没有充足理由证明它为什么是如此而非不如此,那么,我们的灵魂存在或我们存在就必须给出充足理由。现在,这种理由就包含在我们自己中或包含在

---

[1] 参见本书第一章第四节。

不同于我们的某一其他是者（存在者）中。如果你主张我们在一个是者（存在者）中有我们存在的理由，依次下去，这个是者（存在者）在其他是者（存在者）中有他存在的理由，那么除非你到达某个是者（存在者）——他有自己存在的充足理由——在那里停下来，否则你就达不到充足理由。因此，或者我们自己是必然的是者（存在者），或者有一个被给予的、必然的、不同于我们的其他是者（存在者）。所以，必然的是者（存在者）存在。①

这个论证有两个关键点：一是区分"在自身并来自自身的是者（存在者）"与"在其他并来自其他的是者（存在者）"；二是将充足理由律作为大前提。"在自身并来自自身的是者（存在者）"具有所有的本质规定，它们保证了他的独立性和自足性。上帝是"在自身并来自自身的是者（存在者）"，因为上帝在其本质中有其存在的充足理由。"在其他并来自其他的是者（存在者）"，例如被创造的物质宇宙或有限的人的灵魂，在其自身没有存在的充足理由。想反，世界整体或有限的人的灵魂在某一其他是者（存在者）的因果效能或本性中有其存在的充足理由。从现实的有限系列的不可能性，从最初的独立原因的存在，沃尔夫得出结论说：上帝存在（God exists）。

沃尔夫对上帝存在的"先天证明"（第二卷的主题）是这样阐述的：

> 在绝对最高的程度上，上帝包含了所有兼容的实在性。但是，他是可能的。既然可能者能够存在，存在就能够属于它。因此，既然存在是实在性，既然众多实在性是兼容的，它们能够属于一个是者（存在者），那么存在就在兼容实在性的行列中。而且，必然存在是绝对最高的程度。因此，必然存在属于上帝，或者这样说也一样：上帝必然存在（God necessarily exists）。②

沃尔夫试图从"最完满的是者（存在者）"概念证明上帝是最完满的是者（或真实的是者、存在者）。沃尔夫相信，为了证明上帝存在，上帝首先必须被证明是可能的。根据沃尔夫的观点，获得上帝作为一个最完满

---

① [德] 沃尔夫：《自然神学》第一卷，第24节。转译自 Matt Hettche："Christian Wolff", *Stanford Encyclopedia of Philosophy*, 2014。

② [德] 沃尔夫：《自然神学》第二卷，第21节。转译自 Matt Hettche："Christian Wolff", *Stanford Encyclopedia of Philosophy*, 2014。

的是者（存在者）的知识，就意味着首先要思考人的灵魂中在一定程度上呈现的属性，然后把这些属性作为无限的性质外推到上帝。事物只要在同一主体（实体）下能够共存，它们就是兼容的。对沃尔夫来说，既然"存在"是方式或实在性，"存在"就被认为落入了兼容实在性的行列。正如"存在"好于"不存在"一样，"必然存在"也好于"偶然存在"，因此沃尔夫得出结论：上帝存在是必然的。

沃尔夫对上帝存在的"后天证明"和"先天证明"不同于其他人（如笛卡尔）的证明，似乎有说服力，但是康德并不认同。他在《纯粹理性批判》中反驳了对上帝存在的各种证明（包括沃尔夫的证明）。康德的基本观点是，我们不能从"上帝"的概念推论出他实际"存在"。因为必须借助感性直观，才能确立一个对象存在。上帝不在时空中，我们无法借助感性直观确定他存在，上帝只是一个单纯的概念而已。①

第三节 经验论的形而上学观

经验论从本性上说就是反形而上学的。因为严格意义上的经验论不相信除感觉、知觉经验以外的任何东西，这必然怀疑甚至否定有"形而上"的东西。既然怀疑甚至否定"形而上"的东西，当然就不会有关于"形而上"的东西的学问即"形而上学"。然而，洛克和贝克莱都有自己的形而上学。洛克承认超经验的实体的存在（尽管不可知）；贝克莱不但相信上帝、心灵实体存在，而且认为两者都可知。只有休谟彻底怀疑并否认有超经验的实体。但是，有形而上学是一回事，有形而上学观是另一回事。在洛克的主要哲学著作《人类理智论》中，我们通过搜索只找到一处 metaphysics（形而上学），四处 metaphysical（"形而上学的"）。洛克并不排斥传统形而上学的观点和用法，他也没有对形而上学提出自己的明确看法，即没有自己的形而上学观；贝克莱既有自己的形而上学又有自己的形而上学观；休谟反对形而上的东西（怀疑实体存在、否认实体的可知性），却有自己的形而上学观。所以，在这一节，我们只讨论贝克莱和休谟的形而上学观，即他们反对传统形而上学的立场。

一 贝克莱的形而上学观点

我们在前面第一章和第三章，已经详细讨论了贝克莱的形而上学，就

---

① 参见前面第一章第四节。

是他的实体理论和自我（人格）理论。这里只讨论他的形而上学观点。

按照亚里士多德对"第一哲学"（形而上学）的理解，第一哲学或形而上学是对存在者的研究。贝克莱把全部存在者理解为被动存在的观念和感知观念的主动存在者即精神或心灵，感知观念的主动存在者又分为有限的精神实体即人心和无限的精神实体即上帝。他否定了笛卡尔、洛克将实体分为上帝、人心和物体的观点，只承认上帝和人心是实体，否认物体（有形实体）也是实体。他认为物质的东西只是被动的观念，是精神实体的产物。他主张非物质主义（immaterialism），对"物质"概念展开了猛烈的、深入的、细致的批判，最后彻底否认了"物质"概念。"非物质主义"就是他主张的形而上学。

贝克莱曾在《哲学评论》中说，"记住：永久性地排除**形而上学**等，将**人们**唤回到**常识**"①。这使我们感到困惑，我们不是明明看到了贝克莱的形而上学吗，他怎么要"排除"而且是"永久性地排除"形而上学呢？其实，这里涉及对"形而上学"概念的理解问题。贝克莱把"形而上学"与"常识"对立起来，他认为传统的形而上学是以抽象方法作为基础的，用抽象方法形成的抽象概念（如"物质"）会导致怀疑主义（对上帝、对精神实体的怀疑）。所以，必须"回到常识"，也就是回到经验、感觉、知觉、观念。哲学不能违反常识，而应当与常识一致。比如，关于一个对象，你感觉到它时它就存在，你没有感觉到它时它就在你的眼前消失（不存在），这就是"常识"。如果你说它离开了感觉者还存在，这就不合"常识"，因为你已经超出了感觉、知觉的范围，运用了抽象、想象、推理等方法来"假设"它存在，而这些方法是不可靠的。传统的"形而上学"超出了"常识"，以抽象概念作为研究对象，造成了哲学的困难和错误——这就是贝克莱要排除的"形而上学"概念。我们下面找一些材料来证明。

在《人类知识原理》有两处提到 metaphysics（形而上学）的概念。"导言"第6节，贝克莱指出，造成所有知识的困难、错误、难以理解的主要原因，

> 就是认为心灵具有形成事物的**抽象观念**或概念的能力。一个人只要不是完全不熟悉哲学家的著作和争论，他就必须承认，哲学家中绝

---

① ［英］贝克莱：《哲学评论》。转引自叶秀山、王树人总主编《西方哲学史》（学术版）第四卷，周晓亮主编《近代：理性主义和经验主义，英国哲学》，凤凰出版社、江苏人民出版社2004年版，第369页。

非小部分人都把时间花在抽象观念上了。这些抽象观念以更加特别的方式被认为是以**逻辑学**和**形而上学**命名的科学的对象，也就是一切所谓的最抽象、最崇高的学问的对象；在所有这些学问中，几乎难以发现以这种方式来处理的任何问题，它不假设抽象观念存在于心中，不假设心灵非常熟悉它们。①

贝克莱的观点是，"形而上学"是以"抽象观念"为对象的科学。显然，这是指传统的"形而上学"。在第143节，贝克莱表达了完全相同的意思：

> 我们还可以附带说，那些科学，尤其是通晓精神事物的科学之所以变得复杂难解、晦暗不明，**抽象观念**的学说是主要原因。人们想象自己能够形成关于心灵的能力和活动的抽象概念，认为这些概念既可以同它们相关的对象和结果分开，也可以同心灵或精神自身分开。因此，大量的意义不明、含混不清的术语被生造出来，以代表抽象概念，并且被引入形而上学和道德学，由此在学者中引发了无数的纷乱和争论。②

在《捍卫数学中的自由思考》中，贝克莱说：

> 在您对英国数学家进行捍卫之后，您下一步攻击我的地方就是形而上学，您能取得多大成功让读者去决定。许多年前我在另一场合（指《人类知识原理》"导论"——引者）写了文字来反对抽象的一般观念。与此相反，您宣布您自己坚持通俗的观点，即不论几何学还是其他普遍科学离开了一般观念都不可能存在。这意味着我认为不存在一般观念。但是，我却主张直接相反的东西：的确存在一般观念，但它们不是以**洛克**先生阐述的方式通过抽象形成的一般观念。③

在这段文字里，"形而上学"也与"抽象观念"直接相关。他要对手

---

① George Berkeley, *Principles of Human Knowledge*, volume Ⅱ of *The Complete Works of George Berkeley*, edited by A. A. Luce and T. E. Jessop (London, 1948–1957).

② Ibid.

③ George Berkeley, *A Defence of Free-Thinking in Mathematics* (1735), §45. Edited by David R. Wilkins, p. 74.

分清楚"一般观念"和"抽象观念"。在《分析者》第35节贝克莱用到了"抽象物和几何学的形而上学"（Abstractions and Geometrical Metaphysics）这样的概念，并在第48节对对手说："您可能希望逃避刚才所说的压力，掩藏虚假的原理和自相矛盾的推理，就找一般的借口说那些反驳和评论是形而上学的。但这是苍白无力的借口……形而上学是您的，而不是我的。"①

在《论运动》中，我们看到了贝克莱对形而上学内容的解释：

> 在第一哲学或形而上学中，涉及的是无形的事物，比如原因、真理和事物的存在。(71节)
>
> 只有通过沉思和推理，能动的原因才能真正地从封闭的黑暗处被带到阳光下，并在某种程度上被认识。但是，论述这些原因是第一哲学或形而上学关心的问题。(72节)②

从贝克莱对"形而上学"含义的解释中，我们可以看出他是在传统的意义上使用"形而上学"这一概念。但是，他认为这种"形而上学"以抽象的观念（概念）为对象，复杂难解、晦暗不明，里面充满了困难和错误。显然，他是反对传统形而上学的，所以"永久性地排除**形而上学**"绝非他的一时激愤。可以说，贝克莱已经表达了当代逻辑实证主义和语言分析哲学的基本观点：通过语言分析来清除形而上学。③ 即他通过批判抽象观念来否定形而上学：既然根本不存在抽象观念，那形而上学就没有研究对象，形而上学没有研究对象自然就不成立了。

反对（传统的）形而上学、回到常识！这正是经验论的基本立场。贝克莱是这一立场的宣示者和开启者。当然，为了他那可敬可爱的上帝，贝克莱终究不可能放弃传统的形而上学，因为"上帝"正是传统形而上

---

① George Berkeley, *The Analyst; Or, A Discourse Addressed to an Infidel Mathematician* (1734). Edited by David R. Wilkins, §48.

② George Berkeley, *De Motu and the Analyst*, §71, §72. A Modern Edition, with Introductions and Commentary, Edited and translated by Douglas M. Jesseph, North Carolina State University, Raleigh, U.S.A. 1992.

③ 罗素试图把传统形而上学的存在问题转变为摹状词的意义问题。维特根斯坦认为，哲学的任务就是"治疗"哲学疾病，哲学（形而上学）问题产生于对语言意义的误解。卡尔纳普在《通过语言的逻辑分析来清除形而上学》中说："在**形而上学**领域里，包括全部价值哲学和规范理论，逻辑分析得出反面结论：**这个领域里的全部断言陈述全都是无意义的**。"（洪谦主编：《逻辑经验主义》上卷，商务印书馆1982年版，第13页）

学的对象。他以是否以抽象概念为对象作为划分传统"形而上学"与"常识"哲学（他把自己的哲学叫作"新哲学"）的标准，也是靠不住的。比如"上帝"，贝克莱主教觉得能亲切地感知到"他"[1]，但是非基督徒就"感知"不到"他"，认为"他"只是一个抽象概念！

二 休谟的形而上学观点

贝克莱开启了反对传统形而上学、回到经验常识的道路。但是，由于他的大主教地位，他不可能走得太远。彻底地反形而上学、真正回到经验常识的人是贝克莱的后继者休谟。

休谟反形而上学首先表现在他的经验主义和自然主义立场。彻底的经验主义和自然主义本身就反对超经验、超自然的东西，它只相信感觉、知觉等经验提供的东西，相信"习惯"这种自然形成的东西对经验现象的联结。休谟正是这样的彻底的经验主义者和自然主义者。关于这一点，第一章已有详论，这里不再赘述。

休谟的反形而上学主要表现在他对实体的怀疑、对实体观点的批判。我们知道，"实体"这一存在者（是者）是亚里士多德的"第一哲学"（形而上学）的核心范畴，其他九个范畴都是围绕它而展开的，是对它的述说。所以，确定"实体"存在、分清各种"实体"（对实体分类）至关重要，因为这是我们对"实体"进行认识或者用其他范畴表述"实体"的前提。笔者认为，传统形而上学（第一哲学）唯一的核心范畴或概念就是"实体"！所以，休谟反形而上学的核心内容也是怀疑甚至否定"实体"概念。我们在前面第一章已经详细分析了休谟如何否定实体（包括上帝、心灵、物质）的可知性，如何怀疑实体的存在。这里也不再赘述，我们只分析休谟对"形而上学"这一概念的讨论。

接下来，我们通过检索，考察休谟著作中对"形而上学"概念的使用情况。

《人性论》是休谟最早问世的哲学著作。他在该书中有 6 处使用了 meta-physics（形而上学），12 处使用了 metaphysical（形而上学的），8 处使用了 metaphysician（形而上学家）。

---

[1] 贝克莱在《海拉斯与菲洛诺斯的三次对话》的第三次对话中，认为自己可以通过反省自己的灵魂，将能力扩大，再加上推理，可以知道"上帝"。但是，"物质"就不一样，我们不能客观地知觉、或借反省、或借类比、或借推理知道"物质"。（参见 George Berkeley, The Third Dialogue, *Three Dialogues Between Hylas and Philonous. In Opposition to Sceptics and Atheists*. Createspace Independent Publishing Platform, 2016. p. 66）

休谟在《人性论》的开篇("引论")中就表现了对传统形而上学的厌恶。

他说,那些最为世人称道的,而且自命为达到精确和深刻推理的各家体系,其基础是很脆弱的。在著名哲学家的体系中,充斥着盲目接受的原理,残缺的理论,各部分的互不协调。这些东西"给哲学本身造成了耻辱"①。一般人之所以厌恶"形而上学的推理",在于"他们不是把形而上学的推理理解为关于科学的特殊分支的推理,而是理解为非常深奥的、需要集中注意力才能理解的任何一种论证"②。他在书中多次用到"形而上学的推理""形而上学的论证""形而上学的争论""形而上学的问题""形而上学的主题"等术语。其中的"形而上学"就是指传统的形而上学。③

可以看出,休谟直接继承了贝克莱的观点,即反对以"抽象观念"为对象的形而上学。休谟甚至认为,贝克莱批判抽象观念,断言"所有的一般观念都只是一些附在某一名词上的特殊观念,这个名词给予那些特殊观念更广泛的含义,使它们遇必要时唤起那些和它们相似的其他个别观念"。"这是学术界近年来做出的最伟大、最有价值的发现之一"④。休谟自视甚高,竟对贝克莱做出如此高的评价,可见休谟是完全赞同贝克莱反对抽象观念的。

休谟认为,传统的形而上学"给哲学本身造成了耻辱",这是他对形而上学的基本判断,表达了他反传统形而上学的鲜明立场。这一立场,他终生未变。他明确地把"哲学"与"形而上学"分开来。他所理解的"形而上学"其实是远离常识的、深奥的、以抽象观念为对象的思辨哲学。他主张消解形而上学的对象和问题,排除形而上学,然后通过经验和常识来重建哲学,这种哲学就是他主张的自然主义和经验主义。

在后来出版的《道德原理研究》中,休谟两次提到"形而上学",前面都加上了"最深奥的"(the most profound)的修饰语。在该书的附录文章"关于道德情感"中,休谟借对手之口,把关于权利规则、行为与权

---

① 原文为:"have drawn disgrace upon philosophy itself"。David Hume, *A Treatise of Human Nature* (1740), The Floating Press, 2009, p. 7.

② David Hume, *A Treatise of Human Nature* (1740), The Floating Press, 2009, pp. 8 - 9.

③ 在该书中,6 处作为名词使用的"形而上学",都是指传统的形而上学。参见 David Hume, *A Treatise of Human Nature* (1740), The Floating Press, 2009, p. 9, p. 63, p. 109, p. 297, p. 303, p. 657。

④ David Hume, *A Treatise of Human Nature* (1740), The Floating Press, 2009, pp. 40 - 41.

利规则的关系的讨论叫作"形而上学"①。这三处使用的"形而上学"都是传统的形而上学。

我们再来考察后来出版的《人类理智研究》中"形而上学"概念的使用情况：

> 因此，在精神的或形而上的科学方面，我们进步的主要障碍是观念的含糊和语词的歧义。②
> 在形而上学所遇见的观念中，没有什么观念比能力（power）、力量（force）、能量（energy）、或必然联系（necessary connexion）的观念更含糊、更不确定的了。③
> 自由和必然的问题，是形而上学这门最富争议的学科中最富争议的问题。④
> 必须承认，这个看法（指"必然是原因定义中的必不可少的部分"——引者）不论对自然哲学或形而上学有多么重要，对道德或宗教却无关紧要。⑤
> 因此，我为伊壁鸠鲁的辩护看起来仍然是可靠的和令人满意的；社会的政治利益与关于形而上学和宗教的哲学争论没有任何联系。⑥
> 甚至我们的感觉也被一类哲学家带入争议，日常生活的准则也受到同样的怀疑，就如形而上学和神学中最深奥的原则或结论受到怀疑那样。⑦

从上面六处使用的"形而上学"⑧概念来看，休谟的"形而上学"概念就是传统的形而上学概念，即抽象的、深奥的、研究一般概念的、充满了观念含混和词语歧义的、最富争议的学科，是与自然哲学、逻辑学、神学并列的学问。

最后，我们来看休谟对待形而上学的激进态度。

---

① David Hume, "An Inquiry Concerning the Principles of Morals", *The Philosophical Works of David Hume*, vol. IV, Edinburgh, 1826. p. 288, p. 340, p. 370.
② David Hume, "An Inquiry Concerning the Human Understanding", pp. 72–73.
③ Ibid., p. 73.
④ Ibid., p. 110.
⑤ Ibid., p. 113.
⑥ David Hume, "An Inquiry Concerning the Human Understanding", p. 171.
⑦ Ibid., p. 176.
⑧ 休谟在该书中七次使用了"形而上学"，最后一次是在该书的结尾，我们单独分析。

休谟在《人类理智研究》的最后列出了人类理智的研究对象和研究方法。温和的怀疑主义者（休谟自称是其中之一）知道，人的理智是有限的，"人的理智即使在最完善的状态中，在决断最准确、最谨慎的时候，仍有不可思议的弱点"①。"只要他们考虑到，他们所运用的官能是不完善的，它们能达到的范围是狭窄的，它们的作用是不准确的，他们就绝不会受到诱惑而跑到日常生活之外去。"②"人是有限的理性存在者"，这虽然是唯理论和经验论的基本立场，但是，两派从这个前提得出的结论却截然相反。唯理论者认为，人的有限的理智能够认识实体、本质；相反，经验论者洛克和休谟（贝克莱例外）则认为，实体（本体、本质）不可知。康德后来在相关问题上的立场其实是洛克和休谟的立场，而非唯理论者的立场。

由于人的理智能力是有限的，所以研究的对象及其方法就应当与这种有限的能力相适应。"在我看来，抽象科学或演证的唯一对象是量和数，想把这种比较完善的知识扩大到这些界限之外的一切尝试，都仅仅是诡辩和幻想。……我想，可以有把握地断言：量和数是知识和演证的唯一恰当的对象。"③ 这是一类研究及其对象。应当注意：休谟在这里强调，抽象科学或演证的唯一对象只是量和数，不包括传统的第一哲学或形而上学！也就是说，传统形而上学使用抽象概念，应用理性进行推理、证明，在休谟看来都是非法的。

除此之外，还有"实际的事情和存在物"，这些东西是不能演证的。"因此，任何存在物（being，或译'是者'——引者）的实存只能用由其原因或其结果而来的证据来证明，这些论据完全是建立在经验上的。"④ 这些建立在经验上的论证，就是"精神推理"（moral reasoning）。"只有经验告诉我们原因和结果的性质和界限，使我们能从一个对象的实存推断出另一个对象的实存。这就是精神推理的根据，它构成了人类知识的较大部分，而且是一切人类活动和行为的源泉。"⑤"精神推理"包括两类：关于特殊事实的和关于普遍事实的。关于特殊事实的精神推理包括生活中的一切思考，还有历史学、年代学、地理学、天文学中的研究都是关于特

---

① David Hume, "An Inquiry Concerning the Human Understanding", p. 188.
② Ibid., p. 189.
③ David Hume, "An Inquiry Concerning the Human Understanding", p. 190.
④ David Hume, "An Inquiry Concerning the Human Understanding", *The Phil Osophical Works of David Hume*, vol. IV, Edinburgh, 1826. p. 191.
⑤ David Hume, "An Inquiry Concerning the Human Understanding", pp. 191 - 192.

殊事实的精神推理。研究普遍事实的科学有政治学、自然哲学、医学、化学等，在这些科学中"整类对象的性质、原因和结果被研究"①。

关于神实存的神学证明和灵魂不朽的证明，休谟认为，它的一部分是由关于特殊事实的推理构成的，一部分是由关于普遍事实的推理构成的。"就它得到经验的支持而言，它在理性方面有根据。但是，它最好的、最牢固的基础还是信仰和神圣的启示。"②

休谟在这里似乎要把他反对的形而上学（神的实存和灵魂不朽的证明）纳入理性科学的范围，但他马上加以否认，认为其基础是信仰与启示，不属于理性科学（哲学）的范围。

休谟认为，道德和美（道德学和美学）不是理智的对象而是趣味和情感的对象。

总而言之，休谟认为，人类理智的研究对象只有量和数、实际的事情和存在，研究方法只有推理或演证和经验证明（精神推理或或然推理）。除此以外的研究对象和方法都应该排除，也就是要排除形而上学，因为传统的形而上学既不包含量和数方面的抽象论证，也不包含有关事实与存在的经验论证。

> 如果我们被这些原则说服了，那么，当我们在各个图书馆浏览时，我们会造成怎样的巨大破坏呢？如果我们手里拿起任何一本书，例如神学或经院形而上学的书，我们就会问：**它包含了数和量方面的任何抽象推理吗？** 没有。**它包含了实际的事情和实存的任何经验推理吗？** 没有。那我们就把它投入烈火中，因为它所包含的没有别的，只有诡辩和幻想。③

神学和形而上学中"只有诡辩和幻想"，所以这一类书应该投入烈火中。还有比休谟的话更为激烈的言论吗？

休谟反形而上学的激进立场，影响了康德对形而上学的反思。

总之，贝克莱和休谟都认为，形而上学以抽象观念为研究对象，造成了哲学的困难、错误、复杂难解、晦暗不明；应该放弃形而上学，回到常识，即回到感觉—知觉的经验论立场。可以说，贝克莱和休谟是当代语言分析哲学、逻辑实证主义通过语言分析来消除形而上学的先驱。

---

① David Hume, "An Inquiry Concerning the Human Understanding", p. 192.
② Ibid..
③ David Hume, "An Inquiry Concerning the Human Understanding", pp. 192 – 193.

第四节　康德的形而上学观[①]

我们在前面论述了亚里士多德、托马斯·阿奎那、笛卡尔、沃尔夫、贝克莱和休谟的形而上学观点，这是康德以前对形而上学本身进行过的重要反思。这些成果奠定了康德后来反思形而上学的基础，也促使了他的进一步思考。康德认为，正是人的有限性使人想超越自我，追求形而上的东西；形而上学是本来的、真正的哲学。可以毫不夸张地说，康德一生钟情于形而上学，对形而上学进行了有史以来最全面、最深刻的反思，批判了独断论和怀疑论对形而上学的戕害，提出了拯救形而上学的方案：科学的形而上学——通过现象与本体的划界，厘清知识与道德、科学与信仰的范围，使两者和平共处、互不侵犯。

一　"前批判时期"的形而上学观点

1770 年，是康德哲学的分界年。在这一年 8 月，康德提供了教授就职论文《论感觉界与理智界的形式和原则》，通过了答辩，升任哥尼斯堡大学的逻辑学和形而上学编内正教授。从此，康德研究的重心从理论自然科学转向了纯粹哲学即形而上学。但是，在此之前，康德也思考过形而上学。

康德最早在《关于自然神学与道德的原则之明晰性的研究》中讨论"形而上学"这个概念[②]，提出了他的形而上学观点，这也是批判哲学之前康德对"形而上学"概念的唯一论述。在这篇文章的"考察一、二、三"中，康德比较了数学认识中达到确定性与哲学认识中达到确定性的不同方式，这几部分的大多数内容后来重新出现在《纯粹理性批判》的"先验方法论"中。在"考察二：在形而上学中达到最大可能的确定性的唯一方法"中，康德首次提出了他的形而上学观点：

[①] 本节的部分内容根据本人发表的《康德对形而上学的拯救》，进行压缩和改写。

[②] 康德最早在 1747 年的《活力的真正测算》中使用了"形而上学"概念，但没有专门讨论它。1755 年在名为《形而上学认识各首要原则的新说明》的文章（大学教师授课资格论文）中，也没有讨论"形而上学"概念。

形而上学无非是一种关于我们认识的最初根据的哲学罢了。①

这是一个非常重要的观点，它奠定了康德后来的批判哲学的基础，我把这叫作康德的"知识的形而上学"的开端。认识的最初根据是什么？这是康德的形而上学想回答的问题。康德后来给出的答案是，通过现象与本体的划界，先天知识形式（感性形式——空间与时间，知性形式——范畴与知识原理）与"先验质料"（外来）共同成为认识的最初根据。但是，康德这时还没有弄明白认识的最初根据是什么，还没有提出先验思路。他甚至把形而上学的方法与牛顿在自然科学中使用的方法看成一回事："在那里，人们应该借助可靠的经验，必要时借助几何学，来搜寻自然的某些现象所遵照的原则。……在形而上学中也是一样……"② 显然，康德这时还没有"先天知识"的意识。

在"考察三：论形而上学确定性的本性"中，康德指出，哲学的确定性具有与数学的确定性完全不同的本性。数学以综合的方式得出它的概念，定义与对象相符，而形而上学没有达到这种确定性；数学使用具体符号进行推理和证明，哲学则进行抽象的考察。"在数学中客体是在**具体的感性符号**中被考察，而在哲学中却总是仅仅在一般的抽象概念中被考察，它们的清晰印象远远不能赶上前者的印象。"③ 数学知识的确定性高于哲学（形而上学），这是康德一生未变的基本看法。因为康德认为，抽象的数学符号总是伴随着感性的东西，是清晰的，但是抽象的哲学（形而上学）概念就可能脱离了感性对象，变成不清晰的东西，比如旧形而上学的三个实体（自我、宇宙、上帝）就是如此。

形而上学与数学也有相同点：

> 形而上学并不具有与几何学不同的确定性的形式根据或质料根据。在二者之中，判断的形式因素都是根据同一律和矛盾律产生的。

---

① [德] 康德：《关于自然神学与道德的原则之明晰性的研究》，李秋零译，李秋零主编《康德著作全集》第 2 卷，中国人民大学出版社 2013 年版，第 284 页。1770 年，康德在教授就职论文《论可感世界与理知世界的形式及其原则》提出了类似看法："包含着应用**纯粹理性**的**最初原则**的哲学，就是**形而上学**。"（李秋零主编：《康德著作全集》第 2 卷，第 401 页）纯粹理性分为理论理性与实践理性，前者的功能是认识，后者的功能是意志（意志）。行动虽然受意志支配，但意志的决定受知识制约，所以也与认识有关。

② [德] 康德：《关于自然神学与道德的原则之明晰性的研究》，李秋零译，李秋零主编《康德著作全集》第 2 卷，中国人民大学出版社 2013 年版，第 287 页。

③ 同上书，第 293 页。

在二者之中，都有构成推理基础的无法证明的命题。只是在数学中定义是被解释的事物最初的无法证明的概念，而在形而上学中则与此不同，是各种不同的无法证明的命题提供了第一批素材，但它们可以是同样可靠的，它们或者提供了解释所用的材料，或者提供了可靠的推论的根据。这是形而上学和数学一样能够获得的为确信所需的一种确定性，只不过数学更容易些，更多地分有直观罢了。①

这时的康德认为，形而上学与几何学都有同样的形式根据：同一律和矛盾律，都有同样的质料根据：无法证明的原始命题。所以，它们都能获得确定性，只是数学概念伴随着直观，更容易理解，而形而上学概念缺乏这样的直观性。显然，这时的康德由于没有先验思路，还不能真正弄清楚形而上学与数学的异同，他把形而上学与数学都看成演绎性的综合知识。在后来的批判时期，康德把真正的知识（含数学知识和形而上学知识）理解为"构成的知识"（konstruktive Wissenschaften），即先天形式与后天质料合成的先天综合知识：它们既不是演绎得来的，也不是从经验归纳得来的。但是，这两种先天综合知识也有区别：数学概念伴随着直观，伴随着经验；而形而上学概念缺乏直观性，只是一般的、形式的、逻辑的概念，虽然预示了经验的可能性，但不能保证一定有对象。

二　形而上学的重要性与其困境

1783 年，康德为《纯粹理性批判》(第一版）写了一个简写本即"教师用书"：《任何一种能够作为科学出现的未来形而上学导论》，在该书的"导言"里他说过一段意味深长的话：如果"形而上学"是科学，

> 为什么它不能象其他科学一样得到普遍、持久的承认？如果它不是科学，为什么它竟能继续不断地以科学自封，并且使人类理智寄以无限希望而始终没有能够得到满足？……其他一切科学都不停在发展，而偏偏自命为智慧的化身、人人都来求教的这门学问却老是原地踏步不前，这似乎有些不近情理。同时，它的追随者们已经东零西散，自信有足够的能力在其他科学上发挥才能的人谁也不愿意拿自己

---

① ［德］康德：《关于自然神学与道德的原则之明晰性的研究》，李秋零译，李秋零主编《康德著作全集》第 2 卷，中国人民大学出版社 2013 年版，第 297—298 页。

名誉在这上面冒风险。而一些不学无术的人却大言不惭地做出一种决定性的评论……①

两百多年过去了,这种情况有多大改观呢?形而上学不但没有能够成为科学,连存在的合法性都成了问题,反形而上学的呼声一再高涨。愿意在形而上学上面"冒风险"和花时间的有才能的人越来越少,"不学无术"而又"大言不惭"地对形而上学指手画脚、做出"决定性评论"的人却越来越多。康德在不经意间竟成了预言家!为什么会出现这种情况?康德本人给出了答案:"这是因为在这个领域里,实在说来,人们还不掌握确实可靠的衡量标准用以区别什么是真知灼见,什么是无稽之谈。"②

那么,康德是怎样对待形而上学的呢?一个能够如此尖锐地发现问题并且指出问题症结所在的人必有他的高明之处。

自亚里士多德之后,康德大概是最重视形而上学并对其进行过认真反思的第一人,是一个有自己的形而上学观的人,用康德自己的话,《纯粹理性批判》"包含了**形而上学的形而上学**"③。尽管人们通常认为,黑格尔建立了西方哲学史最庞大的形而上学体系,黑格尔自己也认为形而上学最重要——他曾形象地说过:形而上学是哲学庙堂里的"神",但是黑格尔没有像康德那样系统地反思过形而上学。康德则不然:他对形而上学的关爱溢于言表,他对形而上学误入歧途痛心疾首,他要拯救形而上学的决心矢志不渝。从1770年康德任哲学教授后即进入批判哲学时期,他的所有哲学的主题都是形而上学!④

康德曾这样表白:"我受命运的指使而爱上了形而上学,尽管它很少对我有所帮助。"⑤ 康德把对形而上学的研究看作他一生无法逃避的命运。

康德喜爱形而上学的理由,首先,是他认为形而上学太重要了,他甚至认为形而上学就是纯粹哲学本身:"形而上学却是本来的、真正的哲

---

① [德] 康德:《未来形而上学导论》,庞景仁译,商务印书馆1982年版,第3—4页。
② [德] 康德:《未来形而上学导论》,庞景仁译,商务印书馆1982年版,第4页。
③ [德] 康德:《康德通信百封》,李秋零编译,上海人民出版社2006年版,第77页。
④ 这从他的书名可以看出:《任何一种能够作为科学出现的未来形而上学导论》(此书为《纯粹理性批判》的简写本,可见《纯粹理性批判》是一本讨论形而上学的著作),《道德形而上学》,《道德形而上学原理》,《自然科学的形而上学基础》,《法的形而上学原理——权利的科学》。
⑤ 转引自阿尔森·古留加《康德传》,贾泽林等译,商务印书馆1981年版,第78页。

学!"① 在《纯粹理性批判》中,他按照纯粹理性的"建筑术"对哲学进行这样的分类:

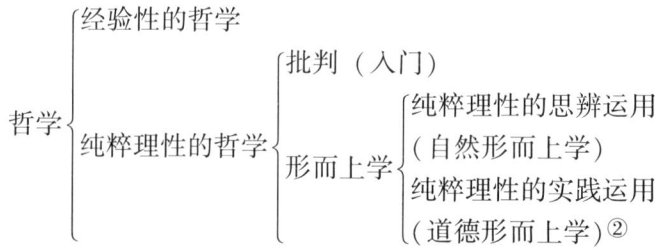

康德不讨论经验性的哲学问题(这不是纯哲学),只讨论纯粹理性的哲学问题。在后者的讨论中,一是对纯粹理性进行批判,又叫作"形而上学导论"或"入门";二是讨论形而上学本身,其中又分为纯粹理性的思辨运用和实践运用,即自然(思辨)形而上学和道德形而上学。可见,在康德眼里,哲学(的核心)就是形而上学,形而上学就是哲学!

在另外一个地方,康德也指出,形而上学比纯粹数学和纯粹自然科学更重要,研究这两种科学是为了形而上学。③

其次,形而上学产生于人类理性,是人类理性的宿命。"我们的理性,像生了自己的珍爱的子女一样,生了形而上学;而形而上学的产生,同世界上其他任何东西一样,不应该看作是出于偶然,而应该看作是为了重大目的而明智地组织出来的一个原始萌芽。"④ 在这里,康德认为,形而上学产生于理性,而且是必然地为了某种重大的目的而产生的。

人类必须要有形而上学,因为人类有理性,但是人的理性又是有限的。作为有限的理性存在者,人类总是想超越自己的限制,超越经验,追求形而上的东西。所以,形而上学是能思想的人难以摆脱的宿命。

> 人类精神一劳永逸地放弃形而上学研究,这是一种因噎废食的办法,这种办法是不能采取的。世界上无论什么时候都要有形而上学;不仅如此,每人,尤其是每个善于思考的人,都要有形而上学,而且

---

① [德] 康德:《逻辑学讲义》,许景行译,商务印书馆1991年版,第23页。
② 参见康德《纯粹理性批判》A840-1,B868-9,邓晓芒译、杨祖陶校,人民出版社2004年版,第635页。
③ [德] 康德:《未来形而上学导论》,庞景仁译,商务印书馆1982年版,第103页。
④ 同上书,第142—143页。

由于缺少一个公认的标准，每人都要随心所欲地塑造他自己类型的形而上学。①

康德为人类的"形而上学情结"下了最后断言！

形而上学虽然如此重要，但是在康德时代形而上学遭到了遗弃，已经没有多少人对她感兴趣了。曾经被称为一切科学女王的形而上学，到如今已风光不在，变成了一个被人鄙视、驱赶和遗弃的"老妇"②。从"女王"到"弃妇"，还有比这更令人心酸的变迁吗？形而上学落得如此下场，在康德看来，都是拜"时髦风气"所赐。形而上学在"时髦风气"的影响下，变成一个"无休止的争吵的战场"。形而上学最初采取了独断论的形态，但是由于独断论的内在矛盾，最终必然陷入无政府状态，而由经验论演变而来的怀疑论则厌恶一切成体系的东西，也会陷入无政府状态。所以，貌似对立的独断论和怀疑论其实是同一过程的两面。要拯救和重建形而上学，就必须改变"时髦风气"，即消除独断论与怀疑论。而独断论和怀疑论都是人类理性的产物，是人们误用理性的恶果，所以要对理性及其误用进行反思、甄别、划界、批评，即对纯粹理性进行批判。

三 何为康德所言的形而上学

康德要拯救和重建形而上学。然而，我们首先要弄清楚一个问题，康德要拯救和重建什么样的形而上学？

> 较狭窄意义上的所谓形而上学是由**先验哲学**和纯粹理性的**自然之学**所组成的。前者只考察**知性**，以及在一切与一般对象相关的概念和原理的系统中的理性本身，而不假定客体**会被给予出来**（即本体论）；后者考察**自然**，即**被给予的**对象的总和……因而就是**自然之学**……③

我们看到，康德所谓的"狭义形而上学"（自然形而上学）是他对传统形而上学改造后的产物。他的"先验哲学"相当于传统的"是［者］

---

① ［德］康德：《未来形而上学导论》，庞景仁译，商务印书馆1982年版，第163页。
② 参见康德《纯粹理性批判》"第一版序"AVⅢ，邓晓芒译、杨祖陶校，人民出版社2004年版，第1—2页。
③ ［德］康德：《纯粹理性批判》A845, B873，邓晓芒译、杨祖陶校，人民出版社2004年版，第638页。

论"（Ontologie，英文 ontology①），即"一般的形而上学"或沃尔夫说的"严格的形而上学"，它是范畴论和知识原理论，而"自然学"相当于具体的形而上学。显然，这种观点来自亚里士多德和沃尔夫，尤其是后者。

康德从知识的来源及由此产生的种类之不同，用先验的"正位论"或划分法进一步对"自然形而上学"或"狭义形而上学"进行了分类：

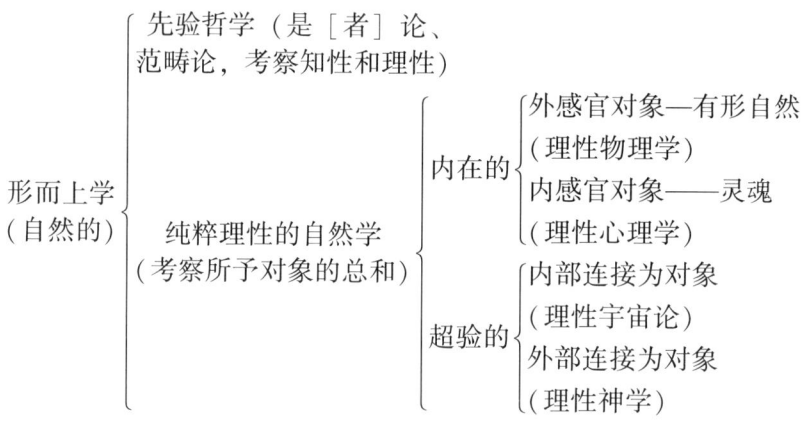

因此，形而上学的整个体系由五个主要部分组成：（1）是［者］论或范畴论；（2）理性物理学（自然形而上学原理）；（3）理性心理学；（4）理性宇宙论；（5）理性神学②。

这里的"自然形而上学"也就是"思辨形而上学"，即由纯粹理性的理论运用所产生的形而上学，它与由纯粹理性的实践运用所产生的道德形而上学相对。于是我们看到，康德所说的"形而上学"分为两种："广义的形而上学"和"狭义的形而上学"，前者包括"自然形而上学"和"道德形而上学"；后者就指"自然形而上学或思辨形而上学"，也就是传统形而上学所指的范围，只是康德增加了"理性物理学"（自然哲学）的内容。这一增加具有非常重要的意义，它表明康德为了适应时代的变化，

---

① 邓、杨译本译为"本体论"实为不妥。实际上在杨、邓合写的《康德〈纯粹理性批判〉指要》中，他们已经指出：Ontologie 应译为"存在论"，它不是讨论"本体"即 Noumennon 的，而恰好是讨论一切现象如何能"存在"的（湖南教育出版社1996年版，第419页）。不知为何在2004年出版的中译本中还保留了"本体论"译名。我本人把 Ontologie 译成"是［者］论"。

② 参见康德《纯粹理性批判》A846，B874，邓晓芒译、杨祖陶校，人民出版社2004年版，第638页。

想对以牛顿力学为代表的自然科学做出形而上学（哲学）的说明（这一部分内容写进了《自然科学的形而上学基础》中），把形而上学与自然科学真正结合起来，改变传统形而上学凌驾于自然科学之上、造成用形而上学代替自然科学或两个领域全然不相干的难堪局面。但是，传统的理性心理学、理性宇宙论和理性神学，在康德看来是根本不成立的，因为这三种理论的对象即三个实体（心灵、有形世界的整体——宇宙、上帝）都超越了我们的认识能力，我们不可能对它们形成知识。康德在《纯粹理性批判》中以"先验辩证论"为题把它们作为消极概念、知识的界限概念来处理。

再从形而上学的含义①来看。在康德看来，形而上学的基本含义是"先天的"。他从知识论（或认识论）的角度来界定形而上学，在知识论中他主要从知识的来源和性质来规定形而上学。这样一来，形而上学就是关于一切先天知识的原理、范围和界限的学问。② 康德说，"形而上学知识这一概念本身就说明它不能是经验的。形而上学知识的原理……是先天的知识，或者是出于纯粹理智和纯粹理性的知识"③。这是从知识的来源来说的。

从知识的形式来说，康德认为形而上学知识只应包括"先天判断"，这是由其来源的特点所决定的。但是，从知识的内容来说，或者只是解释性的即对知识的内容没有增加，或者是扩展性的即对已有的知识有所增加。前者称为"分析判断"，后者称为"综合判断"。康德根据先天与后天、分析与综合的四种组合，排除了"后天分析判断"的可能性，还剩下三种可能，即"先天分析判断""先天综合判断""后天综合判断"。"先天分析判断"只是概念分析，不能扩展知识；"后天综合判断"能扩展知识，但不具有普遍必然性，不是严格意义上的知识。康德认为，唯有

---

① 韩水法教授在"论康德批判的形而上学"（《哲学研究》2003 年第 5 期）中对康德的形而上学含义进行了详细梳理，认为包括四种含义：1. 经验知识或科学知识中一切先天的东西的基本原理；2. 自然形而上学；3. 道德形而上学；4. 作为整体的批判形而上学。可参阅。
② 笛卡尔的知识形而上学是为知识现象寻找最终根据——"我思"，从"我思"演绎出整个知识体系。
　　按照康德的观点，笛卡尔的做法是独断的，它否定了经验的合法性。康德的知识形而上学既要阐明知识的形式的先天性、普遍性和必然性，也要说明经验的合法性，因为知识的质料或内容来自后天的经验。只有先天的知识形式与后天的经验内容结合起来，才能形成完整的知识。
③ ［德］康德：《任何一种能够作为科学出现的未来形而上学导论》，庞景仁译，商务印书馆 1982 年版，第 17—18 页。

"先天综合判断"才是真正意义上的知识：既具有普遍必然性，又能扩展我们的认识范围。这里的"知识"当然包括了形而上学知识。康德总结说，"形而上学只管先天综合命题，而且只有先天综合命题才是形而上学的目的"①。

在"先天"的意义上使用"形而上学"是康德的基本用法。例如，关于空间和时间的"形而上学阐明"，康德这样说，"当这种阐明包含**作为先天给予的**来描述的东西时，它就是**形而上学的**"②。在这种"形而上学阐明"中，康德指出的是，空间和时间"不是什么从外部经验中抽引出来的经验性的概念"，空间和时间是为直观奠定基础的必然的"先天表象"。

在关于自然科学的形而上学论述中，康德也明确指出了其先天性质：本义上的自然科学要以自然的形而上学为前提，自然的形而上学"在任何时候都必须包含纯粹的、非经验的原则（因为它正因此才具有形而上学的称号）……"③

在道德形而上学中，康德要建立实践理性的最高法则并阐明道德法则乃是道德行为的最高原理，而道德法则就是道德形而上学的先天基本原理。道德形而上学就是从先天原则来制定道德的法则和体系。"道德哲学是完全以其纯粹部分为依据的"，"形而上学必须是个出发点，没有形而上学，不论在什么地方也不会有道德哲学"④。"道德形而上学所研究的，应该是可能纯粹的意志的观念和原则，不是人的一般意愿的行为和条件，这些东西大都来自心理学。"⑤ 可见，"先天性"也是道德形而上学的基本含义。

"先天"意义上的"形而上学"是要为认识的普遍必然性建立一套先天规则，形成一套先天条件，这些先天条件构成了一个形式体系或先天原理，它们只能用于一切经验对象（现象），由此而产生的知识对一切有限的理性存在者都有效。这种意义上的"形而上学"正是康德所谓的"科学形而上学"。

"形而上学"的含义本来就是研究经验之上的东西，是关于形而上的东

---

① [德] 康德：《任何一种能够作为科学出现的未来形而上学导论》，庞景仁译，商务印书馆1982年版，第26页。康德在《纯粹理性批判》中只使用过 Urteil，在《导论》中也是如此，一般译为"判断"。
② [德] 康德：《纯粹理性批判》，邓晓芒译、杨祖陶校，人民出版社2004年版，第28页。
③ [德] 康德：《自然科学的形而上学基础》，邓晓芒译，生活·读书·新知三联书店1988年版，第5页。
④ [德] 康德：《道德形而上学原理》，苗力田译，上海人民出版社2002年版，第4页。
⑤ 同上书，第5页。

西的学问或科学，所以它先行预设了形而上学的对象。这些对象按照传统的理解包括了一般范畴和三个实体——心灵、有形世界（宇宙）和上帝，后三者分别成为传统形而上学中的理性心理学、理性宇宙论和自然神学的对象。但在康德看来，后三者的预设是不合法的，这是没有审查人类的理性能力所造成的恶果。康德通过对理性的批判考察，发现人并没有能力认识传统的三大实体即本体，所以理性心理学、理性宇宙论和自然神学皆为谬误。但是，这并不代表我们要放弃形而上学。没有了传统的三大实体，形而上学仍然有其对象：一般是者（存在者）及一般范畴，即亚里士多德形而上学中的是［者］论（存在论、范畴论）部分。康德将其改造为先天范畴和先天原理。不过，康德对先天范畴和先天原理的应用范围进行了界定：经验即现象世界，而亚里士多德并没有区分一般范畴的使用范围。

康德要拯救的传统形而上学，只是其中的是［者］论部分，而不是理性心理学、理性宇宙论和自然神学。他将传统的是［者］论、范畴论变成了"先天"意义上的形而上学。

四　康德对形而上学的拯救

在讨论了康德所理解的形而上学之后，接下来的问题就是：康德如何拯救形而上学？我们分成两个问题来论述。

（一）《纯粹理性批判》是讨论形而上学的书

由于形而上学是出自理性，所以要拯救形而上学，就必须对理性本身进行反思，康德叫作"纯粹理性批判"。"我所理解的纯粹理性批判，……是对一般形而上学的可能性和不可能性进行裁决，对它的根源、范围和界限加以规定，但这一切都是出自原则。"[①] 康德在这里说得明白：对理性能力进行批判，就是要裁决形而上学是否可能，而裁决形而上学是否可能就是要根据某种原则对其根源、范围和界限加以限定。可见，《纯粹理性批判》是一部讨论形而上学的书。

在《道德形而上学原理》中，康德明确地说，"纯粹理性批判"就是形而上学原理："由于计划在将来写一部道德形而上学，我预先写下这个原理。除了**纯粹实践理性批判**之外，也许根本不存在其他的原理，正如已

---

① ［德］康德：《纯粹理性批判》第一版序 AXII，邓晓芒译、杨祖陶校，人民出版社 2004 年版，第 3—4 页。

经发表了的纯粹思辨理性批判,也就是形而上学原理一样。"①

说《纯粹理性批判》是一部形而上学著作,这就意味着《纯粹理性批判》的结构与形而上学的结构(分类)是对应的,事实正是如此。杨一之先生慧眼看出了康德的《纯粹理性批判》与沃尔夫形而上学体系的内在联系:"康德的先验逻辑,其探讨的课题相当于沃尔夫形而上学的本体论;而先验辩证论中关于'纯粹理性的谬误推理'部分,相当于旧形而上学的'灵魂学';关于'二律背反'部分,相当于旧形而上学的'宇宙论';关于'上帝存在本体论证明之不可能',相当于旧形而上学中的神学部分。"②

一些康德研究者只从批判的或消极的角度来理解《纯粹理性批判》的形而上学主题,而忽略了"先验分析论"也是形而上学③。事实上,康德说得很明白,形而上学中的"是[者]论"(Ontologie,旧译"本体论")"只考察**知性**,以及在一切与一般对象相关的概念和原理的系统中

---

① [德]康德:《道德形而上学原理》,苗力田译,上海人民出版社2002年版,第6页。
　　长期以来,康德的《纯粹理性批判》一直被当作认识论或知识论的著作。文德尔班在《哲学史教程》中把康德的批判哲学归入认识论,认为《纯粹理性批判》是对经验主义和理性主义的问题的回答(参见《哲学史教程》,第739页)。国内研究康德的专家郑昕认为,《纯粹理性批判》的"先验辩证论"是对"玄学"(形而上学)的批评,而"先验分析论"则是知识论(参见《康德学述》(第二版)商务印书馆1984年);另一位康德专家齐良骥的主要著作是《康德的知识学》(商务印书馆2000年版),该书研究《纯粹理性批判》的"感性"和"知性",这显然是把《纯粹理性批判》定位为知识论或认识论。当然,认为《纯粹理性批判》的"先验分析论"(概念分析和原理分析)是认识论或知识论,似乎也有理由,因为康德讨论了知识的来源、先天条件、形式、构成。但是,康德的知识论或认识论不是一般意义上的认识论或知识论,而是讨论知识的根据,即康德所言的"我们认识的最初根据的哲学"。所以,这一部分也属于形而上学,我称其为"知识的形而上学",即为认识或知识寻找"本原"或"最初根据"的形而上学。

② 杨一之:《康德摧毁了上帝本体论的证明》,《中国社会科学院研究生院学报》1988年第3期。严格来说,杨先生的表述并不准确。康德的"先验逻辑"包括了"先验分析论"和"先验辩证论"两部分,"先验分析论"(关于知性范畴和原理的学问)才相当于沃尔夫的存在论(Ontologie,杨译"本体论"),即"一般形而上学"或"严格的形而上学",而"先验辩证论"讨论的则是沃尔夫所说的"具体形而上学",康德对过去的上帝存在证明的批判包含在这一部分(参见前文第四章第二节)。

③ 比如,俞宣孟的《本体论研究》(上海人民出版社1999年版)第十章的标题为"康德对本体论的批判",他在书中认为,先验哲学分为先验分析论和先验辩证论,前者研究知性,后者研究纯粹理性,研究纯粹理性的才是本体论。这显然是对康德著作的误读。

的理性本身，而不假定客体**会被给予出来**。"① 这一部分就是亚里士多德形而上学中的范畴论和沃尔夫的"一般形而上学"或"严格的形而上学"，它以一般是者（存在者）为研究对象。康德在"先验分析论"（含"概念分析论"和"原理分析论"两部分）讨论"知性"，所以"先验分析论"才是真正的是［者］论。而"先验辩证论"的内容是从亚里士多德的神学和中世纪的形而上学演化而来的，在沃尔夫那里属于"具体形而上学"。

（二）通过理性批判来拯救形而上学

在论证了"先验分析论"和"先验辩证论"都是"形而上学"之后，我们来讨论康德是如何通过理性批判来拯救形而上学的。

形而上学产生于理性，而理性从根本上说是人的认识能力，所以理性批判就是要考察认识能力的性质、对其进行区分，阐明其认识原理、认识的条件和范围等。在《纯粹理性批判》中，康德考察了人的各种认识能力：感性、知性（判断力）和理性，它们分别对应于"先验感性论""先验分析论"和"先验辩证论"。

1. 考察感性

在先验感性论中，康德考察了感性认识中包含的人的主观先天因素即感性认识所以可能的先天条件，这样的先天条件叫作"纯粹直观形式"，包括空间和时间两种。康德通过对空间和时间的"形而上学阐明"和"先验阐明"得出了这样的结论：第一，时空不是物自体或物自体的某种属性，而是主观的先天直观条件；第二，时空作为直观形式，是一切现象成立的前提。康德通过对时空的阐述，划定了人的认识范围，给出了现象成立的条件。

2. 考察知性和判断力

在对知性、判断力、理性等高级认识能力的考察中，康德首先考察了知性。知性是自发产生概念并认识对象的能力，其功能是运用主体固有的纯粹概念即范畴去思维对象，亦即去综合感性所提供的材料，将其组织到具有逻辑形式的范畴中去，使其具有普遍必然性。康德还对传统的形式逻辑进行了改造，提出了"先验逻辑"，即完全先天地与对象有关的纯粹知性和纯粹理性的知识的逻辑，它"规定这些知识的来源、范围和客观有

---

① ［德］康德：《纯粹理性批判》A845，B873，邓晓芒译、杨祖陶校，人民出版社2004年版，第638页。

效性"①。"先验逻辑"包括"先验分析论"和"先验辩证论"两大部分，"先验分析论"又分为"概念分析论"和"原理分析论"。在"概念分析论"中，康德通过逻辑判断表的导引，发现了一切纯粹知性概念即范畴体系，这样的范畴有四组十二个（对）：量（单一性、多数性和全体性），质（实在性、否定性和限制性），关系（实体与偶性、原因与结果、主动与受动的交互作用），模态（可能性—不可能性，存有—非有，必然性—偶然性）。

先验分析论中的"概念分析论"除了论述范畴表外，更多的篇幅是讨论范畴的先验演绎，即说明范畴对现象的有效性。这种演绎分为"主观演绎"和"客观演绎"，前者是从知识发生的过程中去探讨该过程的主观先天条件，后者则从知性的最高统一性即"统觉的本源的综合统一"出发，论证范畴在运用于一切经验对象时的合法性或普遍必然性。康德通过范畴的先验演绎表明，人或主体是通过范畴来"为自然界立法"的，范畴是人向自然界颁布的最一般规律，关于自然的经验知识只有从属其下才能成为既具有普遍必然性又具有经验内容的先天综合知识。

"原理分析论"中所讨论的认识能力是"判断力"。知性提供概念（范畴），是"规则的能力"，判断力则将一个事物归属于某条规则之下，所以，"原理分析论"就是"先验判断论"或"先验原理论"。康德在"先验判断论"中首先讨论了"先验图式"即范畴使用的感性条件，然后讨论在此条件下怎样使用范畴而得到一切知识的基本原理（形式为"先天综合判断"），也就是纯粹知性的原理体系。

康德在先验分析论中不仅讨论了现象（经验对象）的存在问题，而且讨论了现象所以存在的条件：现象是人的认识最终能够达到的实在东西，而先天的形式（感性直观和知性范畴）不仅使人的认识能够以普遍必然的形式达到这些实在（存在物），而且是使这些实在（存在物）得以可能的条件。不仅如此，先验分析论还预设了"物自身"的存在！"作为我们的感官对象而存在于我们之外的物是已有的，只是这些物本身可能是什么样子，我们一点也不知道"②。肯定物自体的存在是极为重要的，因为认识的最终根据（质料的来源和形式的来源）都是物自体：包括产生认识对象的"先验质料"和产生先天认识形式的"先验自我"。

---

① ［德］康德：《纯粹理性批判》A57，B81，邓晓芒译、杨祖陶校，人民出版社 2004 年版，第 55 页。
② ［德］康德：《任何一种能够作为科学出现的未来形而上学导论》，庞景仁译，商务印书馆 1982 年版，第 50 页。

3. 考察理性

康德还考察了狭义的"理性"，即与知性相对的理性，这是在"先验辩证论"中讨论的。康德把辩证论称为"幻相的逻辑"，而先验辩证论产生的是"先验幻相"①。先验幻相来自理性，理性有一种追求最大限度的完满、统一的自然倾向，它总是诱使人们越过界限，进入幻相的王国，所以必须对理性进行限定即批判。

在理性的逻辑运用中，狭义的理性相当于推理，理性在推理中的作用是要为一个作为结论的判断寻找普遍的条件（大前提），并通过寻找条件的条件以达到最普遍的条件，即"为知性的有条件的知识找到无条件者，借此来完成知性的统一"②。这样的统一即"先验理念"包括三个：包含思维主体的绝对（无条件）统一，包含现象诸条件之系列的绝对统一，包含思维的所有一般对象之条件的绝对统一，这三者分别是心理学、宇宙论和神学的对象，纯粹理性以这些先验理念为基础建立起了传统的理性心理学、理性宇宙论和理性神学。但是康德认为，这是不合法的，因为"对于这样一些先验的理念，本来是不可能有任何像我们对范畴所能提供的那样的**客观演绎**的"③。范畴演绎是有明确的经验对象的，而这些理念与任何可能的实际对象无关。

康德用了很大的篇幅来论证传统的理性心理学、理性宇宙论和理性神学的对象不可能成为认识对象，如果一定要假设它们的存在，并由此形成一套"知识"，就必然陷入在心灵问题上的"谬误推理"，在世界问题上的"二律背反"和在上帝实存上的无效证明。④ 旧形而上学之所以会陷入这种困境，就是因为它没有分清现象界和本体界，独断地妄言我们有关于本体界的知识，结果使知识领域（科学）和信仰领域（宗教）都失去了存在的依据。

但是，康德并没有否认这种形而上学的意义。他认为，通过理性批判后，形而上学有其"消极用处"和"积极用处"。"粗略地浏览一下这部著作（指《纯粹理性批判》——引者），人们会以为，它的用处总不过是**消极的**，就是永远也不要冒险凭借思辨理性去超越经验的界限，而这事实

---

① ［德］康德：《纯粹理性批判》A295，B352，邓晓芒译、杨祖陶校，人民出版社2004年版，第259—260页。
② ［德］康德：《纯粹理性批判》A307，B364，邓晓芒译、杨祖陶校，人民出版社2004年版，第266页。
③ ［德］康德：《纯粹理性批判》A336，B393，邓晓芒译、杨祖陶校，人民出版社2004年版，第284页。
④ 参见本书第一章第四节。

上也是这种形而上学的第一个用处。"① 但是，关于理性理念的形而上学还有其"积极用处"：其一，它为知性的知识追求提供了完整的目标，它可以引导一切可能经验使其趋向最大统一性的某个目标或标准，这是人类理性的必然追求，这就回答了"形而上学作为自然倾向何以可能"的问题；其二，通过理性批判，限制了理论理性的扩展使用，为实践理性的使用即为道德和信仰留下了空间。"我不得不悬置**知识**，以便为**信仰**腾出位置"②。这就使知识与道德、科学与信仰都获得了存在的空间及其根据。

至此，康德通过纯粹理性批判完成了"拯救现象"的任务。这一完成是双重的。首先，批判哲学提供了认识现象的先天条件和途径：感性对象通过先天的感性直观形式（空间和时间），被给予我们，经过时空整理过的感性对象成为经验对象，经验对象经过范畴形式的整理，或者说范畴经过时间这一先验图式与经验对象结合起来，形成了关于经验对象的知识。这就告诉我们，现象（世界）是可以认识的。其次，现象是存在的。现象的存在首先以"物自体"为依托，没有物自体我们永远也不会有关于对象的感觉。但是，现象（对象）的真实存在却是在我们认识了它之后，当我们按照某个概念把有关的感性材料综合起来，把它与其他对象联系起来并能分别开来的时候，这个对象（现象）才是实在的存在物。这样，在存在论的层面和认识论的层面，康德都拯救了"现象"。

同时，康德也拯救了"物自体"、本体、先验理念这一类东西。康德因为对传统形而上学进行了激烈批判，所以人们更多地看到物自体和本体的消极意义。其实，物自体或本体的积极意义大于其消极意义。首先，它们是现象界的基础，没有物自体（先验质料），就不可能有东西刺激我们的感官，一切认识都无从谈起，现象本身的存在也无法确认。其次，物自体或本体的不可认识性，不是其缺点恰是其优点：它为信仰留下了地盘，从而保证了理论理性与实践理性的各自范围。

由于现象和本体（本质）都是是者（存在者），关于它们的一般理论即是是［者］论，是［者］论的本来含义就是要为是者（存在者）寻找根据的：事物如何是（存在）并对我们显现。所以，当康德为现象和本体（本质）的存在找到其根据时，我们有充分理由说，康德按照他自己的思路拯救了"是者"本身，拯救是者的理论就是是［者］论：康德通

---

① ［德］康德：《纯粹理性批判》第二版序 BXXIV，邓晓芒译、杨祖陶校，人民出版社 2004 年版，第 19 页。
② ［德］康德：《纯粹理性批判》第二版序 BXXX，邓晓芒译、杨祖陶校，人民出版社 2004 年版，第 22 页。

过自己的是［者］论拯救了形而上学。

（三）拯救形而上学的效果

康德拯救形而上学的工作主要体现在《纯粹理性批判》中。该书既是"一部关于方法的书"，也为科学形而上学描绘了"整体轮廓"。康德在《未来形而上学导论》中不无自豪地说，对《纯粹理性批判》和《未来形而上学导论》的原则有过深思熟虑的读者，不会再回到那种诡辩的旧形而上学，"他还将以某种喜悦的心情期望一种形而上学，这种形而上学是他今后确有把握拿到手的，不需要做什么预备性的发现，而且这种形而上学能够使理性第一次得到持久性的满足"①。康德还把经过理性批判后得到的"科学形而上学"与旧形而上学的关系类比为化学与炼金术或者天文学与占星术的关系，这也进一步说明康德对自己拯救形而上学的成果是极为满意的。

从某种意义上说，康德对形而上学的拯救是成功的。他一眼看出了旧形而上学的弊端："仅仅在概念之间来回摸索"②，即我们所说的只在概念中兜圈子。这样，即使说得头头是道，论证得天衣无缝，也与现实存在相去甚远。昏庸的旧形而上学家们浑然不知自己身在何处，他们顽固地抱着思维与存在的"同一性原理"，硬说理念的王国就是现实存在的王国，还说理念的世界比现实存在的世界更完满、更真实。形而上学在这些人的手里变成了一些可笑的把戏，岂不悲乎？既然旧形而上学的弊端是"仅仅在概念之间来回摸索"，改造的方向当然就是要从感性、经验着手。必须借助感性直观才能确证一物的存在！感性与理性、经验与概念、先天与后天的结合就是康德拯救形而上学的总思路。

应当肯定，这条拯救之路的方向是正确的。无论是纯粹的理性论还是纯粹的经验论都既不能得到知识也不能说明存在，理性论走向"独断论"、经验论走向"怀疑论"就是明证。

第五节　黑格尔和海德格尔对康德形而上学的评论

康德的形而上学或批判哲学对后世产生了深远影响，康德哲学一直是

---

① ［德］康德：《任何一种能够作为科学出现的未来形而上学导论》，庞景仁译，商务印书馆1978年版，第161页。
② ［德］康德：《纯粹理性批判》第二版序BXIV，邓晓芒译、杨祖陶校，人民出版社2004年版，第14页。

哲学研究中的显学，他的作品迄今仍然是引用率最高的哲学著作。限于篇幅和主题，我们不详细讨论康德哲学的影响，只是在这里讨论黑格尔和海德格尔对康德哲学或形而上学的评论，两人的评论是深刻的，值得评述。

一　黑格尔的评论

康德的批判哲学或形而上学是黑格尔关注最多的哲学。黑格尔不仅在《哲学史讲演录》中用了仅次于论述柏拉图和亚里士多德的篇幅来讨论康德哲学，而且在最重要的著作之一——《哲学全书·第一部分·逻辑学》的"绪论"中专门列了一节——"批判哲学"——论述康德的"三大批判"，足见黑格尔对康德哲学的重视。

（一）黑格尔对康德哲学的肯定

我们先来讨论一下黑格尔对康德哲学的肯定。第一，黑格尔肯定了康德以对象符合知识的"哥白尼式的转向"（Kopenikanischen Wendung，或译为"哥白尼式革命"），即肯定了康德对主体优先地位的强调。黑格尔在《哲学全书·第一部·逻辑学》第42节附释1中说："康德的主张是说思维规定在自我中有其根源，因而自我提供了普遍性和必然性的规定。……自我是原始同一的、自相联系的和绝对独自存在的东西。……自我仿佛是一座熔炉，一团烈火，它销熔漠不相干的多样性，把这种多样性还原为统一性。这就是康德所谓的**纯粹统觉**。……康德的这种主张无疑正确地说出了一切意识的本性。"[1] 黑格尔认为，康德的纯粹统觉或先验自我意识理论正确地说出了意识的本性，并且收到了明显效果："康德哲学收到的主要效果是唤醒了对这种绝对的内在性的意识……**理性独立**、即理性绝对自主的原则从这时起就被看作是哲学的普遍原则，也被看作是我们时代的信念之一。"[2] 黑格尔把康德批判哲学或形而上学的基本原则看成"理性独立、理性绝对自主的原则"，这一原则首先由笛卡尔确立，在康德哲学中发扬光大。

第二，黑格尔肯定了康德关于知性与理性的区分。"知性和理性之间的区别首先是由康德明确地强调指出的，而且是用这样的方式加以确定的：知性以有限的、有条件的东西为对象，理性则以无限的、无条件的东

---

[1] ［德］黑格尔：《哲学全书·第一部·逻辑学》，梁志学译，商务印书馆2002年版，第106页。

[2] 同上书，第132页。

西为对象。……这……已被承认为他的哲学的一项很重要的成果。"① 在康德之前，关于认识能力哲学家通常用"理智"（Verstand, understanding）来泛指知性（Verstand, understanding）和理性（Vernunft, reason），关于认识对象也没有区分现象和本体即可知者与不可知者。康德首次区分了知性和理性，并相应地区分了有限存在者与无限的存在者，规定知性认识有限者、理性认识无限者。黑格尔认为，康德的这个划分和规定很重要，但他否认康德主张的无限者不可认识的观点。

第三，黑格尔认为，康德的批判哲学触及了辩证法的本质，尽管康德本人害怕矛盾、反对辩证法。康德不自觉地触及了辩证法的核心——矛盾的必然性，也可以说是辩证法的本性使康德不得不这样做。"他认为知性规定在理性事物中设定的矛盾是**本质的**和**必然的**，这个思想须被认为是现代哲学最重要和最深刻的进步之一。……康德揭示出二律背反，无论如何须被视为对哲学认识的一个很重要的促进，因为这消除了知性形而上学的僵硬的独断论，指出了辩证的思维运动"②。黑格尔在这里使用了顶级形容词"最重要""最深刻"来赞扬康德哲学，这应该是唯一的一次。也可以说，这是康德对黑格尔影响最深的地方。

上述三点是黑格尔对康德哲学肯定的最重要的三点。主体性原则、知性与理性的区分、辩证法，这三点都影响了黑格尔。斯特林（J. H. Stirling）在《黑格尔哲学的秘密》中说，"我们找不出一点材料能使我们把黑格尔同康德分开；……在一切方面，正是黑格尔突出地继承和发展了康德所开始的所有问题，把它推进到充实的最终的形式"③。R. 克洛纳（Kroner）说，"康德所开辟的方向，亦即康德自己称之为先验唯心论的方向，必然就是所有属于从康德到黑格尔的发展过程中的思想家们行动的方向"④。这两位新黑格尔主义者都认为黑格尔继承和发展了康德哲学。对黑格尔持批评态度的英国哲学家罗素也认为，虽然黑格尔批评过康德哲学，但总的来说黑格尔发展了康德哲学，"康德哲学的重要发展是黑

---

① [德] 黑格尔：《哲学全书·第一部·逻辑学》，梁志学译，商务印书馆2002年版，第110页。
② [德] 黑格尔：《哲学全书·第一部·逻辑学》，梁志学译，商务印书馆2002年版，第114—116页。
③ [英] J. H. 斯特林：《黑格尔哲学的秘密》，张世英主编：《新黑格尔主义论著选辑》上卷，商务印书馆1997年版，第64页。
④ [德] R. 克洛纳：《从康德到黑格尔》，张世英主编：《新黑格尔主义论著选辑》上卷，第531页。

格尔的哲学"①。

(二) 黑格尔对康德形而上学的批判

但是,黑格尔对康德的批判哲学或形而上学也给予了无情的批判。这些批判包括批判康德的主观唯心论、经验主义倾向、不可知论、害怕矛盾的"温情"态度。下面给予简要说明。

第一,批判康德的主观唯心论。"主观唯心论"或"主观观念论"(subjektiver Idealismus) 是黑格尔加给康德的"帽子",黑格尔对康德的"主观唯心论"大加挞伐。他在《哲学史讲演录》中说,康德与耶可比"两人的哲学都是主观性的哲学";康德哲学结束了客观的独断主义,但"只不过把它转变成为一个主观的独断主义"。②

黑格尔认为,康德对"现象"的看法是主观唯心论的。"照康德哲学来说,我们所认识的事物仅仅对**我们**是现象,而这些事物中的**自在**东西始终是我们无法达到的彼岸。这种主观唯心论认为,构成我们意识的内容的东西是一种**仅仅**属于我们的、仅仅由我们**设定**的东西。"③ 在《逻辑学》中,黑格尔说:"**康德的**现象也同样是一个**现成的**知觉内容;这种内容以主体的感受、规定为前提,这些感受、规定对自身和对主体都是直接的。"④ 在这里,黑格尔强调了康德的现象的主观性,即以主体的感受为前提。在另一处,黑格尔又说,康德的先验唯心论把事物的一切规定"都挪移到意识之中",这是一种"鲜明的主观唯心论",它与"自由意识"相矛盾。⑤ 黑格尔认为在康德那里,我们只是与我们的主观规定打交道,不能达到自在存在,不能达到真正的客观事物。这是黑格尔把康德哲学界定为"主观唯心论"的理由。

不仅如此,黑格尔认为,康德对"范畴"的看法也是主观唯心论的。

---

① [英] 罗素:《西方哲学史》下卷,马元德译,商务印书馆1976年版,第263页。
② [德] 黑格尔:《哲学史讲演录》第四卷,贺麟、王太庆译,商务印书馆1978年版,第255、258页。
③ [德] 黑格尔:《哲学全书·第一部·逻辑学》,梁志学译,人民出版社2002年版,第111页。
④ [德] 黑格尔:《逻辑学》下卷,杨一之译,商务印书馆1976年版,第11页。
⑤ 同上书,第127页。黑格尔讲的"自由意识"是指精神的自在自为、自我决定的意识。他认为,康德的"主观唯心论"被物自体所限制,没有达到自在自为、自我决定的境界,所以是不自由的。

康德认为"**范畴**只是属于**我们**的（即主观的）"，他的"哲学是主观唯心论"①。康德的理性批判，"纯粹是一种**主观的**（平庸的）**唯心论**，它并未深入**内容**，而是只遇到主观性的一些抽象形式，并且片面地停留于这些形式，把主观性作为最后的、完全肯定的规定"②。黑格尔认为，康德的范畴表只是一些抽象的主观形式，它们只能用于现象，而不能用于对象本身（物自体），所以没有达到客观性。

第二，批判康德的经验主义倾向。黑格尔对康德哲学中的经验主义因素进行了激烈的批判。从某种意义上说，在黑格尔看来，康德哲学中的一切问题，皆因其经验主义而起。在《哲学史讲演录》中黑格尔说，"康德老是被关闭在心理学的观点和经验的方法之内"③。在《哲学全书》的"思想对客观性的第二种态度"中，黑格尔把康德的"批判哲学"和"经验主义"并列，就反映了黑格尔对康德哲学的基本评价：康德哲学其实是另一种形式的经验主义。黑格尔认为，"经验主义并不是在思想本身寻求真理，而是从**经验**中，从外在的和内在的当前现象中攫取真理"④。经验主义局限于有限事物，所以其彻底发挥将否认整个超感性事物（本质、本体、自在之物）的可知性甚至否定其存在，休谟就是典型代表。

在黑格尔看来，康德哲学与经验主义有相同的东西。在《哲学史讲演录》中他说："康德是较多从英国方面，从休谟的怀疑主义开始的。"⑤在《哲学百科全书纲要·第一部分·逻辑学》中，黑格尔又说："批判哲学与经验主义相同，假定经验是知识的唯一基础（die Erfahrung für den einzigen Boden der Erkenntnisse anzunehmen）……"⑥

---

① ［德］黑格尔：《哲学全书·第一部·逻辑学》，梁志学译，人民出版社 2002 年版，第 107 页。
② 同上书，第 112 页。
③ ［德］黑格尔：《哲学史讲演录》第四卷，贺麟、王太庆译，商务印书馆 1978 年版，第 261—262 页。
④ ［德］黑格尔：《哲学全书·第一部·逻辑学》，梁志学译，人民出版社 2002 年版，第 95 页。
⑤ ［德］黑格尔：《哲学史讲演录》第四卷，贺麟、王太庆译，商务印书馆 1978 年版，第 241 页。
⑥ ［德］黑格尔：《哲学全书·第一部·逻辑学》，梁志学译，人民出版社 2002 年版，第 101 页。其中的 Erkenntnisse 最好译成"认识"，以与 Wissenschaften（知识，科学）相区别。应当指出，黑格尔的这个批评是有问题的。康德虽然说过认识从经验**开始**，但并没有说过认识**来自**经验。因为先天的直观形式——空间和时间、范畴等不是来自经验，而是先天地存在于内心中的、为质料和现象准备好的东西。所以，黑格尔在这里对康德哲学的批评并不符合事实。

黑格尔实际上认为，康德的批判哲学和经验主义哲学都假定外物的存在。"经验主义认为，外在的东西一般都是真实的东西，即使超感性的事物得到了承认，但对这种事物的认识据说也是不可能发生的，相反地，大家必须仅仅坚持属于知觉的东西。但这个根本原则在彻底贯彻下去的时候，就产生了大家后来称为**唯物论**的那类东西。这类唯物论认为，物质本身是真正客观的东西。"① 黑格尔非常准确地抓住了唯物论的实质：认为物质是客观存在的东西。康德在《纯粹理性批判》第二版增加的"驳斥唯心论"一节，批判的正是"物质唯心论"（materialer Idealismus，又译"质料唯心论"）②，康德所坚持的正是物质的客观存在及其重要性："只要除开**物质**，我们就甚至根本不拥有我们也许可以作为直观置于一个实体概念之下的任何持存之物。"③

在这里，黑格尔与康德分歧的实质就是是否承认"物质"的独立存在。康德把物质的独立存在作为他的哲学的前提④，而黑格尔显然是不承认这一前提的。黑格尔的绝对唯心论只承认"绝对精神"或"理性"是世界的唯一实在物，"物质"的自然只是绝对精神的"外化"物或"异化"物，尽管黑格尔承认"自然"在时间上是"在先的"。

第三，批判康德的不可知论。对于康德而言，人的个体即"有限的有思维的存在者"的认识能力是有限的，只能对有限的经验现象进行认识和把握，当个体试图超越有限、用只能认识现象的时空和范畴等形式去把握无限时，只能产生"先验幻相"，即"把我们的概念为了知性作某种连结的主观必要性，看作了对自在之物本身进行规定的客观必然性"⑤。无限的对象有三个，即三个"先验理念"：思维主体（心灵实体）、世界

---

① ［德］黑格尔：《哲学全书·第一部·逻辑学》，梁志学译，人民出版社2002年版，第99—100页。
② 参见康德《纯粹理性批判》B274—B279，邓晓芒译、杨祖陶校，人民出版社2004年版，第202—206页。"materialer Idealismus"，译成"物质观念论"似乎更好些，即把实在存在的物质（质料）观念化、虚化。
③ ［德］康德：《纯粹理性批判》B278，邓晓芒译、杨祖陶校，人民出版社2004年版，第205页。
④ 那些批评康德的唯心论的人不知是否注意到了这一点？列宁注意到了这一点。他说"当康德承认在我们之外有某种东西，某种自在之物同我们表象相符合的时候，他是唯物主义者。"（《唯物主义与经验批判主义》，《列宁选集》第二卷，人民出版社1972年版，第200页）
⑤ ［德］康德：《纯粹理性批判》A297，B353，邓晓芒译、杨祖陶校，人民出版社2004年版，第260页。

（现象总体）和上帝。当有限的个体用时空和范畴去认识这些先验理念，把它们当作实存的对象来认识时就会产生纯粹理性的"谬误推理""二律背反"和对上帝的无效证明。

黑格尔不这样看，他对康德的不可知论进行了深入的批判。康德的不可知论当然是指"自在之物"或本体不可知，所以黑格尔专门批判自在之物不可知的观点。与康德的观点相反，黑格尔则认为，自在之物是最容易认识的。他说，

> **自在之物**①……这个概念，是在**抽去**对象展示给意识的一切东西，抽去对象的一切感觉规定和一切特定思想的限度内表示对象的。很容易看出，这里所剩的东西是**完全抽象**、极其**空洞**的东西，它仅仅是作为**彼岸世界**得到规定的，是表象、感觉和特定思维等等的**否定东西**。然而也可以同样简单地作出反思，认为这个 caput mortuum［骷髅］本身仅仅是思维的**产物**，……把这种抽象同一性作为**对象**加以保持的**否定性**规定，也同样在康德的范畴表里列举出来，并且正如那空洞的同一性一样，是某种完全熟知的东西。——因此，当我们经常反复读到**自在之物**不可知时，我们不禁会感到惊讶；实际上决没有什么事情比认识自在之物更容易的了。②

黑格尔反其道而用之，康德所谓的"自在之物"仅仅是一个抽去了一切感觉规定的纯粹空洞的抽象概念，它有什么不可认识的呢？黑格尔的确眼光独到，其批判直截了当，也是击中要害的，然而也是偏颇的、不全面的。由于自在之物没有任何感性规定，说它是一个抽象的"概念"这没有错。但是，康德的"自在之物"绝非只是一个空洞的"概念"，它首先是实在的存在者。由于自在之物存在，认识中感性材料才是有来源的，现象和本体的划分才有所依，知识和信仰的界限才能确定；因为假设了心灵实体这种自在之物才有自由意志的存在，人才是自由的人；因为假设了上帝这种自在之物，德与福的统一（至善）才有了根本保证。可以说，"自在之物"是整个康德哲学的基石，没有"自在之物"就没有康德哲学。"自在之物"对康德哲学如此之重要，岂是"一个空洞的、抽象的概念"就能解构的？

---

① Dinge an sich，即"物自体"或"自在之物"。
② ［德］黑格尔：《哲学全书·第一部·逻辑学》，梁志学译，人民出版社 2002 年版，第 109 页。

第四，批判康德害怕矛盾、对待事物的"温情"态度。前面说过，康德不自觉地触及了辩证法的本质，对此黑格尔大加赞赏。但是，黑格尔同时批评了康德对待矛盾的态度。对于"二律背反"，"康德的解决办法在于，矛盾并不是对象本身固有的，而是仅仅属于认识对象的理性。……他的解决办法仅仅在于对世界的事物抱一种温情态度"①。黑格尔认为，不仅宇宙论中的对象有二律背反，一切对象、表象、概念中都有二律背反。"要认识这一点和各个对象的这种属性，就属于哲学考察的本质；这种属性构成了那个不断规定其自身为**辩证**逻辑环节的东西。"② 在这一点上，黑格尔对康德的批评完全正确。

（三）黑格尔的形而上学观点

最后，我们简单谈一下黑格尔本人的形而上学观点。黑格尔认为传统的形而上学包括四个部分：形而上学的第一部分是是［者］论（存在论），即关于本质的抽象规定的学说③；第二部分是理性心理学或灵魂学，它研究灵魂的、即作为一种物的精神的形而上学的本性；第三部分是宇宙论，探讨世界，即探讨世界的偶然性、必然性、永恒性、在空间与时间中被限定的存在，世界变化的形式规律以及人类的自由和恶的起源；第四部分是自然神学或理性神学，它考察上帝概念或其可能性，考察上帝存在的证明和上帝的属性。显然，黑格尔的这个划分也是来自沃尔夫。但是，黑格尔同时批评这种"形而上学"是独断的，它坚持片面的知性规定而排除对立的知性规定，黑格尔将其称为"知性形而上学"，以与他的"思辨哲学"相区别。后来与"辩证法"相对的"形而上学"就是黑格尔所说

---

① ［德］黑格尔：《哲学全书·第一部·逻辑学》，梁志学译，人民出版社2002年版，第114页。
② 同上书，第115页。
③ 在某种意义上说，黑格尔把是［者］论（范畴论）理解为关于本质的抽象规定的学说，是完全正确的。在此意义上，将 die Ontologie（ontology）译成"本质论"（"本体论"）是有道理的。但是，这只是 die Ontologie（ontology）的部分含义，而非全部。因为是者，不仅包括本质还包括现象。如果只研究"实体""性质""量"这些范畴（本质的抽象规定），而不同时注意"玫瑰""红""三朵"这些现象（感性规定），那么就如康德所言，"知识学"（费希特）就是纯粹的"逻辑学"。其实，如果按照康德的观点，黑格尔的哲学也只是纯粹的"逻辑学"。

的"知性形而上学"①。

当然,黑格尔本人并没有因为"知性形而上学"的缺陷而放弃整个形而上学,他形象地说"形而上学"是哲学庙宇里的"神",这个比喻恰恰说明了形而上学的重要性。为了改进"知性形而上学"和康德的"批判形而上学",黑格尔建立了更为完备的融是[者]论、认识论、逻辑学、辩证法和历史观"五论"为一体的"思辨形而上学",这是典型的"形而上学大全",即黑格尔自己说的"哲学科学百科全书纲要"（Enzyklopädie der philosophischen Wissenschaften im Grundrisse）,这是传统哲学所能达到的最高峰。

黑格尔之后,伴随着对黑格尔哲学的批判,西方哲学发生了现代转向。随着实证科学的崛起,物理现象被自然科学研究,心灵现象被心理学研究,传统的理性物理学、理性心理学已无研究对象,失去了存在的理由;而神或上帝被宗教学研究,理性神学似乎也没有存在的理由。这样,形而上学的四个部分中只剩下了"是[者]论",描述是或是者之状态的是范畴,揭示是者或是之状态之间关系的是逻辑,所以是[者]论也就是范畴论和逻辑学,这是亚里士多德早就明白的道理。而范畴和逻辑只能通过语言表达才能被人理解,这就是现代西方哲学"语言学转向"（linguistic turn）的根据和由来。

二 海德格尔的评论

我们现在来讨论海德格尔对康德形而上学的评论。

海德格尔对康德哲学给予了极大的关注,写过几本著作,但是集中讨论康德形而上学观的主要著作是《康德与形而上学疑难》（*Kant und das Problem der Metaphysik*, 1929）,即海德格尔自称的《康德书》。

（一）《纯粹理性批判》与形而上学

海德格尔把《纯粹理性批判》定性为一部关于形而上学的书,而不是关于实证科学的理论。"当《纯粹理性批判》这部著作被阐释为'关于

---

① 参见黑格尔《哲学全书·第一部·逻辑学》26—36节,梁志学译,人民出版社2002年版,第81—95页。在马克思主义哲学的语境中,"形而上学"变成了与"辩证法"对立的东西。恩格斯在《自然辩证法》中,把"形而上学"界定为"反辩证法的哲学思维方法"（《马克思恩格斯全集》第21卷,人民出版社1972年版,第320页）,这成为马克思主义哲学界的共识。但我们应注意到,反辩证法意义上的"形而上学"概念是黑格尔首先使用的。

经验的理论'，或者甚至被阐释为实证科学的理论时，它的意图就一直从根本上被曲解了。《纯粹理性批判》与'知识理论'完全没有干系。"① 海德格尔在这里是有所指的，并非无的放矢。1929 年 3 月 17 日至 4 月 6 日，海德格尔在达沃斯高等学校做了三次演讲，其间和另一位演讲人恩斯特·卡西尔进行了一场辩论。在辩论中，海德格尔指出：新康德主义起源于哲学的窘境，这一窘境涉及的问题是：在知识整体中，哲学究竟还剩下什么？在 1850 年前后，出现了这样的情况：精神科学和自然科学囊括了可认知之物的所有领域，于是出现了这样的问题："如果全体存在物都分属于科学，那么，留给哲学的还有什么？保留下来的就仅仅是关于科学的知识，而不是关于存在物的知识。在这一观点之下，于是就有了回溯到康德的要求。由此，康德就被看作是数理科学之认识论的理论家。认识论成了人们据此来看康德的视角。"② 由于这一视角是新康德主义的视角，所以海德格尔拒绝把自己称为"新康德主义者"，尽管他是在新康德主义的环境中成长起来的。

客观地说，将康德看成现代科学哲学的奠基人之一不是没有依据的，在今天研究科学哲学的人绝不可能绕过康德。所以，在我看来，这个观点没有问题。问题在于，这不是康德的兴趣所在。康德自己讲得很清楚，进行纯粹理性批判的目的就是要解决形而上学的问题，我称之为"拯救形而上学"。为什么要拯救形而上学，因为形而上学从"科学的女王"（"具有最高荣耀的科学"——海德格尔语）变成了"弃妇"，这是哲人不能容忍的。

海德格尔认为《纯粹理性批判》是关于形而上学的著作，而且是为形而上学奠基的著作。"本书探究的任务在于将康德的《纯粹理性批判》阐释成形而上学的一次奠基活动，其目的在于将形而上学疑难（das Problem der Metaphysik）作为一种基始存在论的疑难展现出来。"③ 这是海德格尔在《康德与形而上学疑难》"导言"的开篇语，它表达了该书的任务和目的。

之所以要重新规定形而上学的本质，是因为形而上学存在问题或疑难。"形而上学疑难即是对存在物自身之整体的疑问，而这一疑问就使得

---

① ［德］马丁·海德格尔：《康德与形而上学疑难》，王庆节译，上海译文出版社 2011 年版，第 13 页。海德格尔在自己的著作中将本书称为《康德书》。
② ［德］马丁·海德格尔：《康德与形而上学疑难》，"附录 IV 达沃斯辩论：在恩斯特·卡西尔与马丁·海德格尔之间"，第 263 页。
③ 同上书，"导言"，第 1 页。

形而上学作为形而上学成为疑难。"①

海德格尔最终给出的"形而上学"定义是:

> 形而上学是纯粹的、理性的、关于存在物"一般"和存在物的主要领域中各个整体的知识。②

在上述定义中,包含了对特殊的东西、经验的东西的超越,形而上学知识就是力图把握"超感性的存在物","存在物"的德文是 Seiendes,也可译为"是者",即英文的 beings。但是,这一进程并不顺利,迄今为止,形而上学"仅仅在概念之间来回摸索"③,对其主张的观点缺乏证明。形而上学的内在可能性在哪里呢?"对形而上学的内在可能性进行划界,在这一意义上为形而上学进行某种奠基。"④ 形而上学涉及超感性存在物,而超感性存在物以一般存在物为预设前提,所以首先要对一般存在物发问。"奠基就是要弄清某种与存在物的关联活动的本质,在此之中,这一存在物自己显示自身,而所有关于它的陈述都由此而成为可说明的。"⑤ 在研究者对存在物的先行把握中,"理性只看到它依据自己的筹划而产生出来的东西"⑥,这个东西就是存在物的"存在法相"(Seinsverfassung)。因此,使得与存在物的关系(存在物层面上的知识)成为可能的东西,"就是对存在法相的先行领会,就是存在论的知识。"⑦ Seinsverfassung 应是海德格尔自造的词,指是者或存在者的构成、本性、状态。是[者]论(存在论)的知识是对是者或存在物的构成、本性、状态的"先行领会"。

这样,对是[者]论(存在论)的内在可能性的疑问就蕴含着对一般形而上学的可能性进行发问,形而上学的疑难就是是[者]论(存在论)的疑难。"在这样开始为形而上学奠基之际,康德就使自己与亚里士多德、柏拉图展开了直接的对话。现在,存在论(或译'是[者]论'——引者)第一次从根本上成为疑难,随之而来的就是传统形而上

---

① [德]马丁·海德格尔:《康德与形而上学疑难》"第三版序言",第9页。
② 同上书,第6页。
③ [德]康德:《纯粹理性批判》第二版序,第 BXV 页。
④ [德]马丁·海德格尔:《康德与形而上学疑难》,第6页。
⑤ 同上书,第6页。
⑥ [德]康德:《纯粹理性批判》第二版,第 XIII 页。
⑦ [德]马丁·海德格尔:《康德与形而上学疑难》,第7页。

学大厦的第一次也是最内在的激荡。"① 海德格尔的这个论断是成立的。我在前面说过，康德是亚里士多德之后对形而上学进行过最深刻反思、并拯救和重建形而上学的第一人。康德对传统形而上学展开了激烈的批判。独断论和怀疑论是传统形而上学的必然结果。要摆脱这种结果，就要对理性进行批判——给理性划界：本体与现象的界限。

(二) 理性与人的认识的有限性

海德格尔说：

> 形而上学奠基的基源（Quellgrund）是人的纯粹理性，由此，理性的人性化，也就是说，理性的有限性就在根本上成为奠基之疑难索问的核心。这样，就需要将渊源域的特质标画工作具体化为对人的知识（Erkenntnis，应译为"认识"——引者）的有限性本质的澄清。②

这是一段提纲挈领的话，非常重要。形而上学产生于人的理性，但是人的理性是有限的，理性的有限性导致了人的认识的有限性，人的认识的有限性才会产生形而上学。所以，理性的有限性才是形而上学问题的最终根源。

理性的有限性首先表现为"认识本身的本质构造"，即认识的有限性。这种"有限性"最核心的含义是："认知原本就是直观。"③ 认识的两个成分是直观与思维。一般认为，康德更重视思维（知性），因为思维（知性）具有自发性（主动性），而直观只有接受性（被动性）。但是，海德格尔与众人（似乎也包括康德）相反，认为直观才是最重要的，思维只是为直观服务的、臣属性的活动。"直观"意味着："存在物自身，以'让……给予'的方式，作为**领**—受着的东西**公开出来**。"④ 只有某物首先在某个境域（Horizont）公开出来，让其被领—受，认知才能进行。所以，"我们必须坚持，直观构成了认识的真正的本质，并且，在直观与思维的所有相互关联中，直观拥有着真正的分量。……正是借助于对知识（Erkenntnis，应译为'认识'——引者）的这一解释，才可能把握这一定义中的本质性的东西，即知识（Erkenntnis，应译为'认识'——引

---

① [德] 马丁·海德格尔：《康德与形而上学疑难》，第8页。
② 同上书，第17页。
③ 同上书，第18页。
④ 同上书，第18页注释③。笔者将"让给予"改成了"让……给予"。

者）的有限性。"① 我认为，这一解读真正抓住了康德哲学的要害。在我看来，直观强调了感性的重要性，强调了自在之物的重要性，这正是康德哲学的核心。

如果对照人的认识与神的认识，人的认识的有限性就看得更清楚。神的认识就是"直观"，但与人的接受性的"直观"不同，神的直观是"创造"，神的知性是"本身直观着的知性"。当然，神的直观不是人的接受性的感性直观，而是创造性的智性直观。神有创造性的智性直观，根本不需要思维及思维所用的概念，只有人才需要思维及其概念，所以思维及其概念本身就是人的有限性的标志。

当然，人的认识的有限性不是首先表现在有思维这一事实中，而是首先表现在人的直观的有限性中。"有限性直观将自身视为依赖于可被直观的东西，而这一可被直观的东西则是某种源于自身的、已然的存在物。"② 人的直观的有限性特征正在于它的接受性，只有可接受的东西到场，有限性的直观才能发生。用康德的话来说就是：直观只是在对象被给予我们时才发生。③ 所以，海德格尔认为，有限认识在《纯粹理性批判》的第一版中从一开始就是主题。"人的有限本质构成了形而上学全部奠基的主题。"④

人的直观有所领受，获得领受要求"感触"，感触需要器官，所以"感官"成为必需的东西。"感性的本质在于直观的有限性。感触的器官，正因为它们隶属于有限的直观，即感性，所以才是感官。这样，康德就第一次赢得了存在论的，而不是感觉层面上的感性概念。"⑤ 人有感官与心灵，有感性与知性，有直观与思维，有直观表象与概念表象，这样的结构本身就是人的有限性的证明。"知识（Erkenntnis，应译为'认识'——引者）的有限性被标明是领受着的，并因此又是思维着的直观。这一有限性借助于认识的结构得到澄清。有限性，对于形而上学奠基之疑难来说，有着根本性的意义。"⑥ 正因为人是有限的，而人又想超越有限⑦，才有形而上的追问，才会有形而上学。

---

① ［德］马丁·海德格尔：《康德与形而上学疑难》，第 20 页。
② 同上书，第 21 页。
③ ［德］康德：《纯粹理性批判》A19，B33，第 25 页。
④ ［德］马丁·海德格尔：《康德与形而上学疑难》，第 22 页。
⑤ 同上书，第 23 页。
⑥ ［德］马丁·海德格尔：《康德与形而上学疑难》，第 27 页。
⑦ 同上书，第 96 页："有限性的核心在于超越。"

说到底，人的有限性首先在于时间的限制。从自然过程来看，人首先是时间性的是者（存在者），然后才获得了理性，时间（纯粹感性）与纯粹理性共同构成了人的本质。

(三) 超越论的想象力

康德认为，"人类认识（Erkenntnis）有两大主干：它们也许来自某种共同的、但不为我们所知的根基（unbekannten Wurzel），这就是**感性**和**知性**（Sinnlichkeit und Verstand）"①。这个共同的根基是什么，康德指向了不可知的东西，而海德格尔认为，它是指"纯粹的想象力"或"生产性的想象力"或"超越论的想象力"。

海德格尔说，"对存在论综合之本质的内在可能性的根据进行揭示，这被规定为是一般形而上学之奠基的任务。存在论的知识（Erkenntnis，应译为'认识'——引者），就是要将自身表明为把超越形象出来的东西。"② 这是海德格尔在谈到康德的"图式论"时说的话。"综合"在康德那里是指感性和知性、直观和概念的结合。是［者］论（存在论）的认识在图式论阶段，是要把超越的东西（范畴）作为形象的东西表达出来。在这一过程中，"超越论的想象力"起着决定性的作用，它甚至使人突破了人的有限本质。

> 假如存在论的认知就是形象着的图式〈schema – bildend〉，那么，它也就因此从自身出发创造出（形象出）了纯粹的外观（图像）。这样，在超越论想象力中出现的存在论知识不就是"创生性的"〈schöpferisch〉吗？如果说存在论的认知形象化了超越，而这一超越却又构成了有限性的本质存在，那么，超越的有限性岂不因为这一"创生"特质而被撑破了吗？有限的本质存在不会恰恰由于这一"创生"行为而成为无限的吗？③

当然，此"创造"（"创生"）非彼"创造"，它不是"本源直观"的创造。本源直观能创造个别存在物，而存在论的认识没有这个能力，它只能涉及某个对象 X。我们对这个对象 X 一无所知，"它只能作为统觉的统一性的相关物而充当感性直观中杂多的统一，知性借助这种统一而把杂多

---

① Immanuel Kant, *Kritik der reinen Vernunft*, A15, B29, Felix Meiner, 1956.
② ［德］马丁·海德格尔：《康德与形而上学疑难》，第 114 页。
③ ［德］马丁·海德格尔：《康德与形而上学疑难》，第 114 页。

结合成一个对象的概念"①。这个 X 是"一般对象",它指的是"事先成就着一个站在对面的东西的境域"②。是［者］论（存在论）的认识将超越"形象"出来,超越之形象活动只是境域的保持开放,在其中存在物的存在可以先行地得以瞥见,它使有限的认识（存在物自身显现的经验）成为可能。关于这样的是［者］论（存在论）,康德叫作"超越论哲学"（先验哲学）,以与传统的是［者］论（存在论）相区别。传统的是［者］论（存在论）"狂妄地以为给出了关于物之一般的先天综合认识,……它将自己过分地抬升到某种先天的存在物层面上的认识的高度,惟有某种无限的存在物才能达到它"③。康德认为,人的有限认识只能认识物自身在人的视野中呈现出来的现象,而不能认识事物本身,更不能像神那样通过本源直观就能创造出个别事物。

海德格尔对康德的"超越论的想象力"（transzendentale Einbildungskraft, 或译"先验想象力"）进行了详细解读。他认为,"作为源初的纯粹综合,超越论的想象力形象出了纯粹直观（时间）与纯粹思维（统觉）的本质统一性。……超越论的想象力是根基,存在论知识（Erkenntnis, 应译为'认识'——引者）的内在可能性以及随之而来的一般形而上学的可能性都建基在它之上。"④ 在这里,海德格尔把超越论的想象力置于根基的地位。

康德把超越论的想象力或纯粹想象力界定为"灵魂的不可或缺的功能",它是对象不在现场的直观能力,是一种感性能力。海德格尔认为,想象力是双重意义上的形象能力:

> 作为直观能力,它就是在图像（外观）——获得之意义上的形象活动。而作为一种不依赖于可直观者的在场的能力,它实现自身,即创造和形象出图像。这个"形象力"（bildende Kraft）就是一种同时在领受中（接受的）和在创造中（自发的）的"形成图像"。……如果接受性意味着感性,自发性意味着知性,那么,想象力就以某种特定的方式落入两者之间。这样,它就具有一种明显摇摆

---

① ［德］康德:《纯粹理性批判》A250, 第 229 页。
② "对象"的德文单词是 Gegenstand, 它由 gegen 和 stand 组成。gegen 的意思是"反对的、对着的", stand 的动词是 stehen, 意思是"站立",所以 Gegenstand 的字面意思是"立于对面""站在对面"。
③ ［德］马丁·海德格尔:《康德与形而上学疑难》,第 118 页。译文有改动。
④ ［德］马丁·海德格尔:《康德与形而上学疑难》,第 121 页。

不定的特点。①

这种"摇摆不定"恰恰是康德的摇摆不定:究竟将想象力归入感性还是知性?

海德格尔认为,"对形而上学之本质进行发问,就是去发问人的'心灵'之基本能力的统一性问题。康德的奠基表明:为形而上学建立根据就是一种对人的发问,而这就是人类学"②。康德在《逻辑学讲义》中,提出了"世界公民"意义上的四个问题:我能够知道什么?我应当做什么?我可以希望什么?人是什么?康德认为所有这些都是人类学,因为前三个问题都与最后一个问题相关。③海德格尔认为,这就是康德奠基的成果:"康德自己明确地说出了他的形而上学奠基活动的真正成果。"④

这样,在康德的体系中,关于"人是什么?"的回答的著作——《人类学》就成为最后的著作,其中对任何问题的回答都意味着是最后的即最权威的回答,关于人的基本能力——想象力的解释也不例外。康德在《人类学》中讨论了"一般想象力",它能在想象中描绘一个对象的外观,是"生产性的想象力"。但它不是创生性的,它还依赖感觉表象。

然而,海德格尔不满意康德在"人类学"(《实用人类学》)中对想象力的解释。他认为,当康德将奠基的源初性把握追踪到人类学的时候,那是失败的,因为康德提供的人类学是"经验性的"。如果有"纯粹性的人类学",它也许就能处理超越论的疑难。"唯有一门哲学人类学才能够是真正哲学的奠基活动,即特殊形而上学的奠基活动。这样,康德奠基活动的复返工作不就是要把系统地建立一门'哲学人类学'推动为真正的任务吗?"⑤但是,海德格尔却给出了否定的回答。他对哲学人类学进行了简单的考察,否定了马克斯·舍勒的"哲学人类学"方案,认为不能因为康德将哲学的三个问题归结为"人是什么?"的问题就将这个问题把握为人类学问题,"将形而上学奠基工作转托给某种哲学人类学,这也许是草率的。人类学不因为它是人类学就已经给形而上学奠立了根基"⑥。

---

① [德] 马丁·海德格尔:《康德与形而上学疑难》,第122—123页。
② 同上书,第195页。
③ 参见康德《逻辑学讲义》,许景行译,商务印书馆1991年版,第15页。另见李秋零编译:《康德书信百封》,上海人民出版社2006年版,第200页。
④ [德] 马丁·海德格尔:《康德与形而上学疑难》,第198页。
⑤ [德] 马丁·海德格尔:《康德与形而上学疑难》,第198页。
⑥ 同上书,第203页。

康德仅仅简单地提出"人是什么？"的问题是不够的，他最终没有获得他所奠基的"决定性成果"。

海德格尔认为，康德在超越论想象力面前退缩了，他亲手葬送了他在一开始时赖以提出批判的地基。"康德在他本人所揭示出来的根基面前的退缩，在超越论想象力面前的退缩，就是旨在拯救纯粹理性，即坚守本己根基的哲思活动的行进路程，而这一行进路程就将根基的坍塌以及随之而来的形而上学的深渊敞开了出来。"① 康德最终放弃超越论想象力的独立（甚至是根基）地位，是为了"拯救纯粹理性"，即坚持传统的理性与逻辑的哲思路线。但海德格尔认为，这一哲思路线展现出来的是根基的坍塌和形而上学的深渊。从这里我们明白了海德格尔的哲思倾向：反传统的理性至上、逻辑至上的观点。

反之，海德格尔认为，要真正理解想象力，就不能像康德那样坚持"人类学"中的解释，而应当返回到《纯粹理性批判》中。在那里，纯粹想象力或超越论的想象力，虽然不能在存在物（是者）层面"创造"出个体事物（对象），但能"自由地创造出"图像，这显示了"想象力的创生本质"。在超越论的图式化中，"想象力在时间的纯粹图像中有着源生性的表象，它完全不需要一种经验的直观。因此，《纯粹理性批判》在某种更源初的意义上既显示了直观特质，又同样显示出了自发性。"② 总之，海德格尔认为，康德的《人类学》是经验性的著作，它根本不提超越问题，要想从那里找到形而上学疑难的根源，"已被证明是一条歧路"③。

在海德格尔看来，超越论想象力是感性和知性的共同根源。

康德对超越论想象力或纯粹想象力的看法是矛盾的。一方面，它被康德看成心灵的一种基本能力："因此，我们有一种作为人类心灵基本能力的纯粹想象力，这种能力为所有先天认识（alle Erkenntnis apriori）奠定了基础。"④ "有三个本源的来源（心灵的三种才能或能力）都包含有一切经验的可能性条件，并且本身都不能从任何别的内心能力中派生出来，这就是**感官**、**想象力**和**统觉**。"⑤ "有三种主观的认识来源是一般经验的可能性和经验对象的认识建立于其上的：**感官**、**想象力**和**统觉**……"⑥ 另一

---

① ［德］马丁·海德格尔：《康德与形而上学疑难》，第 204 页。
② ［德］马丁·海德格尔：《康德与形而上学疑难》，第 125 页。
③ 同上书，第 127 页。
④ Immanuel Kant, *Kritik der reinen Vernunft*, A124, Felix Meiner, 1956.
⑤ ［德］康德：《纯粹理性批判》A94，邓晓芒译、杨祖陶校，人民出版社2004年版，第 85 页。
⑥ Immanuel Kant, *Kritik der reinen Vernunft*, A115, Felix Meiner, 1956.

方面，康德又说："我们的认识来自内心的两个基本来源，其中第一个是接受表象的能力（印象的接受性），第二个是通过这些表象来认识一个对象的能力（概念的自发性）"①，即感性和知性。我们的认识能力只有这两个枝干，这两种能力不能互换其功能，"知性不能直观，感官不能思维。只有它们结合，才能产生认识"②。与此对应，康德将超越论（先验论）分成了"超越论感性论"和"超越论逻辑论"（先验感性论与先验逻辑）。于是，"超越论想象力无家可归"③。应当说，两分法表达了康德的基本立场。

但是，海德格尔在这里发现了不一样的东西。他认为，超越论想象力不仅是将感性与统觉这两端连接起来的外在纽带，"它源初就是合一的，也就是说，它作为本己的能力形成了两个不同东西的统一，而后者自身则与它之间有着一种本质结构上的关联"④。他甚至更进一步认为，感性和知性的共同根源就是超越论想象力，它是"存在论的认识的本质根据"⑤。

在海德格尔看来，超越论想象力不仅是自发性的也是接受性的。"想象力也不仅仅是有接受性的，除了它的自发性之外，它还是自发性与接受性源初的，并非刚组合而成的统一性。"⑥ 将超越论想象力界定为自发性与接受性的源初统一，就意味着纯粹思维就是纯粹直观。"在这个意义上，纯粹思维本身，在当下就是有所领受的，即纯粹直观。因此，这个在结构方面统一的、接受着的自发性，为了能够是其所是，必须源出于超越论的想象力。"⑦

但是，海德格尔认为，康德在超越论的想象力面前退缩了。康德说过"我们不可知的根源"。这种"不可知"不是一无所知，恰恰是"在已认知到的东西中面向我们挤迫过来的、让人困扰不已的东西。然而，康德并没有对超越论想象力进行更为源初的阐释。即使他本人对这样的分析曾有过清楚的、最早知晓的勾勒，但他完全没有从事这样的工作。相反：康德

---

① Immanuel Kant, *Kritik der reinen Vernunft*, A50, Felix Meiner, 1956.
② Immanuel Kant, *Kritik der reinen Vernunft*, A51, Felix Meiner, 1956.
③ [德] 马丁·海德格尔：《康德与形而上学疑难》，第 129 页。
④ [德] 马丁·海德格尔：《康德与形而上学疑难》，第 130 页。
⑤ 同上书，第 132 页。译文有改动。
⑥ 同上书，第 145 页。
⑦ 同上书，第 146 页。

在这一不可知的根源前退缩了。"① 在《纯粹理性批判》的第一版中，有两处明确地把想象力列为与感性和知性并列的第三种能力，但在第二版的"超越论演绎"（先验演绎）中，想象力不再是独立的能力，而是作为功能被归为知性能力。在晚年的《实用人类学》中，他更是像传统的人类学那样，将想象力看成感性内部的一种低级能力。康德为什么会退缩？这是因为"尊贵的传统告诉我们，理性〈Ratio〉和逻各斯〈Logos〉在形而上学的历史中起着核心的作用。……如果说纯粹理性翻转成了超越论想象力，那'纯粹理性批判'的主旨岂不就被它自身取消了吗？奠基工作岂不就走到了一道深渊之前？"②

海德格尔的解释当然是有道理的。康德的确在想象力的归属问题上摇摆不定，他也的确因为重视理性（知性），不能让有感性性质的想象力成为一种独立能力。但是，这就是全部答案？我不这样认为。康德从来没有说过，感性和知性的不可知的共同根源是超越论的想象力（先验想象力），这是海德格尔的臆想或"强暴性阐释"③。怎么可能从"超越论的想象力"产生感性和知性这两个枝干？我相信，康德是真的不知道感性和知性的共同根源是什么？而不是知道了这个让人"困扰不已"的东西就退却了。本体和现象的划分是康德的基本划分，虽然现象学家（包括海德格尔）认为康德的划分无效，但在康德那里有效。感性和知性的共同根源属于本体界，作为有限的人不知道，这对康德来说很正常。如果像海德格尔那样，将超越论想象力（先验想象力）解释为感性和知性的根源，它自身兼有直观和思维，"纯粹思维本身具有直观的特征"④，那我们就要问：这样的能力究竟是人的能力还是神的能力？事实上，突出想象力，想通过先验想象力（超越论想象力）来解决本体与现象的沟通问题，一直是康德后继者努力的方向。海德格尔在《康德与形而上学疑难》中就列举了费希特、谢林和雅各比，他们"都宣称想象力具有一种本质性

---

① ［德］马丁·海德格尔：《康德与形而上学疑难》，第152页。在第三章，海德格尔也说："诚然，现在康德似乎在第二版关于超越本身的形象活动中，收回了时间的超越论优先地位，同样还有超越论的想象力，也就是说，他否认了形而上学奠基的核心，即超越论的图式化。"（第189页）
② ［德］马丁·海德格尔：《康德与形而上学疑难》，第158页。
③ 海德格尔意识到了《康德与形而上学疑难》阐释的强暴性："我的阐释的强暴性（Gewaltsamkeit）不断地引起不满。人们对这一强暴的遣责完全可以在这部作品中找到很好的支持。"（马丁·海德格尔：《康德与形而上学疑难》第二版序言）
④ ［德］马丁·海德格尔：《康德与形而上学疑难》，第147页。

的作用"①。海德格尔的工作显然是这一努力的继续。但是,康德在世时就说过,费希特的知识学是纯粹的逻辑学,他没有任何兴趣②。

海德格尔在对康德著作的"强暴性阐释"中找到了为康德的形而上学奠基的根据。海德格尔问道:"超越论想象力作为奠立起来的根基,它的承载力够吗?它可以源生性地,也就是说,统一地和完整地对人之主体的主观性的有限本质存在进行恰到好处地规定吗?"③ 海德格尔的回答当然是肯定的。

(四)《纯粹理性批判》与《是与时》

海德格尔在《康德与形而上学疑难》第三章的最后,对他的论述的思路做了总结,并将《纯粹理性批判》的奠基活动与他的《是与时》(Sein und Zeit,《存在与时间》)联系起来:

> 康德的形而上学奠基活动引导走向超越论的想象力。而超越论的想象力是两大枝干——感性和知性——的根柢。超越论想象力本身使得存在论综合的源初性统一得以可能。但这个根底扎根在源生性的时间之中。在奠基活动中敞开出来的、形成着的源生性基础就是时间。
>
> ……
>
> 形而上学奠基活动在时间的地基上成长。存在问题,这个形而上学奠基的基本问题就是《存在与时间》的疑难。④

这就是一开始提到的《康德与形而上学疑难》的"目的":"将形而上学疑难作为一种基始存在论的疑难展现出来"。我们现在明白了海德格尔为什么要写《康德与形而上学疑难》,为什么他的最重要的著作叫作《是与时》(《存在与时间》)。关于两书的关系,他在《康德与形而上学疑难》的第一版序言中交代,"对《纯粹理性批判》的这一阐释与最初拟写的《存在与时间》第二部分紧密相关。……在《存在与时间》的第二

---

① [德] 马丁·海德格尔:《康德与形而上学疑难》,第130页注释②。
② 李秋零编译《康德书信百封》:"关于与费希特知识学关系的声明。""我声明如下:我把费希特的知识学看作是完全站不住脚的体系。因为纯粹的知识学不多也不少,恰恰就是单纯的逻辑。……对于依照费希特的原则建立起来的形而上学,我委实没有任何兴趣。"(上海人民出版社2006年版,第244—245页)
③ [德] 马丁·海德格尔:《康德与形而上学疑难》,第161页。
④ 同上书,第193页。

部分中，本书研究的主题将在一个更为宽泛的提问基础上得到探讨。"①也就是说，《康德与形而上学疑难》是为《存在与时间》第二部分的写作做的准备工作②，两本书的主题都是形而上学。海德格尔认为，康德的《纯粹理性批判》是为形而上学奠基的著作，但是康德在"超越论想象力"（先验想象力）面前退缩了。于是可以说，康德并没有完成为形而上学奠基的任务。海德格尔在《康德与形而上学疑难》第三章的最后谈到了《是与时》（《存在与时间》）的企图：

  在这个标题中，包含前面将《纯粹理性批判》解释为一种形而上学奠基活动的导引性理念。但是，通过这种解释而得到证明的理念预先描画了一个基始存在论问题的轮廓。这个基始存在论不是将自身把握为一种用臆想的"新东西"来反对所谓的"旧东西"。它不如说是表达了一种企图，那种想为形而上学的某种奠基活动去源初性地真正获得本质性东西的企图，也就是说，企图帮助这种奠基活动，通过某种往返回复，返归到它的本己的源初性的可能性之中去。③

海德格尔自认为他是康德哲学的继承者和发展者，他不是"照着讲"或者"抛开讲"，而是要"接着讲"：他"想为形而上学的某种奠基活动去源初性地真正获得本质性东西"。这里明说的意思是，他想继续推进康德为形而上学奠基的活动，而隐含的意思是：他才是康德事业的真正继承者和发展者。

在《康德与形而上学疑难》的最后一节，海德格尔对全书作了总结。海德格尔认为，时间在《纯粹理性批判》中获得了核心的形而上学的作用，并不是因为时间是"直观的形式"，"完全是由于来源于人的亲在之有限性的根据的存在之领会，必须要在时间中进行自身筹划。"这样，《纯粹理性批判》"本身就大大动摇了理性和知性的统治。"④ "逻辑"在形而

---

① ［德］马丁·海德格尔：《康德与形而上学疑难》，第一版序言，第1页。
② 由于种种原因，海德格尔并没有写作《是与时》（《存在与时间》）的第二部。在现在出版的《是与时》（《存在与时间》）中，我们能够看到标题中有"第一部 依时间性阐释此在，解说时间之物为存在问题的超越的视野"的字样（参见马丁·海德格尔《存在与时间》修订译本，陈嘉映、王庆节译，生活·读书·新知三联书店2006年第3版"目录"和第48页）。
③ ［德］马丁·海德格尔：《康德与形而上学疑难》，第193页。
④ 同上书，第233—234页。

上学中的优先地位被取消了。"如果说超越的本质存在建基在纯粹想象力中，或者说，更加源初地建基在时间性之中，那么'超越论逻辑'的理念恰恰就是不可理解的东西。"① 按照海德格尔的理解，康德最终应当放弃他的"先验逻辑"（"超越论逻辑"），但是康德没有。康德在《纯粹理性批判》的第二版，又将统治地位还给了知性。在感性（直观）与理性（知性）、时间与逻辑的较量中，康德最终还是选择了理性（知性）与逻辑，这是海德格尔感到遗憾的。

海德格尔对康德之后的德国唯心论者也不满意，因为他们遗忘了"康德所为之奋争的事业"："在德国唯心论中开始的反对'自在之物'的争斗，除去意味着对康德所为之奋争的事业的越来越多的遗忘之外，还能意味着什么呢？而康德所为之奋争的事业就是要通过对有限性疑难的更源初的梳理凸显和更精确的保育，从根本上承担和保存形而上学的内在可能性和必然性，亦即其本质存在。"② 海德格尔在这里明确解释了什么是"康德所为之奋争的事业"，并批评其后继者的遗忘。我们知道，康德之后的费希特、谢林、黑格尔③都认为康德的"自在之物"是一个多余的废物，他们纷纷用各自理解的真实之物（真理）来取代它。海德格尔尤其对黑格尔批评康德、自己又将形而上学逻辑化的做法非常不满：

> 在黑格尔那里，形而上学不是以如此前所未有的极端方式变成了"逻辑学"吗？……当黑格尔也这样将形而上学解说为逻辑学时，康德的努力还会有怎样的结局呢？黑格尔说："因此，逻辑学要作为纯粹理性的体系，作为纯粹思维的王国来把握。这个王国就是真理，正如真理本身是毫无遮蔽、自在自为的。所以，人们能够说，这个内容就是上帝的展现，就像他在创造自然和创造某种有限精神之前的永恒本质中所是的那样。"（黑格尔《逻辑学》"导言"）
>
> 难道还有什么比这更有说服力的证据，来证明隶属于人的本性的形而上学，乃至"人的本性"自身，其自明性是如何之少吗？④

---

① ［德］马丁·海德格尔：《康德与形而上学疑难》，第234页。
② ［德］马丁·海德格尔：《康德与形而上学疑难》，第234页。
③ 叔本华则肯定了康德对现象与自在之物的划分，说这是**康德的最大功绩**（叔本华：《作为意志和表象的世界》，石冲白译、杨一之校，商务印书馆1982年版，第569页）。但他也批评康德的"自在之物"不可知的观点，认为"一切客体，都是表象，唯有意志是自在之物"（165页），"自在之物是什么呢？就是——意志。"（第177页）
④ ［德］马丁·海德格尔：《康德与形而上学疑难》，第234—235页。

在海德格尔看来，在康德那里形而上学是人的本性（自然的形而上学倾向）的展现，其自明性不言而喻，但是黑格尔将形而上学彻底逻辑化、理性化、客观化了，变成了上帝的展现，变成了与人的本性无关的东西。这是海德格尔所不能容忍的。所以，海德格尔认为，他自己才是"康德的事业"的真正继承者和推动者。

（五）海德格尔的形而上学观点

海德格尔是如何推动康德的事业的呢？那就是继续为形而上学奠基。

1. 人的有限性与形而上学疑难之间的关系

康德给理性提出的三个问题（我能够知道什么？我应当做什么？我可以希望什么？）有什么共同之处吗？海德格尔的回答是"有限性"。"能够"怎样已经处于"不能够"之中，"应当"怎样意味着在"是"与"否"之间摇摆，"可以希望"表明了自身的匮乏；这些都是"我"的有限性。"有限性并不是简单地附加在纯粹的人类理性之上的东西，相反，理性的有限性就是'使有终结'〈Verendlichung〉，即为了'能够—有所终结的—存在'〈Endlich – sein – können〉而'操心'〈Sorge〉。"① 这三个问题都追问有限性，所以它们才和第四个问题"人是什么？"相关联。"人是什么？"人是终有一死的是者（存在者），人的理性的有限性最终来自人终有一死这一"大限"，他为自己的"向死而是"（"向死而在"）而"操心"。

那么，人的有限性与形而上学的疑难之间有什么关系呢？一般形而上学的问题即是第一哲学的问题，第一哲学追问的是"是〈者〉是什么？"海德格尔认为，"必须要阐明存在本身（而非存在物）与人的有限性之间的本质关联"②。

在形而上学的"是〈者〉是什么？"〔"存在（物）是什么？"〕的发问中，包含了两个问题："是者（存在物）整体及其重要领域是什么？""是者（存在物）本身是什么？"后一个发问在逻辑上先于前一个发问。"是者（存在物）本身是什么？"问的是：究竟是什么将是者规定为是者？即是者之是（存在物的存在）的问题，这一问题被称为"是之问题"（存在问题）。是之问题所研究的是将是者规定为一个如此这般的是者的东西。"**存在本身**（又可译'是本身'——引者），而首先不是存在物（又

---

① ［德］马丁·海德格尔：《康德与形而上学疑难》，第206页。
② 同上书，第211页。

可译'是者'——引者）本身，必须先行被把握。"① 于是，在"是〈者〉是什么？"的追问中就有着更为源初的发问：在此发问中已被预先领会了的"是"是什么意思？

海德格尔给出了任何一个是者（Seiend，存在物）都有的六个意思：如是是（was - sein，如是存在，是什么），那个是者（Daß - seins，实事存在）、本质（essentia）、实存（existential）、可能性和现实性。②但是，"是"（sein）也有这六个意思吗？如果没有，将"是"分裂为'如是是"（was - sein）"，那个是者"（Daß - seins）有何根据呢？"是"这个疑难词（Problemwort）中包含的东西太多、太沉重了。海德格尔认为，在亚里士多德以来的形而上学中，我们看不清楚是之问题与人的有限性的根本关联。"只有当这个问题被包含在哲学的最内在本质中，而哲学自身又仅仅是人的亲在（Dasein，可译为'此是'、'此在'——译者）的某种具有决定性的可能性（有条件的必然性——作者页边评注）时，真正的哲学活动才将会有可能碰上存在（又可译为'是'——译者）问题。"③是之问题是哲学的核心，哲学是人的有条件的必然产物，所以人所从事的真正的哲学活动有可能碰上是之问题。当然，"有可能碰上"也就有可能碰不上。还有，不是"真正的哲学活动"永远不会碰上。

2. 是之领悟与人的此是

我们人与是者（存在物）密切相关，它们是我们所熟悉的。但我们熟悉"是"本身吗？把"是"作为对象来把握不是很令人头痛吗？我们领会着"是"，为是者"是什么和如此是"（Was - und - So - sein）而操心。"人是一种在存在物（又译'是者'——引者，下同）中间的存在物，这样，他所不是的存在物以及他自身所是的存在物，在那里总是一起被公开出来。人的这种存在（又译为'是'——引者）方式我们称之为生存（Existenz）。惟有在存在（又译为'是'——引者）之领悟的基础上，生存才成为可能。"④ 人是一种特殊的是者（存在者），只有在人这里其他是者和人自己才被公开出来、显示出来，才被追问。人的这种是

---

① ［德］马丁·海德格尔：《康德与形而上学疑难》，第212页。
② 同上书，第213页。
③ 同上书，第215页。
④ 同上书，第218页。

(存在)之方式就是人特有的"生存"①。唯有人才"生存",因为唯有人才会去领悟"是"("存在")。

人在与其他是者(存在物)打交道时,发现这些是者(是者总体,存在物总体)是承载他的、他赖以为生的、无论他有多少文化和技术都绝不能主宰的东西。但他发现,这些是者以不同的程度、广阔性、清晰性和确信度作为是者在其自身中公开出来。

> 如果人完全不能让存在物之作为存在物来存在的话,他就不可能是那个作为某种自我的被抛的存在物。但为了能够让存在物是其所是和其如何而是,生存着的存在物必须总是着眼于其是存在物这一点,来筹划他正在遭遇到的东西。生存意味着:在托付给如此可依赖的存在物之存在物中,对存在物之为存在物的依赖性。②

其中的"存在物"可译为"是者","存在"可译为"是",这样读起来更顺畅,比如"是者"与"是其所是和其如何而是"有字面上的联系。"生存"由希腊文 to on(是)中的"存在"含义演变而来。这段话的意思是,人是被抛入世界的是者,其前提是你要承认是者整体的是(存在)是在先的。人要筹划自己的人生,就要明白这个世界是先在的,你是依赖它的,你必须与它遭遇。

> 生存作为存在方法,本身就是有限性,而这种有限性的存在方式只有基于存在之领悟才是可能的。惟有当存在这样的东西在,而且它必须在,有限性才会在那里生存。这样,存在之领悟就敞开了自身……它的"普遍性"就是亲在之有限性的最内在根基的源初性。……人在存在之领悟的基础上就是那"亲临到此"〈Da〉,伴随着他的存在,那个向着存在物而去的敞开型突入〈Einbruch〉就出现了,结果,这一存在物就能够为了某种自我而显现自己本身。**比人更源初的是在人那里的亲在的有限性**。③

---

① "On"(to be)本身有"存在"(being)的意思,当"存在"指时空中的存在时被理解和翻译为 Existenz(实存,英文 existence),而当 Existenz 用来指人的实存时,可翻译为"生存"。Existentialismus(英 existentialism)由 Existenz 而来,一般译为"存在主义",由于专指人的学说,译成"生存主义"更好,因为唯有人才"生存"。
② 马丁·海德格尔:《康德与形而上学疑难》,第218页。
③ 马丁·海德格尔:《康德与形而上学疑难》,第218—219页。

人只有领悟到是（存在），才能作为有限性的是（存在）之方式而生存。在人这里，是之领悟敞开了自身（只有人才能领悟是），人（Dasein，此是，亲是）的有限性的内在根源就是**人皆能领悟是（存在）**。在此是的领悟中，是者（存在物）为自我（主体）而显现自身（出现，到场）。"比人更源初的是在人那里的亲在的有限性"，在海德格尔的自用书中，他在"比人"中的"人"字旁边注释了"生—存"，意思是说，此是（人）的有限性比人的生存更根本，此是（人）的有限性决定了人的生存方式。这样，一般形而上学的问题（"是〈者〉是什么？"）即是之问题就与人的有限性（对是者整体的依赖性）联系起来了，因为只有依赖是者整体的有限的人才会发问：是是什么？是者是什么？是者整体是什么？

但是，这还不够。我们要进一步追问，有限的人或此是（亲在，此在）是什么（谁）？这就是关于此是（人）的形而上学，这是海德格尔的《是与时》（《存在与时间》）的主题。

3. 作为基础是［者］论的此是的形而上学

海德格尔说：

> 形而上学的奠基疑难在对人的亲在的发问中……对这一亲在的发问是：如此被规定的存在物①究竟是怎样一种本质存在？只要他的本质存在在于生存，那么，对亲在的本质之发问就是在生存论上的发问。但是，对存在物的存在所进行的每一次发问，尤其是对那种存在物的存在——这一存在物的存在法相中含有作为存在之领悟的有限性——进行发问就是形而上学。这样说来，形而上学的奠基活动就建立在一种亲在的形而上学之上。一种形而上学的奠基至少本身必须是形而上学，而且还是一种具有卓越性的形而上学，这难道令人惊讶吗？②

---

① 海德格尔在自用书上在此写下了这样的句子：此—是（Da-sein）决不是是者（存在物）意义上的"是者"。显然，在海德格尔看来，我们应当区分"人"这样的"是者"与"人"以外的"是者"。人的"是"是"生存"，其他是者的"是"是存在。"生存"就要提出"是之问题，"只有人才提出、而其他的是者不提出这样的问题。海德格尔认为，他以前的哲学（包括康德哲学）把人这个特殊的是者混同于一般是者（存在物），像对一般是者（存在物）那样对人提问："人是什么？"然后予以回答，答案就是把人归结为一般是者的六个含义（参见第9小节），或者用"人类学"来回答。

② ［德］马丁·海德格尔：《康德与形而上学疑难》，第220页。

在这段较长的引文中,讲了几层意思。第一,形而上学奠基的疑难存在于对人的此是(此在,亲在)的发问中。第二,对此是(人)的本质的发问是生存论上的发问,不同于一般是论的发问("是〈者〉是什么?")。第三,由生存论上的发问产生的也是形而上学,是"此是的形而上学",是为一般形而上学奠基的形而上学,且是"具有卓越性的形而上学"。因此,笔者同意熊林教授的断言:"海德格尔的《是与时》一书基于对'此是'的生存论分析所给出的各种'生存论规定',同适用于非此是式的'是者'的范畴一道都是对'是者'的一般'是之规定',它是对传统形而上学的一种延展。"①

此是(人)的形而上学要回答形而上学的奠基问题必然要问的是:"人是什么?"如前所述,在海德格尔看来这是人类学不能回答的问题,只能由此是的形而上学即"基础是[者]论"(Fundamentalontologie,王庆节译为"基始存在论")来承担。此是的形而上学的含义是什么,海德格尔解释说:

> 亲在(Dasein,即"此是"——引者)的形而上学不只是关于亲在的形而上学,毋宁说,它是**作为亲在**而必然发生着的形而上学,而这说的就是,它根本不可能像动物学关于动物的学科那样,成为"关于"亲在的形而上学。**这个**亲在的形而上学完全不是什么固定的和已准备在那里的"工具论"(Organon),它必须每时每刻都在其观念的不断变化中,在形而上学之可能性的梳理凸显中,重新塑像自身。②

海德格尔在这里把此是(人)的形而上学同动物学一类的"关于……的科学"区分开来。在"关于……的科学"中,那个"关于"的对象是已经完成的、现成的东西,此是(人)却是永远在变化的、趋向未来的、没有完结的"对象",形而上学是此是(人)的宿命,此是和形而上学相互塑造。"亲在的形而上学命中注定一直要和亲在自身中隐藏的形而上学之发生过程有关联"③。在海德格尔看来,他的"此是的形而上学"是对人"自身中隐藏的形而上学"(康德说的人的形而上学自然倾

---

① 溥林:《否定形而上学,延展形而上学?——对 Sein und Zeit 核心思想的一种理解》,《同济大学学报》(社会科学版)2014 年第 1 期。
② [德]马丁·海德格尔:《康德与形而上学疑难》,第 221 页。
③ 同上书,第 221 页。

向)的揭示。他的"基础是[者]论"以此是的有限性为基础,它要揭示是的是之法相,但只有在此是的领会活动中才能通达是之法相,"领会"具有"筹划"的特质。正是"领会"显示了基础是[者]论,领会不仅仅是一种认识方式,它首先是一般生存活动的基本环节,明确实施领会中的筹划就是"建构"。"建构"是此是的"攻击"(Angriff),即"攻击"这一原始事实:此是(人)之有限性中最有限的东西,尽管熟知,却是未经概念把握的。

此是的有限性(是之领悟)在于"遗忘",而且是必然地、持续地"遗忘"。所以,基础是[者]论的建构活动,必须在筹划活动中从遗忘那里去攫取被遗忘的东西并纳入筹划中。基础是[者]论的基本活动,作为形而上学的奠基活动,因而就是"再忆"。接下来,就进入了《是与时》的内容。

在《是与时》中,海德格尔对此是(人)进行了生存论的分析。他分析说,人这个是者与其他是者(存在物)息息相关,但他在本质上不同于所有其他的在此是这里公开出来的是者。此是的是之方式依其本质是要将此是及其是之领悟,即原始的有限性,压抑到"遗忘"之中去。这种是(生存)之方式就是"日常状态"。此是的一切筹划(包括所有"创造性"活动)都是"**被抛的筹划**,也就是说,是由那种亲在自身无法控制的、对已有的存在物之整体的依赖所决定的。"① 人被抛入世,面对强大的异己,他心有不甘,他要"超越"。"正是由于有了这种超越的需要,像亲在这样的东西一般说来能够存在这样的事情才会在根本上被'操心忧虑'(gesorget),这一需要就是最内在的、承载着亲在的有限性。"②

生存论分析具有决定性意义的下一步骤,就是具体澄清作为时间性的**操心**(Sorge)。海德格尔强调,不能在流俗的意义上理解"时间",即认为所有有限的是者(包括人)都是"具有时间性的东西"。古代形而上学将"真实的是者"(存在物)规定为"永恒是者"(永恒存在物),其意思是:是者之是(存在物之存在)被领会为持驻性。在这一是之领悟中有时间的筹划,时间的筹划被看作持续现在的"永恒性"。将本真的是者领会为"是在场",意思就是"在场的持驻性"。因此,一切围绕是(存在)的斗争,一开始就是在时间境域中进行的。也就是说,是者(存在

---

① [德]马丁·海德格尔:《康德与形而上学疑难》,第226页。
② 同上书,第226页。

物）要"是"、要"存在",首先要在时间中在场而且是持续在场。此是（人）这一特殊的是者当然也不例外。而且由于此是（人）的意识与领悟,时间性表现得更为明显:人首先要在时间中是（生存）、持续在场,人的有限首先是生存时间有限,人的操心也首先是为时间而操心。"将时间性澄清为超越论的元结构〈Urstruktur〉,这也是形而上学的基本问题之复返的任务。"①

海德格尔把形而上学与人生相连:"形而上学决不仅仅是人所'创造'的体系和学说,毋宁说,存在之领悟、领悟之筹划和被抛在亲在本身中发生。'形而上学'就是在突破进入存在物之际所发生的基本事件,而这一突破与人这样的东西的实际生存同时发生。"② 海德格尔在这里表达了和康德的"形而上学情结"同样的东西:形而上学是人的自然倾向,是人的宿命,没有人能逃离形而上学。

---

① ［德］马丁·海德格尔:《康德与形而上学疑难》,第232页。
② 同上书,第232页。

参考文献

一 西方哲学经典选集

1. 北京大学哲学系外国哲学教研室编译：《十八世纪法国哲学》，商务印书馆1963年版。
2. 北京大学哲学系外国哲学教研室编译：《西方哲学原著选读》上卷，商务印书馆1981年版。
3. ［古罗马］第欧根尼·拉尔修：《名哲言行录》，徐开来、溥林译，广西师范大学出版社2010年版。
4. 洪谦主编：《逻辑经验主义》上卷，商务印书馆1982年版。
5. 苗力田主编：《古希腊哲学》，中国人民大学出版社1989年版。
6. 张世英主编：《新黑格尔主义论著选辑》上卷，商务印书馆1997年版。

二 西方哲学经典著作

1. ［德］爱因斯坦：《狭义与广义相对论浅说》，杨润殷译，北京大学出版社2006年版。
2. ［古罗马］奥古斯丁：《忏悔录》，周士良译，商务印书馆1963年版。
3. ［古希腊］柏拉图："蒂迈欧篇"，《柏拉图全集》第三卷，王晓朝译，人民出版社2003年版。
4. ［古希腊］柏拉图："普罗泰戈拉篇"，《柏拉图全集》第一卷，王晓朝译，人民出版社2002年版。
5. ［英］贝克莱：《西里斯》，高新民、曹曼译，商务印书馆2000

6. 陈修斋编译：《莱布尼茨与克拉克论战书信集》，商务印书馆 1996 年版。

7. ［法］笛卡尔：《第一哲学沉思集》，庞景仁译，商务印书馆 1986 年版。

8. ［法］笛卡尔：《谈谈方法》，王太庆译，商务印书馆 2000 年版。

9. ［德］费尔巴哈：《对莱布尼兹哲学的叙述、分析和批判》，涂纪亮译，商务印书馆 1985 年版。

10. ［德］弗雷格：《弗雷格哲学论著选辑》，王路译，王炳文校，商务印书馆 1994 年版。

11. ［德］海德格尔：《存在与时间》，陈嘉映、王庆节译，熊伟校，陈嘉映修订，生活·读书·新知三联书店 2006 年第三版。

12. ［德］海德格尔：《康德与形而上学的疑难》，王庆节译，上海译文出版社 2011 年版。

13. ［德］海德格尔：《物的追问——康德关于先验原理的学说》，赵卫国译，上海译文出版社 2010 年版。

14. ［德］黑格尔：《逻辑学》（哲学全书·第一部分），梁志学译，人民出版社 2002 年版。

15. ［德］黑格尔：《哲学史讲演录》第二卷，贺麟、王太庆译，商务印书馆 1960 年版。

16. ［德］黑格尔：《哲学史讲演录》第四卷，贺麟、王太庆译，商务印书馆 1978 年版。

17. ［德］胡塞尔：《纯粹现象学通论》，李幼蒸译，商务印书馆 1992 年版。

18. ［德］胡塞尔：《欧洲科学的危机与超越论的现象学》，王炳文译，商务印书馆 2001 年版。

19. ［德］康德：《纯粹理性批判》，邓晓芒译、杨祖陶校，人民出版社 2004 年版。

20. ［德］康德：《逻辑学讲义》，许景行译、杨一之校，商务印书馆 1991 年版。

21. ［德］康德：《未来形而上学导论》，庞景仁译，商务印书馆 1978 年版。

22. ［德］康德：《自然科学的形而上学基础》，邓晓芒译，生活·读书·新知三联书店 1988 年版。

23. ［德］莱布尼兹：《单子论》，王太庆译，北大哲学系主编《西方哲学原著选读》上卷，商务印书馆 1981 年版。

24. ［德］莱布尼兹：《人类理智新论》上、下册，陈修斋译，商务印书馆 1982 年版。

25. ［德］莱布尼兹：《新系统及其说明》，陈修斋译，商务印书馆 1999 年版。

26. 李秋零编译：《康德书信百封》，上海人民出版社 2006 年版。

27. ［英］罗素：《西方哲学史》下卷，马元德译，商务印书馆 1976 年版。

28. ［德］马克思、恩格斯：《马克思恩格斯全集》第 21 卷，人民出版社 1972 年版。

29. ［英］牛顿：《自然哲学之数学原理》，王克迪译、袁江洋校，北京大学出版社 2006 年版。

30. ［古希腊］色诺芬：《回忆苏格拉底》，吴永泉译，商务印书馆 1984 年版。

31. 《圣经》研用本。

32. ［德］叔本华：《作为意志和表象的世界》，石冲白译、杨一之校，商务印书馆 1982 年版。

33. ［荷］斯宾诺莎：《笛卡尔哲学原理》，王荫庭、洪汉鼎译，商务印书馆 1980 年版。

34. ［荷］斯宾诺莎：《伦理学》，贺麟译，商务印书馆 1958 年版。

35. ［荷］斯宾诺莎：《神、人及其幸福简论》，洪汉鼎、孙祖培译，商务印书馆 1987 年版。

36. ［荷］斯宾诺莎：《斯宾诺莎书信集》，洪汉鼎译，商务印书馆 1993 年版。

37. ［荷］斯宾诺莎：《知性改进论》，贺麟译，商务印书馆 1960 年版。

38. ［德］文德尔班：《哲学史教程》上卷，罗达仁译，商务印书馆 1987 年版。

39. ［德］文德尔班：《哲学史教程》下卷，罗达仁译，商务印书馆 1993 年版。

40. ［德］谢林：《先验唯心论体系》，梁志学、石泉译，商务印书馆 1977 年版。

41. ［英］休谟：《自然宗教对话录》，陈修斋、曹棉之译，郑之骧校，商务印书馆 1962 年版。

42. 许良英、范岱年编译：《爱因斯坦文集》第一卷，商务印书馆 1976 年版。

43. ［古希腊］亚里士多德：《范畴篇》，秦典华译，苗力田主编《亚里士多德全集》第一卷，中国人民大学出版社 1990 年版。

44. ［古希腊］亚里士多德：《论生成和消灭》，徐开来译，苗力田主编《亚里士多德全集》第二卷，中国人民大学出版社 1991 年版。

45. ［古希腊］亚里士多德：《物理学》，徐开来译，苗力田主编《亚里士多德全集》第二卷，中国人民大学出版社 1991 年版。

46. ［古希腊］亚里士多德：《形而上学》，苗力田译，苗力田主编《亚里士多德全集》第七卷，中国人民大学出版社 1993 年版。

47. David Hume, "An Inquiry Concerning the Human Understanding". The Philosophical Works of David Hume. Vol. IV, Edinburgh: Adam Black and William Tait, 1826.

48. David Hume, *A Treatise of Human Nature*, Introduction XIX. Edited, with an Analytical Index by L. A. Seiby - Bigge, Oxford 1946.

49. Donald Factor edited. , *Unfolding Meaning—A Weekend of Dialogue with David Bohm*, Foundation House Publications, Mickleton, 1985.

50. George Berkeley, *A Defence of Free - Thinking in Mathematics* (1735), Edited by David R. Wilkins.

51. George Berkeley, *An Essay Towards a New Theory of Vision* (4th ed.) (1732).

52. George Berkeley, *De Motu and The Analyst*, A Modern Edition, with Introductions and Commentary, Edited and translated by Douglas M. Jesseph, North Carolina State University, Raleigh, U. S. A. 1992.

53. George Berkeley, *Principles of Human Knowledge*, volume II of *The Complete Works of George Berkeley*, edited by A. A. Luce and T. E. Jessop (London, 1948 - 1957).

54. George Berkeley, *The Analyst*; *Or, A Discourse Addressed to an Infidel Mathematician* (1734). Edited by David R. Wilkins.

55. George Berkeley, *Three Dialogues Between Hylas and Philonous. In Opposition to Sceptics and Atheists*. Createspace Independent Publishing Platform, 2016.

56. Gottfried Wilhelm Leibniz, *Philosophical Papers and Letters*, ed. L. E.

Loemker, Dordrecht: Reidel, 1969.

57. G. W. F. Hegel, *Enzyklopädie der philosophischen Wissenschaften im Grundrisse* 1830, Erster Teil, *Die Wissenschaft der Logik*, Mit den mündlichen Zusätzen, G. W. F. Hegel Werke 8, Suhrkamp, 1970.

58. G. W. Leibniz, *Selections*, edited by Philip P. Wiener, New York, 1951.

59. G. W. Leibniz, *The Monadology*, tranalated by Robert Latta. London: Oxford University Press, 1898.

60. G. W. Leibniz, *Thoedicy*, translated by E. M. Huggard, London, 1951.

61. Immanuel Kant, *Kritik der reinen Vernunft*, Feilx Meiner, 1956.

62. John Locke: *An Essay Concerning Human Understanding* (First published 1690), The Pennsylvania State University Press, 1999.

63. Leibniz: Correspondence with Arnauld, as in H. T. Mason (trans. And ed.) *The Leibniz—Arnauld Correspondence*, Manchester/New York: Manchester University Press/ Barnes & Noble. 1967.

64. R. Descartes, *Principles of Philosophy*, translated by John Veitch, *Meditations and Selections from the Principles of Philosophy*: Descartes 1596 – 1650, La Salle Illinois: Open Court 1964.

65. Thomas Aquinas, *On Being and Essence*, tanslated by A, Maurer, Toronto, 1949.

三 研究著作

1. 保尔·拉法格：《回忆马克思恩格斯》，人民出版社1973年。

2. 陈康：《陈康论希腊哲学》，汪子嵩、王太庆编，商务印书馆1990年版。

3. 陈康：《陈康哲学论文集》，江日新、关子尹编，台湾联经出版公司1985年版。

4. 陈修斋：《陈修斋哲学与哲学史论文集》，武汉大学出版社1995年版。

5. ［美］戴安娜·斯坦贝格：《斯宾诺莎》，黄启祥译、谭鑫田校，中华书局2002年版。

6. ［英］W. C. 丹皮尔：《科学史——及其与哲学和宗教的关系》，

李珩译、张今校,广西师范大学出版社 2001 年版。

7. [美] 丹尼尔·布尔斯廷:《发现者——人类探索世界和自我的历史》,严撷芸译,上海译文出版社 1995 年版。

8. 邓晓芒:《康德哲学诸问题》,生活·读书·新知三联书店 2006 年版。

9. [德] 弗·布伦塔诺:《根据亚里士多德论"是者"的多重含义》,溥林译,商务印书馆 2015 年版。

10. 傅有德:《巴克莱哲学研究》,人民出版社 1996 年版。

11. [美] 格瑞特·汤姆森:《洛克》,袁银传、蔡红艳译,中华书局 2002 年版。

12. 桂起权编著:《科学思想的源流》,武汉大学出版社 1994 年版。

13. 洪汉鼎:《斯宾诺莎哲学研究》,人民出版社 1993 年版。

14. [美] 加勒特·汤姆森:《莱布尼兹》,李素霞、杨富斌译,中华书局 2002 年版。

15. 江畅:《自主与和谐——莱布尼兹形而上学研究》,武汉大学出版社 1995 年版。

16. [英] 柯林伍德:《历史的观念》,何兆武等译,中国社会科学出版社 1986 年版。

17. [法] 路易.加迪:《文化与时间》,郑乐平等译,浙江人民出版社 1988 年版。

18. 罗中枢:《人性的探究——休谟哲学述评》,四川大学出版社 1995 年版。

19. 倪梁康:《自识与反思——近现代西方哲学的基本问题》,商务印书馆 2002 年版。

20. 齐良骥:《康德的知识学》,商务印书馆 2000 年版。

21. 汪子嵩、范明生、陈村富、姚介厚:《希腊哲学史》第二卷,人民出版社 1993 年版。

22. 汪子嵩、范明生、陈村富、姚介厚:《希腊哲学史》第三卷,人民出版社 2003 年版。

23. 汪子嵩、范明生、陈村富、姚介厚:《希腊哲学史》第一卷,人民出版社 1997 年版。

24. 王路:《"是"与"真"——形而上学的基石》,人民出版社 2003 年版。

25. 王树人、余丽嫦、侯鸿勋主编:《西方著名哲学家传略》上,山东人民出版社 1987 年版。

26. 吴国盛：《时间的观念》，中国社会科学出版社 1996 年版。

27. 吴国盛：《希腊空间概念的发展》，四川教育出版社 1994 年版。

28. 徐开来：《拯救自然——亚里士多德自然观研究》，四川大学出版社 2007 年版。

29. 杨祖陶、邓晓芒：《康德〈纯粹理性批判〉指要》，湖南教育出版社 1996 年版。

30. 叶秀山、王树人总主编：《西方哲学史》第四卷（周晓亮主编：《近代：理性主义和经验主义，英国哲学》），凤凰出版社、江苏人民出版社 2004 年版。

31. ［美］伊丽莎白·S. 拉德克利夫：《休谟》，胡自信译，中华书局 2002 年版。

32. 张桂权：《玻姆自然哲学研究》，中央编译出版社 2014 年版。

33. 张志林：《因果观念与休谟问题》，湖南教育出版社 1998 年版。

34. 章力生：《系统神学》第二卷《上帝论》，香港宣道出版社 1989 年版。

35. 赵敦华：《基督教哲学 1500 年》，人民出版社 1994 年版。

36. 郑昕：《康德学述》，商务印书馆 1994 年版。

37. 周晓亮：《休谟哲学研究》，人民出版社 1999 年版。

38. C. H. Kahn, *The Verb "be" in Ancient Greek*, D. Reidel Publishing Company, 1973.

39. Hylarie Kochiras, "Locke's Philosophy of Science", *Stanford Encyclopedia of Philosophy*, First published 2009.

40. Jonathan Bennett: *Learning from Six Philosophers – Descartes, Spinoza, Leibniz Locke, Berkeley, Hume.* Oxford University Press, 2005.

41. Joseph Stock, *An Account of the Life of George Berkeley*, D. D. Late Bishop of Cloyne in Ireland, Published 1776.

42. Louis E. Leob: *From Descartes to Hume*, Cornell University Press 1981.

43. Richard. Manning, "Spinoza's Physical Theory", *Stanford Encyclopedia of Philosophy*, First published 2006; substantive revision, 2012.

44. Swami Krishnananda, *Studies In Comparative Philosophy*, The Divine Life Society. http：//www.swami-krishnananda.org/comp_00.html. 2013-07-21.

45. Woolhouse, Roger S., *Descartes, Spinoza, Leibniz: The Concept of Substance in Seventeenth-century Metaphysics*, London: Routledge, 1993.

四 工具书

1. ［英］阿瑟·S. 雷伯:《心理学词典》,李伯黍等译,上海译文出版社1996年版。

2. *Harvard Encyclopedia of Philosophy*, 2004. （网络版）

3. *Stanford Encyclopedia of Philosophy*, 2013. （网络版）

五 学术论文

1. ［德］加林·格洛伊:《康德的自我意识理论》,《德国哲学》第1辑,北京大学出版社1986年版

2. 溥林:《否定形而上学,延展形而上学?——对 Sein und Zeit 核心思想的一种理解》,《同济大学报》（社会科学版）2014年第2期。

3. 王庆节:《"先验想象力"抑或"超越论形象力"——海德格尔对康德先验想象力概念的解释与批判》,《现代哲学》2016年第4期。

4. 俞吾金:《究竟如何理解并翻译贝克莱的命题 esse is percipi》,《哲学动态》2009年第5期。

5. 张桂权:《笛卡尔的空间观念及其现代意义》,《四川师范大学学报》（社会科学版）2014年第3期。

6. 张桂权:《划界问题：康德与前期维特根斯坦》,《自然辩证法研究》2005年第12期。

7. 张桂权:《康德对形而上学的拯救》,《四川师范大学学报》（社会科学版）2007年第2期。

8. 张桂权:《康德关于科学形而上学的思想》,《四川大学学报》（哲学社会版）1991年第4期。

9. 张桂权:《康德实体观的来源及对传统实体观的批判》,《四川师范大学学报》（社会科学版）2011年第6期。

10. 张桂权:《空间观念与"哲学的耻辱"——以贝克莱和康德为中心》,《自然辩证法研究》2008年第5期。

11. 张桂权：《论笛卡尔的形而上学观》，《世界哲学》2007年第3期。

12. 张桂权：《论康德的"现象中的实体"——兼论胡塞尔的超越》，《学术研究》2012年第12期。

13. 张桂权：《论"人格同一性"——洛克、莱布尼兹、休谟的解释与争论》，《四川大学学报》（哲学社会版）2011年第3期。

14. 张桂权：《论斯宾诺莎哲学的二元论》，《外国哲学》第8辑，商务印书馆1986年版。

15. 张桂权：《洛克实体观新论》，《四川师范大学学报》（社会科学版）2013年第4期。

16. 张桂权：《试论形而上学与数学的关系——以笛卡尔为例》，《四川师范大学学报》（社会科学版）2009年第4期。

17. 张桂权：《"心外无物"：王阳明与贝克莱》，《四川师范大学学报》（社会科学版）2017年第6期。

后　　记

2001年11月，我从省社科院调到四川师范大学政治教育学院工作，给学生开设西方哲学课程。2003年，我校外国哲学硕士点获批，我承担了这个点的组织、教学和带研究生的工作。我指导学生的研究方向是近代西方哲学和现代西方哲学。但在现代西方哲学方向，我带的研究生很少，指导的研究生绝大多数都是研究近代西方哲学，这当然与我自己的研究方向有关。在四川大学读本科和研究生期间，主要兴趣都是德国古典哲学。到四川省社科院工作后，我继续研究过黑格尔哲学。从日本留学归来后，兴趣转向了玻姆的自然哲学。但是，到学校工作后，给外国哲学研究生讲玻姆自然哲学显然是不合适的，于是我开始重新研究近代西方哲学，重点是经验论、唯理论和康德、黑格尔哲学。在十几年的教学之余，我在这个领域写了十几篇文章，出版了《论黑格尔哲学》，后来申请了国家社科基金项目。项目申请下来之后，我花了几年时间完成了这一项目（在此期间还翻译出版了贝克莱的《人类知识原理》），这就是本书的由来。

此刻，我想起读研究生时的导师张遂五先生、任课教师章自承先生，两位先生已经作古，但他们的师德和学识永远铭刻在学生心中。任厚奎老师和林永鸿老师也是我们的授课老师，他们恪尽职守、传道解惑，至今一些讨论课的场景仍历历在目。我在川大度过了七年美好时光，感谢老师们的人格示范和传道授业，这是我一辈子用之不尽的财富。

感谢我的研究生们。正是在给他们授课、与他们交流、批改他们的作业和开题报告、指导和修改他们的论文的过程中，我逐步了解和熟悉了经验论、唯理论、康德哲学和黑格尔哲学，我在与学生的交流中获益良多。这些工作为我完成这一课题打下了良好基础。

感谢国社基金项目评审专家对我的申报初稿提出的评审意见，这些意见对我后来的写作和修改很有帮助。书稿完成后，部分内容曾请熊林教授审阅，熊教授提出了很中肯的修改意见，在此深表谢意。

妻子王晓玲女士几十年陪伴我并承担了大部分家务，使我能集中精力进行教学和研究，在此表示衷心感谢。

非常感谢本书责任编辑冯春凤编审，正是她的耐心和细心使得本书减少了许多错误。

岁月匆匆，人生苦短。年轻时，觉得时间充裕，多少宏伟目标都可以实现。到如今，年逾花甲，才觉得人一生能做成的事情很少。我现在的想法，可借用成都文殊院的一副名联来表达：见了便做，做了便放下，了了有何不了；慧生于觉，觉生于自在，生生还是无生。

张桂权
2020 年 4 月于四川师大哲学所